仰望高峰

——泽颖采访当代文化大师录

肖泽颖 编著

作家出版社

仰望高峰

何建明

什么是高峰？珠穆朗玛峰肯定是。那是世界的最高海拔之巅。那个高峰，绝大多数人抵达不了，我们只能在遥远的地方仰望它，敬畏它。

什么是你身边的高峰？NBA篮球运动员肯定是。那是人类身躯上的高峰，你跳起来也未必及之。绝大多数人不可能是NBA篮球运动员，所以只能抬起头，仰视身边的高个子而羡慕他。

什么是你崇拜的高峰？伟大的科学家、文学家、思想家、哲学家、艺术家……肯定是。他们能够抵达人类专业与知识、思想和艺术的高峰，从而使人类从愚昧、无知、简单和粗鲁的猿人动物，成为了优雅、进步、智慧、聪明的万物之英杰。

什么是心灵的高峰？崇高的道义，纯洁的情感，无私的奉献，炽热的爱，肯定是我们向往的心灵高峰。

习近平总书记在文艺工作座谈会上指出，在文艺创作方面，存在着有“高原”缺“高峰”的现象。显而易见，我们都在期待中国文化的高峰出现。事实上，高峰与高原是个辩证的关系。只要高原存在，高峰就不会太远。而高原林立时，高峰就已经产生。中国自古以来，文化一直是世界之林的高原地带。当今中国，再度成为世界经济强盛的“高原地带”。文化似乎比经济的影响力落伍了不少。但依然我们有自己的高原存在。就像世界各国期待我们强大后的中国，能够多承担一些“国际责任”一样，人们对中国文化界尤其是文学艺术作品上的“高峰”怀有期待。这里的“高峰”，我的理解就是大师级人物和经典作品吧！其实，中国文化界的“高峰”是有的，只是少了些，或者还没被人们认识到。这些“高峰”早已客观存在。另一种情况是，今天的人们都不同程度站在了高原上，所以再见身边的“高峰”时就不以为然了。

肖泽颖这部采访录里呈现的都是些我们熟悉或者不太熟悉的中国当代文化名家。除我之外，他们都应是中国文化界的“高峰”了，或者至少在我看来是这样。我肯定这一点。所以我认为，作为电视新闻人、主持人的年轻的泽颖，是个有眼力、有艺术感的电视人，她的敏锐和智慧性发现，让我们有机会走近和了解这些“高峰”，主要是他们的专业和在专业上所体现出来的职业能力、思想情操和对社会进步方面的光芒。这是本书的核心价值。

我还要说一点，泽颖是位勤奋、热情和平易及真诚的新闻艺术的电视人，我这么评价她，是因为多次亲身体会到她的工作的现场感。一个年轻的电视人能够做到这一点，在今天众多电视人中是不多见的。而她另一个宝贵品质在于她为“高峰”传递信息和真实形象时，刻意保留了“高峰”的原生态，尽可能地在采访现场只作一个“摄影师”、“录音师”，而把真正的好画面与好声音，留给“高峰”们去展现，从而使得“高峰”们真真切切的本来面目，呈现给了公众，这难道不是广大读者和公众们所期待的吗?

为这，我们要深深地感谢泽颖同志。希望她的这部大作在她的事业征程上成为一个重要台阶，明天的她，一定会让我们看到更多的“高峰”。中国和世界需要她和她视野里的“高峰”……

2014年11月

目 录

中国古建筑大师罗哲文

他一生关注长城。“断壁残垣古墟残，夕阳如火照燕山。今朝赐上金戎刀，要使长龙复旧观。”诠释了罗哲文对长城的忠贞。

从梁启超到梁思成再到罗哲文，可以清晰地看出一种心境的脉络：信念之下的不浮不弃加上不功利。这是当下我们应该坚持和传承的。

这位用双脚丈量长城的老人最终用半生的心血开创了“长城学”。也因为他对长城的这份挚爱，罗哲文被誉为“万里长城第一人”。

罗哲文

嘉宾简介

罗哲文　原中国文物研究所所长，中国人民政治协商会议第六、七、八届全国委员会委员。

罗哲文 1924 年生，四川宜宾人，中共党员，中国古建筑学家。1940 年考入中国营造学社，师从著名古建筑学家梁思成、刘敦桢等。1946 年在清华大学与中国营造学社合办的中国建筑研究所及建筑系工作。

罗哲文先后任职于文化部文物局、国家文物局、文物档案资料研究室、中国文物研究所等单位，一直从事中国古代建筑的维修保护和调查研究工作。曾任国家文物局古建筑专家组组长、中国文物学会会长、全国历史文化名城保护专家委员会副主任、中国长城学会副会长。

主要著作有《中国古塔》《中国古代建筑简史》《长城》《长城赞》（已录入北师大版小学课本中）、《长城史话》和《中国帝王陵》等。

2012 年 5 月 14 日在北京逝世，享年 88 岁。

导语：

他 16 岁考入中国营造学社，他是中国第一任最年轻的古建筑保护专家，他就是罗哲文，从此他的名字传遍大江南北，从长城到大运河再到中国的西南蜀境古道，每一处建筑的留存与修缮都与他的名字联系在一起，他被称为中国“万里长城第一人”。

解说：这是流淌在身边的感动，罗哲文民族大义高于金钱，抱定赤子之心。

少年师从梁思成　战火中保全古城

肖泽颖：*您心中的罗哲文先生是什么样的形象？*

曹南燕：就觉得很自然地能够融合到一块，他既是个伟大人物，也是个平凡人物。

解说：在最崎岖的山路上点石成金，出征苍穹，勾勒着人性的高洁。他有这样的境界：达则兼济天下。

70 多年前，16 岁的罗哲文走进了建筑大师梁思成的营造学社，开始研习建筑考古。

曹南燕：如果我们中国有一个中国遗产日，把文化遗产和自然遗产全包容进去，这该多好啊。

解说：考察李庄旋螺殿，跟随梁思成参与了日本东京、奈良及国内重要古建筑的整理保护。学会了照相、测绘、古代诗词、英语、书法等建筑考古本领。从此他的命运因此而改变，从容迈向古建筑殿堂。

肖泽颖：*您曾经写过《罗哲文传》，罗哲文先生什么时候开始接触的中国古建筑？*

张海燕：因为梁思成和林徽因视野比较开阔，他们有在昆明时期，在北京时期积累的对中国建筑、古建筑的理解，同时他们留过洋，在宾夕法尼亚学过现代建筑，是代表咱们中国建筑界的两个支柱人物。

后来来北京的时候，当时就整个环境来讲，因为梁思成顾不上，而林徽因非常非常喜欢罗哲文，她一直督促他学习。我想林徽因她可能有一些，稍微有点愧疚，因为她知道罗哲文本身还是个孩子，他承担了好多角色，包括带孩子玩，我想那个时候罗老肯定非常忙。他要带孩子，又要野外作业，又要帮他们操持这个家，还要去买东西。他只有16岁，只是个孩子，他做的事情很多。

解说：营造学社一进去是一个小院，门内有一棵大樟树、一窝芭蕉。在这棵树上，拴了一根竹竿，梁思成先生每天带头爬竹竿，16岁的罗哲文还没脱尽孩子气，常在大树下和梁思成的儿子梁从诫趴在地上打弹子。卢绳先生曾在罗哲文的房门上贴了一字条："早打珠，晚打珠，就是不读书。"也许就是这张字条使罗哲文加倍地刻苦起来，乐趣中罗哲文奇迹般地创作出《中国建筑史》这部杰作，并跟随梁思成先生从昆明入川，沿着岷江、嘉陵江和川陕公路，考察了30多个县，调研古建、崖墓、摩崖石刻等名胜古迹。

肖泽颖：谈到营造学社，和罗老有关的回忆是什么？

张之平：一提营造学社罗老就特别高兴，我们那年去朝拜营造学社，罗老入社的地方就是李庄，然后在李庄看了一个古建筑，叫旋螺殿。我就在那儿给罗老打了一个电话，我说罗老我记得你说过你第一个测绘的建筑挺复杂的，我们现在看了一个旋螺殿，不会是这个旋螺殿吧？他说就是这个啊，我说那当时可真难为小罗了。我说这个建筑这么复杂，如意斗拱这么繁复，你怎么测绘的呀？他说那时候我们都没搭架子。用绳子拴着那个三层的楼阁，拴着绳子在那儿做的测绘。然后他一直拿着电话说：特别高兴，太好了，你好好看看我就是在那儿做的图。然后我们同事还把我这段给录了下来。所以我说好啦罗老，我们还要给梁先生留一个题词，你看我题一个什么？我还直接问的他，罗老说：好，你就题一句吧，一代宗师。我说太好了。

解说：中国营造学社是1930年2月，在朱启钤先生倡导下成立的一家研究中国古建筑的民间学术组织。梁思成任学社法式部主任，罗哲文从事古建筑的形制与史料研究。

肖泽颖：罗哲文先生对中国古建筑的研究是一个怎样的过程？

舒乙：因为他知识渊博，涉及了很多领域，起码有 10 个领域。

他实测北京故宫，对着实物，求教老工匠，从局部到整体，逐步辨识中国古建筑。

张之平：那么中国古代建筑优秀的性能，对它的继承和传承，对我们现在和将来，都有着重要的借鉴意义。

解说：1944 年夏，梁思成、罗哲文在重庆用铅笔在五万分之一的地图上标出美军空投炸弹炸区位置，对美军说：请对京都和奈良手下留情，这里的古建筑艺术属于全人类。他们将描绘清楚的地图及时交到美军手中，在日本四岛战争尾声的三天之内，美国在东京、名古屋、大阪各投下 2000 吨炸弹，整个城市一片火海，但京都和奈良的二十余座国宝性古建都幸免于难。战后，梁思成、罗哲文被称为“日本古都的恩人”。

张义生：第二次世界大战的末期，当时美军已经对日本的本土进行了轰炸，包括日本的东京在内这些大城市都遭到了轰炸。但是美军司令部当时找到了梁思成，就是希望梁思成能够标出日本本土的哪些重要城市和古迹不要轰炸。那么梁思成就安排了罗老，在美军的军用地图上用墨点出了这些不应该轰炸的点，所以最后的结果是日本的京都和奈良这两个城市，一个炸弹都没有落下。那么这两个城市现在很多的历史遗迹和历史建筑，都已经列入了世界遗产名录，已经作为世界文化遗产得到了全人类的保护。

解说：1950 年，经梁思成推荐，27 岁的罗哲文调入国家文物局任文物处业务秘书，负责全国古建筑文物的保护与调查研究。

肖泽颖：罗哲文先生负责全国古建筑文物的保护与调查研究，有什么重要的发现？

舒乙：他是几乎所有的考古的、古建的、园林等方面的重大事件的亲历者。

解说：从那之后的半个多世纪，罗哲文服务中国文物保护事业的初衷不改，老而弥坚。

舒乙：因为梁先生他生在日本，在美国留学，回中国工作的时候他路过日本，日本的专家跟他说，说世界上最好的、保存得也最好的唐代建筑，你中国没有了，在我日本，在我京都，唐招提寺、东大寺这些都是鉴真和尚建的，那是唐代的，不得了，而且保存得那么完好。梁先生受了刺激了，回国以后发誓要找中国的、依然存在的唐代建筑。后来偶然地在敦煌壁画的记录里头，发现山西有个五台县，那儿有座佛光寺，那是唐代的，他就在抗战前夕，带了一支队伍到山西去找，到了五台县，果然找到了这个寺，高兴死了，他做了详细的测绘、详细的描述。后来罗先生解放以后多次到佛光寺去考察，有一次他去了以后遇上下大雨，出不来了，连下7天，他就在那里头待了7天，没干别的，他就在寺庙里头每个角落仔细地看，仔细地寻找。他发现正殿的大门是木头的，对这个大门梁先生在他的考察报告里头有说法，说这个门是否是唐代的待考，他提出了个疑问，因此变成悬案了。结果罗先生在下大雨的时候，他每个角落仔细地看，突然发现这个木门的后面好像隐隐约约的有字，把那个灰尘弄掉了以后，一看果然是毛笔字，而且上头有纪年，唐代的。他一下子解决了大问题，这个门就是唐代的门。

而且他思想非常活跃，他可以有很多新的想法，这个就很了不起。

解说：20世纪50年代初，国家提出开发长城，国家文物局授命罗哲文修长城。罗哲文每天骑着小毛驴上八达岭勘察，反复斟酌后拟定了维修规划图，参与了八达岭长城的修复，山海关、嘉峪关等段长城的维护。

肖泽颖：罗哲文先生50年代初就开始调查长城，60年代又去调查长城，作为同事您如何评价他？

吴梦林：他做的调查，为后来的修缮做了准备工作。我们60年代又去调查长城，当时那儿只有一个人作为保管员，你想他是在50年代初搞调查，那时既荒凉又没有调查条件。所以在这样的环境下，罗老做了很多奠基性的工作，而且以后他一直对长城的保护赋予最大的关注。所以现在大家都说他是长城的保护专家。我认为他不愧于这样一个光荣的称号。

肖泽颖：罗老对于中国营造学社精神的传承也体现在了具体的工作细节中，是吗？

张之平：1982、1983 年邓小平有一个题词，就是“爱我中华修我长城”。而且就在山海关成立一个长城研究会，我也记不得还是长城协会。我去参加了那个会议后，因为当时我还是罗公的手下，罗公就说能不能去做一段测绘。我说好啊，这是我的第一个实践，测的是山海关长城的从角山到老龙头这一段，这也有几十公里，我们大概走了 10 天。为什么呢？就是因为罗公要求，说要测清楚每一个数据。这些数据对于我们记录这个古建筑是非常重要的，每个数据都不能有错误。希望将来哪一个城墙或者哪一个古建筑，如果毁掉的时候，我们的测绘图纸能够完全指导重建一个和原来一模一样的建筑。这就是说将来要修复的时候，这个资料就是非常全面的。所以我想，罗老对工作的严谨和高标准的要求，一直指导着我以后的工作。

解说：“长城文化”的军事功能、历史功能，引发罗哲文极大的探究兴趣。罗哲文认为是抢救、是保护。

舒乙：那里头我发现了 7 块乾隆皇帝的御碑，大石碑，四种文字的。

解说：当时这个地方一片荒野，根本没有人烟。他开始了“骑毛驴上长城，山羊驮砖修长城”的漫漫征程，从辽宁的丹东到新疆的罗布泊，都留下了他探寻长城的足迹。当时运输条件相当困难，特别是运送其中的材料，主要是砖，就更是困难，因为罗哲文知道，原来用的砖毕竟是几百年、上千年的，本身就极有价值。

骑毛驴上长城　山羊驮砖修长城

肖泽颖：罗哲文先生当年如何考察长城？

张义生：罗老就跟我讲，说当时考察长城交通很差，第一天只能到了南口，然后住到老乡家里去准备一点干粮、一点水，第二天从南口骑着毛驴一路就到了八达岭长城。到了长城上边满目的荒芜，当时的城墙、敌楼、马道等等，非常的残破，罗老拍下大量的照片。

解说：万里长城宛如一轴庞大而丰富的历史画卷。这幅卷帙浩繁的画卷融汇着政治、军事、经济、文化、艺术、建筑、地质、水文、植被和民族等多方面知识。如何能揭开横亘在群山之巅、蜿蜒在荒原大漠这绵延万里世界奇观的神秘，再现历史上最巨大的建筑工程——罗哲文创造出最灵动的长城赞歌。

肖泽颖：四位全国政协委员当时在六届三次政协会上联名提案，这个提案的编号是663号，其中就有罗老，当时这个提案的内容是什么？

张义生：六届三次全国政协的会议上，当时罗老也是全国政协委员，还有全国政协委员侯仁之先生、郑孝燮先生，郑孝燮先生是当时的城乡建设部的规划专家，还有中国科学院的院士阳含熙先生，以及我们的罗老，四位委员当时在六届三次政协会上联名提案。这个提案的编号是663号，内容就是建议中国尽快加入保护世界文化和自然遗产公约，这样有利于我们中国的博大精深的文化遗产和丰富多彩的自然遗产能够得到全社会的保护。

解说：罗哲文驰骋万里长城让九州动容，正如他的诗句所说：断壁残垣古墟残，夕阳如火照燕山。今朝赐上金戎刀，要使长龙复旧观。诠释了罗哲文对长城不离不弃的忠贞。

肖泽颖：长城被列入世界遗产名录。1986年，中国第一批世界遗产，包括长城的申报顺利通过评审，当时的情况是什么样？

张义生：因为进入世界遗产名录，它不单单是本国人民的保护，它是得到全世界人民的一种共同的关心和爱护。那么提案通过以后，中国从1986年开始，我们第一批向联合国教科文组织申报世界遗产，在当时的四位联名提案委员里面，罗老是唯一一位参加了第一年的，我们的世界遗产，长城的申报工作，长城的申报文本是罗老负责撰写的。

解说：肃然起敬，卓越功勋，他代表的群英，使我们的民族——自强，自信，自立，自尊。

曹南燕：经常陪他到武夷山、到峨眉山、到泰山、到庐山，很多很多风景区。

解说：1985 年，罗哲文和另三位政协委员一起提出我国应尽早加入世界文化遗产保护公约的提案，开启了中国的“遗产”时代，使中国成为文化遗产、自然遗产和非物质文化遗产资源大国，成为世界遗产保护的缔约国。两年后，长城被列入世界遗产名录。1986 年，中国第一批世界遗产——长城、故宫、敦煌莫高窟、秦始皇陵与秦兵马俑、周口店“北京猿人”遗址和泰山的申报顺利通过评审。

肖泽颖：为什么说罗哲文是我们文化遗产界改革开放走向世界的一个先驱？

郭旃：罗老他不光是一个热爱民族文化的人，在别人还都没有意识到我国的文化遗产要在世界范围内占有一席之地的时候，没有认识到那些国际上的遗产保护的理念是集中了全人类共同的经验和智慧的做法，以及这样的一些文化遗产的保护理念和准则，对中国能够产生什么作用的时候，或者说中国这样一个悠久的文明古国，我们的文化遗产保护的传统技术我们的理念能够对世界起到一个什么样的促进作用的时候，罗老率先看到了并提了出来。而且他实在是一个自学成才的典范，他最早代表中国参加联合国的文化遗产会议，他从来没受过这种外语的教育，他居然能跟外国人磕磕巴巴说英语，他的眼光真的具有国际视野。

解说：祖先曾经筑起了数不清的宫殿、城墙、庙宇、宝塔。罗哲文先生万分珍视。古建筑凝结着文化，积淀着历史，中国千千万万的古建筑，是华夏文明的证明和骄傲。

肖泽颖：中国大运河的保护和成为世界遗产正式申报项目，具体的时间从什么时候开始的？

张义生：中国世界遗产的保护走过这么多年，取得这么大的成就，应该说同我们罗老几十年来在世界遗产保护方面不懈的努力是分不开的。这几年罗老还很关心的一件事情，就是我们中国大运河的保护和申报世界遗产，这个事情现在从我们国家文物局来说，作为 2014 年的正式申报项目。当时罗老很明确地提出来，建议全国政协尽快地能够把大运河的保护和申报世界遗产的工作给推动起来，所以 2006 年的 3 月份，在全国政协大会上，58 位全国政协委员联名提案，就是建议加快京杭大运河的保护申遗的步伐，有一个联名提案。

解说：秦始皇兵马俑博物馆是中国最大的古代军事博物馆。陵园范围有56.25平方公里，相当于近78个故宫，征调劳力达七十余万人，前后延续30年，3000多件以陶土烧制的兵马群塑，被誉为“世界第八大奇迹”。敦煌莫高窟是举世闻名的佛教艺术宝库，洞窟492个，彩塑2415身，壁画45000多平方米，建筑艺术、彩塑艺术、壁画艺术和敦煌文书令世人惊叹。罗哲文把生命和申遗紧紧地绑在了一起。他是一个战士，他的勇气让所有人胆寒，他是雪峰之巅的傲然寒松。因为有这样的人，人类的风骨得以传承挺立。

肖泽颖：您觉得罗哲文先生最大的学术思想是什么？

曹南燕：成为缔约国以后，我们才有权利申报世界文化遗产，是他们四位老先生，罗老是其中的一个，他们给写的提案，我们才得以在1986年申报第一批世界文化遗产。以后我们申报了很多批，现在已经是世界遗产的第三大国了。我觉得他在学术思想上和一些老人不一样的地方就是，不但要保护，而且还要发扬，还要传承。我们有些老人说这个不能动，那个地方不能动，罗老不是这样的。其实我们对风景名胜区，对我们文物，对我们城市园林的保护，我们是在做，保护是我们的核心，应该是重中之重的。但是我们要想我们的文物、我们的风景名胜区，让广大的国人知道、了解它，使他们受到爱国主义教育，使他们得到一些文化的知识、专业的知识，我觉得这个利用是非常重要的。所以罗老他的最大的学术思想就是，在保护的前提下合理地利用，不管是文物方面保护，不管是风景名胜保护，包括我们世界自然文化遗产的保护。

解说：全景俯瞰京杭大运河这个人类天才般的中国血脉，呈现这个古代奇迹般的精彩创意，在作为文化遗产而依然年轻繁忙的运河上，罗哲文努力寻找中华民族的国脉、商脉、人脉、情脉。他在大运河顺流而下的木船里，俯下身在年轻繁忙的运河中高唱纤歌，在古塔之巅、古城墙上、古村落里，那瘦小而亲切的身影恒久坚守。

肖泽颖：为运河申遗，当时您和罗老等人联合写了一封信，这封信的内容是什么？

朱炳仁：2005年12月15号，我们三个人联名写了一封信，那封信就是给沿运河的18个城市的市长，这封信提出了要加快运河保护和申遗的步伐。第二年的3月份，也就是2006年3月的“两会”上，有58个委员联名写了一个提案，就是支持这封信。提出了运河申遗要放到议事日程上，要把它作为一个重要的文化内容来做。

解说：京杭大运河不仅哺育了两岸的土地，还激发了人们非凡的灵感和创造力。罗哲文将大运河作为物质文化遗产、非物质文化遗产、自然遗产等三重遗产进行保护和申报，是因为大运河创造了世界历史上的辉煌与文明，沿河散落着无数宫殿和神庙。

朱炳仁：罗老他对运河的这个保护也很担心，因为很多假古道的出现，他认为其实最不应该的就是把真的东西拆掉，后来建了假的。其实很多城市也不可避免地出现这种问题。

解说：罗哲文，中国文物保护泰斗，冰清玉洁，丰盈灵动，有着无限魅力。虽是一个背现微驼的小个子，但常怀大德之盈，勤奋，做了一辈子的古建筑调查、勘测、考察、发掘和保护维修，直至把其中的一些推荐为世界文化遗产。

舒乙：湖南不是发现了一具非常完整的古尸嘛，在马王堆，由古棺里头挖出来很多特别珍贵的文物，文物局就派他，罗先生，因为罗先生照相技术特别好，他一般都挂着三个照相机，派他去专门给由液体当中找出来的这些文物，拍第一张照片。他就到了现场，由这个积水里头拿出来这么大一个双耳的古代的漆器，就是喝酒的酒具，非常的漂亮，那个漆颜色非常完整，而且耀眼夺目。拿出来他正准备照，也就是几秒钟，还没摁快门呢，这个东西化为灰烬，一点都没有痕迹了。所有的人吓得目瞪口呆，完全不知道是怎么回事。实际上这个东西在那个液体里头得到了保护，它是绝氧的，拿到氧气中来以后迅速地氧化，没了，连一点灰尘都没有，他自己也吓坏了，这张没照成，这东西也没了，他说他经历过这种惊险的情形。后来当然就知道了，千万不能脱水，还要维持那个液体，拿出来以后赶快装到比如说一个容器里头密封，它能保存。如果脱离了那个液体，或者接触了氧气，马上就坏了。

解说：罗哲文做古建保护，就地取材，尊重环境，以柔克刚，他事无巨细，事必躬亲，却毫无怨言，乐此不疲。相形之下，罗哲文的个人生活黯然失色。他爱好摄影、诗词、书法，但多以古建筑为母题，即便没有勒名于石，依旧能够充盈百代。

肖泽颖：罗哲文先生作为那些重大事件的亲历者，他积累了哪些重要的珍贵的资料？

舒乙：你比如说“文革”的时候他没事，他就跑去看拆北京城墙，正在拆西直门，他就每天早上抱着照相机蹲在那附近照，照了一个拆西直门的动态图。拆着拆着里头出现一个元代的城门，这个城门是明代的，拆到里头出现了一个小城门，小城门是元代的西直门。当然它有元代的名称，这个要放在现在肯定就不再拆了，你想找到元代的城门那还得了，肯定要加以保护，那时不管，继续拆。结果罗先生在旁边照，所以现在那个元代的城门的样子，全在他的照片里，那是唯一的。还有很多类似的经历，我觉得因为他资历特别长久，所以他等于是个活字典了，不得了。他的那些资料具有极大的珍贵性。

解说：用双脚丈量长城的这位老人，耗尽移山心力，为中华留下巍峨丰碑。他跨峻岭，穿荒原，越瀚海，经绝壁，纵横十万里，赢得了最饱含敬意的喝彩。

罗哲文先生是中国营造学社最后一位大师，他留下了绝美的财富和身边的感动，如日月之辉，似烛光篝火，引领着我们拓展希望，激活生命。罗哲文先生为我们留下了滚烫火热的古建筑研究奇迹，澎湃着强国的雄心，他怀着千里梦想，仍在路上。

不是归途，是千里奔波，是雪中送炭。

舒乙：他在古建文物界工作了 70 多年，所以是一个特别有资历的、权威的专家。

解说：罗哲文用有力的大手和坚强的笑容，缔造了世上最伟大的古迹保护工程，是站立在地球之巅的勇者。

曹南燕：罗老对文化遗产，对我们风景名胜、城市园林的贡献，应该说是有目共睹的，而且应该说做了非常突出的贡献。

解说：身为文博泰斗，罗哲文总是胸前挂着相机，爱抿一口小酒爱吃花生米，他不大的居所被称为文物保护的“120”，他“有一半时间在飞机上”，为的是抢救、保护。他总是精神矍铄，笑容可掬。从人群中一跃而出，又悄然回到人群中去，他，是侠之大者。

肖泽颖：罗哲文先生在您心中是什么样的形象？

郭旃：一想起他呢，就两个形象。一个他总在笑，那样慈祥和善的微笑；一个呢，他胸前总是挂着两架甚至三架相机，记得我们一起出国的时候，老人家那个形象，别人都以为他是日本人，那个时候可能还很少看到中国的专家挂着相机，这么敬业，到处在那儿琢磨，到处在那儿拍照。

肖泽颖：罗哲文先生在您心中是什么样的形象？

曹南燕：好多年前了，我到他家里去，罗老特别俏皮地告诉我：我们家被撬了。我说您家撬了，丢什么东西了？当时咱们肯定想，是丢什么钱了。罗老说这个我不知道，但是我告诉你小曹，我相机没丢，我的反转片没丢，我所有的材料都没丢。就是说这个被撬了，跟他没什么关系，他关心的是那些照片文字材料，他所写的那些东西没有丢就成了。

解说：他精神无敌，到达了古建筑研究的峰顶。

曹南燕：他是中国的专家，是世界的专家，他的胸怀非常宽广，他虚怀若谷。

解说：生活中的罗老非常简朴，从来都是穿一身中山装。

曹南燕：勤俭一辈子，客气一辈子。

解说：饮食简单，一件马甲从灰色洗成了浅灰色，伴随他走完了一生。

肖泽颖：罗哲文先生在您心中是什么样的父亲的形象？

罗杨：我知道我父亲就是一个从来也不数钱，也不知道钱的人。他肯定没有钱包之类的物件，用的零用钱也就是随身不定揣在哪个兜里，就是我母亲洗衣服的时候经常就会发现，不定哪个兜里揣着好多钱。在没有别人的情况下，我们家里自己吃饭的时候，每次我们吃完菜的盘子，他都会拿一个馒头揪下来一块，把那个盘子整个擦一下，之后把馒头吃了，就是对生活一点没有要求。而且非常简朴，虽然他没有经常用“谁知盘中餐，粒粒皆辛苦”这种语言来教育我，但是我看到他每天都是“一粥一饭当思本之不易”，如果在家里吃饭就是把这个盘子擦得非常干净。你知道他怎么刷锅呢？就是炒完菜的锅，他经常说先不要洗。最后他吃完饭之后，他会在那里自己倒一点水烧开了，完了他说是高汤，就是这样把每天的汤都喝了。因为他是农村出来的，就是一点都不浪费。我母亲应该说比较崇拜他。可是在我的心里，他好像就是整天乱跑，也不知道跑什么。而且我们还经常地在家里甚至会有一些争论，我觉得他这么大岁数了，有很多的事是不应该他去操心，我觉得很多事应该是国家管的，应该政府管的，可是他都在那儿奔跑，这个我们在家里也经常争论。但是我有一点非常安慰，就是我父亲在住院期间，正好我到江西去出差，那儿有一个副省长叫朱虹，知道我父亲是谁之后就问我父亲身体好不好。其实那会儿父亲已住院了，但我想他伤风感冒得了肺炎，很快就会出院，所以我跟朱省长说身体挺好。朱省长就跟我说：我想也是肯定挺好。我说你怎么知道？他说因为我们刚刚接到温家宝总理转过来的一封信，是你父亲写的，从笔迹上看也非常有力。他说写的是关于庐山要建一条索道，我父亲觉得不太合适，温总理批给他们省政府。我说他老人家总是要多管闲事，朱省长说：不是，你父亲说得非常对，温总理批来之后我们就跟庐山迅速联系了，它修的那条索道就是在风景区之内，因为庐山是世界文化遗产，如果要修了索道，现在联合国有一个奖惩机制，可能会取消遗产的资格，所以我们经过慎重研究，已经停止了，就是不在风景区里建这条索道了。我当时想回来把这个消息告诉我父亲，实际上我父亲那会儿说话已经非常困难，这是一个好消息却没有能告诉他。所以在我的印象里他就是这么一个人，就是只要是哪里牵扯到遗产的什么问题，他都在奔跑，都在呼吁。

亲朋追忆：温润如玉　痴心学术

解说：他待人和蔼，有着温润如玉的性格，渊博宽厚。罗哲文的家，比人高的书堆占去了一半，剩下的空间只能容一人半侧身通过，整个屋子一半都堆满了书、照片、资料。他静能寒窗苦守，动能点石成金，沉淀了独喜偏爱般的感动和寄托。

肖泽颖：罗哲文先生对您的培养体现在什么地方？

郭旃：罗公是一直着力培养我的。那么我们在一起讨论的总是文化遗产保护的理念、准则，甚至有争论，争论不在于别的，罗公对于自己的民族文化是太尊崇了，太热爱了，所以我们讨论到一些细节、技术要点的时候，有时候会有一些学术的分歧，他从来不觉得我们顶撞他，因为我们之间太信任了，他从来是把我们当作他最信任的门生弟子一样，在着力地培养我们。所以即便我们争论得再厉害，老人家总是笑呵呵地说，我们有点不同的学术观点。

肖泽颖：罗哲文先生对人的认可和接纳体现在哪儿？

曹南燕：他穿的衣服就像一个什么破老头一样的，你看不出来他是个大专家，平凡的一个人。而且他让你写什么东西，你写什么，他就给你亲自改，有时候把着你手来做。我有时候开玩笑，跟罗老开玩笑：罗老您字写那么好，我一定要向您学习，我也要学这个字。“那好啊。”他特别热情地问你，“你学过吗？”我确实从4岁开始学柳公权，“那好那好，柳公权的字是最好的字，以后教你。”有很多人你跟他说你去学字啊，或其他什么，人家未必当真，罗老那么大的专家，但是他都能够接纳你。

肖泽颖：您说罗哲文先生永远在学习，都表现在哪里？

张之平：真是活到老学到老，我们出差非常累的时候，他晚上还在那儿动笔写东西，罗公的用功做学问，是我们整个行业都出名的。所以他真的是我的一个榜样，是我的师长，但是他也是很平等的，平易近人，他管我叫同志和老友、老朋友，我也真正地把他当一个最亲近的老朋友，所以有什么话都可以随便说，有什么问题都可以探讨，有不同的意见可以争论。罗老这个人非常宽容，爱护青年人，特别推举青年人，有谁要是喜欢爱好文物古建筑，罗老能帮上忙的，他绝对会有求必应，从来不说“不”字。

解说：他在中国古建筑上独树一帜，独有的气魄谱写了大自然文物古迹保护交响曲，倾诉着壮志豪情。

肖泽颖：如何评价罗哲文先生？

罗杨：是非常伟岸的，非常有男人气质、气概的这样一个父亲。

解说：50年跋涉传心，在全国各地奔波，不停地出席各地的古建、文物专业聚会，提供咨询、论证和建议；随身两台照相机，拍出的精美照片，呈现着人世间万物和温馨梦想，透视着古建筑历史意蕴。用心与血薪火相传，如愿以偿迸发出奇妙的人生激情。

肖泽颖：罗哲文先生在对待学问上严谨认真的态度体现在您知道的哪些事例中？

张晓雨：2009年，因为这个邀请来得比较晚，他答应了香港一本叫《中国旅游》的杂志，这个杂志上头给他留了三个页码，写一个关于中国关隘考证的问题。他临走急匆匆的，打电话把我叫去了，他说你把这篇文章写了，不要署我的名字。我说行，我就把这稿了传到香港去，香港很快就印出来了。回来以后我是特别沾沾自喜，老师三十来年了，钦点我替他写，那就是说，说明我已经够格了。我就给他写了，发表了以后，我就拿着样刊给他送去了，他说引了多少？我说我从《淮南子》里，大概引了有二三十处。他说我咋没看见参考书目？我说我有，但是我没给它列在后面。他说你能保证你万无一失，不会错吗？我说一般情况不应该错。他说别一般，要真错了这就是贻误后人，你赶紧把你那个参考书目拉出来，给人家香港发过去，写一封道歉信，没有参考书目人家看原著肯定没问题，原著有错误原著负责，我们写出去的文章，我们就要负责。当时我那个火上的，我想我也是文物界的堂堂秘书长，我也上了专家大典了，但罗老就认真到这个程度。

古建筑的忠诚守护者

肖泽颖：罗哲文先生作为古建筑的忠诚守护者，体现在什么地方？

张之平：80 岁了，能多去一个地方能多保护一处，他都会举双手赞成，所以你看他的照片经常有举手。为什么？所有文物保护事业他全支持，经常这样。就这种精神我都觉得真是我们下一代人要努力去学的。对他来说没有什么艰苦可言，只要是保护遗产的事他都是亲力亲为，特别兴奋特别高兴地去做。

解说：“几回清梦回李庄，江水滔滔万里长。”

张义生：从李庄时期，从清华时期，到国家文物局时期，各个历史阶段的他在这方面做的工作。

解说：50 多年后的今天，激情相递旧情旧景旧时光。

罗杨：对所从事的工作和热爱的事业，不停脚步的、不停地努力的这样一种奋斗。

解说：1992 年罗哲文重访李庄，开始了半个世纪的回忆：生命在欢唱，只有在李庄古镇这片土地上，才能看到这样鲜明的色彩，自然文化遗产的壮举，呈现着轻盈的旋律。当年，李庄“中国营造学社旧址”已被国务院公布为第六批全国文物重点保护单位。“故居的力量，远远不只是产生旅游，而在于对往事精神的寻找”。罗哲文感受大自然文化遗产包孕天地的雄伟气魄，聆听最原始的歌声，记录生命的寂寞与灿烂。

肖泽颖：罗哲文先生因为中国营造学社到了李庄，对李庄有着深厚的情感。

陈苏：李庄是我们长江边上的一个古镇，当然它的区域是在我们宜宾市翠屏区一个乡镇，过去它是长江边上的一个小村，到现在大概是 1400 多年的历史，所以也是一个历史文化深厚的古镇。当然这些年李庄逐渐地被世人所关注、所了解，还有一个原因就是在一个特定的时期，有一批文化精英在李庄工作过、生活过、学习过。从我平时有限的跟罗老先生的接触，和他的学生或者是家人这种交流的过程当中，我感觉到罗老先生对李庄有特别深厚的感情。这个在罗老的相关的一些回忆里头，他也曾经说到过，如果没有中国营造学社就没有他的今天，这里头有一个偶然，也有一个必然。偶然是因为中国营造学社到了李庄，必然是因为他也喜欢，过去也喜欢画画，喜欢我们的中国文化，所以这种偶然和必然结合起来，让他的人生道路发生了变化，从此走上了对我们文物进行研究、保护，以及相关的一些工作。

解说：中国古建筑拥有无与伦比的历史沉淀，罗哲文敞开胸怀吸纳人类一切优秀文化成果。

舒乙：中国的文物是丰富的宝藏，特别多，而且博大精深，内容非常的庞杂和复杂。

解说：思考未来独特的建筑风格和浩大的建筑规模，“三套马车”聚焦中华佛教圣地、佛教建筑、名城、名镇、名寺、名山、名村、名园，展现着华夏历史迷雾与当代古迹保护理念，浓缩着中国千年博大精深的大国文化底蕴。从北京古城的改造到故宫的大修，从长城的保护到运河的整治，从历史文化名城的设立到世界文化遗产的申报，每项国家文物建筑保护都倾诉着罗哲文人生 88 年壮志豪情。

肖泽颖：您怎样评价罗哲文先生？

舒乙：罗哲文先生是一位特别可敬、可爱的人，我们原来有一个称谓，叫作“三套马车”，这是什么意思呢？就是打倒“四人帮”之后，当时文物遭到了大量的破坏，这个时候罗先生是政协委员，他就三个人绑成一体，频频地出动，到全国各地去视察、去呼吁，干什么呢？去挽救那些濒临彻底灭亡的中国的文物，去抢救它们。这三个老人是谁呢？一个叫单士元，一个叫郑孝燮，一个叫罗哲文。那个时候单先生已经 80 多了，郑先生 70 多，罗先生 60 多。他们频频地到全国率领政协委员去视察，当时困难重重，很多单位根本不接待他们，甚至于把他们赶出来，甚至要讽刺他们。因为一看见三个人特别老，就说老棺材瓤子敢出来，意思就是你们找死，就是很不欢迎他们。但是毕竟是全国政协委员视察，所以他们还是到了很多地方，挽救了很多岌岌可危的文物。

肖泽颖：罗哲文先生在带病情况下仍然坚持推动蜀道工作，当时罗老的状态是什么样的？

齐欣：然后从那儿出来，照完相以后，站在楼下跟我说，齐欣订票。我说去哪儿？去四川蜀道。我说好啊，我就找到了朱晓楠同志。罗老无数次去四川，去四川就找另外一个得意的弟子，叫朱晓楠，现在是四川省文物局的副局长，那时候还是四川省文物局文物处的处长。晓楠第二天接上我和罗老，傍晚到的，在机场外面的小店，随便吃了几个菜，喝了一口小酒，老人喝了一口小酒，连夜就走，往蜀道上走，住在绵阳。罗老休息的时候开始跟我说，能不能借鉴大运河的成功经验，当年把蜀道推一下？我说蜀道这事咱熟啊，来吧。然后从2009年开始，我们真的是用大运河的成功经验，去向全国政协的委员游说，去推动，全国政协又非常支持，经过了三年，终于在2011年大规模的蜀道考察又开始了。但那个时候罗老已经病了，罗老已经不是当年的罗老了，心还在，但是他真的是累了，累在哪儿？他被他自己的固执给拖累了。就是他本来一个很小的问题，如果我那时跟他就是像对父亲一样，自己家里人，而不是一个助手那样，说你要去早去不就好了吗？所以去蜀道的时候，他是背着尿袋去的，别人都不知道，是背着尿袋去的。

肖泽颖：罗哲文先生对文化遗产的保护永远充满了活力，体现在哪儿？

张之平：他对文化遗产保护的这种激情，是年轻人都比不了的，特别激情四射。所以我觉得一直到最后，他自己可能都忘记了岁月的流逝，忘记了他自己的年事已高，忘记了他体质下降。80岁的时候还居然进了罗布泊，这是很多年轻人都进不去的。我们第一次去西藏是在1985年，他已经是60多岁了，很多别人做不到的事，罗老从来都是身体力行，只要是为了文化遗产保护，他从来是不遗余力，乐此不疲，真是特别有激情，这点是好多年轻人都比不上的，我觉得我特别受他的这种影响和鼓励。

解说：玉树临风的品格，融会贯通的学识，回味无穷的韵味，让中国的古建筑保护走向世界。

这是罗哲文最美的轨迹，罗哲文心灵延伸的是：以紫禁城为代表的皇家文化以及胡同、四合院，敦煌、云冈、龙门石窟开发与保护，绽放的是中国文化遗产中独特的帝景艺术、古建筑还原、文化典故、建筑本身独特的建筑艺术以及文物的文化价值。罗哲文心中的中国的古建筑是那样的妙趣横生，蕴藏着万种精灵，闪烁着东方文明的灿烂光辉，包孕着万物生机，焕发着独有的潇洒与俊健，仪态万方。

舒乙：由于他思想非常活跃，他能够第一个提出来怎么办。我随便举个例子，你比如说“长城学”是他第一个提出来的，保护长城当然是全中国的现代人的使命，但是把长城当作学问来研究是他第一个提出来的，这不得了吧。紧接着是大运河，他又提出来大运河可不可以成为“大运河学”、大运河学会，这些现在都还没成立呢。但是这个思想他已经提出来了，他有很多这种建议，我觉得这个了不起。很多提法，提出来以后是有争议的，但是从长远来看，他的这种提法第一是有首创的意义，第二有重大的现实意义。你比如说陈独秀墓地，陈独秀的坟墓搬了好几次家，最后搬到故乡去了，安徽的安庆。他就第一个提出来把这个定为国家重点文物保护单位。当然现在也还没实现。这些重大的提议是他提出来的，所以我觉得这个人了不起。

解说：巍巍长城屹然挺立，运河之水奔流不息。

肖泽颖：您对罗哲文先生最想表达的心里话是什么？

朱炳仁：就把这一条小道建起来，让罗老永远在运河边上，活在我们的心里。

解说：古建楼阁肃穆默然，罗哲文传承世界文化遗产，他希望全中国的文化遗产保护列入国法。

肖泽颖：如何评价罗哲文先生一生为之付出的文化保护工作？

舒乙：是我们国家的骄傲，是我们国家历史的传承，意义很大。

解说：让全社会公众都参与到文化遗产保护中，做古建筑的忠诚守护者。这洋溢着葱茏的情意，彰显着人类恩赐与眷顾之情。这是包容和义举，显示了人生无论天荒地老、无论沧海桑田，一颗赤子之心血脉相随的道义。

二〇一二年五月

北京

范曾：文化多元化中的中华古典与现代

现在中国文明要复兴，我希望从事艺术的人，要真正有一种担荷，真正有一种责任，而担荷和责任，它是有前提的。

范　曾

嘉宾简介

范曾　北京大学讲席教授、中国画法研究院院长，中国艺术研究院终身研究员，联合国教科文组织“多元文化特别顾问”，南开大学、南通大学唯一终身教授。“以诗为魂，以书为骨”，这是范曾绘画的显著特色，是他几十年创作甘苦的体味与总结，也是他为中国画提出的箴言。范曾认为，举凡中国先哲深睿高华之感悟、史家博雅浩瀚之文思、诗家沉雄逸迈之篇章，皆为中国画源头活水。加之画家对宇宙人生，入乎其内，出乎其外，以诗人之眼观物，以诗人之舌言事，胸次既博大而格调又清新，其所创制，自非一般。范曾生长于诗人世家，受诗歌环境之熏陶培育，且有厚实的儒、释、道等中国传统文化的滋养，因此其内心就蕴含着一份涵养深厚的诗魂，这份诗魂又氤氲在他的笔墨深处。

导语：

范曾，中国当代著名学者、思想家、国学大师、书画巨匠、文学家、诗人。现任北京大学讲席教授、中国画法研究院院长，中国艺术研究院终身研究员，联合国教科文组织“多元文化特别顾问”。

范曾，这个名字在中国的书画界，乃至于在中国的文化界都是一个十分响亮的名字，这些年来，他的各种书画作品为中国和世界瞩目。有人这样评价范曾的绘画特色，就是“以诗为魂，以书为骨”，他的画中诗意不仅体现在整个画面的意韵风神中，同时还体现在每一笔的点画流美之中，让古老中国的“诗、书、画”在他的灵动情采中有了凛然的风骨，更有了诗思相接的内涵。他平生著作等身，出版著述一百五十种，赋诗两千首，加上书画、哲学范围的著述，他也渐渐地成为了当代中国集诗书画、文史哲、儒释道于一身的文化大家，现今，国家图书馆已经珍藏了其中 119 种。也正因为如此，范曾被称为“国学大师、书画巨匠”。之前已经执教于各个重点高校的范曾，2010 年 12 月 30 日，受聘担任北京大学讲席教授、中国画法研究院首任院长。

2010 年，范曾就任联合国教科文组织“多元文化特别顾问”，从民族文化与哲学的角度，努力促进世界人民的和谐共存。

1938 年，范曾出生于江苏南通的一个诗书世家，也许是耳濡目染的家庭环境，年幼的他就已经展现出艺术天赋，13 岁就加入了南通市美术协会，与当时的另外两人并称为“南通三小画家”。17 岁范曾考取南开大学历史系，从学于著名教授郑天挺、雷海宗等人，并以优异的成绩，评为优等生。如今作为一代书画大家，范曾却不曾改变过去潜心读书的习性，还是将大量的时间，流连于万卷书香之中。

中华文明也被称为“华夏文明”，以“诗、书、易、礼、春秋”为文明源泉，是世界上最古老的文明之一，也是世界上持续时间最长的文明。但是，延续了两千多年的“礼乐教化，严华夷之辨，推崇仁义礼智信”的文明，却在很长的时间里，经受着各种考验，甚至还一直遭受着各种内外指责。那么，已经延伸于海外的中华文明，生命力如何无穷？风采如何延续？

早在20世纪的1988年1月，就有75位诺贝尔奖获得者在巴黎发表联合宣言，向全世界呼吁：21世纪人类要生存，就必须汲取2000年前孔子的智慧，必须重新认识东亚文明。一石激起千层浪，曾被视为全球人类未来希望的西方文明一时成为众矢之的，被指责为20世纪诸多社会危机的罪魁祸首。而国内诸多有识之士，也不停地呼吁，复兴我们中国的传统文化。对此，范曾从文化的角度阐述了自己的看法。

虽是中国一代书画大家，但范曾并不大隐于市，而是心挂世人。千金的“散与来”之间，他都是在平淡中、性情中收放。2003年，他为抗击“非典”捐款，2008年为汶川地震捐款，以及2010年为玉树地震灾区捐款，每次在国家遭受严重自然灾害的关头，范曾都是身体力行地表达着一个中国文化人的传统情怀，心系祖国与同胞。但如今已经76岁的范曾，心中更挂念的无疑是中国文化的传承，他曾经说过这么一句话：“青年品德的完善，智力的发展，决定着祖国未来的命运，决定着我们民族的成败兴衰。”

当今世界，随着科技的进步和经济的发展，经济一体化已经成为不可阻挡的发展趋势，时间和空间也发生了巨大的变化，而人类的生活也越来越像生活在一个地球村，然而这种变化带来了文化的趋同。强势的西方文明，压制着处于劣势的其他文明，亚非拉第三世界的国家要实现的现代化，似乎也是西方化。在这样大的背景下，联合国通过了多元文化发展的文化战略，中国该走向何方，背后的意义又是什么，今天我们就采访著名国画大师范曾先生，从全球文化大视野的角度来解读。

肖泽颖：您是联合国特别文化顾问，那这个顾问特别在哪儿呢？

范曾：特别在什么地方呢？就是少，少就特别。全世界只有两个联合国多元文化特别顾问，如果多了就不叫特别，对不对？联合国本来是一个团结和谐的组织，可是联合国里有各种部门，我想联合国教科文组织是联合国里面最和谐的组织，我们每年都举行多元文化节。

肖泽颖：您作为多元文化的特别顾问，那么这个多元文化是什么？

范曾：现在世界上还有6000到8000种语言，每种语言都是一个族群，最小的族群只剩下1000人，可是6000种到8000种语言，都表现了6000个到8000个族群的集体记忆，他们的文化是不同的，在当今世界走向一体化的过程里，我们在文化上要强调它的多元化，要珍惜和保护任何一个小的族群和他们集体的文化记忆。这是人类的共同财富，这就是我们多元文化的根本意义。

多元文化必将使世界花团锦簇

肖泽颖：我知道您一直以来都是致力于中国传统文化的弘扬，回归古典、回归自然也是您的思想，一直到您之前在南开大学创办了东方艺术系，这样的实践无不体现出您的这种东方士大夫的兼济天下的胸怀和志向，那么同时这种实践活动和多元文化之间有什么样的联系呢？

范曾：多元文化特别意义之处就是尊重生活在这个地球上的每一个族群，他的思想、心灵的自由。而不是用狭隘的种族主义、后殖民主义的思想去使他们就范，这样的话，我想这个意义是非常长远的。文化的一体化将是世界文化的危机，文化的多元化才是形成将来文化在全世界花团锦簇的必须。如果光开一朵花是不行的，要五彩纷呈，这才是很美好的世界。每个人都能够甘其食、美其服、乐其俗、安其居，那么这是和谐的世界，他首先是从每个个体的感受出发，而每个民族都能保持这样状态的话，那么一个和平的世界就会在我们面前呈现。而我们中华文化是这其中历史最为悠久的，延续数千年不断，而且从它内容上来讲，中华文化强调的是一种中和仁恕之道，而中和仁恕之道体现在我们民族哲学的、伦理的、诗学的、绘画的等各个领域，它所带给人类的是一股祥和之气，而没有欺凌压迫之感。这个就是我为什么坚持要强调中华文化在世界上地位的原因，因为它能够带给人类一个幸福的未来。这个是我们作为一个大民族无可旁贷的责任，如果我们有了这样的宽容，那么孔子讲的“和而不同”的世界就产生了，“和”是一个大的方向，而“不同”就是多元。

中华文化是世界第一流的文化

中华文明也被称为“华夏文明”，以“诗、书、易、礼、春秋”为文明源泉，是世界上最古老的文明之一，也是世界上持续时间最长的文明。但是，延续了两千多年的礼乐教化，严华夷之辨，推崇仁义礼智信的文明，却在很长的时间里，经受着各种考验，甚至还一直遭受着各种内外指责。那么，已经延伸于海外的中华文明，生命之树如何长青？风采如何延续？

肖泽颖：范先生您知道，我们东方文明一直是世界历史上最古老的文明之一，那么，既然它已经是这种最古老的文明之一，今天为什么又要提出来我们要复兴这种中华文明？

范曾：你要知道，对中华文明的认识，特别二十世纪初一批知识分子，感到中国的落后是来源于中国的文化，因为当时他们“爱之深、恨之切”，他们认为中国之所以科技不发达，之所以民生凋敝，之所以备受侵凌，是由于中国的方块字，这个方块字一定要取消，希望走向拉丁化。那么当中国文化的载体一旦取消的话，中国的文化就不复存在了，后殖民主义的根本标志就是他们不再以掠夺土地为目的，而是以他的文化、以他的经济实力，推动他的文化向各个地区播种，而征服他们的青少年，是后殖民主义一个巨大的特点。对于老年人他不太容易征服，可是青少年很容易被征服。

现在我们看得很清楚，世界上强势的国家，靠着他们的文化艺术，像动画等，用着一些我认为不太雅的措施，比如讲，花极高的价钱，去购买极其丑陋的中国的后现代主义作品，买了一张，他可以动摇十万个青年画家。所以讲，我们难道不应该注意这个问题吗？所以在“五四”以后，甚至我们民族最杰出的、最有影响力的一批知识分子，如鲁迅、瞿秋白、胡适、钱玄同他们都持这样虚无主义的态度，当时实在是非常危险。可是今天不同了，今天我们国家站起来了，而且这个站起来，不光是这30年，还包含了毛主席领导的30年，这个

60年的历史，使中华民族认识到中华民族站起来的意义。从毛泽东开始，他就提出来，从孔夫子到孙中山，我们都应该做一个历史的总结，吸收民主性的精华，剔除封建性的糟粕，这是提高民族自信心的一个必要前提。你要知道我们中国，从道光以来，170年，中华民族备受侵凌，备受侮辱，甚至我们的文化经受了各种内在的、外在的摧残。幸运的是今天中华民族已经到了一个全面振兴的时代，我从来没有遇到过这样好的时代，这170年来，从道光鸦片战争开始，中国人就受苦受难，受尽欺凌，难道今天作为中国的文化人，不应该告诉世界，我们中华文化是世界第一流的文化？我们中国文化，它具有世界的不朽价值。这个就是我们必须做到的，而且可以做到的。现在的一些西方人，别看他们戴着有色眼镜，可是法国的有识之士授予我荣誉军团骑士勋章，就表明看法是可以改变的。

早在20世纪的1988年1月，就有75位诺贝尔奖获得者在巴黎发表联合宣言，向全世界呼吁：21世纪人类要生存，就必须汲取2000年前孔子的智慧，必须重新认识东亚文明。一石激起千层浪，曾被视为全球人类未来希望的西方文明一时成为众矢之的，被指责为20世纪诸多社会危机的罪魁祸首。而国内诸多有识之士，也不停地呼吁，复兴我们中国的传统文化。对此，范曾从文化的角度阐述了自己的看法。

肖泽颖：那么无论是精英文化还是民间文化，它都是农耕时期创造、发生的。那么对于今天的工业文明时期，精英文化也好，民间文化也好，您是怎么看待两者对我们当代人的这种生活和精神的指导的？

范曾：在提这个问题的时候，一定要弄清楚文化和文明的区别，文明是与时推移的，比如讲科技上的一些创造，这些东西我们中国和西方还有一定的距离，可是文化它是不存在距离的。你刚才讲中国的文化是农耕时期，还远远不是，中国文化在我们遥远的新石器时代就透露了它东方文明的一抹曙光。而这个历史悠久的文明，从奴隶时期、封建时期、半殖民地半封建时期，没有经过一个资本主义时期，它能够保持到今天，能够使我们继续发现它的辉煌，无疑对我们是非常难得的，我们要珍惜这份宝贵的遗产，全世界没有一个国家的文化像中国这样古老，而保留得这么好。比中国历史悠久的有：埃及、巴比伦、印度，历史都比中国悠久，可是他们的文化失落得太多。我们这个文化保持着一种自足的、完整的体系是有原因的，因为我们中华民族这块大地，北边有长城，南边有海洋，在古代他不太容易一下子统一到其他的族群里面去，因此我们可以讲，我们祖先在这儿。现代人，现代的埃及人他能说古埃及人是他的祖先吗？现代希腊人能说创造米罗岛的“维纳斯”的是他的祖先吗？人种换过了，印度现在还有巴利文，还讲梵文吗？没有，都是英文国家，什么叫民族，民族是讲同一种语言的族群，而不是因为你皮肤的问题。

肖泽颖：之前中国的文明都是依赖于西方人的这种认同，比如说好莱坞影片的制作，包括诺贝尔和平奖的评奖等等，似乎都是西方在掌握世界这种文化体制，您怎么看？

范曾：我记得有一个有名的文艺家，他说他刚到了美国时看见满街人的脖子上，都有一颗从来没有受过欺负的头颅，傲慢。人类的心灵的拯救，一定要使人类从物欲主义这个迷茫的泥坑里走出来，你知道美国今天的最大问题，我用6个字来概括，所谓中东问题，就是“石油”二字，所谓经济危机，就是“消费”二字，所谓解决经济危机的方法，就是“赖账”两个字。

肖泽颖：您提倡“回归传统、回归古典”，那么如何回归，能够真正地回归吗？

范曾：这个回归，一定不要只从字面上认识，好像是个复古，不是。回归乃是一种超越。回归的本意是什么？就是你必须了解这个民族文化真正的实质是什么，当你不了解这个民族文化实质的时候，你讲回归也不知道回归到哪儿去。那么回归就是认识自己，认识自然，认识自己国家的、民族的古典的文化，也包含认识人类最优秀的文化，因为我们民族从来不排斥西方的、外部的最优秀的文化。

肖泽颖：那么从反面来说，对您个人而言，可能是对中国传统文化和艺术价值上的一个肯定，如果我们从东西方文明的这种发展演变来看，有没有一种可能，就是东方的文化被西方兼容了？

范曾：我们从历史上讲，从汉、唐，都是广泛地吸收中亚、西亚乃至西方的文化；近代以来，中国的知识分子在承继自己民族文化的同时，他们还做了一个非常有意思的事情，就是积极地翻译西方的著作。没有任何国家，对西方的经典文明，翻译得像中国这么丰富，这么全面，这么多。我想中国的知识分子，在今天有了一个能力，就是很客观地看待自己的文化，也很客观地看待西方的文化，怎么在新的世纪能够使东西方文化邂逅。而这邂逅的过程里，不是趋同，而是更强调我们的民族文化所能奉献给世界的那些最精华的部分。

中国需要自强不息

肖泽颖：那么中国需要做什么？

范曾：天行健，君子以自强不息，要自强。

如今作为一代书画大家，范曾却不曾改变过去潜心读书的习性，还是将大量的时间，流连于万卷书香之中。

肖泽颖：改革开放30年后，我们中国的经济得到了高速的发展，我们的文化也有了这么好的一个局面，那么我们的东方文明目前来说能够复兴吗？如果复兴的话，是哪些内容能够复兴？

范曾：现在中国文明要复兴，我希望从事艺术的人，要真正有一种担荷，真正有一种责任，而这种担荷和责任感，它是有前提的，你有没有这个能力？现在文化界有很多情况，还是黄钟毁弃、瓦釜雷鸣，互相妒忌恼恨、攻击，无所不用其极。这种情况是一种非常低劣的通病，这绝对要不得，我最讨厌的是中国知识分子的那种扭曲的心态。这种心态如果让它延续下去，中国的文化是没有希望的。

肖泽颖：什么样的艺术家才能够得上这种资格？

范曾：首先，他对历史、文化，对世界、对东方至少要有一个清楚的了解。若你现在找一个画家，叫到面前来，问他一个国学的问题，他抓头挠腮，一无所知，这就是一种低级的手艺人。这能算我们时代所需要的大家，所需要的大师吗？

肖泽颖：那么如何才能成为大师大家呢？

范曾：那就看自己是不是有经年累月的辛劳。

肖泽颖：今天我第一次走进您的书房，我感觉特别大，首先给我的感觉是，书这么多，都是四库全书。

范曾：这个四库全书将近8万卷，8万卷书里面挑出百分之一，800卷是我必须看的，我准备看30年，也就是讲，从现在看到106岁。

肖泽颖：现在每天读多少书？

范曾：我可以告诉你一个例子，康德是18世纪末期德国的一个伟大的哲学家，他伟大到什么地步？他是在笛卡尔之后、黑格尔之前，西方哲学的一个伟大的桥梁。他的三部书，《纯粹理性批判》《实践理性批判》《判断力批判》，这三部书我看了800个钟头，每天早上从五点多到七点，看了一年半的时间，你们可以看我做的几万字的笔记，仅仅是读一个人。一直到现在，我每天早上五点多起来，我今年76岁了。做什么？念书学习。我为什么在讲座的时候回答任何问题时了如指掌，这就是因为知识的积累。没有知识的积累，人一俗，人格不高，下笔必俗，这是没有任何方式可以掩盖的。如果一个人画画时成天想着怎么拿到拍卖场去，怎么把自己的画卖得价格高一点，越想这个，越想金钱，你将失去艺术的生命。

肖泽颖：您目前在文化界，是一个什么样的位置？

范曾：蔡武部长最近在聘请中国艺术研究院终身研究员的会上讲，这几位，当然也包括我，都是在各自领域的里程碑式的人物。

虽是中国一代书画大家，但范曾并不大隐于市，而是心挂世人。千金的“散与来”之间，他都是在平淡中、性情中收放。2003年，他为抗击“非典”捐款，2008年为汶川地震捐款，以及2010年为玉树地震灾区捐款，每次在国家遭受严重自然灾害的关头，范曾都是身体力行地表达着一个中国文化人的传统情怀，心系祖国与同胞。但如今已经76岁的范曾，心中更挂念的无疑是中国文化的传承，他曾经说过这样一句话：“青年品德的完善，智力的发展，决定着祖国未来的命运，决定着我们民族的成败兴衰。”“少年强，则中国强”，不要忘记梁启超这句话。

肖泽颖：范先生，您目前在做什么？

范曾：目前我正在举行一个系列的国学开讲，这个国学开讲呢，大概要讲 30 讲，每一讲有 3 个钟头，现在已经讲了 7 讲。我要使人们知道，国学不光是儒学，更不光是孔子，国学包括什么？就拿中国的学问来讲，“诗、书、易、礼、春秋”是不是？这还仅仅是儒家，到了汉书艺文志十家：儒、法、名、墨、道、纵横、阴阳、农、杂、小说。东汉之后，佛教来东土，经过中国化的过程，也成为国学的重要内容，这个学问很丰厚。

肖泽颖：您觉得国学最能解决的人的根本问题是什么？

范曾：就是要解决一个“善”的知识。善，原来在先贤先哲的心目里，是追逐人类共同的目标：“至善”。

肖泽颖：今年 10 月 15 号习近平总书记在北京主持召开文艺工作者座谈会上的讲话中，指出了文艺工作者的历史担当和时代责任，对文艺家提出了明确的要求，您怎么看？

范曾：习总书记的重要讲话为文艺工作指明了方向。新时代的文艺，要吸纳中国和世界的优秀经典；新时代的文艺家，既要有上迫云天的鸿鹄之志，更要有脚踏实地的创造精神，爱人民要爱得深切、真挚、永恒。表现人民的生活，是文艺创作的首要任务，要使中国当代文艺从“高原”走向“高峰”。

坚持以人民为中心的创作导向

肖泽颖：今年 10 月 15 号习近平总书记在北京主持召开文艺工作者座谈会，总书记强调，坚持以人民为中心的创作导向，创作出更多无愧于时代的优秀作品，什么样的作品才是无愧于人民的作品？

范曾：每个时代流传下来的杰作，都无愧于那个时代。同样，习近平总书记寄厚望于当代的艺术家，他认为现在在中华民族伟大复兴、实现中国梦的过程里艺术家大有可为。不愧对这个时代，就一定要能够创作出为人民喜闻乐见的作品，而这个作品我想一定是属于中华民族的，属于我们这个时代的，一定是属于我们这个时代的大众的。这样的作品我想在过去也产生过硕果累累，但是在新的时代，习近平主席提出更高的要求，这点是我们艺术家特别感到兴奋，而且特别感到惊喜的，我们艺术家所从事的工作，要能创作出一个真正的为时代、为人民所热爱的，能够流传千古的作品，不是随意说说就可以做到的。

范曾：习主席对艺术家提出了很严格的要求，比如讲在道德上，他希望艺术家要作出自己的表率，在艺术技巧上，他希望艺术家精益求精，在心灵上他希望艺术家能够沉住气，这个“沉住气”三个字非常重要，现在艺术界普遍存在着心浮气躁的状态，希望惊世之作一下就能出来，其实真正好的作品不是一下子能出来的。所以过去有些急功近利的文艺家，都希望搞一个大跃进式的速度，就能够获取艺术的桂冠，这个是不可能的，而且我也告诉当今的艺术家，要能够做到佛家所讲的三点，第一看破、第二放下、第三自在。什么是看破？你要看破名利，“名利竟如何，岁月蹉跎，几番风雨几晴和，愁风愁雨愁不尽，总是南柯”。唐朝诗人也讲，“千秋万代名，寂寞身后事”。生前不要老惦着这个，这就叫看破。看破了你就能放下，放下很多名缰利索，虚名的争夺，譬如讲有一个省份，书法家协会竟然副主席有 30 多个，这毫无意义，是和艺术毫无关系的。

范曾：我认为习主席讲的学养、涵养、修养不是一天可以做到的。你们可以看看习主席谈话，他旁征博引，可以讲对古今中西的经典著作非常了解，所以他才能随口而来。他讲得非常深刻，而且非常感人，还非常亲和，他带给我们一种内在的力量，而那种力量是习主席从他非常博大的心里流淌出来的，所以这次讲话发表后，全国文艺工作者都非常欢欣鼓舞。

要有凌云之志又要有脚踏实地的精神

范曾：在中华民族全面复兴的伟大的历史背景下，习总书记亲自主持召开这次文艺座谈会并发表重要讲话，具有历史性的意义。习总书记强调了中华民族文艺的复兴在今天世界上的意义，要求我们尊重历史，尊重文化，在新的时代要发扬、光大、复兴我们民族的光辉。习总书记号召文艺工作者要重德，对文艺工作者的品格提出了很崇高的要求，他特别强调，文艺创作有它的特殊性，领导者要尊重艺术家的个性、流派、风格，要能够团结他们，能够引导他们走上一个更好地为人民、为社会服务的道路。

这么直率地，这么全面地谈到文艺问题，而且谈的都是我们心里想说的。中国的政治、经济和文化等各领域，有待于习总书记领导全国人民践行，能够在十八届四中全会以前，召开这样的文艺座谈会，用意非常之深，所以我们既兴奋又激动，也包含着忧患意识。

要有对新生艺术的助产意识，习总书记谈到了古希腊。古希腊苏格拉底讲需要新思想的助产师，我们中国文化现在也是如此。我们需要有艺术的批判意识，批判是辨析、判断。总书记对未来的艺术充满了希望，充满了一种关爱。他引了两句诗：“等闲识得东风面，万紫千红总是春”，他寄托这样的希望。我想我们中华民族文化将更加有希望。

不朽之盛事

范曾：习近平主席在文艺工作座谈会上的讲话，在文艺界反响之热烈是空前的。它宛如春风化雨，既使人感到温煦，也使人精神一振。庄严宣示了廓清是非、辨析真伪的宏门正道。讲话的全部精神，一以贯之的是热爱祖国的悠久灿烂的历史，吸纳世界人类所有的经典创制，彰显信仰之美、崇高之美，从而“为历史存正气，为世人弘美德”，不是回避崇高，而是走向崇高！

党的核心价值观首倡“富强”。国家不富强，遑论文艺？所以中国古兵家孙武《孙子兵法》所谓：“兵者，国之大事，死生之地，存亡之道，不可不察也。”然后，绝不可忘的是文化精神，曹丕《典论·论文》所谓：“盖文章，经国之大业，不朽之盛事。”《毛诗序》所谓：“正得失，动天地，感鬼神，莫近于诗。”张彦远《历代名画记》所谓：“夫画者，成教化，助人伦，穷神变，测幽微，与六籍（指诗、书、易、礼、春秋、乐）同功，四时并运，发于天然，非由述作。”

习主席在新的时代弘扬了中国古代经典的文武之道，高屋建瓴地提出：“文艺是时代前进的号角，最能代表一个时代的风貌，最能引领一个时代的风气。实现‘两个一百年’的奋斗目标，实现中华民族伟大复兴的中国梦，文艺的作用不可替代，文艺工作者大有可为。”

习主席在充分肯定我国文艺战线所取得硕果累累的同时，也阐明了对文艺现状的忧患意识，对有“高原”缺“高峰”表示遗憾，对在市场经济大潮中迷失方向，甚至沉醉于低俗、追逐感官娱乐的现象进行了切中肯綮的善意的批评。因为在我看来，目前文艺界最大的问题是忘记了文艺家应该是“来吾道夫先路”的精神领域的排头兵。习主席对文艺家的道德、学养提出了严格的要求，艺术家不能当市场的奴隶，艺术品不能沾满了铜臭气。我想，所有存在于艺术界的歪风邪气必须清扫，艺术家保持自身的纯洁，才有可能将神圣的为人民的使命感化为内心的绝对命令。

习主席用朱熹“等闲识得东风面，万紫千红总是春”一语诗意地结束了他的讲话，对中国文艺界的前景寄托了无限的希望。这使我想起鲁迅先生曾说过的一段话：“我已确切的相信，将来的光明，必将证明我们不但是文艺上的遗产的保存者，而且也是开拓者和建设者。”

光明在前，我们需要的是竭诚尽智的努力：“举世同襄中国梦，抬头便是舜尧天！”

二〇一四年十一月

北京

欧阳中石：以“文”“化”一切

“文”是美好和谐，“化”是一切都美好和谐了，用“美好和谐”的理念行之于“一切”，即以“文”“化”之，就是“文化”。

搞艺术的要有科学思维，搞科学的也要有点艺术灵感。科学家和艺术家都在为着美好和谐而努力。

字好坏需要归宗。你从古代哪位大家那追随而来，你还要有些什么发展，都要想清楚，练明白。

中华文化的标志是汉字，中华文字是中华儿女向世界奉献出的一份珍贵厚礼。

欧阳中石

嘉宾简介

欧阳中石　全国政协委员，国务院学位委员会艺术学学科评议组成员，文化部艺术系列美术专业高级职称评委会委员，首都师范大学教授、博士生及博士后导师，中国书法文化研究所所长。欧阳中石治学广博，在逻辑、国学、音韵、绘画、戏曲、文学、书法等学科都有精深的造诣。作为书法家，欧阳中石的书法如其为人，格调清新高雅，沉着端庄，俊朗而又飘逸，古朴而又华美。观他的作品，如欣赏高山流水，又如见万马奔腾，足见他“无日不临池”的深厚功力和勇于创新的精神。但是，无论是他的学生，还是慕名而来的人们发现，听欧阳中石讲得最多的内容，不是书法本身，而是中国文化。他是一位学问家，其丰富多彩的人生经历中，教书育人占了很大的比例；他又是一位教育家，从教多年，对基础教育、高等教育都有深入的研究与实践，可谓桃李满天下。

导语：

欧阳中石，我国著名学者、书法家、教育家。作为一位在海内外有着重要影响力的书法家，欧阳中石不仅有着一种严谨治学的大学者、大书法家风范，对中国的传统文化更是有着自己独特的认识。

肖泽颖：书法在中国目前是一个什么样的位置？

欧阳中石：应该说书法是一门学问，关于写字的学问，为什么呢？我是把它放在了中华文化的一个切入点上，我觉得中国的文字有它的成就。应该说这是中国人民向世界人民献出的一份厚礼，贡献给世界人民，可以拿来借鉴使用的。我们的书法文化是直接为中华文化服务的一门学问。所以我说，我们可以把它作为一个切入点来考虑。我想这样谈吧，人们互相之间进行交流，最直接、最方便的是语言，但是语言要受到时间、空间的限制，应该说它很方便，但是它有限制。当然全世界的人们很清楚，把这点进行发展，把它记录下来，记录成文字，就解决了时间和空间的限制，在这些方面文字取得了极高的成就。在世界上，各国的人们在这方面取得了巨大成就，我们非常高兴。

肖泽颖：您怎么想到去研究语言文字呢？

欧阳中石：这就是我们读书人喜欢考虑的一个问题。希望我们的文化在全世界都交流起来，这是要认真考虑的问题，从始至终都要考虑。作为一个中国人，生在我们这样一个有着深厚文化底蕴的国家，经常打交道的是我们的文字，我们对它想得就比较多一些，我就发现了一个问题：我们的文字是把客观事物的样子画出来了，这是它的优越性。

我们一张画画不清楚的，来两张画把它的意思表达明白，两张画还说不明白的，可以用不同的形式来表现出来，尽管我不认识它，但我知道它的意思。这就是说我们的汉字有一个很巧妙的东西，它把一个复杂的画用意思表现出来，所以说在这一点上了不起。应该说我们中华民族的老祖先们给我们留下一笔很丰厚的遗产。我们应当很高兴，我们不应当自私，应当把它贡献给人民贡献给世界。这是我们作为人类中的一员要来考虑的问题，我们有这个义务，中华文化非常了不起，我们应当很好地将它贡献给世界。

肖泽颖：我们怎么样欣赏中国的文字？

欧阳中石：对，怎么样把它拿出来？它是怎么出现的？这就是个问题了。最方便的是写，把它写出来或者画出来。我们的汉字书也好写也好，都和它的意义密切相关。如果把它都串联起来了就不得了，所以我说汉字是中华的祖先智慧的结晶。

肖泽颖：我们中国的书法的原则是什么？

欧阳中石：表达感情、交流思想，这是我们书法的课题的要点，这是最主要的问题。世界人民也这样认为，世界上孔子学院为什么多起来了？就是因为都想了解一下我们的文化的情况，这些方面都是从写字入手，都开始喜欢上它了，所以我们应当振作起来，应当努力地满足世界人民对我们的要求。

肖泽颖：中国书法发展到我们今天这个状态，您满意吗？

欧阳中石：不能够谈满意或者不满意。我们大家都应当走在大路上，大家都在往前走。互相尊重，互相鼓励着走，走的道路是一样的。我相信在历史上也并不是有一个人发出统一的命令，大家都跟着走。历史上是这样，现在也是这样，共同的追求下，自然会聚集起来，一起为我们的中华文化做出大家的贡献。

肖泽颖：我们怎么样去欣赏中国的书法？

欧阳中石：我相信我们中国的书法是会得到更广大的同志们的喜爱。因为它能交流思想、传达精神、表现感情，它会使全世界的人民很快地得到共同的享受。

肖泽颖：欧阳老师，当今社会有的大家是研究书法，而有的是走艺术道路，您怎么看待这个问题？

欧阳中石：大家着重点不同，我的着重点是让它承传。别的朋友注意到了如何使艺术发展，或者其他。我向他们学习，他们可以引我为参考，这样我们大家会很和谐地走一条道，同行同德，走向共同的胜利。

以“文”“化”及“一切”

肖泽颖：在之前的谈话里面您提到了以“文”“化”及“一切”。这样的说法非常的新颖，它具体的含义是什么？

欧阳中石：关于“文化”这个词应当怎么理解？我们看看现代的辞书，这样说：“人类社会的进程中所创造出来的物质财富和精神财富的总和。”物质财富和精神财富包括一切了。曾经有过的一切都在里面，但是后面有一个词：“的总和”。“总和”的意思是“总起来说是”，具体分析起来就不好叫文化。

肖泽颖：举个例子来说。

欧阳中石：比方我们这里盖了一座大楼，这是我们人类创造的。这是座楼，这是个物质财富，不能叫这是个文化。因此我们理解文化的时候是全面地来考虑文化。但是每一个都属于文化，都是文化的一种结晶，本身不好叫。因此说我们牵扯到的一切都是文化。在我们中国的很古老的书籍《易经》上说过：“物相杂，故曰文。”这些物都集中在一起了，这就叫文。为什么？“杂”这个字，古代写法和今天不一样了，今天已经简化成一个“九”，一个“木”。可古代呢？这边写一个衣补，这边写一个集中的“集”，这个“集”是什么？上边是一只短尾巴的鸟，下边是棵树，也可以说是这只鸟趴在树上，这就是集。当然在《礼记》里面还有个补充，说是“五色成文而不乱”，各种颜色集中在一起，但是它不乱。即美好而且有章法，很和谐。这就是文的本意。“文”就是美好和谐，“化”呢，就是一切都美好和谐了，也就是说用“文”把这一切都解决了，都“化”过来了。

肖泽颖：您刚才提到文是美好和谐的痕迹，那么在历史上，我们也看到很多不美好的、丑陋的痕迹。比如说像战争，比如说破坏环境，我们能不能称为文化呢？这些不美好的痕迹叫不叫文化？

欧阳中石：是有这个问题，我说的是人类在历史上，都要求美好，这话不错。可能两个人要求的不一样。比方说现在有一个苹果放在咱俩面前，是你吃？是我吃？你以为你吃了美好，可我以为我吃了美好，都对，是吧？是你吃还是我吃呢？你要吃，我就不让你吃，我要抢你的，我要抢，你也要抢，我是为了美好，你也是为了美好，可是结果咱俩顶撞了，怎么办？要化解，这个化就是解开呀。咱俩商量商量，你也想吃，我也想吃，我明白了，你也明白了，好，你吃吧，要不咱俩切开。化解有各种方式：一个是我用战争打败你，一个是我可以让给你，这都是一种化解的办法，都是一种用美好、和谐化解一切矛盾的办法。我们中华文化中很重要的是"德"和"容"。德是什么？德，是自己正直地向上，好好地发展，你也这样，我也这样，咱们都抱着"德"这个思想。如果发生矛盾了，我们互相容让，就可以容。所以说中华文化的德和容是了不起的。我们有许多文字表达了这个化解的过程。中华文化有它表现的工具，语言可以表达，但是更重要的是文字。

中国文字是幅画

肖泽颖：您之前说过中国的文字是世界上最容易沟通的，也曾经说过一句话："中国的文字是一幅画。"这个怎么来解答？

欧阳中石：我是这样理解的：人类互相交流思想最方便的是语言，但是语言有时间、空间的限制，你在外边说，我听不见，你昨天说的我也不知道，不好办。用个符号把它记录下来，今天能看，明天也能看。你再走多远也都能看，这就很好了。但是声音呢，它和客观事物没有必然的联系。比方说，这本书，我们北方叫书，南方就叫"虚"，美国就叫book，当然不一样。哪一个是根本的，都是约定的，用个什么符号最好？这个符号你也认得，我也认得，大家都认得，那最好了。用所有的符号画张画，我画个人，画匹马，你也明白，我也明白，美国也明白日本也明白，这很清楚。尽管不会说，但是内容都知道，这种最好，而我们的这个汉字就是张画。但是可以画得出来的东西有限。有具体实物的，可以画，画座山，画条水，月亮也可以画，太阳也可以画。可是有些抽象的事物就难画了。你比方画一棵树，我们就画一棵树。树，有根，有梢，我们还可以画两棵树。树很多的，这不成了林了吗？我们可以画更多的树，这不就成了森了。这就是说我们有办法可以画出来，有的很复杂的，也能画出来。比方说，画个日，我把日和月挨近了，一个日一个月是什么，这个发光，那个反光，它们两个放到一块，就有一种什么现象，光明，这就念个“明”。这就说我们中国人可以把一个很复杂的现象表现出来。这太美了，应当说太了不起了，所以我说，我们的汉字是在一个图画的基础上发展起来的。

汉字是科学和艺术的结合

肖泽颖：书法是汉字的书写艺术，那么两者之间有什么样的联系？书法又是怎么样去描述这种美好呢？

欧阳中石：我们的文字，也就是汉字，是科学和艺术的结合。最初象形，越来越不象形，规范化了，现代有现代的写法了，我们都能理解到，现代的这个样，就是原来那种形，我们看到现代的汉字，就想到了它的形。所以书法这门学问就是把我们的汉字写得更加美好的一种学问。

作字行文　文以载道

肖泽颖：怎么样去描述这种美好的痕迹呢？

欧阳中石：我们的祖先了不起。历朝历代都给我们遗留下来许多丰富的遗产，有些都已站在很了不起的高度。历史在发展，社会在发展，已经达到的高度，我们不能忘记。明天会出现的新鲜的程度，我们也绝不放弃，要向前追。书法是一个文化，我们学校的名字叫书法文化研究院，不是书法艺术，不单单是艺术问题，而且也是文化问题。所以我曾经提出，作字是为了行文，作字行文。作文是为了文以载道，是为了我们的形势，为了我们的需要。书法只是写字吗？不是，是文化，文化用来做什么？文化为政治服务，为时代服务。

肖泽颖：您觉得未来中国发展的文化目标是什么？

欧阳中石：世界的美好和谐。

肖泽颖：刚开始您是教授逻辑学的，为什么后来您又转而走上了书法教育的这条路上了？

欧阳中石：我小时候，没有什么了不起的想法，没有说我将来要做什么，所以我说自己少无大志，第二句话我说自己见异思迁，见异思迁是我见什么就喜欢什么。我从小学读书起，就喜欢各种事物，见什么喜欢学什么，到上大学了，应当有一个专业了，我读的却是哲学系的逻辑专业，我也用功学了。等到毕业的时候，受外界的影响，我们的逻辑学不能得到全国的普及。因此，我不能教逻辑，就教了数学。教了几年数学以后，中学的语文又变了，加了文言文了。我读过私塾，因此我又转向了中国国文，叫古典文学。以后又有发展，要求师范生各方面都要具备，语法、修辞、逻辑、书法，都要学，我又转到这方面。无论什么人、什么事业都要以国家为重。国家需要什么，我们做什么，这是我们做一个中国人的本分。

以国家的需要为重

肖泽颖：之前您从来没有过自己的规划吗？

欧阳中石：没有，我很想规划，还教我的逻辑。可是，当时在客观上没这个条件。我只好做别的，这很正常。这条路不是坎坷的，应该说是丰富多彩的。

肖泽颖：当很多人提起您的时候都叫您中国艺术大师、大家，那么“老师”在您的心目中是一个什么样的位置？老师和大师有什么不同吗？

欧阳中石：我理解到大家对我的一种偏爱，说我是大师，好像大师是至高无上的。平心而论，我没有这样的高度。我说你把我贬低了，我开玩笑说我岂止是大，还老呢！我是老师，比大师大得多。我是开玩笑，但是我心里很明白，我为什么说我是个老师，我做的职业就是老师。我的老师是把知识、为人教给我的。那么我是别人的老师，也应该把为人、知识教给我的学生。我上对我的老师说，老师很了不起，我很尊重，但是我有对不起他们的地方，我学得不好。我作为一个老师来说，对我的学生，平心而论，学生的问题都是我的问题，我没教好，我对不起他们，他们所取得的成就，是在我教他们的基础上，他们自己取得的。应当说这些学生都很了不起。如果有缺点的话，那是我的责任。所以我作为一个承传者，即使是承的老师，传的学生，我都没做好，这是我自己的心里话。可是我拼命地做，我在学习中一一本本地做。

你今天提问的我这些问题，是社会赋予我们的一种责任，让我回答这些问题，我都做了我相应的回答。但是我的做法，这些事情做得是不是合适，我确实不敢自恃，我希望广大的群众多多提出宝贵的意见。

二〇一一年三月

北京

韩美林：中华民族遗产是最珍贵的文化

对艺术的执着绝对超过生命，“创作”不是我的职业，“创作”是我心中爱的表达。我爱我的祖国和人民，不是嘴上说说。

人活着要想着如何创造价值，而不是创造价格。人如此，艺术也一样。艺术家不能出卖自己的灵魂。

有的时候钱把人折磨得不像人，像鬼。艺术是严肃的，艺术家要让队伍保持纯洁。

到民间采风不要刻意想着在作品里表达出来，采风的另一个意义在于了解人间冷暖，知人间苦乐。

韩美林

嘉宾简介

韩美林　生于 1936 年 12 月 26 日，山东济南人，1955 年考入中央美术学院，是一位孜孜不倦的艺术实践者和开拓者。其创作涉及广泛，包括绘画、书法、雕塑、陶瓷、设计乃至写作等等。其艺术风格独到，致力于从中国两汉以前文化和民间艺术中汲取精髓，并转化为体现现代审美理念的艺术作品。

韩美林先生艺术成就斐然：1980 年在美国 21 个城市举办巡回画展，获得美国圣地亚哥市赠予的“金钥匙”，同年，他创作的动画片《狐狸打猎人》获得南斯拉夫第四届萨格勒布国际动漫电影节最佳美术奖；1983 年，韩美林先生的 6 幅作品入选联合国发行的圣诞卡；2003 年，荣获世界艺术家协会（美国）世界艺术贡献奖；2004 年，荣获世界艺术家协会（美国）颁发的世界艺术大师奖和美国前总统布什颁发的总统教育奖。于 2000 年和 2008 年领衔设计了北京申奥标志和北京奥运会吉祥物“福娃”。2011 年被《环球时报》评为“最受全球关注的中国人物”，位居榜首。该年荣获由中华人民共和国文化部颁发的“中华艺文奖终身成就奖”。年底，韩美林先生在中国国家博物馆举办了韩美林艺术大展，刷新了中国国家博物馆百年历史上艺术家个展纪录。2012 年，系列雕塑作品《母与子》荣获世界知识产权组织版权金奖。

韩美林先生开创了国内个人系列艺术馆之先河，在北京、杭州两地均建有韩美林艺术馆，第三座韩美林艺术馆将于 2014 年在银川贺兰山落成。目前，香港韩美林艺术馆正在筹备中。

韩美林先生现任全国政协常委，中央文史研究馆馆员，中国美术家协会陶瓷艺术委员会主任，世界华人协会副会长，中国文化研究院荣誉院士，中国工艺美术学会书画委员会会长，中国和平统一促进会常务委员，中国作家协会创作研究部专业作家，清华大学教授、学术委员会副主任，中国艺术研究院研究生院博士生导师。

导语：

韩美林，我国著名艺术家，中国当代极具影响力的天才造型艺术家，在绘画、书法、雕塑、陶瓷、设计乃至写作等诸多艺术领域都有很高造诣，大至气势磅礴，小到洞察精微，艺术风格独到，个性特征鲜明，尤其致力于汲取中国两汉以前文化和民间艺术精髓，并体现为具有现代审美理念和国际通行语汇的艺术作品，是一位孜孜不倦的艺术实践者和开拓者。他性情坦荡，常常语出惊人，但又切中要害，处处洋溢出大家风范。

艺术大于我的生命

肖泽颖：设计陶艺、瓷器作品的人，一般都是社会底层的工匠，都是默默无闻的，而您的这些作品都受到广大人民的青睐。那么您是怎么做到的？

韩美林：中国的陶瓷历史恐怕最早要上溯七千年，七八千年前的陶器新石器，你可以看到陶器都是很漂亮的。所以说中国就是个陶瓷大国。从无釉的，一直到有釉的，从唐末到宋开始，有釉的才发展起来，因为在青铜器时代，陶器并不是多么的精致，比较粗糙。后来战争中用铜用得太多，就以瓷代铜嘛。从唐末一直到宋开始，因为以瓷代铜，瓷就发展起来了。这样说来，中国的陶瓷在全世界没有话讲，到现在中国陶瓷也是不得了的。不过现在乱套了，转型时期景德镇的瓷器跑到公园摆地摊卖，到了这个程度，钧瓷摆地摊卖，八块钱一件，紫砂壶那么小十块钱一个，十块钱两个，真是要了命了。我认为我们应该珍惜中华民族几千年留下来的遗产，把它当作珍贵的文化珍贵的艺术来发展。我作为全国陶瓷艺术委员会的主任，有责任到各个陶区去，帮助他们推进和改良。这是义不容辞的。所以我们这些年来，一直也在陶区，有时候下去半年，有时候下去一年，有时候三个月，一定改出来个样来，然后才走，这样的话走一个地区，发生一个大的变化。比如说钧瓷，比如说紫砂，还有陶器，像苏州窑系的陶器，我们都进行了很大的改革，又现代又传统。像钧瓷，我们一些古老的烧法必须要恢复，另外我们恐怕还要发展它，因为钧瓷都是不过尺的，我们都过了米了，而且烧得都那么漂亮。这些都是国宝、国宝级的东西。我们下了很大功夫，四十三度，零上四十三度，光穿着裤头，这裤头都是亮的，热到那个程度。我们一下去，反正能吃苦。艺术家不能吃苦不行，到现在我们还下去，我们大篷车今年又得下去，到甘肃，到青海，然后到河南、江西、湖南，一直到云南。我们要下去好几次，一大串呢，从前是一个县走下来，来回三万公里。我们今年呢，依然是这样。都是下来上去，反反复复，这样方便，因为北京这边工作太多。

肖泽颖：您经历过“文革”，曾经因为画画，手筋都被别人用刀切断过，为什么依然坚持画画？如此痴迷的原因是什么？

韩美林：其实艺术家就应该折腾折腾。我认为一个文学家艺术家，生活有些挫折、有一些困难，这个不是什么坏事。相对地来讲，它反而可能促使他成熟。但是这种机遇啊，千万不要人工制造，碰上不要害怕，说不定这次灾难，他的挫折，对他来讲在艺术上是一个大的促进。因为对搞艺术的人来讲，他不光是要认识画画啊、毛笔啊、颜色啊什么东西，他要认识社会的，这样他才能反映社会。所以，我认为一个艺术家，他就应该是一个杂家。这就靠社会对他的锻炼，对他的历练。因此我认为这种社会大学对艺术家来讲，它不是坏事。你看我，我从前很闭塞，很老实的，一说话就出汗的。人家到家去找不到我，跑进厨房里藏起来，很腼腆的这么一个人。可是文化大革命以后就不是了，敢讲敢说，敢于创新，到北大，到耶鲁，到哈佛，马上要到日本东京大学讲学去，讲就讲。从前可不行，从前不会讲话。第一次到中央美术学院的时候，我们班里开班会我都不会讲。大家都说，一个美术家，美术家是文艺家，将来是艺术家，艺术家是人民灵魂的工程师。我说我这人不够资格，我没有灵魂。引起哄堂大笑，你没有灵魂你怎么活着？就是这样不会说话。可是现在来讲就不是了。因为经过了锻炼，我认为它不是坏事，它反而促进了我认识生活，认识社会，认识人生，认识人和人之间的关系，社会和经济，经济和文化，文化和人生都是连在一起的。因此，我在画画的时候，我会跟马说话，跟牛说话，我会跟小兔子说话，我跟它沟通起来，我把它当作一种形象，我也把它当作一种有灵魂的，能够跟我沟通的这样一个对象，所以说像这样的话，它就升华了。

肖泽颖：您成立青年艺术家基金会，与美术学校学院派的培养方式相比，有什么不一样？

韩美林：我就是学院派，但是我改造了，因为我经常下去，我就用好多好多民间的方法，民间的视图关系。你看，50 年代国家培养我们的时候，老师、教务长首先召集我们新生开会，宣布纪律的时候说：我们就是培养艺术界的、美术界的国家栋梁，所以说同学们，你们经济有困难，可以申请助学金，你们调干的，到这来以前都是有工作的，一律拿助学金。现代化也古老化，也传统化，因为我从传统的角度出发，我的根在这儿，我的根就是中华民族。所以不论设计什么东西，都有中国的元素。在结构上，比如龙等，龙的关节、牛的关节、马的关节，不是像中国的传统那样不大讲究结构，但是从艺术形式、夸张的手法、颜色、笔墨、技术上的一些特殊的工具上，我们可以用传统。尤其是造型，造型上离不开中国的东西。尤其是两汉，两汉以前的东西都对我韩美林起了决定性的作用。

崇尚用博爱对待身边事物

肖泽颖：您的作品里面有很多母与子的雕像，是不是您个人的一些自我表达？

韩美林：这是爱啊，就是一种博爱啊！连只狐狸我也都把它画成小孩。人啊，我认为，千万不要对这个社会抱着一种恶的想法。我认为这个坐标应该要调一调，把它调成一个“善”字，不要调成个“恶”。大家都不容易，什么人都存在不容易。你看那些大象，有一种传染病，把它们的鼻子都病烂了，它怎么吃饭？你去想一想吧，狼、狐狸让老虎咬得都没有腿了，它还活着，它还能站着。你看那个马、骡子也不容易，拉起东西来，尤其那些小骡子，让它磨炼，身体有的地方流血都露着皮了，那个套磨着它，多疼啊。那你说，人没有一种善待世界上这些动物的同情心怎么行，动物是人类的朋友，难道你自己没有这种同情心？人没有本事才打猎，人没有本事才去向自然索取，应该是人了解了自然的规律以后，弘扬大自然，然后从大自然中收获，我认为应当是这个样子才对，而不是去杀戮。对待鲸鱼那么个杀法，对待象牙那么样地索取，对待犀牛，对待老虎……是不是？我认为作为一个人，在这个地球上，咱们应该是要好好思考思考了。这个地球不能再负担了，受不了了。现在 60 亿人口，再过一些年就将近 80 亿人口。联合国国际卫生组织讲，如果我们的人口发展率是 2.1 的话，我们还能坚持维持 300 年吗？ 100 年都维持不了。你看看我们现在的能源，就像我们中国汽车发展得现在比美国还多了，你说将来汽油使用还了得啊。太阳能还没有全部利用，海洋这么多的水还没有全部利用，但是这个世界已经发生水荒了。将来的战争不是因为政治对立，而是为了生存，是为了水，为了矿产。

肖泽颖：我们国家经济在强大，在这个阶段，我们艺术家应该发挥什么样的作用？

韩美林：看看去吧，比如我们的电影，不是杀就是打，很多那种尽是唬人的，只追求商业性。有什么艺术可言。为什么我们都是这种题材的呢？你说我们中国是动画大国，我们的机械设备等等，超过了所有其他国家，可能他们这方面的总和都不如我们中国大，可是我们的形象呢？比如我们的音乐，不是仿台就是仿港，要么就是跟疯子一样，但是你想想从前的那些歌，美啊。

肖泽颖：我们的艺术前途将是什么样的？

韩美林：就说现在搞的文化产业，文化和文化产业不是一回事。我认为这时候可能我们都还不明白。我们这么一个千年古国，这样一个深度，非常丰富的内涵，不去把它了解透的话，的确是一个悲剧。看景德镇摆摊，就是一个悲剧。画得那么精细，摆了地摊了。为占地盘啪啪这边打碎，那边打碎，你打碎两个，我打碎三个，都干起这个来了。看了以后心里难受，咱们怎么会到这个程度？商进来了，钱进来了，但是不能见利忘义。

艺术勿向“钱”看

肖泽颖：您怎么看待钱的问题呢？

韩美林：钱？现在我也不懂，我怀念那时候的教育，现在呢，我举个例子，我们这儿一个小保姆的小孩才四五岁，给他一个福娃，一会儿就找我来了：爷爷爷爷，你得给我签个字。我说，你为什么要过来签个字啊？小孩说：我妈说，不签字不值钱！看，这么小的小孩就知道钱，可我们小时候没有这个概念，我们不懂啊，到现在我不会看会计报表，所以我挣多少钱我自己不知道。光知道要做贡献。

肖泽颖：目前，对您来说，什么是最重要的？艺术成为您的生命了吗？

韩美林：艺术绝对超过我生命了，我画起来不顾命。头都抬不起来，趴在桌子上，脑袋瓜还好还能想画。我还写作，写散文。一会儿你看完了就知道，你甭问我，你看去吧，你贼喜欢看，两本那个。

肖泽颖：您是把它当成职业了吗？

韩美林：不是职业，说不清，这是一种爱吧。就是上帝规定我，你就画画吧。就是这样，什么东西都有绝对界限。我写作经常得一等奖、二等奖。

肖泽颖：东方的艺术现在在世界上有没有位置？

韩美林：当然挺棒了，现在我们的画在外国卖得也不便宜。现在王羲之是3.3亿，3.3亿不差。我没想到我的画，卖800多万。我头一次出来，人家都经营了几十年了。慢慢就会长上去，这头一次出山就这么厉害，可以了。东方的艺术还是有一定位置的。管它去了，反正低头拉车吧，抬头一看，到哪里再说，我说我自己也不知道，反正老师就让我低头拉车，没想到一抬头走向世界了。总之，我觉得，我们还是要勤奋，像老师说的，让我低头拉车。东方的艺术早已走向世界，也已硕果累累，通过我们所有人的努力，将来一定会发展得更好，立足在更瞩目的位置上。

二〇一一年六月

北京

爱新觉罗·启骧：传承中国的传统书法

中华民族的书法艺术是我们中华民族传统文化的一个重要标志，作为书法工作者要弘扬真善美，抵制假恶丑。书法不是拿毛笔写字就是书法，写毛笔字跟写书法这是两个概念。

我们要懂得什么是书法，国家为什么要有宪法？交通为什么要有交通法？唱歌为什么要有发声法？炒菜为什么要有烹调法？财务为什么要有税法？你说什么没有法，哪个事情都有法。为什么？法本身是干好这件事的法则和规律，你按照交通法做，你就会很平安地到家。它是干好交通的一个法则和规律，不是限制你，像红灯不让你走不是限制你，法不是限制你的意思，是让你干好的意思。所以书法是把中国汉字写美的法则和规律。反过来把一件事做坏了容易。所以一定要抵制假恶丑。做好了是在有法的基础上还要下很大的功夫才能做到，这是中国传统书法的灵魂。就是真善美的真谛。

爱新觉罗·启骧

嘉宾简介

爱新觉罗·启骧　字腾伯，生于1935年。中国书法家协会会员，北京文史研究馆馆员，北京市对外友协理事。清雍正皇帝第九代孙。

1989年，爱新觉罗家族40多位书画家为亚运会捐献作品，启骧先生曾作为家族代表访问日本。

1991年启骧先生书写的《奥林匹克宪章基本原则》精致册页被作为国礼由国家体委主任伍绍祖赠送给国际奥委会主席萨马兰奇先生，并被奥委会博物馆永久收藏。

1998年4月出版了《启骧书艺集》。2007年9月出版了《爱新觉罗·启骧书金刚般若波罗蜜经》。同年由中央教育电视台摄制并播出了《启骧讲书法》，并于2008年由中央广播电视大学音像出版社出版发行《启骧讲书法》影像资料。

启骧先生的作品被中国国家博物馆、国际奥委会博物馆、人民大会堂、天安门城楼、钓鱼台国宾馆等单位及国内外朋友广为珍藏。

导语：

爱新觉罗·启骧　清朝雍正皇帝的第九代孙。启骧的一生极富传奇色彩，他酷爱书法，练笔成痴，后来得到堂兄启功先生的悉心指导，遍临晋唐名家碑帖，师百家，集大成，创下刚劲清秀健美的独特风格，成为当代著名的书法艺术家。对于启骧来说，学好书法首先要学好做人，启功先生的学识、为人，以至于一言一行都是自己的楷模。书法艺术是一个人整体素质的展现。如今他已年近八旬，仍每日习字读史、笔耕不辍。启骧先生对美的理解反映了他的世界观。字如其人，从先生身上我们看到了超然脱俗的艺术美和人品美的统一。

肖泽颖：启老，您怎么看待中国传统文化？怎么理解"传统"两个字？

爱新觉罗·启骧：最近习主席多次谈话谈到要弘扬中华民族传统文化，我想习主席这话是针对我们中国当前的国情而提出的一个非常重要的思想。我们的国家如果真的能强盛起来，不是有钱就是强盛，只有你的传统文化、道德修养上去了，才能全面地强盛起来，就像一个人，有钱而没有道德，不能算是一个全面的人。

我记得习主席还说了一句"人无德不立，国无德不兴"，这是非常根本的东西。提高一个国家和人民的道德修养，一个国家才能真正强大，人民才能安居乐业。

一定要以弘扬中华民族传统文化为主，不能照搬外国的，要吸收外国好的文化，来充实我们中华民族文化。一定要是我们中华民族的，这是我们中国强大的根本，不是经济 GDP，那个不管用，你钱太多了，就像我们现在的有一些人钱很多，文化不高，做出一些不文明的事，我想这是一个道理。所以这个对于我们每一个行业、每一件事情都是一个最重要的指示，我想如果我们每一个中国人都围绕着如何来弘扬中华民族传统文化行事做人，这才是我们中国强大的根本。

我作为一个书法爱好者，人家说我是书法家也好，我是搞书法的，实际上，我是一个搞建筑的高级工程师，我特别热爱书法，因为我热爱书法的美，它给予了我人生的追求和目标，但不是为了名和利，我就是要把字写好，我写好每一个字的时候我得到了快乐和享受。这就是我人生的最大幸福，因为它是中华民族的传统文化，所以这就是我对书法的一种感悟、一种认识，所以我想我们搞书法的，首先要做人。我为什么要谈到不是为了名和利呢？这个问题对于我们当前书法界非常重要，这样才能把字写好。它是一个非常重要的两条路的问题，到底你要走一条什么样的道路的问题。

我为什么讲这个呢？去年媒体报道了某省书协63个副主席，书协副主席，我一说大家当然就会懂，不是他的字好了，而是当了书协副主席，原来字不值钱，当了书协副主席，原来一块钱，那就一万块钱，原来一千块钱，那就变成十万块钱了。这是为了名和利而提了63个副主席，多么可笑的事情，难道这是在弘扬中华民族传统文化吗？这就是为了名和利。我想国家也会知道我们中国书协，原来启功当过书协主席，那时候书协副主席就几个，现在中国书协好几十个副主席，主要省市的书协主席都是中国书协的副主席，就搞这种那种平衡。书协应该带领全国人民把中国汉字写好看，写美了。这是书协的主要任务。

所以，它不是为了弘扬中华民族传统文化，谁字写得好，真的能够起到主导的作用。对中华民族传统的书法艺术，能起到一个传承的作用的人才能担任这个职务。现在不是了。所以现在我们书法界出现了假恶丑，没有说把字写好的，书法展大家都看不懂，有的还不认识。很多朋友看完书法展都来问我，说他们写的什么我也不认识，我说你不认识我也不认识，他自己认识不认识我也搞不清楚，就让人都不懂，就认为就是好。到底我们中国的传统是什么？所以我想弘扬中华民族的传统文化各个行业都应该树立一个标志。

最近，我写了一封信，给习主席写了一封信。作为一个书法工作者，我把我的心愿表达出来，是什么呢？我就说希望倡导、提倡在中国的书法界里能设立一个书法节，就是农历的三月初三书法节，因为这一天书圣王羲之在兰亭写下了天下第一行书《兰亭序》，聚集了42

个贤人，大家一块儿，古代文人玩法就是这样，曲水流觞，小溪旁边，轮到谁喝酒谁就作诗。那一年我也参加了类似的活动，酒流到你这来你就喝，喝完了就作首诗，大致模仿古代的样子，这很有意义。

所以我说我们中国要建立书法节，一个是纪念书圣王羲之，书圣就是我们中国书法界的楷模榜样，历代那么多的书法家，为什么要树他呢？因为王羲之的字漂亮、美、好看，这就是我们中国书法的正统的地位。有了正统，什么书法好、什么不好就清楚了。最近一个时期出现了假恶丑的书法，有了正统的书法使全国人民就会有识别好坏的准则，树立中国书法的主流。另外，也是纪念王羲之写了《兰亭序》，天下第一行书，中国所有学习书法的人练习书法时，没有不临《兰亭序》的，我们也不排斥个人的意愿，那没法限制，但不是中国书法的主流。如果我们中国从党和国家就树立了这样的书法正统地位，也就不会出现某省书协 63 个副主席的现象。

什么是中国的传统我们要搞清楚才能传承下去，什么是传？以晋代的王羲之书法为代表，和之后历代的书法家颜柳欧赵、苏黄米蔡等都是把字写得很漂亮，因而联合国确立中国书法为世界非物质文化遗产，所以把古人给我们留下的书法宝贵资料，接过来，把汉字写美，再传给下一代，让下一代接受美的书法(古人传给我们的)，不能把不好看的书法，假恶丑传给下一代，这就是传承，不然就不是传承而是传毒了。

我记得习主席在国外的一次讲话，就提到了弘扬中国的传统文化，第一个，讲的就是书法，第二个讲的是中国京剧，第三个讲的是中医药。这就是党和国家给我们每一位书法工作者提出的责任和义务。

我上个月去海淀区民族小学讲了一次书法课，因为习主席在这之前去了解考察小学校的情况，因为他们学校有一个书法班，习主席亲自在那儿看他们写字，并有重要讲话，主要讲中华民族的书法艺术是我们中华民族传统文化的一个标志，希望孩子们要弘扬真善美，抵制假恶丑，只有弘扬传承中华民族传统文化，我们中华民族才能成为一个有希望的民族。

中国的传统文化从各个行业都要走向正路去传承这些，我只能从书法界建议这个。这是非常重要的，也是我们中华民族是不是能够真正强盛的一个很关键的问题，要弘扬中华民族的传统文化。从书法的角度来讲，人们还混淆着搞不清楚，首先是传统，没有树立正统地位，假恶丑占据着重要的位置，占的是不是主导的地位，这个我没有做统计，反正占着重要的位置，书法展我看过很多，我是看不懂的，我也参加不上，人家也不要我。

所以我们要传什么？把古人的什么传到我这儿来？我继承古人的什么？我要把什么来传给我的后代？我们中华民族有五千年的历史，不是五千年就完了，还有六千年、七千年、八千年前的，我们的孩子、我们的后人怎么样来继承中华民族的传统文化、传统书法？

肖泽颖：这些问题都非常的重要，书法的很多怪、乱、丑的现象，谈到书法所面临的两条重要道路，您怎么看？

爱新觉罗·启骧：首先你得对中国五千年的传统文化有所了解、我们的老祖宗对世界有多大的贡献，诸如四大发明等等，你才能热爱中国。中国汉字从甲骨文至今有三千多年了，书法史上有几千名书法家，都是写得非常漂亮。你对中国的书法了解了，你才能热爱中国的书法。你不要热爱书法能卖多少钱，也不要热爱那名，要名副其实才是真正的书法家，这是一个非常重要的问题。

有一位大学教授向我说有一个书法家写了一个105米大的“佛”字，被一个老板花了80万买去了，就问我到底是什么看法。我说我们不谈人，我们谈这件事情，我说请问写这个字的人，你们家里有没有足球场？这105米是一个足球场这么大，你这个纸铺不开，你没有那么大的地方，没有地方就没办法练，那你怎么能写呢？你不练怎么能写得好？另外，就是能练，这个纸你练两回，100多米的大纸，得多少钱？你卖80万，我估计这几次用纸也得80万。另外老板买这幅字，买回去挂在什么地方？还要为这幅字盖一幢120米高的楼房，得是中间还不能有楼板的大空壳，不然挂不了。你怎么看和欣赏这幅字，这不是一个傻老板吗？这样一个傻子和一个骗子形成了这个闹剧。

我们现在对中国的书法要有一个正确的认识才行。我们练书法就是要把中国的汉字写美，而且成为只有我们中国才特有的艺术，这是我们中国书法工作者的责任。例如中国足球，我们把外国的好前锋用高价租过来，而我们中国的足球运动员就是去干防守，这样干中国足球什么时候能好起来。还有篮球也一样。

肖泽颖：这条会产生什么样不好的影响？

爱新觉罗·启骧：有一次我给有 200 人的企业家讲书法课，我就给他们讲，你们对中国的书法艺术起着一定的主导作用，因为你要买什么什么就可能很旺盛，如果你们不懂书法艺术就乱买，也不太懂好坏，书法市场就乱了。是不是？你们要搞清楚。我今天给你们讲两个问题，第一个是欣赏，你得会欣赏，什么是欣赏？好比音乐、唱歌这些，它是一种听觉的艺术，是不是好听。我说，你要是听驴叫唤、火车叫唤不好听，帕瓦罗蒂、贝多芬的曲子好听，驴叫不好听，你先得知道什么好听什么不好听，不用知道为什么好听、为什么不好听，欣赏就行了。

肖泽颖：书法艺术是什么？

爱新觉罗·启骧：书法是视觉的艺术，你先看它好不好看，写字黑乎乎一大片，写的都一样，那是报纸。它一定要给你一种美的享受，这就是中国传统书法，什么意思你不知道，可能念都念不下来，这都没关系，你得会欣赏。如果你们想花钱能够买到好的，你们不要买帽子，你要买真的东西，这就需要你有鉴赏的能力。

第二个讲鉴赏。欣赏好办，你就去听，就去看，你不要买帽子就行了，你要看这个东西是不是好看，还要懂得为什么好看，有没有给你一种美的享受。就要懂得鉴赏，你要懂得这个书法怎么样才是美，怎么样是不美，书法中笔画、结构、章法，怎么样才是美，我也给他们讲了这些。写字和书法是两个概念，我们搞书法首先要懂得什么是书法，你搞不清楚什么是书法，就像你炒菜，不知道那个菜怎么才能炒得好吃，怎么不好吃，你说你怎么当一个好厨师？你一定先得是一个美食家才能当得好厨师，盐多了盐少了、油多了油少了、火大了火小了等，得知道这个以后才能知道这个菜怎么做才好吃，书法也同样。

肖泽颖：什么是书法的“法”？

爱新觉罗·启骧：书法不是拿毛笔写字就是书法，书法和写字是两个概念，写字让人认识才是字，不认识还不算是字，书法是把汉字写美的法则和规律。国家为什么要有宪法？交通为什么要有交通法？唱歌为什么要有发声法？炒菜为什么要有烹调法？财务为什么要有税法？你说什么没有法，哪个事情都有法。

为什么？法本身是干好这件事的法则和规律，你按照交通法做，你也会很平安地到家。它是干好交通的一个法则和规律，不是限制你，像红灯不让你走不是限制你，法不是限制你的意思，是让你干好的意思。

这个问题现在搞不清，所以假恶丑现象的出现就是这个问题。没有搞清楚，不懂得什么是书法，以为只要拿毛笔一写字就是书法，要知道书法是把字写好了的法则和规律，不是限制你。按照这个法则去写就漂亮，不按照这个就不漂亮，所以古人传给我们的就有很多是这方面的问题。王羲之的《兰亭序》里二十个“之”字，二十个“之”字不一样，而且每个“之”字都非常好看。书法告诉我们不要雷同的法则，在同一篇字上都一样，那是报纸。这一篇字里（指墙上挂着的一幅字），你看我这篇字也是，两个“人”是不一样的，很多不一样。所以这就是中国书法艺术的一个非常重要的方面。

还有王羲之作品里的“品”字，王羲之的“品”字，一个“口”是全都封口，一个是上头不封口、下头封死了，还有一个是上头封死了，下头没封口。这三个“口”不一样，你去看《兰亭序》，这就告诉我们一个字当中也不要雷同，也是不雷同的法则。还有王羲之写的书法的“书”字，那是八个横，你听我讲课就知道，这八横写得不一样，不平行，告诉你一个不平行的法则，这就是古人传给我们的书法。

你看我写的这些都是这样的，所以它就美，它不是你照着这个，这样就好看。那天我举例子，八个横都一样，就是不好看，不平行了以后，写得很漂亮，这是把字写好的一个法则和规律。看不同的字，这个叫书法，那个叫字，你写的不是八个横，乱七八糟，一般人不认识草书，你就随便写，没人认识。草书不是草了就是草书，得让人认识草书，有《草诀歌》《智永千字文》《十七帖》等等，这些古人传给我们的不能自己创造一个草书。草书要有出处。

现在很多签名写的张三、李四都写得像英文一样，这叫创，还觉得美，我觉得这是最大的耻辱和悲哀。因为你作为中国人，你不把写汉字作为你的一个标志，你把它写成英文，你还觉得很骄傲。你看我的字，我写得像英文多光荣。我说，最无耻，最卑鄙，最可怜，第一，你不热爱中国的汉字，你是中国人呀。第二，你不把中国的汉字写好，你给写成像英文，你是崇洋媚外。第三个，你写成英文了你还觉得很骄傲，特别可悲可怜，你不写中国字。

你这字怎么写才好看，你得让人认识，你看现在电影金鸡奖颁奖，好多明星大腕什么的都写成这样，现在据说还有人设计这个，还称书法家，为什么不撤销它？它崇洋媚外，抵制中国的传统文化，它不热爱中国，是不是？

我们要从点点滴滴、从书法的角度，作为书法界的每一个成员应该搞清楚什么是书法，你没有搞清楚，认为书法是限制你了。交通的红灯是限制你吗？这是错的。

肖泽颖：书法有了法则以后，什么叫创新？

爱新觉罗·启骧：写字，大家遵守这个法则，大家都把字写漂亮了，它有什么不好的？都想创新。什么是创新？不是跟谁不一样就是创新，干什么事情一定要有一个前提才叫创新。你炒菜我也炒菜，我比你炒得好吃，前提是好，炒菜本身是炒得好吃，在这个前提下，才叫创新。

书法是在美的前提下、把字写漂亮的前提下才叫创新，就像我刚刚跟你讲的“寿”字似的，古代很多人写“寿”字都是把“寿”底下的钩这么写，只有我这么写，我觉得这样特漂亮。以前我不敢说我这叫创新，现在我懂得了“创新”两字，所以我才敢说我这就叫创新，我就可以传下去，因为我的漂亮。谁写一个？你没有我的漂亮，这叫创新。写字是在好看的前提下，和别人不一样才叫创新。公安局办案验笔迹每个人都是不一样的，那不能叫创新。

我刚才讲的是书法的创新，习主席提出弘扬中华民族的传统文化，我们一定要搞清楚创新是什么，不是跟别人不一样就是创新。它适合于每个行业，好比说三鹿奶粉，你创新什么了？往里放毒，这不叫创新，你做得比外国的奶粉还好，这叫创新。哪个牌子的胶囊不用该用的做胶囊，现在做什么我也搞不清，最后也都给封了，它用别的不好的材料做，这不叫创新。

所以一定要搞清楚，我们中国每一个国民，每一个老百姓都为中国做好这件事，这样的创新去做，千万不要搞那种假恶丑。我讲的不完全是书法的事，包括各个行业，如果我们都把事情做好，足球你把球踢好了就行了，你别输给人家泰国一比五，还是泰国二队，后来又跟伊拉克踢又踢成零比三，你瞎吹什么牛？你踢进球，那是本领，踢足球干什么？目的要搞清楚，就是要把球踢进球门，甭管怎么踢进去，踢进门就行，头顶也行，脚丫子、腿，只要不是胳膊不是手就行，这是我们需要研究的，去为了这个努力。

所以创新的问题我讲的是书法，而且是我们作为弘扬中华民族的传统文化，习主席讲这句话，我们要在各个行业里反省一下，要响应党和国家的号召，这是我们中华民族强盛的一个非常重要的途径。所以我想从书法界的角度谈。

现在联合国把中国的书法作为一个非物质文化遗产，为什么要定位为非物质文化遗产？这个问题，我不知道国家各级书协是怎么想，他们是怎么定这个事情的，很多书协的人也说，联合国不是由于现在这种假恶丑才把书法作为非物质文化遗产，是因为中国有王羲之、颜柳欧赵等等，书法史上大概有两三千名在册的书法家，它给世界留下了宝贵的艺术珍宝，是由于这些世界人民才肯定了中国的书法。

你要对应在假恶丑上就错了，所以我们要对世界人民负责任，中国书法是世界文化艺术的一个重要组成部分，我们把它都传承这样。一个书法代表团到临沂去，王羲之的故居临沂，其中一位写狂草的书法家，那张纸很大，一个人给他托着盘子，他就拿着笔哗哗地写。狂草不是人狂了就是狂草，我们看一下怀素的《自叙帖》的狂草写得多么有功夫多么漂亮。假恶丑实际上是我们中华民族书法界的一个耻辱和悲哀。我们对世界文化遗产到底能做什么贡献，定位书法为非物质文化遗产，我们到底能给世界什么？这需要我们每一个人要有一个清醒的认识。把中国的好的东西传给世界，才是对世界人民负责任。

那个书法代表团，我从电视里看到的，我也不知道是谁写的那个狂草。前面说了，草书不是草了就是草书，就跟人一样，小孩得先学会走路，小孩没有不会走路就参加百公尺比赛的，会走路了慢慢地能够小跑，小孩能够跑一点，长大了参加百公尺比赛，才能快跑。写字也是一样，草书就是写字的快写，狂草就更快了，就是参加百公尺比赛的，不是你草了就是草书。还要让人认识，还要好看（要有非常好的基本功才能写好草书），才能算是草书。

我也很喜欢唱京剧，京剧唱快板不是一秒钟唱出五百多个字来，这就是快板吗？不是，快板也要字正腔圆有板有眼才好听，才有韵味，这才叫快板，不是你唱得快了就是快板。我也喜欢打乒乓球，乒乓球快攻，快攻不是拍子一秒钟打一万个球就是快攻，打得快不是快攻，你得打到案子上，这才是快攻。中国乒乓球队那些队员，你打过来很快打回去了，快了对方就不易接就可赢球，这才叫作快攻。你打一个试试，你一打准跑，你打不到案上，你不叫快攻，打不上案谁都会。所以草书，草了谁都会，草好了还让人认识可就难了。

草了容易，打不上案子容易，打得上案子得分就难了。所以你要把草书写好，它也讲究你的楷书功底，还要讲究你的结构功底，不单纯是草了，也要讲究字的美，讲究这一篇字的美好，还要讲究笔画的美，草书也同样讲究笔画、结构、章法。我写的一幅草书作品李白的《将进酒》，“君不见黄河之水天上来”这一篇。我那一幅草书作品写了三个月，每一个草字有的我会写，有的我不会写，我就查草书字典，查字典就按照那个字典上的，这不是我创的，我要临下来，因为它有它的写法，会写了不练习不行，我得写熟了，不仅是会写，还得写得好看，一个字都不知道练多少遍，所以这一篇字练了好长时间。

写草书的时候不能想，要很熟练地写下去，而且想好哪个字跟哪个字能连在一起，要不然就不好看了，那种章法的问题、气势的问题，怎么连，谁跟谁连，有时候连不好又写一遍，写不好再写一遍，写了好几遍，最后参加展览这一篇，用了三个多月，将近四个月才完成。所以我讲话的意思是什么？不是草书草了就是草书，它也讲究笔法，讲究结构，讲究章法，到位了才是一幅好的草书作品。

你让小孩去参加一百米比赛，肯定参加不了，他刚会走路怎么参加比赛。所以草书也是要有前提的，不是草了就是草书，草书也是要把字写好了，写美了。我们看了怀素、张旭的狂草，一会儿你也可以看看，我临的，狂草不是狂了就是狂草。怀素《自叙帖》我临的，它那个流畅，每个字的结构，就是他对字的这种研究，草书还要写得很漂亮，这就是扎实的楷书结构的基本功和笔画的基本功。笔画的问题，你必须有楷书写好笔画的功底，所以草书一定要从楷书练，按照行书、草书的顺序去练，不能倒着练，那样是写不好草书的。

什么是楷书，什么是行书，什么是草书，现在很多人搞不懂还要写，所以倒着写，不能先写草书再写行书，这是错的。什么是楷书？当然就是一笔一画写，把这字写美了，按照一定的法则把字写得美，笔画也好，结构也好，都好看，这是楷书。行书是什么？只要有连笔的，两个笔画或更多有连笔的这就叫行书，你把这个概念先搞清楚。

所以启功就提出来楷书一定要按着行书写，什么意思？就是你楷书这一笔写完了以后，好比三点水这一笔到这，这一笔就到这，这一笔就到这，三点水，只要一连这就是行书，所以楷书要按照行书写，你写上这一点，再来一点就连不到一块儿，它一定是这样又到这里又到这里，就连起来了，只要笔一连就是行书。所以楷书写好了，自然行书就写好了。楷书要按照行书来写，但是不要连，这就是楷书，连起来就是行书。有人说我行书写不好，就是因为你没有按照这个道理去做，这都是有法则的，这是古人传给我们的一种诀窍。

中国的乒乓球为什么好？中国的训练方法好；巴西的足球为什么好？训练方法好。中国的书法也一样，懂得道理，又能很好地练习，书法的练习方法，我提出三点：1. 正确的方法乘以时间等于成功。错误的方法乘以时间等于失败。2. 求质量不求数量。3. 丢掉自己习惯的写法才能写好。楷书知道了，行书是连笔，草书是减笔，至少笔画减少了就是草书。好比说三点水，只要一连起来，这个就是草书，三笔变成一笔了。简单地说，只要有减笔的，笔画减少了，就是草书。

但是自己不能创，我不知道你们经历过没有，我那时候经历过同事之间、朋友之间写信交往，这个朋友把他自己的一幅钢笔字寄过来，都是他自己的草书，你念不下来，得蒙，上面的字是什么，下面的字是什么，中间的可能是什么，就是他自己的草书自己创写下来的，念不下来，有句谚语，草书除了格，神仙认不得。

我们书法界不能都搞自己的草书，这样的草书没有人认识，所以也要有一个准则。古人传给我们的有《草诀歌》《十七帖》《智永千字文》等等，有很多，你一定要把古人的这些东西学来才行。我这幅草书为什么写了三个月？因为我没有自己创草书。所以我想，书法被联合国命名为非物质文化遗产，我们要对得起它，我们要对世界人民的艺术来负责任。不要为了名和利把自己的祖宗都忘了，把自己的祖国也忘了，我觉得这是非常可怜的。

我们要从一点一滴来做，我想不仅是书法，各行各业都从点点滴滴去做，踏踏实实地做，我们中国一定是非常强大的，这就是中国传统文化的根本，也是国学的最高境界。

肖泽颖：书法追求的境界是什么？

爱新觉罗·启骧：艺术的本身是给人们一种美的享受，雅俗共赏，我自己的座右铭有四句话：第一句净心方正。这个“净”是两点水的“净”，净心就是说我心里没有想发财、没有想升官、没有想我要怎么样，踏踏实实地走正路，我就是要把中国汉字写美这件事干好，简单地说就是要敬业，中国人做什么都要把什么做好，这就了不得了，这才是真正的强大。净心方正。不单单是书法，我总结出来，因为我练字的时候，我没有想到我是个书法家，我也没想到我要当什么，我也没想到我去挣什么钱，我没有，我就是热爱它，我觉得把字写美了，我得到了快乐、享受和幸福，我觉得太好了。所以我净心方正。

第二句，是静中求索。安静下来去求索，这就是《离骚》里的“路漫漫其修远兮，吾将上下而求索”。我怎么把字写好，怎么把球踢好，怎么把奶粉做好，怎么把胶囊做好，弄破烂死胶皮的东西做，害得人家吃得中毒了，我看你也不得好死，因为你太缺德了。按照佛学的思想，有因果，有报应。中国足球就得想办法踢进大门才是真功夫。我就努力练习自己的不足我就不相信赢不了，因为我 19 岁是北京足球队的队员，我踢过足球，我懂得。那是 1954 年，我为了踢好足球，你看现在我的胳膊块头还挺大，胸口还挺大，为什么？就为了合理地冲撞，我每天晚上不上自习，去练习双杠，长肌肉才撞得动别人。

静中求索，实际就是我们做任何事情都力求做好，我们去钻研去研究它。人都是经过失败后才能成长，我就赢不了他吗？我努力去练嘛！去找我自己的不足，我就能干好了。所以我说静中求索反映着一个国家一个民族的一种精神，第一个是要敬业，第二个要用什么精神对待你的事业。人要有志气，顺便我给你讲一个启功的故事，这是启功对我很深的一个教育。启功 20 岁左右的时候他画得已经很不错了，有一次他一个亲戚说你给画幅画，这是启功亲自给我讲的，你给我画幅画但是你不要题字，让你老师题。后来他说，我就从那以后就立志下决心练字，他说现在都知道我是什么书协主席我写字好，反而知道我画画的人少了，都知道我写字好。他说这是一个什么问题呢，就是一个人首先要先有气，然后立志，这就叫志气。中国足球队输了，没关系，我有志气，我非好了不可，我立志要好，这就叫志气。

所以我想，静中求索就是一个人的志气，就是我们的一种精神，应该是我们国家民族的一种精神，就应该有志气。球踢不好我就一定要踢好，那汽车做不好我就一定要做好，中国人怎么就那么笨。这是一个很重要的问题，不要什么都用外国货，中国足球篮球也不要用那么多外国货，不用自己的哪一年能好。我们自己为什么不做好？我们每个人如果都是这种精神，你想我们中国多么强大。不单纯是书法，我是一个搞建筑的高级工程师，书法也是我的业余爱好，但是我就是想把字写好，我就研究它，我有一个好老师又向启功不断地请教。我真正练字的时候都 40 多岁了，所以不是说从小练就好。启功讲书法不是杂技，杂技必须从小练，书法只要你方法正确，正确包括认识上的正确，认为拿毛笔写字就是书法的这个你别练你写不好，你得懂得什么是书法。

第三句是镜整衣冠，镜子的镜，对着镜子不断整理自己的衣服是不是穿得整齐，就是说不断地找自己的不足。这也是启功告诉我的，说这幅字你写完挂上去，不是为了要炫耀自己，不是为了要卖多少钱，是拿这个字看，这个字那笔是不是长，那笔是不是歪了，那笔是不是斜，这个字哪儿不好，知道了哪里不好，我就能练得更好。挂这儿是为了找毛病的。我给学生们讲课，就讲知不足者进取也。只有知道自己的不足你才能进步，你现在都是大师了，什么王了、牡丹王了、梅花王了，我认为这种自己封的都是不对的，为什么不对？这“王”字代表到你这就到头了，后头就再没有人超过你了，中国的书画艺术里你就是牡丹圣、梅花圣、书圣，那王羲之往哪儿摆啊？大师都是后人对前人的一种尊称，哪有自己封自己是大师的，他不知道艺无止境。

有一次电视台录节目，让启功给说几句，我就找他，我们俩刚一见面我说大哥电视台的人来了，他说你现在是书法大师了。我说大哥你别这么提啊，您才是书法大师啊，我要是大师我最多是那个动物园的大狮子，我可当不了，您才是大师。他说你要是动物园的大狮子，我是头发上那个虱子，就是我比你还小，还不显眼。他虽然是一种趣谈，我们两人随便聊天的，但是也反映着他的一种思想和境界。

还有一次我拿着字让他看，他就给我指出字哪儿好，哪儿不好，后来他很诚恳地跟我讲，你看你拿字让我看，我的字谁给我看看？他不是开玩笑，是很诚恳的，他还希望能够有人来帮助他，但是现在没人来帮助他。现在启功不在了，人们都说他是大师了，他活着的时候是不承认这些的。后来对他说启功大师那是人们对他的尊敬，是尊称。活的时候不能说自己是大师，因为你要是大师谁是二师谁是太师？

我去年到台湾，两岸搞书法展，我和蒋孝严共同剪彩。剪彩完，他们就称我是书画大师。我当时就说，你是不是落一个字啊？他们都惊呆了，落什么字了？我说落了一个“子”字，我是大狮子不是大师，但是我不咬人，大家都笑了。我很诙谐地把它给否定了，不是我谦虚，因为我不能承认我是大师，这不是谦虚。因为艺无止境么，你看现在我练字多着呢，写不好的也多着呢，启功也是写得不好的很多，但是都把它丢掉了，不好的不能留在社会上，对自己要负责任。

这个不是谦虚的问题，是你对艺术的一种认识，艺术是无止境的这句话怎么解释？到你这里你成大师了到头了？你是什么王？到头了？这就是没有认识到“艺无止境”这四个字的真谛是什么。不是我谦虚，也不是启功谦虚，我现在认识到了，所以我现在还在练字，永远艺无止境，只有这样中国的书法才能发展，才能创新传承下去。

第四句还是境，叫境界雅俗。艺术的最高境界是雅俗共赏，什么是雅俗共赏？简单地讲，懂的人看着好，不懂的人看着也好。我就讲贝多芬的曲子，你懂交响乐吗？你不懂什么意思，这个曲子你说不上哪儿好，但是你听贝多芬的《第五交响乐》，你光是听着好听，是什么意思说不出来，它表达一个故事，而且他用音乐的声音表达得特别优美，把那种情感都表现出来了，所以他成为世界四大作曲家之首。帕瓦罗蒂唱外国歌，你听不出来他唱的什么，但是他唱得好听。懂得音乐的人，知道是世界四大男高音之首，不懂音乐的人，只知道好听，我认为这就是雅俗共赏。

你看王羲之的字，那也是雅俗共赏啊，不懂的人看王羲之字也漂亮，懂得的人称他为书圣。启功的字也是雅俗共赏，懂的人说启功字好，不懂的人看见启功的字也觉得漂亮，为什么漂亮不知道。这里有很多法则，有很多内涵和博大精深之处。现在我给很多人鉴定模仿启功的假字，我一鉴定认为是假的，启功他不会那么写，他不会闯红灯的。他不会绿灯不走的，因为他懂法。很多人不懂得法，有的差那一点，可就那一点就不对了。我来给他说为什么，我得讲出道理来。为什么？因为我懂得法，所以我给启功的字鉴定了好多，现在启功也不在了，很多人找我鉴定。雅俗共赏是艺术的最高境界，这是我自己的座右铭，也是对人生和书法一个体悟吧。

二〇一四年六月

北京

高占祥：文化是第二个“太阳”

文化被公认是人类的灵魂，我提出文化是第二个太阳，哪里有太阳，哪里就有光明，太阳照耀到的地方才有光明。

高占祥

嘉宾简介

高占祥　现任中华文化促进会主席，中华名人协会主席，中国国际标准舞总会名誉会长。曾任团中央书记处书记，文化部常务副部长，中国文联党组书记。

高占祥 1935 年 11 月出生于北京市通州区郝家府村。是著名作家、诗人、文艺评论家、书法家、摄影家。

他是中国大陆第一位世界桂冠诗人，他多年担任文化界领导，非常重视文化事业的发展，始终以弘扬民族文化为己任，是一位深受群众爱戴的文化界领导人。首倡“五讲四美”“万里边疆文化长廊”“德艺双馨”“万里采风”“朝霞工程”“山花工程”等影响全国的活动。率先反对“大批判开路”“除毒草”等“极左文化”，并提出“浇花论”“微调论”“文化市场论”“文化产业论”；呼吁变“斗争哲学”为“建设哲学”；论述了“文化力”这一全新的文化理念；倡导“精神力”，并宣称“精神力是国力之王”；开展“新国风”运动，打起“东方文艺复兴”的大旗。为促进我国文化事业的发展做出了巨大贡献。

导语：

许多人认识高占祥，不是因为他曾当过文化部的常务副部长，中国文联党组书记，而是通过他的著作、诗词、书法、绘画、摄影以及各种文化活动。他身居高位，平易近人，在人们的心目中，与其说是一位管文化事业的官，不如说是一个文化人，一个文化奇人。

季羡林对他做出这样的评价："高占祥同志，当代《畸人传》或《无双谱》中人物也。"可见高占祥，既是一位文化事业的优秀领导者，又是一位才华横溢的文化工作者。也许是职业的习惯，多年来，他在文学、书法、绘画、摄影、舞蹈等诸多领域都颇有建树，取得了辉煌的成就。从一名刻苦努力、勤奋好学的小童工，成长为共和国的部长，曲折而丰富的人生历练，造就了他在文化的不同品种和层面，都有高深的造诣，特别是"文化力"一词的提出，更让他在文化学术领域，达到了新的高度。文化蕴含着巨大的力，这种力有别于物理学上的力，从本质上说，物理的力是人类用来化自然界的，而文化的力是人类用来化自身的。

对待文化，要"既讲又做"

肖泽颖：什么叫文化力？您能用简明扼要的语言来给我们介绍一下吗？

高占祥：那么我用简单的话，来说一下我的理解，文化和文化力这两个词。

肖泽颖：概念有什么不一样吗？

高占祥：是既有联系又有区别，文化是有一种潜在的力，文化是一种待发力。比如说国家图书馆，里头的书浩如烟海，《四书》《五经》《二十四史》等等，这些都是什么？都是文化，但是它不是文化力。

肖泽颖：文化力是什么？

高占祥：仁义礼智信是文化，这是古代给我们留下的，但它不是文化力。那么文化力是什么？只有你学到了这种文化，并把这个文化用于自己的生活、工作、学习乃至科研，以及经济建设当中去，把它变成一种力量的时候，用这种力量才能推动社会的前进。比如说仁义礼智信，“信”就是诚实守信，现在人们都在讲，要讲信用，这是什么呢——是文化，但是他光讲不做，他产生不了这种信用力。只有他既讲又做，成为他的行动，成为他的力量，才成为他的一种公信力，人们愿意与他合作，这样他才能够推动自己事业的发展，推动社会的前进。所以，有的人有文化没有文化力；满腹经纶，但是不敢说真话，不敢坚持与领导不同的意见；满肚子点子不敢出，怕担责任，这样的人他的文化是埋在他心里的，他有文化，但没有文化力。

高占祥酷爱书法，造诣精深，是位一字难求、享有国际声誉的著名书法家，他的书法既有民族传统的深厚功底，又融入了他对书法的独到理解和感悟，潇洒飘逸，独具风格，其书法作品已被世界20多个国家收藏。

肖泽颖：这个“力”字，您可以跟我们再具体地解释一下吗？比如说举个例子。

高占祥：我们研究你有没有文化的时候，这好研究，你是大学毕业，你是博士生，但是一到实际工作当中，写一篇理论联系实际的报告，写不了。所以，能不能将自己的知识运用到科技工作当中去创造发明是“力”的关键。他如果能够用他的知识，去创造、去发明、去推动事业的发展，这才是文化力。所以一个人首先应该有文化，但是还要有文化力。一个民族也是这样，一个国家也是这样，所以我们国家现在缺少的主要不是文化，是文化力。为什么这么讲呢？美国请我到美国国会图书馆去讲《文化力》，我跟他们讲的时候就说，我们中国有五千年的文化底蕴，论这一个方面，你们还不到250年，我们文化底蕴的厚度比你们大10倍，但是我们今天的文化力却赶不上美国，美国的文化力不仅仅在它本国，而且推行到了世界许多地方。论文化力的竞争，今天我们还竞争不过。我在思考，五千年的文化古国，在文化力方面争不过历史不足250年的美国，这不值得我们深思吗？我在美国讲的时候，我说你们美国重视文化力的发展，旁边有一个会说中文的人插话，我们非常重视文化力。

中国不缺文化，缺“文化力”

肖泽颖： 文化力的特性是什么呢？

高占祥： 我讲文化力有两个主要的特征，第一，它是软实力的核心。第二，它是硬实力的先导。民族复兴、文化先行，文化领航、事业辉煌，在《文化力》这本书里头，我写了21“力”，最重要的一章，我认为就是文化先导力。如果一个领导者，掌握了这个文化先导力，那他将会在人类社会的竞争当中，在事业的竞争当中，能够走在前头。

2007年9月，由高占祥写就的《文化力》一书，由北京大学出版社出版。这本书的出版，不但在当时的中国文化界、学术界引起了强烈反响，也引起了我们的邻国日本一个人的高度关注和极大兴趣，他就是日本国际创价学会学长，享誉世界的思想家、和平运动家和教育家，也是中日邦交正常化倡导人之一的池田大作先生。池田大作为中日友好、世界和平做出了卓越贡献，是中国人民信赖和敬仰的朋友，他提出要就《文化力》一书的相关内容和有关问题，与高占祥进行一次深入的对话。这次著名的对话，主题是联结地球的文化力，高占祥与池田大作对话录，还在今年1月中日邦交正常化40周年之际，由中国人民大学出版社出版发行。

肖泽颖： 高老，您是什么时候开始和池田先生有了这样的一个对话的契机？

高占祥： 那么这本书出来之后，我就寄给了我的老朋友池田大作。我和池田大作从1979年会面之后，我们共同栽了一棵象征中日友好，象征纪念毛主席、周总理他们这老一代为中日友好所做出贡献的樱花树。

高占祥最初提出“文化力”这个概念时，就得到了池田大作的高度认同和呼应，池田大作也对文化力的概念，做出了自己的阐述。池田大作认为，文化力具有时代意义，是当今社会发展与世界和平的关键所在；文化力具有世界意义，是联结整个地球的纽带；文化力具有普遍意义，文化力存在于政治、经济、艺术等一切事物的根底。而中国

正在努力构建和谐社会，而实现这融合，协调理念的基础，非文化力不可，朝向新的百年，要着手于“人”的复兴。

对话池田大作　如何“走在前头”

肖泽颖：文化力在整个世界范围内，现在处于一个什么样的状态？

高占祥：关于文化力在世界范围内的这个情况，我没有做过细致的调查，但是我也很留心各国在这方面的情况，刚才我说了美国，美国重视文化力，他不重视不会请我去讲文化力。美国他就是注意吸收一些新鲜的东西，对他有益的东西，他会拿来为自己服务。日本池田大作跟我边对话，边在日本一本叫《潮》的杂志上连续发表，这本杂志卖得很火。他来信说颇受欢迎，连日本的地铁里头，也贴着池田大作与我的对话。池田大作先生跟我讲，日本已经开始采用。

关于“文化力”一词，政府已经开始考虑安排文化力行动计划，澳大利亚见到了这本书，开了一次研讨会，研究文化力与和谐世界的专题。那么从外国看也好，从当今来看也好，从历史上来看也好，欧洲的文艺复兴是典型的文化先导力，它不是说我先从经济开始，它是先从思想上认识，文化、艺术、建筑等跟科技、蒸汽机结合起来，使得欧洲整个地逐渐地繁荣。所以欧洲的文艺复兴，对于我们来讲，特别对于我来讲，还有一些专家觉得那里的经验，都值得我们研究、学习或借鉴。当然我们跟他们的情况不同，不能照搬。总而言之，对于文化的认识，对于文化力的认识，现在认识到和重视的国家越来越多。从我们国家来讲，从这方面总体的形势来讲，也可以说越来越好，中央提出文化大发展、大繁荣、文化强国，这些对我们都是很大的鼓舞，但是这一方面还有缺陷。

文化是第二个太阳　是人类的灵魂

在高占祥看来，与军事力、经济力相比，文化力常常被看低，事

实上文化不仅仅是力量，而且是人类的灵魂，它是经济发展、科技发展以及社会发展的驱动力和牵引力。

肖泽颖：您还曾经说文化是人类的第二个太阳，为什么这样来讲呢？

高占祥：研究文化的时候，研究领域越来越大，后来研究到，文化渗透到人类生活的每一个领域，科学也好，经济也好，建筑也好，哪怕餐饮也好，方方面面都自觉或不自觉地浸透着文化的作用，所以说文化的作用是无边的、无形的。用一句不一定妥当的话，文化是无孔不入的，哪里有文化哪里就有光明，哪里没文化哪里就有野蛮。所以说文化是文明的基石，文化现在已经被公认是人类的灵魂。所以我提出文化是人类的第二个太阳，太阳照耀到的地方才有光明，池田大作就说，你这个比喻太精彩了，人类如果没有太阳，花呀、果呀，什么都没有，人类要没有太阳，同样就像植物一样会枯萎的。

肖泽颖：文化不仅仅是一种力量，还是灵魂，更是经济发展和科技发展的一种前进的驱动力和牵引力，那么您是什么时候决意要写《文化力》的？

高占祥：文化是灵魂，这个我思考了好长时间，就是这句话准确不准确？是不是灵魂？后来我看人类文明发展史，文化创造了人，人有了思想，那么到了这个时候，人们自觉或不自觉地把文化融入灵魂。我们所说的所讲的，都是受我们民族文化的熏陶，所以对人类来讲，它不仅仅是永恒的推动力，也是人类的灵魂。特别是我们中华民族的文化，就是我们中华民族的灵魂，所以我们要打算强国，首先要强民，首先让文化成为我们民族的灵魂。

文化强国　是对“文化力”的鼓舞

肖泽颖：您谈到文化是灵魂，而且决意写了《文化力》，什么时候能够让文化力真正地回到大家的心里？回到人民群众手里？

高占祥：我觉得你提的这问题特别重要，这也是我们当前应该特别注意的一个问题，我们现在讲要文化强国，文化强国要照我的理解，它的重点应该是把文化的种子，撒在孩子们的心里。过去教育是形象化、具体化——讲故事，甚至于说笑话。司马光砸水缸、孔融4岁能让梨等等。现在我们的教育比较抽象化、概念化。“三国”进课堂，可是小孩对人生观、价值观等等一下理解不了，这个方面到现在还没有更多的措施，我对这件事非常着急。

正是基于对有着五千年深厚文化底蕴的中国，在文化力方面竞争不过还不到250年历史的美国，年近八旬的高占祥充满了强烈的紧迫感、危机感和责任感。

高占祥：我用了11年的时间，研究我们国家这种传统教育里的精华，以及我们现在时代的要求，然后写了一本60万字的《人生宝典》，我为什么写这个呢？就是觉得我们要有一些传统与现代相结合的教材或者参考资料，现在这本《人生宝典》已经出版了八版，后来我又觉得60万字太厚，就写了《新三字经》。北大、清华和人民大学的教授都认可，老百姓到街道讨论，也认可。现在教育部向学校里推广，被评为“优秀读物”。现在又写了一本《新弟子规》，我就是立志要让孩子容易接受，孩子自己愿意学，家长也高兴，也愿意给孩子讲。如果我们不从人的修养、从做人抓起，光是比较空洞地讲大道理，孩子们是接受不了的。文化应该是以文“化”人，以人为本，有了高素质的人，中国未来还会有更辉煌的发展。

肖泽颖：高老，请您总结一下文化力，以及文化力带给您的是什么？

高占祥：今天谈的是这个文化力的问题，和池田大作先生对《文化力》的一些高度的评价。我觉得文化力是一个非常有意义的问题，但是池田的话当中有这么几个字，文化力对于今后的社会，具有非常深远的意义。虽然没有过多的人谈文化力这个词，但只要是大家都认识到了文化是民族的灵魂，文化是推动我们社会前进的牵引力，是永恒的驱动力，它是我们的血脉，是我们的灵魂，我们要用它来推动工作，来建设强国，这就行了。在这个问题的认识上，我可能有这样或那样的一些偏激、偏见。从领导到文友大家给予了批评，我觉得只有在批评当中，只有在不同意见的争论当中，事物才能前进。所以说“异”字是个宝，求同存异，不仅要求同存异，而且要敬其所异。如果有些朋友对这方面提出批评，我会特别尊敬、考虑、吸纳，来不断地提高自己。你们对这问题的重视和关怀，传播出去，会让大家更多地思考和完善这个问题，也谢谢你们的这一片心意。

肖泽颖：谢谢高老。

二〇一四年七月

北京

何建明：我的国家叙述

一个不能清醒地认识自己的人是可悲的，一个不能清醒地认识和理解自己本质的国家是悲哀的。它的结果肯定是要被淘汰，所以人和国家都是一个概念。在叙述国家的时候，我觉得这些东西都是在我的脑子里一直在闪烁的，每一部作品带给我的思考都是一种全新的；每一种国家的形态在一个断面上，它给我的东西都是深刻的；每完成一部作品后它都给我在精神上、思想上的一种升华。所以，如果说国家的叙述它为我个人带来了什么东西？我觉得是巨大的，它的重要性远远超过了我看一本书，吃一顿饭，比挣多少钱要重要得多得多。因为它是我对这个社会以及国家的理解产生的那种内心精神上的东西，也有些是知识上的东西，更多的则是思考层面上的。所以一个优秀报告文学作家，他实质上是一个政治家，一个思想家，其次他还是一个文学家。

国家是什么？它既是我们生活的环境，是我们的制度，又是我们民族的结合体，最重要的，它是我们每个人的家园。国家就是我们的母亲，也许离开了母亲我们也能过日子，但是我们心里是不安宁的。有母亲在，我们是随时随地可以感到有一种依靠，有了母亲，再苦的日子我们也会踏实，是充实的。母亲可以教导我们把路走得更好更远，这个“母亲”就是我们的国家，我们要爱惜这个国家。我们对这个国家出现的一些问题，要正视，要用爱去看待和改变问题。所以国家是我们的家园，是母亲，是我们生命的依附，是永远可以让我们在人生中感到力量的一个概念。

何建明

嘉宾简介

何建明　江苏苏州人。全国劳动模范。现任中国作家协会副主席、党组成员、书记处书记，中华文学基金会理事长，中国报告文学学会会长，中国作家出版集团党委书记、管委会主任。是20世纪末以来最重要的报告文学作家。七获全国优秀报告文学奖，其中三获鲁迅文学奖、三获正泰杯全国报告文学奖、四获徐迟报告文学奖、五获中宣部“五个一工程”奖。

1976年1月参军，历任团、师、军、兵种新闻干事、报社记者。1989年至1992年转业到中央某机关报社当记者、编辑。1993年任文学杂志《新生界》主编。1996年历任《中国作家》总编室主任、副主编、执行副主编。2005年任《中国作家》主编。2008年任作家出版社社长、总编辑，中国作家出版集团党委书记、管委会主任。2009年任中国作协党组成员、书记处书记。2010年3月任中国作家协会副主席。2012年6月30日，当选为第三届中国报告文学学会会长。

导语：

从1978年的《湘西探险记》到90年代引起广泛影响的《共和国告急》《落泪是金》，再到新世纪《根本利益》《国家行动》等，何建明在报告文学这条漫长的道路上，艰难地跋涉了30年。他的作品，无一不关系国家大事，无一不关系民生利益。

他的系列报告文学作品，完全可以概括为“国家叙述”。30年里，何建明写了40多部书。其中8部作品改成影视作品，5部作品被翻译到了英、美、日和澳大利亚，两部被编为日本大学教材。他已记不清自己走过多少地方，采访过多少人；30年里，何建明为中国的两弹一星、中国的航天、三峡工程等十几个国家重点工程做过记录，在他笔下推出的全国典型有6个，还有两个成了感动中国人物。为重庆、东莞、三亚、大庆、中山、义乌、苏州、昆山等10多个城市写过发展史，他为华西村的吴仁宝、优秀纪委书记梁雨润、著名科学家钱学森等几十个人物写过作品，中央确定推出的改革开放30年的18个先进地区中，何建明写过其中的6个。

改革开放的经典蓝本《我的天堂》

肖泽颖：在中宣部举行的第十一届“五个一工程”颁奖会上，您的两部作品获此殊荣，它们分别是长篇报告文学《我的天堂》和根据同名作品改编的电视连续剧《国家行动》。当时您得到这个消息的时候是什么样的心情？

何建明：我心情很正常，因为这类的奖项对我来说已经非常正常。一般来说，这样的作品在这个历史时期当中，它已经产生了影响，跟获奖应该是对应的。当然，获奖对一个作家来说是非常高兴的事情，但是它不是唯一的标准，我已经看得很平常了。

肖泽颖：关于《我的天堂》和《国家行动》，我特别想了解的是您当时是在一个什么样的大背景下创作出来的？

何建明：《我的天堂》讲的是改革开放30年来苏州地区的事，也是我家乡的事。因为苏州地区是整个国家改革开放发展比较快的地方，又是我的故乡，所以我始终是带着一种感情。为什么叫《我的天堂》？是因为我心目当中上有天堂下有苏杭，我们改革开放30年要做一个非常好的完整和系统的记录，所以这么一个作品就出来了。另外一部作品是《国家行动》，《国家行动》这部作品写的时间比较早，是写三峡工程的。三峡工程是一个特别重要的国家工程，而且工程的时间很长，国内外特别关注。反映这个工程也是反映了很多我们国家在社会主义初级阶段如何来完成一个国家的重大的项目，而这个重大项目在当时的争议非常大，它有点国家意志，我讲的是国家移民的问题，在这个过程当中国家的意志和老百姓个人的利益发生冲突的时候，我们国家是一种统一意志，所以题目叫《国家行动》。这两部作品从不同的程度反映了中国当代社会的形态，一个是工程形态，一个是整个社会变革的形态。所以作为一个报告文学作家，记录当代历史的画卷，这也是我这么多年来几十部作品当中比较典型的两部作品。

肖泽颖：可以详细地跟我们介绍一下《我的天堂》这样一部作品的创作历程吗？为什么会写这样一个作品？

何建明：《我的天堂》这本书尽管看起来是凝聚了苏州地区30多年的变化历程，但是事实上是在叙述我自己的生命，我的生命是在家乡的土地上成长起来的。在叙述过程当中，有我对父辈的叙述。在我们国家曾经经历的50年代共和国初级阶段的时候，那种朝气蓬勃、奋发图强、艰苦奋斗的精神；那种社会的状态；然后是文化大革命，文化大革命是非常苦难的阶段；接下来是改革开放30年的历史的重大变迁。我主要是叙述这个历史过程，我曾经写到了邓小平在那个地方提出小康社会的概念，“小康社会”是在苏州地区提出的。那个时候正是我刚刚踏入社会的年龄，离开家乡，出来当兵。30年的变迁，尽管我没有在家乡，但是家乡的每一种变化都是在我的生命当中，或者在我的记忆当中，一直是非常强烈的。我写了很多在这么几十年中我父亲走过来的变化，包括他对我个人的成长的那种思考，那种选择。这是一条线，个人的情感线。还有就是我们整个苏州地区的三千年的历史变迁。苏州城，大家都知道这儿是个湖谷，湖谷的时候，吴文化的时候，当时的苏州在战国时期已经开始它的创立史。这几千年来几乎没有变动过，一直在发展，在大明清的时候是我们中国经济最发达的地区。但是这个发达地区它也经过了不同的历史变迁。一直到改革开放以后，这 30 多年的变化，翻天覆地。以前，“上有天堂，下有苏杭”是人们对自然环境、地理地域优势的肯定和赞扬，说它是天堂一般的美丽。进入改革开放以后，我所看到的是，它真正实现了邓小平提出的小康社会，也真正使我看到了，儿时曾经的梦想和我父辈的梦想，在我们今天改革开放 30 年当中，它实现了。我把题目叫《我的天堂》。我的天堂是什么？也是我们国家民族的天堂，是一个富有美丽，人民安康，又充满着朝气的家园。《我的天堂》既是对我家乡苏州的那种歌颂，同时也是对国家未来的期待。我把苏州的几个县级市都进行了“扫描”，也对苏州市三千年的文明进程和苏州今天的文化做了一个梳理。我特别得意的是在最后的时候：原来一说苏州，不是说“上有天堂，下有苏杭”，就是说苏州是“小桥流水”。当然历史上的苏州是这样，可以理解。但是当我在叙述家乡改革开放以后，苏州的这种形态和苏州人的这种精神的时候，我发现不对。苏州光有小桥流水是不够的，小桥流水是一种文化，今天的苏州有四种形态。如果你去过苏州地区就会知道，除了小桥流水以外，我们很多大的河流、中小河流，在北方是看不到的。苏州有小桥流水的文化，江河的文化，还有湖泊，有太湖、阳澄湖，一望无际碧波万顷的包容整个世界的那种形态。它是湖水，湖水很平静，平时它是那么好那么美，一旦风刮起来也是激浪汹涌。还有一种文化就是长江，万里长江在我们苏州是流到大海的最后一个阶段，再过苏州就到上海吴淞口了。在我家乡的长江岸头的时候，我看不到岸，这么宽阔，像海一般。苏州改革开放的精神中就有张家港精神，张家港的精神我认为是长江精神的体现，敢干，大气，汹涌澎湃，激情满怀。所以我在书的最后面写道，苏州人有四种精神，仅小桥流水是不能代表苏州的。今天只能代表当年的那种小家碧玉的传统的苏州，而今天的苏州是小桥流水、河塘、湖水、长江四种的文化，这是对苏州精神的一种总结和肯定。

中国改革开放实际上也是这样。我之所以这样总结苏州地区，是因为在每个地方都有它自己不同的社会形态和它的特点，以及它的区域的文化。这是《我的天堂》。

肖泽颖：您在《我的天堂》里面谈到了小桥流水这些，您还写到了近30年历史性的巨变，作为整个的叙述对象，包括您写了国民的这种心理，大家这种可歌可泣的坚守家园，这种渴望求新的精神，您怎么看？

何建明：改革开放时，苏州本来就是一个很富裕的地方，改革开放给他们一种什么样的冲击？和什么样的精神和内心上的涌动？实质上就是说，一个国家、一个民族、一个地区的社会的发展，既要有外部的因素，又更多地来自于他们内心的那种对变革的需求，苏州这个地方也是这样。他们在前面的几千年历史进程当中，实际上已经是一个富足的地方，但是这种富足是暂时的，或者说还跟不上世界范围的一种时代的发展变迁。当改革的浪潮在广东那边不断地在向北推动的时候，苏州人也意识到，我们必须做一些突破。苏州在60年代、70年代的时候，乡镇企业已经做得非常不错，但是当改革开放以后发现广东发展了，浙江的私营企业发展了以后，曾经乡镇企业占半壁江山的苏州，已经出现了制度上的滞后。因此苏州要做一个大的变革，那个变革我也经历了而且也知道了，也是我们父辈他们曾经经历的，是非常痛苦的。是什么？从纯粹的计划经济的那种体制下，转化为市场经济这个过程，这对苏州人来说是一次彻底的革命。因为传统的共产主义和社会主义的概念当中，我们是全民所有公有制的那个体系，乡镇企业就曾经为这个公有制为初级阶段的社会主义做出了巨大贡献。当年的苏州地区的乡镇企业在全国曾经也是非常著名，但是改革开放浪潮以后，市场经济和民营经济发展起来，乡镇企业出现了问题。因此在这个时候就要求变，怎么变？往哪个方面发展？这是苏州曾经非常痛苦的历程。那个时候，关于姓资姓社的斗争在我们那里是集中体现了。所以邓小平最早的一次南方视察是在1982年的时候，1983年初的时候是先从我们那个地方走起来的，所以小康社会也是他那个时候提出来，然后再到浙江再到广东那边走了一圈。1992年又开始第二次的南方视察，历史是这么走过来的。你刚才问的这个问题就是苏州地区在那个阶段的时候，他们进行了这样的变革，而这种选择既是痛苦的又付出了代价。

我曾经记得，或我在书上已经叙述过了，有的地方的乡镇企业的一些老干部和老的农民，包括像我父亲他们这些人，坚守所谓的公有制这样的一些传统的干部群众，他们确实有点想不通。但是后来慢慢地会发现，社会主义市场经济是整个国家的社会主义初级阶段必须走的一条道路，就是中国特色社会主义，其中包括在经济方面主要体现在社会主义市场经济这一块。乡镇企业有它的好处，它在60年代70年代是非常好的，但是到了80年代以后，起到一个滞后的作用，所以那个时候必须要改革。在这个时候曾经涌现出像张家港、昆山等地区。他们敢干，有了“张家港精神”；昆山的思路是吸收外资，特别是吸收台资，他们的进步发展非常快。这两个县市在苏州地区原来是最落后的，但是因为他们思想解放，实事求是，特别是符合社会主义市场经济，因此走到前面去了。走到沪江、常熟、吴县之前了，所以在全国走到最前面，至今特别是昆山在全国百强县当中第一名，一直是第一名。我自己小时候，是看不起昆山人的，昆山人就在我老家，我是苏州的常熟出生的，是我们苏州最富裕的地方，就是高乡，高乡就是种棉花和水稻的，昆山是低乡，它那个地方的地特别低洼。改革开放以后他们发展非常快，迅速调整自己的战略部署，吸收外资，依靠跟上海距离近的地理优势，迅速实现了翻天覆地的变化。因此昆山思路是我们整个苏州地区内部需要的一个方向，以后就成了全国的发展方向。张家港是敢干，穷则思变，他们实现了目标。而沪江、常熟、吴县这三个是老牌的苏州的非常富有的县市，开始不太容易进步，后来当他们觉醒以后发展速度翻天覆地，也就都跟上来了。整个苏州的形态大概是这样。

肖泽颖：后来有很多专家认为《我的天堂》可以作为全国各地干部带领各族人民建立小康社会的一个范本，这个可以作为一个经典的范本，您怎么看？

何建明：应该说我认为有它的道理，因为作为一个作家写一部作品不是简单地记录一个历史的过程，而是让这个所记录下来的历史过程让其他人其他地区或者是我们的国家、民族都去了解和理解为什么那个地方就成为天堂，而我的家乡，我的地区为什么还没改变。很多人认为现在一说改革开放，就会埋怨自己，你广东是沿海，苏州原来就是天堂，我们西北我们中部的就不行，我们地理环境不行，我们不好。错了，他彻底地错了。我可以用几个简单的例证来说，我刚才说的昆山和张家港，曾经是苏州地区最穷的地方，而且我所看到的国家的中部地区和西部地区很多地方除了交通外，远远超过张家港和昆山的这种条件。但是他们没有进步。为什么？他们缺少那种敢闯敢干吃苦的精神。我曾经记忆非常深的，昆山的几个干部跟我讲，为了引资让香港和台湾的老板到他们那儿去办工厂，那种想尽办法，付出的劳动的代价和那种心思，中部地区、西部地区的人做不到，或者说他们没有想到这么做。举一个例子，昆山听说有一个台商到了上海，他们从机场就开始接了，接了以后台湾人根本不理他们，然后就住到酒店里。这些昆山人就等在外面，等一个晚上，就在宾馆的门前，也没住进去，没有钱，那个时候乡镇企业住宾馆也不能随便住，他们等了这些人一天两天。这些台湾人本来是要在上海投资，然后这些台湾人天天喝酒，一喝就喝到两三点，这些昆山的引资干部就等在那个地方，一直要等到让他们感动，说一定要到昆山去看一看。当他们到了昆山以后，看到什么都没有。上海多好啊，要什么有什么，而昆山那个地方要路不通，要水电没有。昆山说给你办个工厂吧，这片地给你，你再过三个月来，厂房这边环境什么都给你做好。台湾人听听而已，不相信。过了三个月过来，一看全部给他做好了，要电有电，要路有路，什么东西都给他建立好了，台湾人就这样感动了，把自己的钱放在那个地方。我再讲一讲，大家都知道新加坡苏州工业园区在现在，在全国就一个地方而言，它是最赚钱的，为我们国家贡献是最大的。每天在那个地方给国家创造一个亿的税收。非常小的一块地方，它那块地方可以顶我们西部地区的一个省的国民生产总值。你知道这个苏州工业园区是怎么落户到苏州的吗？最早是新加坡总理李光耀带着他的儿子到东北从沿海地区走了一圈，从沈阳一直走到宁波那边，包括山东，他选中了几个地方，没有选中苏州。苏州知道这件事后，苏州的市长亲自到了上海把李光耀的助手李显龙请到苏州，带着他走苏州园林，参观了两天，两个人心照不宣，什么话都不说。最后吃饭的时候，李显龙就笑笑，你们请来我干什么？我们市长说，什么都不干，就请你来看看苏州，参观参观苏州。人家一笑，都是政治家都清楚，就是用这种方式交朋友的，让李光耀、李显龙把感情留在苏州。好，最后决定了，光是谈判就谈了半年时间，最后决定了。以后发现中国这边那个时候工业园区就不让搞了，因为曾经搞得很乱。我们苏州知道这件事以后，专门在大年初一春节这个时间，跑到总理、副总理家去敲门，请总理、副总理听他们汇报，苏州跟新加坡有这么一个合作项目。一直到大年初一的时候，我记得当时是朱镕基总理拍板，当时他是副总理，同意做这件事情。这件事可以说末班车都没有赶上，是爬着火车轨道去追前面已经走了的那趟火车，然后才做成这件事。这种精神和苏州的自然环境有关系吗？没有关系，是因为苏州对这种改革开放的那种迫切的心情，是因为他们追求那种翻天覆地的变化，想改变落后向世界先进发展、赶上小康社会的这种精神，这种精神是中部地区、西部地区都要学习的。

我一直认为，我们之所以这样，苏州是我们改革开放的一个蓝本，或者我这本书也给很多干部提供了一个怎么样领导一个地区发展的蓝本。从这本书上可以看到，苏州人是怎么干的。天堂不是自然就有的，而是干出来的。所以说我的天堂是什么，我的天堂是那种既是我的美丽的家园又是我的父老乡亲们用血和汗干出来的，只有这样我们的天堂才是永恒的，才是美丽的。上帝不会创造这样的天堂，是我们自己干出来的，这就是我要提供给这个时代，提供给我们其他人看的，这是我的目的所在。

《国家行动》讲述国家的力量，民族的力量

肖泽颖：《国家行动》的影响很大，这部作品能够为当代中国提

供一种什么样的影响，一种什么样的指导意义？

何建明：《国家行动》表达了三种意思：第一，我们是一个社会主义国家，一个共产党执政领导的国家，我们的决策意志是建立在什么地方？是建立在为民众、为我们的人民造福这样的基础上，就是我们执政为民这个理念。为什么叫《国家行动》？就是我们行动的建立是要对人民有好处的，在为给人民创造幸福的这样的基点上。三峡整个工程是为了解决两个问题，一个是发电的问题，第二个也是最根本的问题，就是长江中下游的旱的问题。长江曾经在历史上出现过多少次的洪涝，特别是1998年的时候，大家都记忆非常深的，江泽民总书记在大堤上高呼着口号，因为当时是非常危险。在我们整个历史上，长江流域一直出现这样的灾难。怎么样来解决这件事情？要造一个坝，把上游的水控制住，不要让它在洪涝的时候一下子放到中下游，而是让它缓缓地下去，这样中下游就不出现灾难。长江是世界上几大深河流之一，到底会不会造成其他的灾难性的问题？所以关于这个长江论证的话题论证了十几年，这就是一个国家的行动，干还是不干？利还是大于弊。当我们决策，全国人民代表举起手来的时候，我们就代表了人民去做这件事情，这是第一个概念。是我们执政为民的概念，这是我要表达的《国家行动》。

第二个问题讲的是，当国家的决策决定以后，我们如何把这个决策贯彻下去。实际上也是一个怎么样体现我们共产党或者共产党形象的问题。在三峡工程建设过程当中，其中有一个特别重要的内容：解决三峡移民，而《国家行动》主要讲的是三峡移民的问题，百万移民如何来实现。这里面我讲到了共产党人为了保证国家的意志能够落实，他们付出的那种代价真是让我非常感动。我讲一个例子，采访中我自己也觉得受了很多苦，有一天为了到那个移民点，我从5点睡醒开始，8点乘飞机到重庆；下飞机后马上赶到龙城码头，然后乘了9个小时的快艇，下午快傍晚的时候到巫山；之后又坐了两个小时吉普车，之后没有路了，于是又坐拖拉机，坐了三个小时，一直到第二天凌晨快两点的时候，才赶到移民点。移民点没地方安排，夏天就给我们安排在一个已放假学校5楼的一个教室里，就在那个柱子上躺了一会儿。4点的时候把我们叫醒了，说移民要走了，让我们去采访，到现场看看。第二天给我安排在什么地方？安排在一个半山腰上的供销社，一个所谓的招待所，就几间房子，我一看有8个床，那个床上都是有水的。但是我又没有办法，我想我好不容易来采访一次，我又回去的话怎么行。8天时间没有洗澡，玻璃窗都是碎的，下着雨，噼里啪啦打着雷。我连饭都不好提，移民干部他们都跑出去做移民工作了，你被他们的精神所感动。你有什么权利去要求别人帮你做点什么事呢，因为每个人都有很多任务，我曾经记得有一个移民的干部，一个副镇长，他要家家户户去动员移民，好不容易动员完了以后，最后要拆迁，拆迁什么？拆迁祖坟，要移坟地，长江的水筑大坝以后要涨高，凡是水面以下的坟地都要搬走，很多老百姓人可以离开，但他们说我的祖宗，埋在地里的老祖宗是不能移走的，移走不吉利。移走可以，只有一个条件，你移民干部给我负责，你当我的亲人的孝子。移民干部包括副镇长，为了做好这件事，每天披麻戴孝去帮着人家把死人的骨头棺材挖出来，然后还要哭，磕头、哭、跪，他一共做了140多户的工作。就是搬了140多次坟地，他当了140多次孝子贤孙，这么多干部在那儿完成了。你想象不到，我认为比战争还要难受。你想跟他没有任何关系的，就是为了实现移民搬坟地，他要替家家户户为死人磕头，才把这个事情做通了。这是第二个，我们讲的共产党执政为民，在这些移民干部身上是充分体现了，这也是国家行动，为了实现国家行动共产党人所付出的代价。

第三个层面是广大的移民，百万移民，他们是什么？他们是离开了自己的家园，无奈地离开了自己的家园，为了服从国家的行动。这就叫为了大家舍小家，最后他们远离自己的故土，也是非常令人感动的。一百万人，西方世界曾经把我们三峡移民工程说成是侵犯了人权，曾经有几年在联合国的人权大会上，把我们三峡移民工程当成一个事拿出来。但是中国的移民到底是怎么一回事儿呢？实践证明或者事实也是这样，我们中国的老百姓当他们明白国家利益的时候，他们会清楚地做一个选择，就是为了大家舍小家，我看了很多移民干部和老百姓的事情，是非常非常感动的。我随便讲一个小故事，一个老太太，她怎么也想不通，她不愿意离开自己的土地，离开自己的家园，已经70多岁了，她的老头子已经去世了。当让她移民到广东那边，她不走，说我就这把老骨头了，我死在这个地方，跟老头子一块儿埋在那个土地上就完了，你们不要赶我了，可是那是不可能的事情，还必须要把一个活生生的老太太搬走。但是这个老太太就是不走，最后没办法，其他人都要走，拉着她走，她自己爬到树上去了，待了整整七天时间。为什么爬到那个地方？第一她不想走，第二她要看着长江，爬到那棵树上才能看到长江。她说我祖祖辈辈就没有离开过长江，我天天要听着长江的浪潮才能睡得着觉，你让我离开，没门儿。她的儿子还是一个生产队的支部书记，怎么叫老娘，老娘就不走，实在没有办法。第二天马上就要走了，突然老太太从树上就下来，然后用那个小拐棍，回到家里敲敲她那个老棺材，提前让家里给她买了一副棺材，对儿子说咱们走吧。老太太没有那么多觉悟，也没有那么多口号，当想通以后，义无反顾地离开自己的家园，带着她的孙子。在离开的那天我在现场看到了，几百人乘着车就走了，老太太是最后一个人，她走在队伍的最后，离开家乡的时候，她把小孙子拉到自己身边，突然转过身面对那个老宅基地一下子就跪下来了，磕了三个头。这个时候大家一下子发现，这个老太太怎么还没走，一看老太太在磕头，然后是五个人，后来是十个，再后来是一百个，最后全村几百人都跪下来，告别他们的家乡，磕了三个头。那个场景就像电影似的，一直在我脑子里闪烁。这就是我的书当中用的第一个例子，真实的镜头。《国家行动》体现的三种精神，最重要的就是我们后面这种，中国的老百姓是非常可爱的。当他们理解国家的政策的时候，他们会用自己全部的奉献来服从国家的利益，而同时我们三峡工程实际上也是国家为老百姓子孙万代造福的一个工程。因此在这种情况下，我就完成了《国家行动》。《国家行动》代表了人民与百姓，百姓与我们执政党、与我们的政府是紧密地连在一块儿的。社会主义国家两种力量能拥在一块儿就是我们国家的力量，民族的力量，也是我们时代的象征。所以这本书讲的是这种精神，民族精神、国家精神、时代精神。《国家行动》就是这么一部作品。

国家叙述

肖泽颖：您有没有意识到您的很多作品都反映的是国家大事，反映的是人民的事情，有人把您的这种报告的创作形式概括为国家叙述，您怎么理解？

何建明：国家叙述这个概念，是理论家给我总结的，实际上在我的内心世界当中也是这种意识。我也是经历了 30 多年，写了大概五六十部报告文学作品，其中有长篇大概三四十部。这十几年当中，光是名字中有“国家”两个字的有好几本，就是《国家行动》《部长与国家》这类的。为什么用这样的书名，我觉得我是一个报告文学作家，我们的笔是直面社会，直面这个时代，不管是写批判的还是歌颂的，我都有一种国家的意识。这种国家意识不是我有意去创造的，而是今天的社会，我们不管是写人还是写集体，还是写整个时代，反映的都是我们的国家，都是这个国家在这个时代当中的一种历史的呈现。这个呈现就是我们改革开放的一个历史的画卷和进程。所以作为一个报告文学作家来说，我们是记录时代的，在我们的意识里，有意无意地就是会跟国家连在一起。你想想看，我们今天每一个人，不管你的身份是一个老百姓还是谁，你能享受北京的地铁，你想到天安门随时可以来。可是我想到 30 年前 40 年前，连我这样的还不算普通老百姓的一个军人，从湘西那个地方调到北京来的时候，我都有一种极大的满足感。当我第一次路过天安门广场的时候，内心是那么激动，我发现天安门怎么这么高大。我不是跟普通的老百姓是一样的心态吗，当我第一次坐地铁的时候，把 1 号线坐了好几回，真好玩儿，又快又安静。现在我们随时可以乘地铁，你想想一个普通的公民在以前有这样的可能吗？进北京根本进不去，还要打证明。有钱了你都不一定进到北京，现在谁都可以进来，首都的这种精神和物质方面都可以享受。作为一个报告文学作家，我要记述我们几十年来的变化。对国家来看是这样，从大的历史进程当中看也是这样。中国30年的历史变迁和进程，几乎是实现了美国300年的建国历史的发展进程。我们整个人类社会三千年的变化都没有这么大，难道我们国家这样的变化不值得我们去好好记录和讴歌的吗？这就是我自己内心的想法，作为一个写作者，作为一个报告文学写作者，我的笔触或者说我创作的意图就是建立在这个点上。如果不是这样的话，我失去了作为一个报告文学作家基本的品质和素质。有的时候可能话扯得远了一点，现在我认为就是有相当一部分人对我们国家对我们现在的发展怀着并不公正的一种态度。他们认为今天的中国到处是腐败现象，好像共产党执政有那么多不对的地方，这也不对那也不对，黑暗面很多。可是他们不要忘了，我们整个社会的发展这30年来的变迁是无法代替的，是任何一段历史任何一个国家任何一个民族都无法替代的，你必须看到这种主流。当然在这个历史进程当中我们发现有些问题，但是你要记住尽管我们看到有毒的奶粉，更多的奶粉还是好的；尽管我们看到有人非常不道德地把婴儿卖掉了，但是要看到我们千千万万的儿童是在健康地成长，他们成长以后都有机会上大学；我们要看到确实党内有这些腐败干部，他们非常可恶，但是也要看到更多的绝大多数的干部是在努力地工作，在支撑着这个国家和民族的发展，所以要看到主流。这样我们才有一个客观正确，并且公正的视角。作为一个作家，尤其像我这样写报告文学的作家来说，我的关注点就应该放在一个客观真实的国家层面上，我们从国家的层面上去理解一个普通人的情怀，是一个国家在发展过程当中他应该面临的和正在面临的这样的问题。所以国家意识一直在我的创作当中占有非常重要的位置，是因为我觉得我生活在这样一个社会当中，以我的最宝贵的年龄经历着国家发展中的一个大变迁的时代，几十年来，之所以我的关注点我的激情以及我的笔触落到这个地方，是有它的特定意义的或者说是一种特定的责任和使命在我身上的呈现。

肖泽颖：我们就称它为国家叙述，目前如果对您的报告文学创作阶段来做一个阶段性的总结，或者说回望一下创作的这段经历，我们阶段性的成果都有哪些？

何建明：我认为在今天，首先提出国家叙述这个概念来做学术分析是非常有意义的，它是一种摒弃了那些不客观的、不全面的、不公正的，或者说是扭曲的社会叙述及文学现象的一种概念。我认为至少是一种正面的批判，或者是正面的校正，我认为非常重要。如果让我自己总结这方面的东西，我觉得开始是无意识的，不自觉的，我可能写到一个国家的大题材，后来被称作国家叙述。早期的时候，也就是20年前我写到矿难，反映在我的第一部鲁迅文学奖作品《共和国告急》里，矿难那个时候都没有人写，我是第一个写或者第一次这种题材获得鲁迅文学奖，这是一个国家的题材。我是无意识的，无意识是什么？我看到或听到了那个现象，我说我必须去写，这是一个阶段。第二个阶段是我在写《中国高考报告》的时候，那是全民面临的问题。我为什么写中国高考报告，是因为我看到了我们这么多年，改革开放以后千军万马走一座独木桥上大学，应试教育包括高考制度给我们带来了很大的弊病，这是我要思考来写的国家在历史进程当中的一些现象，这是第二阶段。这个阶段应该是有一定的意识了。

第三阶段就像《国家行动》《我的天堂》等等，这将近七八年当中，应该说我是一种自觉的国家叙述。从不自觉的到有意识的再到自觉的这三个过程，这段时间写这方面的更多一点，也是我作为一个作家在成长和创作过程当中，我看到了或者是我的作品反馈出来之后发现这样的作品是老百姓喜欢，领导决策部门也非常喜欢，这也是在文体功能方面体现得最完整和最完美的。所以，要总结国家叙述的话，我经历了这三个过程，这三个过程也体现了我自己的成长，从开始到成熟的一个过程。从报告文学文体来说，对文体的影响我认为是非常重要的。我们原来写的报告文学大概到现在一百多年的历史，最初的时候是包括《哥德巴赫猜想》和魏巍的《谁是最可爱的人》，那个时候报告文学创作都是有一件事放在这个地方，我们再去叙述，我称之为是静态的报告文学写作，就是放在那个地方，你去写，看谁写得好。现在是动态的，一个社会形态还没有确定这个人是好还是坏、这个事件是好还是坏的时候，我们就要介入，我们进行自己的写作，我称它为动态。所以国家叙述在今天来说，就是我们每一个社会的现象和发展过程当中正在呈现的一种东西，它可能还没有结论，它是在进程当中，我们就要去写。我们要进行国家的叙述，我们要把时代的那种锋芒写出来，今天的国家叙述就是今天的国家的发展进程，这种叙述我认为是极端重要的，一方面它可以把我们国家民族的进程记录下来，同时还可以提出很多有效且良性的好的建议。我的很多作品，之所以引起人们的关注，包括一些决策部门的关注，就是因为提出了一些问题。比如像当初写大学贫困生，首先把这件事情就呈现出来，第二给国家相关的决策部门提出了很多宝贵的意见。后来这十年贫困大学生的境况得到了彻底的改变，他们的命运彻底改变，跟我这部作品是有直接关系的；当时中央领导做了批示，后来出台了一个又一个的政策。所以这种国家叙述它带给我们的不光是文学的记忆而是文学的参与，文学参与这个时代，参与这个决策，参与这个历史的进程。我觉得这种才是真正意义上的国家叙述。

肖泽颖：您写了这么多作品，自己一定收获了很多，一定也有很多沉重、辛酸的经历，是不是也有一些这样的我们不知道的经历？

何建明：这种东西对我来说已经不是特别重要了，当我今天取得一定成就或者说走到今天这个地步，依然感受很多，我用“很多”这个词不太准确，应该是受到了更多的人的拥护，很多读者的期待，但是也有一部分人不理解，我觉得很正常。开始我不太理解，或者是我有点生气，后来慢慢地感觉是这样的。就像我们没有肉吃的时候，大家吃肉都觉得很香，我们天天有肉吃了，你再让一些人去吃肉他就会烦，他甚至会愤怒，最后骂人的都出来了。今天我们国家也是这样，我作为一个作家，我走的这条路，也许大部分人看来走得非常对，但是也能引起某些人不同的看法，是什么原因？就是很大一部分人认为我的报告文学创作，我走的这条路都是正面反映我们这个国家民族，正面反映我们党的形象。但是有些人就认为不是的，国家的形态不是这样的，他只看到了很多黑暗面，他认为你是不是有意为共产党涂脂抹粉。

有这么一些人，我觉得也是非常正常，这个社会是多形态的多元的，我们允许这些不同的声音和不同的东西存在，但是我们心里要清楚自己的主见和立场，不能因为我们所坚持的方向和奉行的这种价值观是正确的，可由于这些人的风凉话或者是他们的某些抨击我们就改变了自己的立场，这是不对的。所以你说我们是不是曾经经历了那种痛苦辛酸不理解，很多很多，太多太多，今天依然是这样，但是难道在这种痛苦和辛酸的面前我们就要放弃了自己应有的追求吗？不太可能。如果放弃，那证明我们不成熟，如果放弃就证明我们现在坚持的东西、以前坚持的东西都不对了。所以你今天问我的时候，我已经完全改变了我自己以前的那种态度，我们依然坚定地走自己的道路，我们相信这条道路是更有利于我们的国家民族，也符合这个时代的。比如我写了很多典型的人物，包括大家都知道的华西村吴仁宝，吴仁宝去世的时候，我看到网上有很多对他不公的攻击的话，甚至诬蔑的话，我当时非常气愤。我当天晚上就写了一篇《吴仁宝的遗产》，让人们了解了吴仁宝是个什么样的人，真实的吴仁宝是什么样的。因为我跟吴仁宝非常熟，他是我的父辈，而且离我家乡也非常近，是值得我敬佩的一个农民出身的共产党人。但是好多人对他不了解，甚至误解他，这些人根本就没有去过华西村。吴仁宝只是在他那块土地上，他用他的华西特色的那条社会主义道路，所谓的以公有制为主体的社会主义农村经济。很多人是不理解和不了解，因此他死后，有很多人就攻击他诬蔑他，我当时就提出我必须亮出自己的观点来，在这种情况下你必须立场观点非常清楚。我觉得做这样的事业，让人家更多地了解真实的东西，这也是我们作为一个有良心的作家必须做到的。在这种情况下，我们受到了一些不公正的待遇或者说人家对我们的批评，我认为在所难免，对这种不真实的误解的东西，不要太在意，坚持自己的方向，没有什么错。

肖泽颖：您创作了很多作品，影响非常大，从1998年开始，翻开每一年的报告文学年选的第一篇都是您的书，您的作品。为什么您写的每一部作品都能引起这么大的轰动呢？您为什么有这么大的热情

来创作？包括对于这种国家的重大题材的把控，都是来源于什么？

何建明：我只能说我们这个时代给了我一个很好的机遇。

首先我觉得一个作家特别是一个报告文学作家，创作观非常重要。就是你选择的题材，是否符合这个时代。这个时代在飞速发展，我们的立足点、价值观、价值取向，是不是跟着时代同步走，这非常重要。作家有很多种，有写诗的，有写小说的，写电影的，创作的方向也都不一样。有的人专门写历史，有的就是反映现实生活的。像我这样的报告文学作家则毫无疑问，可能写现实作品比较多一点，紧跟这个时代，这是一个原因。

第二个原因我比较喜欢表达一种大的题材，气势磅礴的题材和那种富有激情的情感和特点的人物，因此我选材的时候大部分都是这类的。有人说报告文学选材就占了 50%，剩下的就是创作了。选材特别重要，选好材你就有可能成大器。

第三个问题，如何表现。所谓的表现就是怎么写，怎么写里面存在两个问题，你要把真实的客观的事件写好的话，首先就要有一种劳动的态度。现在有很多的作家三脱离，我们现在要求三贴近，因为三贴近对应的面就是三脱离，很多作家住在书斋住在家里，不到生活的第一线去，他怎么可能写出那种现实的火热的生活呢？所以我做得还算可以，一直没有脱离现实。即使现在身为部长级干部，我从来没有在写作的时候说我是多大的官，只是感觉有的时候我下去以后人家把我当大官了，说这个部长级干部还出来写稿子，不太适应，我觉得我从来没有这么想过。因为作为一个作家来说，如果我官大的话，可能我的政治眼光、判断力更强一点，但不能因为这个我就把官职放在前面，把我是作家放在后面，这不对。首先我是一个作家，所有的我的经验、职务都给我提供了一个作家创作上的便利，有经验的东西，更好地铺垫我的写作，仅此而已。还有一个劳动的问题，劳动特别重要。我现在给你讲这方面，可以讲半天。我怎么创作的，至少可以讲一点，2005 年的时候我是全国唯一的作家当中的劳动模范。我觉得其他的称号不重要，劳动模范这个称号我还比较看重它，是因为一个写作者能让人家公认你是一个劳动模范，我觉得这非常重要。重要在什么地方？就是承认我的劳动，我确实很辛苦，即使现在，白天要处理日常工作，我分管的单位也很多，写作都是在星期六星期天，每年放长假的时候，比如马上到春节了，我就特高兴，为什么呢？没人打扰了，有那么几天我可以集中时间写作，我的长篇都是在这个时候完成的。今年我又安排了一个，我想要写这样的长篇，所以这20年来我一直这么走过来的。我庆幸自己的这种劳动或者说我珍惜这种劳动，我曾经写了一篇博客文章叫《文学承接》，我的承接都是跟文学有关的，因为我在写作，可以记忆的东西很多很多，这是劳动的态度。

第四个就是我们要有专业的本事。叙述一个作品，不管干什么事情，你必须有真本事，你再劳动，官再大，再深入生活，你拿不出好作品来，所有前面的这些都是不成立的。人家也不会承认你。所以我们必须有自己的智慧和能力来完成应承担的使命。所以作品要靠劳动、价值观和你个人的积淀，最后是你的创作，用你的笔来实现它。所以我觉得一个人能否健康地成长有几种因素在里面：首先是否热爱自己的事业，从中你要选择一个正确的方向；之后，你要付出时间，牺牲自己的一切利益，全力关注全力以赴地完成这种使命；还有一个特别重要的问题，必须有自己真实的本领，这些加起来才能实现你自己完美的、幸福的、高端的人生。

“我是一名冲锋的战士”

肖泽颖：您刚才说到这个使命，而且刚才还谈到作为部级干部经常深入第一线，您曾经把自己称为是一名冲锋的战士，为什么还要去冲锋？

何建明：你这个问题几乎是所有的我的同事、朋友包括家里人都会提出来的，但是有的时候我认为不冲锋不行。为什么呢？既然选择了文学，选择了我要去关注那些我所需要关注这些问题的时候，你是放不下的。比如有的时候一个普通人找你，当然有的时候我会帮他解决他日常的东西；如果从文学这个角度，他哪怕是一个最普通的人，是一个乞丐，她是一个在西单的地下通道弹琴的西单女孩，我都会感兴趣。因为我觉得在他们身上代表了这一个时代的某一个群体，关注他们就是关注了我们这个时代，关注了这个国家。当别人没有去写的时候，你就得去写。我大部分都是这种情况，所以迫使我自己不断地写，不断地推向极致。为什么呢？国家的事太多，老百姓的事也太多，所以别人没有写的时候我常常会感觉为什么不去写？为什么我可以去写的时候而放弃呢？这种“为什么”就会迫使我这样做，这就是一个人的事业心和责任感，这种事业心和责任感来自于自己内心所要追求的那些东西。人家说你已经混到这个份儿上了可以什么都不用做了。但是当生命还没有结束的时候，如果你不做了你的生命基本也就终止了，因为你活着没有任何价值。就像你是电视工作者，当你热爱电视工作的时候，让你放弃摄像头你会束手无策，你会碌碌无为，你会干什么事都觉得烦躁，因为你不知道干什么。人生失去方向的时候才是最可悲的。一个人有所追求，而在追求过程当中得到某种满足，很有幸福感的时候才是充实的人生。

《共和国告急》揭露中国矿难内幕的报告

肖泽颖：1995年的那部作品《共和国告急》揭露了中国矿难内幕，您当时为了获得真实的第一手材料，深入矿区，甚至冒着生命的危险和黑矿主进行较量，甚至他们拿着枪对着您，您还继续进入采访的状态。我想知道这真的很重要吗？这个作品比生命更重要吗？

何建明：第一那个时候是比较年轻，不怕。没有想过那么害怕的事情，因为我自己也是个小人物，你能拿我怎么着呢，这是一个。换成现在我是不是考虑多一点，可能会这样的。但是在那个时候，我觉得我是一个小人物，你如果是一个黑矿的矿主，可能比我架子更大，你把我打死了，你想挣钱也挣不着了，我当时想得比较简单。另一方面我如果不去的话我采访不到那个事的，所以你怎么处理我都行，我只要采访到材料就行了。所以当时想得就是这么简单，也是那么做的。在那个时候你说什么重要？我的生命当然是非常重要，但是当我认为可以为了唤起另一个生命跟他较量的时候，他不值得把我杀了，我觉得我生命不会存在问题，即使受一点惊吓，但是不至于被他怎么样。所以第二个问题就是，最终目的是要获得采访的材料，所以我要去深入。后来也还会碰到这样的事情，现在出去采访，比如抗震救灾，生命也会很危险，我上次在 5 · 12 大地震的时候，有一次我们到一个地方采访，一块大石头滚下来，比这间房子还大，我们正在吃惊的时候突然开始地动山摇，是余震来了，这时我们刚刚走出来五分钟。我们一个团里的其他人，他们在成都吓得问我们怎么回事？怎么样了？其实我们刚刚离开那个非常危险的地方，这种事也会有。即使是在和平时期写作，你为了实现写作的目标或者要获得第一手材料，有的时候不得不付出一些代价。而这种代价我认为是值得的，即使发生万一，也是值得的。

肖泽颖：您当时没有什么矛盾吗？

何建明：没有什么矛盾，实际上这部作品是 1992 年写的，获奖是 1995 年，发表是 1993 年 1994 年的时候。在当时我想得非常简单，我的生命不值钱，在这个前提下我要去实现我的采访目的。现在我的生命比以前是不是值钱一点，但是为了某种目标和任务的时候，生命依然是放在第二位的，生命所有的价值都是为了实现我所追求的那些东西。当我这个追求没有了，生命也就不值钱了。所以它是相辅相成的，是一种辩证的关系。我们过多地看重生命，你的自然生命当中你什么都没有做，没有做出个像样的事情，你的生命其实是没有多少意义的。想想看，为什么有的人活着就像死去了，人家都不知道，有的人为什么死去了几百年几千年依然还活着，我认为这有他的道理。当然我们每一个活着的人都有权利保护自己的生命，有权利让它平平安安。但是还有一个前提，当某种职业或某种事业需要我们的时候，我们的生命可以让它闪出光芒，也许死亡后的光芒，也许是死亡的瞬间就是光芒，也许你没有死亡也同样光芒，有的时候可以选择，我们是在那个阶段和在那件事情当中做出取舍。

肖泽颖：您觉得《共和国告急》这部作品，最终它取得的社会影响力和它的社会意义是什么？

何建明：尽管那次采访我经历了很多惊心动魄的非常艰难的事，但当我写完这部作品以后，我是在呼吁各界要关注矿产资源，保护环境，这是一个多么重要的现实问题。我在20年前就在呐喊，今天人们看到这个问题的严重性，在那个时候人们是麻木的，没有在乎，因为改革开放时间不是太长，大家觉得好像挖点矿没什么关系，污染点环境没有什么关系。现在看看，今天雾霾是那么严重，人们对环境那么重视，如果我们在那个时候就关注这样的问题，也许可以少走弯路。我最近看到北京市政府要用一万个亿来治理雾霾，一万个亿等于什么概念，你要创造多少国民生产总值，我们多少人流血流汗，最后回过头来重新去弥补我们曾经付出的那种无谓的或者有害的劳动。所以20多年前写的这部《共和国告急》，有它的现实意义和深远的历史意义。这部作品能获奖，今天人们还提起它，我认为非常有必要。当初是第一部反映环境和资源问题以及矿难问题的报告文学作品，所以我非常欣慰当初的选择，付出这样的代价甚至生命危险的代价是有价值的。

《落泪是金》关注弱势群体，带给我们的是现实意义和执政意义

肖泽颖：《落泪是金》，当时是在什么样一个背景下创作的这个作品？

何建明：写出这个作品是一个偶然的机会，李克强总理当年是团中央领导，团中央当时提出一个目标就是要帮助大学里读书有困难的孩子，类似于希望工程这样一个工作。因为社会上对贫困大学生不是特别了解，所以希望我去写，然后让社会都来关注，我当时就写了。我写了以后，吓了一跳，中国贫困大学生这么多，还有这么多辛酸的故

事。所以走了将近一年多时间，当然不是天天去，因为我是有工作的。但是我确实付出了很大的代价，采访了300多人，走了40多所大学，就这么走过来的。也是流了一路的泪水完成了这部《落泪是金》，当时写作过程并不复杂，就是抱着一个要把贫困大学生的这种状态反映出来的心态，让社会来关注。因为我对地方大学不是特别了解，我一直在部队工作，没有想到我们社会发展这么快，我们还有那么多孩子念不起书，书中第一个例子就是发生在陕西蓝田白鹿原的那个事件，夫妻两个因为儿子要上大学，还没有去，把孩子送到县里的一个中学就已经害怕了，说听说送到那个县里中学的孩子都能上大学，他父亲一想麻烦了，这个孩子要上大学的话我们家里要欠多少债，想不通，儿子不愿意，还要继续读书。夫妻两个人想不开，双双自杀了。你说是愚昧吗？有点愚昧，是落后吗？有点落后。但是最辛酸的是什么？这些普通的老百姓渴求着孩子出人头地，希望他们有作为，结果当他们真正要去上大学的时候，他们害怕贫困交不起钱，害怕没有脸面，结果把自己的生命结束了。这么多的人间悲剧，这是现实生活中，活生生地发生在社会主义的人间悲剧，所以这个一直揪着我的心，然后走了一年，完成了一部作品题目也是叫《落泪是金》，落下来的眼泪，这个眼泪是四种人的眼泪。第一种就是孩子们，贫困大学生，为了上学好多孩子星期六、星期天都要去打工，广西一个孩子上民族大学，一天只有5毛钱，早上不吃饭，晚上不吃饭，中午吃5毛钱，买一个馒头一个汤。我问他怎么能支持得住？每天扛不住就在民族大学操场上跑5圈跑10圈，然后提提神去上课，晚上的时候累得不行了，往床上一躺就睡着了，就这么支撑着上学。听着非常的心酸，眼泪就这么出来。还有家长，为了让孩子上学，他们付出了多大的代价，刚才我讲的这类事例数不胜数。我们的社会，为了这些孩子，也就付出了极大的代价，有一个北方的老人，蹬三轮车的，把自己这20多年蹬三轮车赚的钱给了这些贫困大学生，这个老人曾经在2009年当选感动中国的人物。这些都是让我掉眼泪。所以这部书的题目叫《落泪是金》，就是这么写出来的。

肖泽颖：后来《落泪是金》在社会上形成了很大的影响力，也为贫困大学生争取了3000万甚至更多一些的资金，您怎么看？

何建明：这是十五六年前的事情了。当时是这样，这部作品出来以后确实引起了社会极大的轰动，海内外的报刊特别地关注，天天是铺天盖地的关于《落泪是金》的情况。我记得好像是在第二年的时候，团中央有一个机构，关注贫困大学生的一个机构，收到了社会资助将近3000万元，整个社会的捐款更不止这些钱。中央领导也做了重要批示，所以后来出台了很多国家的政策。通过这部作品反馈的情况，让我也没有想到，一个作家的一部作品能引起社会这么强烈的反映。当初美国《纽约时报》都报道了，我天天接受外国的采访，那个时候名气很大了。在大街上都有人认识我了，现在没人认识我。这说明什么？一部好的作品，能说到老百姓心坎上的作品会引起极大的反响，对历史的进程都起到了推进作用。所以接下来的几年，贫困大学生的政策、辅助、条例、绿色通道等等都出来了。去年《落泪是金》举行了15周年的新版本的首发，好多当年的学生都在讲这件事，说改变了他们的命运，我想想确实有一定的道理。除了书上写到的以外，很多人后来统计了个数，大概有上千万贫困大学生，因为有我这本书引发了整个社会对贫困大学生的关注，国家的政策也出台了，所以近一千万贫困大学生受益，所以我觉得很高兴。我高兴什么？我做了一件我应该做的事情，我做了一件我没想到的事，取得了比我想达到的效果更大的一种社会效果，还有让我没想的是在我们这个国家，一旦全民行动起来它的力量是多么了不起。所有的困难都是可以解决的，只要我们万众一心走一个正确的方向，我们中国是大有希望的。即使现在碰到一些问题，只要我们清醒地去认识这些问题，一概不在话下，这就给了我一种信心和力量。

肖泽颖：发表《落泪是金》之后，中国的贫困大学生收到了来自多方的捐款，获得了国家政策的扶持。这为党和国家执政方面提供了什么样的参考？能否作为一种蓝本？

何建明：《落泪是金》如果从政治层面上来说，可以让我们思考另外一个问题，在社会发展过程当中，我们既要关注那些好的方面，或者是我们不断往前发展的这样一种好的事态。同时要关注那些弱势群体，只要关注好弱势群体，我们整个社会才有可能和谐。为什么这些年中央特别关注百姓，特别关注弱小的群体，我认为是有道理的。一个社会的发展主流要特别关注，但是次列、边缘那些群体，特别是弱势群体我们特别要注意，如果不注意的话有的可能在大海里翻船，有的可能在小湖里就翻船了，这种教训是非常深刻的，而且屡见不鲜。我觉得《落泪是金》给我提供了这样的启示，政治启示就是有些非常边缘的人群，作为执政党作为政府要非常关注他，不要小看我们的民工，不要小看我们身边的那些保安人员，不要小看那些打工者。如果他们出现了问题，如果他们起来造反的话，我们难道还会有安宁的社会吗？难道我们执政就那么坚定吗？非常危险。我觉得这本书带给我们的现实意义和带给我们的执政意义就在这个地方。我们要千方百计执政为民，执政的时候要特别关注弱势群体，这就是我认为《落泪是金》带给我们的现实意义和执政意义。

肖泽颖：您的心态特别的积极，而且您刚才谈到这是您应该做的事情，为什么觉得这些事情都是您应该做的，强大的责任感来源于哪里？

何建明：我觉得来自于几种，首先当然是党的教育，一个共产党的干部一个作家应该承担这种东西。还有一个特别重要的是自己的内心，我觉得这个世界是需要有责任的能人去创造，男子汉要去创造。不管是古今中外，我没有否认女同胞的责任，因为我是男同胞，我是一个热血的男同胞，热血男儿。我曾经上过战场，在那一刻需要我们这些人出现的时候，我们不能让我们的孩子让我们的亲人让我们身边的女子去承担，男子汉要去承担，所有的男子汉都要去承担，这是社会和人类的一个最基本的点。有责任的、有能力的人都应该冲锋陷阵，即使现在我依然保持这种作风，就是在需要我们的时候要毫不犹豫地承担这种责任。我认为不管是在单位在家庭还是在其他方面，这是一个人最基本的品质。跟我当共产党员当干部无关，我认为这是一个人的品质，一个人与生俱来的品质，人类之所以存在于这个世界上的基本的本质。我认为是与生俱来的，与生在哪个时代无关，既然我们生在这个世界上，就要承担一些东西，至于承担多少量力而行。当生命没有结束的时候，我们要承担。我甚至觉得当生命结束以后我们还要承担，为什么？因为我们在生前用自己的行为、用自己的作品，来实现对生活对未来的承诺。所以作品能够起到这种作用，作品不是我个人的，是为整个社会和未来而写，我内心就是这么想的。

肖泽颖：是不是跟您的家乡是苏州，跟苏州的这种精神，这片土地有一定的联系？和自己是军人有关？

何建明：我认为都是有的。与我自己家乡有关系，我确实认为是有的。你看到现在为止，我们苏州改革开放这么快，这么富裕。苏州人，就说我的妹妹我的姐姐，每天她们的工作那么多，她们的钱已经不缺了，不是一般的有点钱了，她们还是长年累月地一大要十十几个小时。而他们很少埋怨，他们自己在干，我觉得这种精神是民族精神，这种精神是我们要学习的。家乡的土地给我的理念也是这样，很多人比我聪明，念的书也比我多，才气也比我大，但是没有走到这一步，我为什么写了那么多报告文学，就是一个态度一个行动，光有态度没有行动，或者有态度也有行动没有本事都不行。只有几种素质同时具备的时候我们才有一种力量，才有一种爆发力。所以家乡的土地给我的是和这种自身的品质有关的，当然还有后天的因素。当过兵我认为也是，一个健康的男子汉是必须要经过部队这样的大熔炉的历练，部队给我带来了钢铁般的意志，意志不是先从部队得到，而是先看了《钢铁是怎样炼成》这本书才获得的。但是后来部队十几年，也给了我这种机会和客观条件，就这么走过来。但是当我成人以后，觉得还不仅仅是这样，我觉得是这个国家这个时代给了我这样的机会和力量，给了我这样的想法和平台。所以这个时代造就我们这样的人，我认为这才是最根本的。

肖泽颖：您的很多作品都是关于国家大事的，当这么多大的事件一件一件地摆在您面前的时候，您自己内心的感觉有什么不同？

何建明：其实每一部作品带来的挑战都是不一样的。比如我现在手里这本书《国家》，这本书写的是利比亚大撤离的一个事件，跟我以前的国家叙述都不一样。首先在写作上我觉得突破了，是用电影的镜头来写。就是用 8 天时间救出 40000 人，从万里之遥的非洲的沙漠上把他们送回国内来，这个事件本身是惊心动魄的，节奏非常快，写作上我必须以这种方式，电影式地推进，这是写作的一个手法。但是更多的是从我内心中一种强烈的感受出发，中国现在发展了，世界上怎么看我们？现在我们遇到了那么多的外交问题，但是实际上一方面很多人认为中国崛起令他们很吃惊；另一方面觉得我们的崛起是因为学了他们，甚至是偷了他们的东西，偷了外国的东西。我们现在一个先进技术出来，马上就有人说三道四。我们发展了，像日本像美国他们心理上不平衡，包括越南都不平衡，所以我要让世界看到一个崛起的中国，它真实的面貌是什么样的，它对人民是什么样的。在西方世界的眼里，中国的社会制度一直被认为是不讲人权的，我让他们通过这本书来看看中国是一个什么样的国家，我让他们看看中国的执政党是如何对待自己老百姓的生命的，所以这本书的国家叙述完全不一样。它里面有外交的，政治的内容，我以前没有接触过这样的写作。其他作品的国家题材，每一部都会给我一种挑战，这种挑战不仅是从写作上的高度，更深刻的是在广度上的。除非我写完以后没有影响，产生影响的一定是下了功夫的。所以一个作家，为什么称为创作不是写作，我做报告和讲课的时候就说，写作是每一个人都可以重复的，创作必须是最初最新的开始。对自己的作品也是这样，同类的作品更是这样，所以创作者和一个作家的可贵之处就是不断地创新和发现。我的作品尽管统一是国家叙述，但是每一部作品表现的形式、内容和目标以及我设计的方向都是不同的。

《中国高考报告》记录中国高考大国的历史实况

肖泽颖：2000年的时候《中国高考报告》这部作品诞生了，也是记录了中国高考这样一个大国的历史实况，您能具体地跟我们介绍一下这部书吗？

何建明：《中国高考报告》在我的报告文学作品当中也是采用惯用的前景式的手法反映一个社会形态。这部作品反映的题材我开始并没有注意，而是因为前面写了一部《落泪是金》以后，每天晚上出去讲课，后来碰到了北京大学、清华大学的学生，说何老师您能不能讲讲反映我们校园其他方面的情况，我们校园的生活很丰富，问题也很多。所以当时我就想，大学校园应该有非常丰富的生活，而且非常有现实意义。因此我希望写一部完整的大学的三部曲，首先想到了高考，因此我就回过头来写那部《中国高考报告》，这应该是我在世纪交接的时候一部最有影响的作品，应该说并不亚于《落泪是金》，因为它涉及千家万户。《中国高考报告》给我留下了更多的思考是什么？对中国教育体制和中国人怎么看待制度，怎么看待门第，怎么看待社会地位的一种比较全面的透视。在《中国高考报告》当中，特别是到后面三章的时候，我叙述了对中国文化教育的一些看法，做了自己的梳理和评判。这部作品影响也是比较大，也是几乎涉及每家每户的选择，应该在我的文学作品当中是一个里程碑，社会影响非常大。我觉得它的现实意义到今天依然存在，因为我们的应试教育没改变，通过高考上大学这种体制没有什么根本的改变。改变的只有一点，现在上完大学怎么办？上完大学有没有就业的机会？这跟我当时写的有点差异，其他的方面几乎没抵触，这也证明我选择这个题材是对的。中国的教育有太多太多的问题，改变中国的教育走一小步都会引起巨大的反响，走一大步太不容易。

肖泽颖：也有人说您的作品是为了权力而创作，是“歌功颂德”。我想问的是，您觉得文学应该承当一种什么样的责任？

何建明：文学作品特别是报告文学有两种说法，一种是批判性的，一种是歌颂性的，我前期作品像《落泪是金》《中国高考报告》《共和国告急》他们都认为是批判性的，后期作品好像感觉我都是歌颂性的，其实错了。我首先讲歌颂与批判这是一个表象。比如我写《根本利益》，无论是这个书名还是内容，反映的都是一个纪委干部，一个共产党的正面形象，很多人就认为这是主旋律、歌功颂德。没错，他确实是主旋律也是歌功颂德。可是在看这本书的时候，你就会发现我在歌颂共产党形象的时候，抨击了他身边和工作对象中的丑恶腐败和人们痛恨的社会劣根性，这是一部最完整的或者最能体现报告文学功能的作品，它既是歌颂的又是批判的。而客观地讲，包括我写《国家》这部作品，里面几乎没有批判任何一个人，真的是歌颂的，但是在歌颂的背后，实际上在不断地批判另外一种东西，另外一种什么？包括西方世界在内，像美国英国这样的发达国家，一直在口口声声讲人权，可是当他们的国民在利比亚那个地方发生危机的时候，他们居然放下自己的那种冠冕堂皇的脸面，公开地在世界面前说我们没有能力去处理这些事情，处理公民的安危，他们的人情何在，他们所谓的那种一贯的道貌岸然的脸面在什么地方。中国人是怎么干的，是怎么爱惜自己的，怎么千方百计想办法把同胞从枪林弹雨当中拯救回来，我用一部歌颂的作品来抨击那种曾经攻击中国社会主义不讲人权的西方世界，同时让人家看看中国人是什么样的形象。这是用另外一种歌颂的形态来批判和抨击另外一种东西。

所谓的主旋律和歌颂性，其实在现实生活当中我一讲你就会明白。今天这个世界，骂人，批判人太容易，可是真正要树立一个好的典型很难。一个好的典型，让人家感动、相信，向他学习，朝着他的方向走是多么的艰难。所以真正的优秀的作家和优秀的作品，必须客观公正地去反映现实，不管是歌颂还是批判。恰恰是今天美好的东西，被认识得太少，而对丑恶的东西，我们看得太多太多。因此我们的视野和价值观发生了巨变，看到党内有些腐败分子的时候，我们的意识里认为共产党都是坏人。错了。看到社会主义发展过程当中有点问题的时候，以为中国的社会主义方向制度发生了变化和问题，这一切都是错误的。我们就是要客观真实地反映现实，才是我们正确的选择。一个作家的作品也是这样。不能说写阴暗面的就是有力量的作品，不能说写主旋律就没有好作品，你是不是写好了，才是主要的。写主旋律作品是不是感动了人，是不是客观真实地把它呈现了，写批判的是不是公正的，昧着良心攻击共产党那种作品，有意地把小的东西给它放大，难道这种批判是真实的吗？所以客观地、公正地、有良心地去反映现实才是一个作家最基本的东西，才是最真实的。

肖泽颖：您认为报告文学作家应该具备什么样的品质和素质？

何建明：我曾经说过多少次，报告文学作家应该具备几种素质，至少在我看来特别是一个优秀报告文学作家，他必须具有政治家的意识和素质。就是说一个报告文学作家，在思考一个问题，写作一个对象的时候，必须有政治家的高度，我指的政治家的高度是什么呢？政治家看问题相对而言高度会比一般人更深刻一点，思考的问题比较全面一点。

第二要有思想家的深度。光有政治家的高度是不够的，政治家有的时候还是投机的，他为了实现某一个过程某一个目标他是有投机行为的，投机本身是中性词并不是一个贬义词，过分的投机就成了坏。光有政治家的高度还不行，我们必须是一个思想家，他思考问题必须独立的。比如我写《落泪是金》报告，当时记得是中国教育部门一个很大的领导公开地在会上批判，说我这个写得不对，我们现在中国那么好，哪有念不起书的学生？社会主义制度没有那么多黑暗面，但难道没有做得不好的地方吗？所以要客观真实地反映。我觉得一个作家除了政治素质以外，他还必须具有思想家的素质，还不是一般的思想，必须具有穿透力。

第三还应该是个社会学家，必须懂得很多知识。我写每部作品都要看很多很多的书，因为不可能所有的东西都是自己的强项，至少内行的人看你的作品还能点头，让外行能看得明白。我认为这是非常重要的。我曾经采访钱学森，钱学森给我讲了一次课让我印象非常深刻。

一次谈话中，他和我讲0，我想一个科学家讲0，0有什么讲的。可是没有想到在科学家的头脑中0是无限灿烂的东西，他说0既是什么都没有，同时也是数字上正负的一个出发点一个终止点，0后面还有负数有无限的数字，0不是没有，如果0朝反方向它是负数，从正的方面它是正能量。我们今天也是这样，你可以做一个0，你不能做一个负能量的，你要做一个正能量的。负能量的本事越大，给社会的危害就更多，你还不如当个0。0是我们生命的起源，0是可以改变我们人生的很多东西的。给我一讲以后，我发现他不仅仅是一个科学家，还是一个社会学家。一个报告文学作家难道不需要这些东西吗？我认为非常必要。

第四我们要有普通人的情怀。我今天官也很大了，也当了著名作家，难道我就够了吗？不行，这些东西容易出问题，特别是对社会问题的看法，对弱势群体和普通老百姓的看法，如果你没有一个普通人的情怀，永远觉得你是对的，你是高高在上的，你是执行者和决策者，错了。我觉得光有四点还不行，最后我们还要作为一个作家，有本事的有技能的有能力的作家。我觉得这五种素质提高了，才能成为一个真正优秀的报告文学作家。

肖泽颖：为什么现在我们的报告文学作品很少能够像其他的文字体裁，比如像莫言的小说，被改编成电视剧，被大众所喜欢？

何建明：你说的这个不太准确，我可以给你举一个例子，上一届的“五个一工程”获奖影视作品，我记得电影是20部还是21部，其中有11部都是纪实作品改编的。您提出的问题是说报告文学作品改编的影视作品没有小说改编的影响力大，这是有的。我们现在一年有4000部长篇小说，报告文学大概也就是100部到200部，在这个比例当中你会发现并不少。而把报告文学作品改编成电影电视不太容易，没有小说改得那么好，我客观地讲报告文学在文体当中有它的劣根性，它没有小说那种艺术的冲击力。报告文学直面现实这些都没问题，报告文学是从新闻体当中转化成的一种新的文体。文体的本身，很多东西是跟新闻连接起来的，你看我的作品，很多作品都是新闻题材。新闻报道已经铺天盖地了，我还要去写报告文学，还要让人家感动是不太容易。小说是反映人的心灵和情感的东西，而报告文学也有反映人的情感的东西，但是它的主要功能更多的是写事件，而小说不太一样。所以小说改成影视作品确实比我们多，也比我们影响力大。但是这两个文体没办法比较。如果要比较的话，诗歌为什么没有像小说改的那么多电影电视呢？所以不能这么去对比，客观上讲，我自己认为我已经有 8 个作品改成电影电视了。电影电视扩大了作品影响力，让我感觉到如果改好的话比原来的作品影响更大，因为现在关注影视的人最多，这是一个特定的时代。我也相信一部优秀的报告文学作品是可以改成非常好的影视的。我的一部作品《部长与国家》改成电视剧，作为开年大戏在中央电视台的黄金时间播出，所以好的报告文学同样可以产生强大的影视影响力。但是确实我们作品不多，不够。

《国家》闪闪发光

肖泽颖：2011 年的时候您创作出版《国家》这部作品，中国政府对被困在利比亚的中国国民在第一时间采取了什么样的营救措施？

何建明：2012 年我们中国在利比亚撤离将近 40000 人，这个事件应该说在当时的国际国内是非常大的一个事件，它是一个突发事件。你知道现在改革开放以后特别是这几年在海外的投资，在海外的输出劳动力是非常非常多的，特别是在非洲国家。据外交部说，现在每年到国外的净出人口是八千万人次，八千万人次是什么概念？将近十分之一的人经常在外面走，国家的资产在国外是非常大的。所以经常会发生一些突发事件，利比亚事件当时是非常典型的，突然卡扎菲政权不行了，西方要实行封锁轰炸，我们有 40000 人在那个地方，当时面对这样一个事件怎么办？国内压力非常大，党中央迅速做出决定，用几天时间尽国家之力把这些人从遥远的非洲营救回国内来，我们共和国从来没有碰到这样的事情。而且在世界人类史上也是第一次。1 万里的路，40000 人，8 天时间完成，这个我们从来没干过。《国家》记录这么一个事件，我刚才说过是惊心动魄，显示国家的力量，在这个过程当中，我觉得国家真伟大。我们共产党真是了不起。美国这么强大，英国这么老牌，就是没有做到，我们中国做到了。这个多难啊，我们要走多少外交的程序。我们跟利比亚是没有航空关系的，在这种情况下，最后我们军机都出动了，我们要走多少路，每一个国家的路我们都打通得非常好，是什么原因？我们国家几十年积累的外交经验，在这个时候都可以用上了。这么多友好国家对我们的支持，国内的老百姓千方百计通过各种途径来实现外交部的努力。海内外的企业、机构全力以赴地支持，我国外交人员在第一线冲锋陷阵的精神，都显示了我们国家在关键时刻是可以办成大事的。而利比亚事件给了一个精彩的国家形象的展现，所以《国家》闪闪发光，不是因为我的作品，而是因为国家，让我作为一个作家感觉自豪。所以我倾注了对国家的感情，同时国家给我带来了感情。很多里面的细节是非常非常感动的，我们在利比亚跟突尼斯交界的地方，有 15000 人要通过那个关口的时候，海关简直是乱套了，有 50000 多人，其中有很多东方人，什么越南人韩国人尼泊尔人，还有菲律宾人，都混在一块儿了。他们身上什么证件都没有，好不容易通过利比亚官方的关系和民间的关系，同意我们走了，结果突然发现我们队伍当中来了很多菲律宾人、越南人，怎么办？利比亚说不让我们走了，这怎么办？只给我们一个多小时通关，最后真是急死人。国家最高领导都快急死了，没有办法怎么办？如果再不撤离的话可能利比亚要把海关封死了，在联合国马上要投票制裁利比亚，法国要轰炸利比亚，在这种情况下我们的人堵在那个地方，生命有多危险，多少人在焦急。怎么办？最后一个中国人想了一个点子，分不清人，我们来唱中国国歌吧。一唱中国国歌中国人就站在一块儿，菲律宾人、越南人他会说几句中文，他不会唱中国国歌，一下子就分开了，我们的人浩浩荡荡地出关了，实现了我们的预期目标。这么多感动的事情让我写下了“国家”两个字，所以“国家”两个字它真是金光闪闪，它是有温度的，体现了共产党领导下的人民当家做主的主人翁的社会主义国家的这种温暖。所以也是我这样一个作家写作时情感的流露。

肖泽颖：您怎么看“国家”这两个字？

何建明：国家是什么？她既是我们生活的环境，是我们的制度，是我们民族的结合体，最重要的是我们每个人的家园，国家就是我们的母亲，也许离开了母亲我们也能过日子，但是我们心里是不安宁的。有母亲在，我们随时随地可以感到有一种依靠，有了母亲，再苦的日子我们也会踏实，我们是充实的。有了母亲可以教导我们把路走得更好更远，这就是我们的国家，我们要爱惜这个国家，我们对这个国家出现的一些问题，都要正视，要用爱去看待和改变问题。所以国家是我们的家园，是母亲，是我们生命的依附，是我们人生中可以永远让我们感到力量的一个概念。

肖泽颖：如果把国和家分开的话，国和家的联系是什么？

何建明：国和家是不能分开的，家是在国的范围当中，国是由千千万万的家组成的，所以是连在一块儿的。生命，什么叫生命？你生出来才有命的继续存在，所以它们也是同时存在。国家也是，家和国之间的关系是相辅相成的，没有国我们的家是不安全的，是破裂的，如果没有家何来国呢？所以它们永远是连在一块儿的。

肖泽颖：您在《共和国告急》后记里面有一段文字，就是生命如歌、文学如歌，其中有一句话，您心目中有一杆秤，这杆秤就是人民群众喜不喜欢您的作品，作品是不是能够为人民和百姓说话。我们特别想知道，您的整个报告文学创作的支撑点是什么？为什么会有这样的一段文字？

何建明：我觉得中国的知识分子，自古到今在内心世界中，都有一种政治抱负和文化追求，政治抱负使他们忧国忧民，这是中国知识分子的良好品质。文学追求就是尽管对政治有忧国忧民的思考、有这种政治意识，但他不是政治家，他需要的是用文学来表达这种忧国忧民，那么报告文学作家在这方面特别体现出来了，最早的司马迁写的《史记》，一直到现代比如说夏衍写《包身工》，再到我们这个地方，几千年陈列着一种精神，就是我说的政治抱负和文学追求。

当时司马迁写《史记》，在他的笔下这么多英雄人物，但是在写那些当权派的时候，他有一种特别贬低的心肠。比如写刘邦，他笔下的刘邦不是一个很好的人，曹操也不是一个特别好的人，他里面歌颂的是像项羽、像《三国演义》当中的诸葛亮那样的人。他为什么这么写？历史有时候是靠人写出来的，真实的历史并非一定全是这样，其实刘邦也是一个非常伟大的人物，了不得的人物，但是比较项羽的话，司马迁认为项羽是盖世英雄，即使临死时的“霸王别姬”也是精彩纷呈、慷慨悲壮。他认为刘邦就是小人，他把刘邦的那种智慧、狡诈淋漓尽致地表现出来，他笔下显然是喜欢项羽。

一个作家他是有自己的政治追求的，司马迁为什么这么写？是他对政权的认识，他的命运，是很惨的，皇帝为了扼杀他的才华，让司马迁听他的话，按照他的意图来写《史记》。司马迁没有这么做，所以皇帝给了他一个极刑，在这种情况下，他完成了《史记》。《史记》最后是悄悄地埋在一个地方，他给皇帝一个版本，自己写了一个版本，现在我们认为《史记》是一部文学作品，在我看来就是现在的报告文学。

在那个年代，以前都是传说。由《史记》开端才开始写历史，所以说炎黄大帝都是从《史记》开始了解，但是《史记》有特别欣赏的人物，有特别不欣赏的人物。说到现代的《谁是最可爱的人》，在50年代我们跟美国在朝鲜打了一仗，歌颂了志愿军在战斗场上的经历，那个时候为什么写这样的作品，是为了提高我们国民支援抗美援朝的那种爱国的国际主义热情，所以这是它的作用。

《哥德巴赫猜想》是写陈景润，这是在文化大革命结束以后，第一部正面写知识分子形象的一部好作品，也是我们新世纪报告文学的一部开篇之作，特别深刻，也影响了包括我这样的一代人，那么他写陈景润的什么？知识分子的形态，原来的知识分子是臭老九，在文化大革命时候，不受人们欢迎的，因为这一部作品使我们知识分子看到了春天，这意识到什么？改革开放开始了，我们沉闷了或者是消极了十多年，现在春天终于来了，所以它起了这么一个作用。

那么今天我们写作品不仅仅是简单地叙述一件事和一个人，刚才我们讲到的，比如说我写国家，国家是什么呢？国家意义很大，就是中国改革开放30多年，我们在迅速地崛起以后，西方世界对我们国家的认知是片面的，我们要通过文学的作品，告诉世界中国是怎么走过来的。包括《我的天堂》也是这样，我去年写的《江边中国》也是这样，只有很短历史的一个生产大队，现在是一个村子，用40年时间，实现了跨越式的发展，成为我们苏州最富裕的一个村子，我看了也非常吃惊，像这样发展的历程，其实是一个人起的一种作用。这个人是什么？是我们主人公，他用他的那种不断解放思想、全心全意为人民服务的精神，实现了我们共产党倡导的富裕起来的目标，他在很多方面给我们提供了经验。那么西方世界就是奇怪，中国为什么这么短的时间就发展得这么快？它的核心在什么地方？所以我要告诉我们自己的同胞，也要告诉世界，这是我的文学的梦想，也是一个政治抱负。

今天的中国是我们干出来的，美国建国用了200多年历史，你看看他们当年的时候，南北战争，然后奴隶解放都是非常惨的。但是美国了不起，在短短的时间当中，它成了世界上最伟大的、最强大的国家，我们对它非常敬佩，包括他们目前很多有效的制度、管理方式，这是我们要向它学习的。

但是美国人同样也要尊敬我们中国，我们改革开放30年时间，30年时间就在很多地方走过了美国200年的历史发展的进程，这是人类历史上非常了不得的奇迹了。我的那些作品如果从国家叙述上讲它最大的意义就在于不光是记住历史，而且让世界了解中国的历史，一方面就是邓小平讲的发展是硬道理，中国人是靠自己的智慧勤劳发展起来的，我写到的几乎都是这样，没有不是实干干出来的。今天的中国依然是这样，这是一个特别重要的层面，因为世界不太了解我们，误解我们，我们和平崛起以后出现了很多问题，有人用各种方式来扼制我们的发展，歪曲我们的历史、我们的现实，这是非常不对的。

我写作品除了告诫世界以外，还要告诉我们同胞，我们每一个公民，要珍惜改革开放30年的进程，同时我们写了这么多典型的目的是什么？你看其他地方发展好，那就要去学习他们，我们不要光眼红，好像是沿海开发区他们就是天然的进步、天然的富裕，完全错的。没有任何一个地方是自然而然富起来的，都是用汗水干出来的。咱们中国的老百姓也是这样，要想过上好日子，光是埋怨是没用的，搞任何事业都是这样，只有认准了方向，一步步踏踏实实地走过来，这就是我想用文学的手段来实现我政治的抱负，告诫世界，也是告诫我们的人民。

人类历史的发展一步步走过来，都是要靠我们的智慧、劳动，流血、流汗，拧成一股绳子，这就是人类进步的基本动力，就像一个人一样要健康就要运动、就要少吃垃圾食品是一样的道理。所以回过头来习近平总书记提出中国梦的时候，之前有两句话："空谈误国，实干兴邦。"只有实干才能兴邦，才能实现中国梦，现在不要把中国梦笼统化了，就是什么都不干，等着天上掉馅饼，等着天上掉金子下来，这是不可能的事，我们要正确理解中国梦。

国家叙述几乎都是跟中国梦连在一块儿的，每一个细节，每一个人物，每一个事件都是与我们的中国梦相关的，中国梦不是今天才有，很早的时候就有。孔子那时候就梦想实现"仁义忠孝"。我们现在讲的中国梦是什么？在新的历史时期当中，在社会主义制度下，我们走一条中国特色道路，中国特色道路是什么？让中国所有的老百姓能健康、幸福地生活在一条阳光的大道上。

生活在这样一个和平的世界，让我们每个人都有自己理想和追求的家园。这就是我理解的中国梦。所以不是说空话，国家制度真是我们千千万万的人向往的那条路，我们用文学把它表现出来了。所以我的作品如果说有什么意义，就在这个地方。这是一个当代中国知识分子在这个时代的期望和抱负，我是这么理解，也是这么去做的。

国家叙述的概念，其实最早还是我自己提出来的。在 2008 年的时候，我感觉到我们写报告文学、小说乃至诗歌，都是一个道理。如果一个人的情感局限于个人的小情感、小情调的话，成不了大器。一个作家必须有自己非常高的远见去思考问题。我们写一个男女之间的情感，就要建立在所处的时代背景下才能写得深刻，否则一切作品都是非常无力的。比如我们为什么说《红楼梦》是伟大的？原因是曹雪芹当时站在自己家庭背景这样的一个起点上，进行了一个针对没落的封建社会的时代的写作，所以他的作品表面看起来是一个家族的问题，但是实际上是讲了一个时代、一个社会制度的没落的过程，这就是作者在那个时代的国家叙述。再说一点，梁山伯与祝英台看起来是一个纯粹的爱情故事，但是他们的爱情为什么会是悲剧的，最后他们化成两只蝴蝶才实现自由恋爱的梦想，这是由于在那个时代与制度下，人们实现不了男女的自由恋爱。所以作者是在那个时代用这种方式来进行的国家叙述。所以今天我们回过头来，我在写作的时候发现，当今社会不能简单地划类一个人是好人还是坏人，只是在笔下的人物有的完整点、有的简单点。假设我要写一个在西单街头唱歌的女孩，这是一个非常小的点。可是为什么西单女孩在今天可以一举成名？因为今天的社会与几十年前是在不同的层面上，以前的乞丐可能永远悄无声息了，但是今天一个很小的事件就有可能引起社会巨大的关注，通过各种媒介把它无限量放大。一下就由一个不起眼的小人物成了一个有名的人。写这样的人物，就是在这个时代层面上的国家叙述。国家叙述不是空的概念，它是由千千万万的小家庭、无数的小细胞组成的。国家叙述的细节也是这样，一个人的某一事某一阶段、一件事的某一情节某一方面都是国家叙述的组成部分。我们作品中的国家叙述并不都是国家大事，国家大事本身也是由千千万万的人物情节组成。比如写领袖，就属于国家叙述，但这个领袖本身也不是一个空泛的概念，他领导一个团体，他的生活也是由很多人和事组成，领袖本身也是普通人，有普通人的层面。所以我们只有深刻了解他身边的普通人的时候才能把作品写得精彩。国家叙述是我作为一个作家，写出符合我个人的创作的特点、创作的风格，写出我的精神追求，写出对这个时代的理解的文学表达，也是一个文学工作者心里的中国梦。

肖泽颖：国家叙述在您30多年的创作历程中所取得的阶段性的成就是什么？

何建明：我几乎是在跟这个时代同步地成长，为什么？首先就是从我年轻的时代一直到现在，我没有断过对国家、对这个时代的火热青春般的激情。尽管比以前年纪大了，体力有点跟不上，但是当我看到好的题材、好的作品的时候依然充满情感，所以每年都有两到三部作品创作出来。这让我感觉我的存在是非常重要的，因为这些题材或者是这个时代需要我这样的人去做事，否则我们的报告文学会很虚弱。作为中国作家协会副主席、中国报告文学学会会长，我必须承担这样的责任。另外这个时代给了我丰富的题材，不去写太可惜了。例如我最近在写"古董收藏"，都是比较边缘的人，但是我觉得也是了不起的。我以前不是特别了解这个行当，但是当我走进去以后发现，很多人在做收藏的财富梦，他们内心的向往是真实的，得到一个宝贝就能发财。大家都想求真，可以为换回无限的财富的时候，发现 90% 都是假的。而有的人明明知道这是假的，但是还不想承认它是假的，都在玩假。玩假的目的是什么？就是实现他们内心的那种不劳而获的想法，所以这个行当会出现问题。在这里面折射出现在中国人的浮躁心态，对财富追求不正当的畸形的心态。曾经成就了一番美好的东西，只怕在最后就成为一种噩梦式的毁灭。我觉得作家就要有这种责任去思考、去深入研究这样的问题。而我作为一个报告文学作家，需要走在社会的最前沿，当我关注它的时候，不仅仅是来记录这个行当的表象，而是去深刻地思考我们的国民性、人性，去提醒我们的政治家、社会学家、百姓们注意这个问题。

当生命不息的时候，我有力气的时候，还是要写作。有时候我还写诗，我最近写了一首《为什么，我还有梦》，我已经过了做梦的年龄，完全可以平平淡淡地生活。然而马上有个转折，当我看到现在社会当中还有很多问题不完善、不完美，我就会梦想去改变一点什么东西，或者抒写自己内心的那一份感情和呐喊，这就是我想要完成的使命。生命如歌，我这个歌既是唱给我内心的追求，同时也期待我的同胞、我的读者更清醒地跟我同样地思考一些问题。我们国家现在也在讲，要实现中国梦。实现中国梦我们不能走邪路，一定要沿着一条健康的道路前进，普通老百姓的发家致富梦是要建立在靠智慧和诚实劳动的出发点上。文学工作者需要成熟的思考和眼光，去年十八届三中全会之前，《光明日报》头版发了我的一篇报告文学，很多同志看了，给我反馈非常不错，其实我就写了两天时间，但是集结了我这么多年来所看到的一种社会现象，所以反映的问题非常有针对性。后来十八届三中全会做出了很多新的决策，跟我呐喊的问题是相呼应的。这就是我们与这个时代共命运、共呼吸、共呐喊的一种表达和表现，也是文学作家，包括文学的文体本身的特定性所决定的。

肖泽颖：国家叙述目前的发展是一个什么样的状态，现在属于哪个阶段？它还有哪些局限性？

何建明：国家叙述只是我的文学的一种风格，或者说是我创作的一种内心表达的形态。那么它也不是说成熟与不成熟的问题，国家叙述在这个历史阶段当中，是以一种国家的独特的眼光，站在比较高的视野来进行深刻的思考，去阐述一个文学和现实的问题。我觉得这种文体的形态的表达和表现，应该说还有很长的路要走。因为我们国家的发展路还长着呢，写完国家的还要写世界的，写完一个年轻的还可以写中年，写老年，还可以写家庭，等等。这是一个开始，只是一种表达的方式、一种形态而已。如果处理不好的话会空泛，我刚才讲的国家叙述实际上是由更多的细节来堆积成的，就像“国家”两个字，千千万万的家庭组成的我们的共和国。国家叙述也是这样，我们有很多生动、微小的细节，把它组成起来才能成为一部好的作品。所以关注国家叙述和运用国家叙述我们要特别注重客观的细节和艺术的细节。好的作品，一个开头、一个标题就是非常精彩的。而不是一个口号式的笼统的政治概念。所以国家叙述我觉得是一种在健康成长过程中的报告文学的形态，或者说是一个作家的思考形态。一个优秀报告文学作家他必须具备几种素质，要将自己内心历练出这种感觉意识，以及思考问题的高度、深度，他才可能成为一个优秀的国家叙述者。

肖泽颖：报告文学发展到今天已经是最辉煌的阶段吗？

何建明：不是，也没有达到顶峰。古代的时候，司马迁是一个高度，我们现在的水平根本没有超越司马迁的水平，你看看他用文言文写的《史记》，改编成多少电影电视，像鸿门宴这样的故事，精彩极了，我们现在都达不到。我们对前人心存敬仰，为什么要传承中华民族传统文化，就是这个道理。我们的先人创造了辉煌的历史，就文学而言，我觉得我们今天的高度没有达到古代先人的水平。第二个，我们也没有达到近现代《包身工》和《哥德巴赫猜想》这样的广泛性。但是我们必须承认今天的报告文学作家也是非常优秀的，我自己觉得，我们很多作品比先人并不差多少，但是这个时代不一样了，这个时代是多媒体时代，公众对知识的获得的渠道太广泛，单是中央电视台的频道就有十几个，全国的电视台，大概就有七百多个频道。以前有电视吗？我们现在不光是有电视，每个人都有一个手机，每个人都是一个传播媒体，每个人都可以写作，一个小东西贴到博客上就成了一个小的文章。在这样的情况下我们的报告文学面临着巨大的压力，其他文体也是这样，《人民日报》都面临着这样的问题。在这样的情况下我们更期待优秀报告文学和优秀报告文学作家。所以我们的压力越来越重。我们的要求就在这个地方。前面讲我革命的热情，对文学的追求，但是另一方面实际上也是给了我压力，让我去不停地学习，因为不写，人就会被淘汰，文体也会被淘汰，所以必须要写得更多更好才行。这种责任对我来说也是最大的，既是压力，也是继续促使我奋进的另外一种动力，压力凝聚的这种动力让我往前走。

肖泽颖：就您的个人经验而言和您创作这么多年的历程来说，您和您的作品是否也一起成长呢？

何建明：那是肯定的，在初期的时候，我都不知道什么叫报告文学，因为我是从新闻转到报告文学创作。只是感觉为什么这个题材新闻报道已经处理完了，但是我觉得还没有表达够，所以后来《哥德巴赫猜想》出来以后我就模仿它。我的第一部作品叫《腾飞吧苍龙》，写了一个科技工作者，当时茅盾还在，然后寄给他了，他编了个杂志，后来就发表在上面。再后来还得了个全国奖，我那时候只有 24 岁，北京是什么样的我都不知道。10 年以后我的作品被收到一部优秀报告文学作品集当中，我记得好像只有20个作品，是按照年头来的，最后一部就是《谁是最可爱的人》，因为它最早。那时候人们都不知道我是谁，编辑都不认识我。就是在那个时候这给了我一种力量，原来这就是报告文学，这条路我还可以走得很好，就这么一步步慢慢走过来了，直到今天。我觉得一方面很庆幸，另一方面我在这个时代中不断地进步、成长。老先生去世了，他们的接力棒就传到我们这一代人手上，而我积累的时间相对长一点，有一二十年，一直是在报告文学这个领域当中走在比较前面的，如果还能走个十年八年，我觉得就差不多了。我们不可能永远是这样。但这也给我一种责任，我们报告文学发展到今天，要拿出更多的像《哥德巴赫猜想》《谁是最可爱的人》这样的作品。我们一直在努力，从“繁荣”这个角度上看，我们比以前写得确实多得多了。就我个人而言，在老百姓心目当中有点影响的作品至少有10部以上，但是时代确实发生了变化，已经有太多的东西在这个地方。以前可能就是一个陈景润，现在有几百个几千个陈景润。这就是我们今天面临的形势，它对我们的要求更高，一个普通的老太太在家都能看着电视剧评价说这个好那个不好。这要求我们的文学作品更要经得起历史和读者的考验，所以要求就越来越高。所以我们要发展进步不只是年轻的时候才需要，就是到了80岁你还得要进步。周恩来讲的活到老学到老的道理就在这个地方，文学没有止境，人的追求、高度、境界也是没有止境的。所以我们都要好好地学习，才能天天向上。

肖泽颖：您曾经说报告文学是一把利剑，今天您还有别的想法吗？如果对报告文学重新定义的话。

何建明：今天的报告文学还是个“拳头”，为什么？当我们时代发展到一定阶段的时候，当我们都在得意忘形的时候，这个拳头要敲一敲，提醒警示我们还有哪些地方做得不太好？我们不光是“拳头”，我们也许还是一个“火炬”，我们要去引领未来社会的发展和人类的进步。这个“火炬”高高举起来的时候，也是要让那些没有清醒看到前程的人，让他们看到光明。它是点燃人们内心的“火炬”，它是进步的。它还是一个“歌手”，今天美好的东西，用报告文学来歌颂它，歌颂的目的是让更多的人受到感动，感动的结果是为了大家一块儿站起来，走好自己的道路。

肖泽颖：作为报告文学作家您的梦想是什么？

何建明：我觉得把我的作品写好，让更多的读者喜欢，能够在这个时代当中发挥它应有的作用，成为历史和时代进步当中的一滴水，这滴水一定要闪光，若干年以后人们依然还能感觉到它的气息，这就是我的梦想。

肖泽颖：您觉得报告文学的魅力是什么？

何建明：报告文学的魅力，就是让你知道我要表达什么东西，我表达了以后让你产生一种共鸣，这就是报告的意义。比如一场报告，你为什么要去听？因为这里边有内容是跟你息息相关的，或者说即使没有关系但也是让你感动的，你才去听这个报告，否则你半场就退场了，作为一个作家，我对报告文学的理解是这样。

肖泽颖：什么样类型的作家才算是最优秀的报告文学作家？

何建明：第一，他热爱这个报告文学，把报告文学当作他一生的追求。

第二，他要具有这种潜能，并且具有这种本领，我不是说后天的作用不重要，但是先天的悟性是非常重要的，为什么有的人成为作家，有的人成为艺术家，他天性当中这点是非常重要的。

第三，他还要勤奋地、努力地、不懈怠地往前走，这就是劳动的代价、汗水的代价、精神的代价。我觉得这三方面的智慧和能力集中在一起的时候，才能成为优秀的作家。

肖泽颖：您写了这么多的国家叙述，为什么这么写？

何建明：我可以说说我对国家的一种信心和忧虑。为什么这么写？是因为我对国家一方面充满了信心，我觉得中华民族是非常了不起的，它在人类历史上特别是这几十年创造了很多伟大的奇迹，它影响着整个历史和人类的进步。但是，中华民族特别是当前，我们的国家社会存在很多问题，这个问题我们不能小看，如果小看的话，有可能使前面走的几十年全部没有了，我们今天倡导那么多美好的东西，但是作为报告文学作家的我发现，很多东西让我很痛心很难受很无奈。比如说我帮助一个人，他原来什么工作都没有，就是一个普普通通的人，你帮助了他，完全改变了的命运，但是在这个时候他往往忘掉了很多东西，他拾起了自我，很多追求可能会建立在一种不正常、不健康的观念上，忽略了一定要脚踏实地地走下去，你不靠劳动而靠其他的东西想获得是不可能的。我觉得这是今天社会当中特别让我感觉担忧的，今天的年轻人，甚至已经有了孩子的一些人在这方面的教育培养或者是个人的素质极差，这就导致了我们国家很多问题不断地出现了。我们的官员也是这样，中国一步步走过来不能说我们的官员都不优秀，他们本来就是很优秀的人，但是由于种种原因，他可能就觉得靠原来那样的实干是不行的，要巴结关系，没有关系我要去建立关系，这样不断地发生变化，这就使得社会的制度和党内发生极大的问题。我讲的这些问题都是客观存在的，这都是我特别担忧的，我们也很难改变。

所以最近我一直在关注泰国的动乱，我们说泰国是最民主的，可是这种所谓的“民主”给它的人民和国家带来了什么？灾难性的后果。所以有的时候要思考一些问题，我们国家这么大，如何来避免这些问题？我们每个人要从培养自己的素质、培养自己的理想开始，从点点滴滴做起，要充分清醒地认识到自我，一个人不能清醒地认识自己是可悲的，一个国家不能清醒地认识和理解自己本质，是一个悲哀的国家，它的结果肯定是要被淘汰，所以人和国家都是一个概念。在叙述国家的时候我觉得这些东西都是在我的脑子里一直闪烁的。每一部作品它带给我的思考都是全新的；每一种国家的形态在一个断面上，它给我的东西都是深刻的；每一部作品完成以后它都给我的精神上、思想上的升华。所以国家叙述如果说它对我个人带来了什么东西，我觉得带来的东西是巨大的，它远远超过了我看一本书，比我吃一顿饭要重要得多，因为是我对这个社会的、国家的理解所产生出的那种内心精神上的东西，也有些是知识上的东西，更多的是思考。所以说报告文学作家实质上是一个政治家，一个思想家，其次他还是一个文学家。我吸收了这么多好的典型、好的事迹，他们的经验他们的智慧汇总到我这里，让我去管理一个单位，我认为非常简单了。我曾经管理的单位都算比较成功的。我站在一个社会观察家的角度去思考问题，与执政者不同的是，我是一个研究局部的、细微的社会形态的工作者，他是一个解决社会问题和管理社会问题的执政者，我们的交流是可以在一个平面上进行的。所以我觉得国家叙述，包括文学创作带给我的是无限精神财富，它使得我人生充满着丰富色彩，它使得我从一个无知的、简单的、热血沸腾的年轻人成长为相对冷静思考的、理智的、有政治头脑的、有思想观点的，还依然保持着一定激情的这么一个人。

肖泽颖：30 年中您和报告文学的是什么样的关系？

何建明：30 年前的报告文学是一个简单的文体，今天我自己在写报告文学的时候感到的是五彩缤纷、错综复杂的心态，所以 30 年像我历练我自己的生命一样，有的时候是痛苦，有的时候是残疾的，有的时候是健康的，有的时候是阳光的，所以报告文学是我生命当中的呈现。报告文学与国家之间的关系，我觉得它是国家社会形态的一种表达，我们国家的发展进步，是可以用很多东西呈现的，有歌、有电视、有报纸，等等，报告文学是其中之一。它的呈现有它的位置，而且我相信在中国特别是在强国梦的时代进步当中，报告文学具有特殊的魅力，这种魅力就在于报告文学文体本身和像我这样一代人、一批人在努力地奋斗，用这种文体使得中国和中国梦更加美好，我相信这个文体可以向世人呈现中国梦的美好，并让人们更加了解它的精神实质。

肖泽颖：这就是报告文学的贡献？

何建明：那是肯定的，我们已经在做出这样的贡献，就我个人而言，我翻译的作品本身就是贡献，15 年前我在罗列《诗经》的时候就引起了当年很多外国媒体的转载、翻印。今天我觉得世界对我们中国的了解是更多了，我们报告文学作为一种形态一种载体会在世界的文明进程当中发挥它应有的作用，会让世界的读者通过看报告文学来了解更多中国的现实，同时也对世界的文明做出一些贡献。就像我刚才讲的我为什么写《江边中国》？是因为我感动于我们父辈的这一代人，他们用了几十年努力使一个贫困的地方成为一个非常发达的富裕的地方，那么这种进步它给非洲，给其他落后的国家的可能就是一种人类进步的范本，即使像美国这样的国家他看到了也会感动的，为什么？落后、发展是我们现在世界的一个基本状态，即使发达国家现在这几年经济也慢慢地在消沉，那么看到中国社会这样的美好的、特别有进步意义的范本的时候，难道不是对他们的一种促进吗？我们现在看欧洲，我们从德国人身上看到了很多东西，比如说我们现在还造不出一个非常过硬的发动机，为什么？我们的工艺不如人家，德国人造这类东西，那就是搞得好啊，我们就要向他们学习。30 年带来国家这么大的一个巨变，对世界其他国家都有一种进步意义，报告文学呈现的这些东西对世界的物质文明和精神文明带来一种推动作用。

肖泽颖：您怎么理解文明的概念？

何建明：用个大概念来说，是使得人们在创造过程当中给人类带来了进步意义的那种形态就叫文明，我的文明可以有 100 种解释，这是我一种简单的认识，我觉得在这过程当中人的知识和人的情操的进步是文明进步当中最重要的核心。我们可以创造原子弹，可以制造航空母舰，今天已经不成问题，可是让我们的人具有更高的智慧和更高的情操可不是那么容易，这就是人类文明最重要的核心。而且我们的文学意识实际上都是在为这一方面进步做出自己的贡献。

肖泽颖：您刚才提到人性中的一些弱点，文学可以改变人类的这种局限性吗？

何建明：文学知识解决其中的一部分，文学关注人性，文学关注人性本质的东西，文学也可以让人性得到释放、一种美好的提示，或者警示，它是使得我们人性可以成为美好的一种载体而已。整个人类的人性的进步，以及它的堕落是由千千万万其他的因素共同组成的，但是文学可以起到一个独特的作用，一首好的歌、一篇好的文章使得人欣赏以后产生特别美好的净化灵魂的效果，这就是文学对人性的贡献。

肖泽颖：您理解的中国梦是什么样的？

何建明：我在去年毛主席诞辰 120 周年的时候在《人民日报》发表了一篇《毛泽东的文化梦想》，这篇文章非常不好写，但是我梳理了一下毛泽东的文化梦想。在年轻的时候他也是热血青年，然后到了中年的时候，他承担了什么？要带领全中国人民推翻三座大山这个重大责任，解放了进而他要带领中国的老百姓过上好日子。前面两个梦想他都实现了，后面最后一个梦想他就没有成功。作为一个政党的领袖，实际上毛泽东是一个文化人，所以我从文化梦想的角度来阐述毛泽东的一生，我觉得从他的身上我们学到了很多东西，也看到了一些人的局限性。所以一个历史进程当中，再伟大的人物的贡献是有的，但是他的贡献也是非常有限的。

所以一个人活在这个世界要正确地认识自己，我认为再大的人物也得清醒，再小的人物也得要有自信，大人物的清醒就在于你的影响力特别大，贡献力特别大，你带领一个社会往好的方向发展的时候，你是给千千万万人带来了福音，可是如果你带领大家走到另外一条道路，你带给所有的人是灾难。所以他贡献也是大的，他带来的灾难也是大的，因此一个大政治家他是否清醒极端重要。一个普通人为什么要有自信？我们常常觉得普通人活在这个世上就是吃饭，有饭吃有钱花，一辈子过去就行了。错了，这是一个简单的人生存在的意义，但是还有更重要的一点，就是说如果都是像你这样的人，那我们这个社会就会成为一个碌碌无为的、没有进步的、负面的社会。

你可以这样，你的孩子怎么办？也许你的祖先曾经是非常了不起的人，你能对得起祖先吗？

在同时代你可能还要影响你周边的人，所以说一个普通人也要尽可能地实现他内心的那一份自信，有了自信才有美好的梦想，没有自信这个梦想就是一个碌碌无为的梦想。中国梦不是一个简单的空泛的概念，它是一个健康向上的、追求美好的梦想，所以从这个意义上讲，我们的文学作品或者我能做到的一点，就是用反映社会和时代的美好的那种文学境界来影响他人，来影响我的读者甚至影响我们这个社会，这就是我一个文化人、一个当代知识分子的梦想，科学家也是这样，政治家也是这样，只是我们的职业不同而已。但是内心都应该有这种追求，普通的公民即使是一个农民工我觉得也是这样，作为一个保洁员，如果你不尽守职责，哪一天一个烟头燃烧起来，烧掉的是整座大楼，你危及的是这座楼里的人，所以不要小看自己的作用。一个人他既是局部的、个体的又是全局的、社会的。我们弄明白这些的时候，每个人的追求、每个人的梦想组成起来，就是浩浩荡荡、惊心动魄和美好无比的中国梦。

二〇一三年元月

北京

王宏甲：孔子与中国文化

白须飘飘的孔子，未来还有多少时间，人生还能做什么？公元前 484 年的天空下，孔子失望了吗？他似乎最有资格失望。假如这时的孔子沉浸在看透了社会黑暗的“深刻认识”中，这个世界将没有孔子。他没有失望，而是觉悟了。从 68 岁到 73 岁，离去世只有 5 年。是其人生这最后 5 年，决定了中国有个孔子。

王宏甲

嘉宾简介

王宏甲　福建建阳人，当代文学家，学者。中国作家协会报告文学委员会副主任。著有报告文学《无极之路》《新教育风暴》《智慧风暴》《人民观——一个民族的品质》等，是我国当代最著名的报告文学家之一。

在人类全部的文字作品中，记言、记事、记人的作品具有最悠久的历史，王宏甲在继承传统的基础上，创立了信息时代纪实文学的一个崭新风格。中国著名文艺理论家冯牧先生曾评价，王宏甲《无极之路》的出版“可以被看作是一种新的文学现象正在出现的一个标志”。

导语：

中国作家协会于2012年初做出决定，用5年左右时间，集中文学界和文化界的精兵强将，创作出版《中国历史文化名人传》大型丛书。这是一项重大的国家文化出版工程。其中，王宏甲担任《孔子传》一书的撰写。

孔子生在礼崩乐坏的年代，他试图挽救这个变坏了的社会。不论世道多么黑暗，孔子不愿失望，也不是把学问用于揭露黑暗，而是着眼于建设。"十五岁志于学"，三十岁后，那"志"发生了重要的展衍——企图拯救变坏了的世道。这是孔子此后贯穿一生的真正大志。孔子生活的年代为什么出现礼崩乐坏？"强凌弱、众暴寡"，是否是真理，是否是人类社会发展的必然法则？这在春秋时期就经历了无数灵魂的拷问。诞生在这个乱世中的孔子，一生中对此进行了深远的求索，并做出了影响千秋的回答。孔子是对中国的历史和文化影响最大的人，是在世界上最受尊敬的中国人。然而从20世纪初至今，孔子在中国却是最受争议的人。为什么？这是历史留给中国人不能回避的问题。

为什么对孔子会有很大的争议

肖泽颖：您说孔子对中国文化有巨大的贡献，在世界上最受尊敬，但百年来孔子在中国却是争议最大的人。为什么？

王宏甲：这个问题不是三言两语能回答的，这是我整部《孔子传》都要面对的问题。这里我只能勉强说，百年来在中国，孔子为什么会被争议。中国在近代以来遭受西方文明的猛烈冲击，这是大家知道的基本事实。在反思中国传统文化时，一些接受了西方文明的中国知识分子对中国古代史学界建构的古史体系提出强烈质疑，乃至否定。他们看司马迁写的《史记》，以《五帝本纪》开篇，五帝中写的第一个人就是黄帝。可是，我们的甲骨文只能追溯到商代，更早的历史没有文字来记载，怎么知道黄帝这个人呢？还有，按古史体系，尧舜禹都在商代以前，也没有商代以前的文字来证明。直到今天，当代一些知识分子对尧舜禹时代的事仍然轻轻一句"上三代，儒家虚构的"，觉得不屑一提，好像那是不存在的。中国现存最古老的书是《尚书》,《尚书》的第一篇是《尧典》，第二篇是《舜典》，第三篇《大禹谟》，第四篇《皋陶谟》，其中就有尧舜禹的事迹。我们还没有发现尧时代有可以释读的文字，怎么会有《尧典》呢？因此认为那是后人编的。谁传下来的？历史上都说孔子编纂“六经”,《书经》(即《尚书》) 就是“六经”之一。由于孔子在中国历史上的影响最大，反思中国在近代以来的失败和屈辱，一大批反对封建统治的志士认为被封建帝王长期推崇的孔子起了坏作用。不仅要打倒“孔家店”，还要推倒四书五经。

肖泽颖：那您怎么看四书五经呢？

王宏甲：客观地看，它是中国文化，而且是经典中国文化。这一点应该没有疑问。还可以这么看，我们今天说的《圣经》，其实西方人自己不这么叫，他叫《新旧约全书》。很多民族都有它自己的圣经，伊斯兰民族的圣经是《古兰经》。中国人也有自己的圣经，儒家十三经和老子的《道德经》，加起来十四经。但是在百年前，我们把这些中国经典推倒了。你只要想一下，如果伊斯兰民族把它的《古兰经》推倒，可思议吗？要是西方人把《新旧约全书》也推倒，那还要别人灭他吗？他自己就把自己灭了。用陀思妥耶夫斯基《罪与罚》里头一句话说，“要是没有了上帝，岂不是什么坏事都可以干吗？”

我们这个民族，把四书五经，把中国人几千年文化里的圣经推倒将近一百年了，这个民族居然今天还没有倒，可见这个民族了不起啊！同时也可见，中国文化里这些深厚的东西，比如孔子思想，它实际上还存在于中国的民间。它不一定就存在于现在的文本里，它的那种博大的思想在中国人的血液里。就是说，所谓文化，不见得都存在于知识分子的文章里头，孔子所继承的先夏文明，两千多年来已经渗透在中国文化里头，即使那些不识字的母亲，在她们的乳汁里就哺育给她的孩子了。

今天面对着这样一个世界，一个信息时代，很多方面都强烈地表现出不同文明的冲突。文化力也特别受世界所重视，所谓软实力就是文化力。因此，我们需要对孔子重新认识，需要把被我们自己遗失的东西找回来。这是我想写的孔子。

追思孔母颜征在

孔子3岁丧父，15岁志于学，17岁时母亲去世。孔母颜征在，是一个被忽略了的中国母亲形象。无论中国文化还是中国教育史，都不能空缺孔母颜征在的形象。

肖泽颖：您说追溯孔子的成长，不能不追思孔母颜征在。无论中国文化还是中国的教育史，都不能空缺颜征在这个中国母亲的形象。那是什么样的形象？

王宏甲：孔子3岁的时候失去了父亲，他的母亲才21岁，孔子是跟着母亲长大的。按照过去的话说是“孤儿寡母”，用现在的时髦话讲这叫“单亲家庭”。孔子的时代学在官府，贵族子弟、官员的子弟更有读书的机会，平民子弟也有入学的。孔子生长在这样一个孤儿寡母的家庭，我没有看到他是否上过什么学校。追思他的成长，我们不得不说他的母亲非常重要，要是没他的母亲，我们怎么能够想象，有这样一位我们所知道的孔子！他的知识从哪里来，他的感情从哪里来，比如他的仁义道德，他的爱心，这些东西从什么地方来？

历史上的中国母亲，我们看到的，有孟母三迁的故事、岳母刺字的故事，都强调了母亲的意义，但是对于孔子的母亲，我们所知甚少。我在梵蒂冈圣彼得大教堂看到米开朗基罗的一尊雕塑，就是圣母玛利亚抱着耶稣的那尊。作品表现的是耶稣在十字架上刚刚被放下来的那个时刻，圣母玛利亚是坐着的，耶稣是横着的，看上去就是一个十字架。耶稣放下来的时候，整个身体是柔软的，你能感觉到他是放松在母亲怀里的。他的母亲是坐得直直的，耸立着的一个形象，坚毅的形象。你再看她的脸，她的儿子被人钉死了，她的脸上没有一丝的仇恨。我站在那个雕塑面前，站了很久。我就想他雕出这样一个作品，让世界感觉到这样一个伟大的儿子和伟大的母亲！这样一种感染力，对于全世界影响都是非常大的。那么追思中国的孔子，我们不能忽略他的母亲。我不会雕塑，也不会画画，我很期望艺术家们也能像这样去创作出一个孔母颜征在的形象来。

追溯孔子的成长

值得留意，孔子重视礼乐，并非照搬，是他经历着春秋乱世的再思所得。历史上所有能被继承下来的事物，都是后人再认识的结果，只有自己能够去思想去实践，才有真正意义上的继承。否则就没有“继承”这种东西。

肖泽颖：您写的孔子和其他人写的孔子有什么不同？

王宏甲：这只能等你看了才能知道。我写的孔子，大约会涉及这么几个方面：首先，既然写他的传记，我一定会写他的成长。同时，我还会重点写到孔子出生的时代，就是一个礼崩乐坏的时代。这个“礼崩乐坏”，我们今天听起来好像四个字就过去了，其实它包含着很沉重的内容。中国古代非常善于一个字代表挺多内容，比如老子曰道，孔子曰仁，孟子曰义，都是一个字代表了一门大学问。孔子试图把“礼乐”找回来，即试图挽救一个无法无天的道德败坏了的社会。

肖泽颖：怎么才能认识礼和乐？

王宏甲：“礼”，是一个社会政治制度和法律规定的总和。“乐”，通俗地讲，诗歌、舞蹈、音乐、文学艺术等都属于乐的范畴。再抽象来说，“礼”是管人的外部行为的东西，管社会秩序的东西。“乐”是用来陶冶人心灵的东西。这是所有社会都需要的，一个管秩序，一个管精神。孔子出生的时代，这个社会不讲秩序了，礼崩了没秩序了。“乐坏”是什么？人的道德败坏了，精神败坏了。他生活在这样一个时代，杀人不以为罪、越货不以为耻。诸侯征战、争雄争霸，所谓生灵涂炭，人民如草芥。天下谁有本事，就可以把别国给灭了。在这样一个世道里，对于老百姓来讲，这就是个暗无天日的、无法无天的、没有秩序的时代了。孔子试图挽救这个时代。我在书里面会写到，孔子一生是以拯救苍生为职志的人。职就是职业，志就是他的志向。他一辈子以拯救苍生作为他的职业和他的志向。

那么你想想看，想拯救一个变坏了的社会，难还是不难？比如我们今天面对这个出现了很多问题的社会，如果觉得道德也滑坡了沦丧了，你怎么把它挽救回来。孔子就生在这个时代，这是我在写《孔子传》的时候，应该把握的他的时代背景和他一生为什么想干这件事情，是什么东西促使他想干这件事情？

2500 年前，一个母亲，就这么一个妇女带着一个 3 岁的孩子，这个 3 岁的孩子他怎么能成为后来的那个孔子呢？他的知识从哪里来？这是我必然要写到的——孔子的成长。

好学　勤思　力行　仁

好学，可以得到他人的知识。勤思，可以产生自己的知识。力行，得到的不只是知识，而是你的能力，你的才华。知识可以从书本和头脑中来，才华与能力，是从实践中产生的素质和能量。一个人要想成才，做到“好学、勤思、力行”这六字就够了，真正做到，一定可以成才。但是，做到了这六个字，也只能成才，不一定能成人。要想成人，还必须再加一字：仁。

肖泽颖：一个人要成长成才，需要具体做到哪些？

王宏甲：孔子的成长，我想用六个字去表述它，这六个字是“好学、勤思、力行”。孔子说“三人行必有我师”，我们今天看到这句话的时候，头脑里就想孔子真谦虚，因为我们头脑里的孔子是个非常有学问的人，他说三人行必有我师，这是走群众路线。其实孔子这句话是在讲他自己的成长经历。他还有一句话讲“学无常师”，也是在讲自己的经历。我们今天在座的诸位，从小到大，你总有班主任吧。你读到研究生的时候，说某某人是我的硕士研究生导师、某某人是我的博士研究生导师，这个就是“常师”，固定的老师。

孔子说“学无常师”，是说没有固定的老师。他是向很多人学，算一算，三个人当中就有一个是我的老师，这就是他知识的来源。“知识”这个词，西方人更常用。从书本里学来的东西叫知识，还有很多真知灼见并没有写到书本里头去，在哪儿？在民间。怎么能得到这些真知灼见呢？靠问，那些没有进到书本的知识，可以通过问得到。孔子的知识来源，一个是通过书本学到的，他识字以后可以自己看书，从书本里头得到；还有一个是通过问得来，三人行必有我师。这就是中国知识的两大来源，一个是从书本里来，一个是从民间那里问来。

西方人讲知识，中国人讲学问。“学问”一词到今天一直在使用，比如讲某某人做学问，没有讲某某人是做知识的。中国“学问”这个词一路用下来，我以为它是和孔子自学的历程，同他知识的来源有关的。他就这样得到了丰富的学问，他非常强调学习的方法有两大来源，课本的和问来的。这个问，还有特殊的意义，比如你不懂的东西，你去问人，那人也不懂，你再问一个人，还是不懂，那怎么办，你还问不问？问！问什么，问自己的头脑，这就是钻研，就是做学问。这些东西构成了中国的学问体系。这个“好学”，里头有两个东西，一个是“学”，一个是“好”。“好”比“学”还重要。这个情形就好比古希腊哲学家毕达哥拉斯曾经讲的“爱智慧”。当人们赞扬他是个智者时，他觉得你对他的评价还不够，他说我不是智者，我是个爱智者。爱智比智者更重要。

在这里古希腊哲学家讲了两个层次，一个是智者，一个是爱智者。孔子讲过三个层次，所谓“学之不如好之，好之不如乐之”，孔子讲了学、好学和乐学。乐学是一个境界。我们一直讲“学海无涯苦作舟”，叫人家要刻苦学习。这个刻苦学习当然也有意义，但至少要知道，当你处在苦学的时候，你就还没有达到一个学习的高境界。

由于他好学，也好问，他会遇到第二个问题，我会写到另外两个字“勤思”，“勤奋”的勤，“思考”的思，这也是两个东西。为什么要“思”？如果你很好学，同一个问题，张三给你讲一种，李四给你讲一种，王五再给你讲一种，这时候你会发现答案不一样了。举一个西方的例子，文艺复兴时期的欧洲，犹如向上帝发起进攻，而米开朗基罗在西斯廷教堂上画的《创世纪》，把上帝的本来面目画出来，把人性里的善、恶都展示出来。我在那里看的时候，感觉到米开朗基罗犹如在竭尽全力地拯救上帝，但是到了尼采的时候，尼采却说杀死上帝。

你看这些都是重量级的人物。你都学了都听了，谁的对呢？你要思考，如果你不思考，自己的头脑就会变成各种论说断杀的战场。一阵金戈铁马过后，你觉得你的头脑里就剩马蹄印了，你甚至连谁是胜者都不知道。这就是孔子讲的那句“学而不思则罔”。你学了很多，你自己不思考反而更糊涂了。紧接着孔子还有一句话，叫作“思而不学则殆”，就是说，你如果挺会思考，一天到晚苦思冥想，可是你个人的智慧是很有限的，你如果不知向别人学习，你也会一事无成。勤思，就是要反复地思考、勤奋地思考。归纳一下，学习可以得到别人的知识，思考可以产生你自己的知识。而且在思考的过程中，你的个性，你独立自主的品质，会随着你的思考成长起来。你会更加体会到，我是一个人，我不能随随便便被人支使和杀戮。

再说两个字：力行。用今天的话来说叫实践，但力行比实践还高，因为实践不包含努力实践的意思，力行包含努力实践。比方说去做一件事，做了失败了，可能就放下了。那不行，你得努力去做，百折不挠地去做！在做的过程当中产生什么？产生你的能力，你的才华，这就不仅仅是知识了。我们现在讲学校里头读书出现的高分低能，就是会考试但是缺能力。注重随时随地向前人与世人学习，学且思，这是孔子成长的经历，也是他成长为具有独立个性的人的历程。不论世道多么黑暗，孔子不愿失望，也不是把学问用于揭露黑暗，而是着眼于建设。“十五岁志于学”，学了用来干吗呢？30岁后，那“志”发生了重要的展衍，企图拯救变坏了的世道，这是孔子此后贯穿一生的真正大志。

比如他34岁的时候，曾经千里迢迢去洛阳。洛阳是周天子所待的地方，是不是还保留着更多周朝的礼制？周朝的民风还留下什么？相传在洛阳孔子和老子有过一次相会，一次交谈。这些都属于他的“力行”。你想，他要走这么远去，干什么，用我们今天的话说就是搞调研，搞社会调查。接着他到齐国，有一句话说他闻《韶》乐三个月不知肉味。周公的儿子是鲁国的开国君主，鲁国应该是保存西周文化遗产最多的地方。可是孔子竟然跑到齐国“闻《韶》乐三月不知肉味”，可见这个《韶》乐在鲁国已经丢失了。由此也可见，上古那些孔子认为很不错的东西，即使在鲁国也丢失得很多了，所以他才会跑到洛阳去找。

也就是孔子在齐国的时候，齐景公向他请教政治，孔子讲了“君君臣臣父父子子”。这是一句非常著名的话了，孔子讲的是君要像个君，臣要像个臣，就是说君要负起君的责任，臣要负起臣的责任。父亲、儿子也各有职责和义务。这个讲的是秩序，也就是礼。由此可知孔子在这个时期，大约他35岁时，他头脑里对于礼和乐已经非常重视。

通过“好学、勤思、力行”描述孔子的成长，我想说，我们今天要衡量一个人能不能成才，如果做到这六个字，那一定可成。这“好学”是一种品质，它不是说你数学考多少分，语文考多少分。他会好学，会勤于思考，而且还会努力去做。如果具备这些，他一定成才。但是，只能成才，并不能保证这个孩子成人。要成人，还需要再加一个字，这个字才是孔子学说的核心，就是“仁义道德”的那个“仁”字。

孔子的思想体系

描述春秋时期的社会特征，王宏甲说——这是个礼崩乐坏、见利忘义的年代。这是个烽火烛天、诸侯争战、血可漂橹的年代。

这种“强凌弱、众暴寡”，是否是真理，是不是人类社会发展的必然法则，在春秋时期就经历了无数灵魂的拷问。诞生在乱世中的孔子，一生中对此进行了深远的求索，并做出了影响千秋的最有代表性的回答。

肖泽颖：孔子的思想从什么地方来呢？

王宏甲：孔子最敬佩的一个人是周公。可以说周公是他的老师。由此我也想，今天的人，如果你的一生中没有一个你真正敬佩的老师，你很难成才。并不在于这个老师教给你什么东西，而是你心里头是不是有你敬佩的事物。如果没有你看去很高的东西，你就很难提升自己人生的质量。你只有看见了崇高，才会知道崇敬。孔子是从追寻周公创建的礼乐制度开始的。

肖泽颖：周公的礼乐从哪里来，是他自己创造出来的吗？

王宏甲：他继承了他之前尧舜禹时代以来的东西，比如后来孔子编撰的“六经”里有一部《尚书》,《尚书》里就有尧舜禹时代以来的政府文件。尧舜禹时代的文化，曾经为周公所继承。孔子再努力地去收集去吸收，这些都是孔子思想的来源。

在西方发生文艺复兴运动之前的1800年，中国有过一场伟大的文化复兴运动，它的旗手就是孔子。西方的文艺复兴运动，在座的人都会知道它有多么重要。它就是在致力于把遗忘了的古希腊、古罗马的东西找回来，而孔子在致力于把被春秋战乱打碎了的上古文明找回来。他做了那么多的努力，仅就现在尚存的“五经”来说,《春秋》是孔子编纂的鲁国史。鲁国，你看春秋五霸没有鲁国，战国七雄里也没有鲁国，鲁国是个小国，鲁国有史册，那些大国也是有史册的。因为中国古代有史官，所谓史官就是专门有人记载国家的事情，帝王的事情，朝廷的大事，先不是写，记录下来。这就是他们的历史。我们现在可以看到流传下来最早的一部历史著作，就是《春秋》了。更早的丧失了。因为有一个孔子，我们看到了《春秋》。《尚书》里尧时代的事迹是孔子之前一千多年的事，如果不是孔子把它收集起来，把它作为教材传下来，它也会丢掉的。还有《礼记》，还有《易经》，这个《易经》是世界上最早的叩问哲学之门的著作。

《礼》，保存了中国古代很多管社会秩序的东西，政治的、经济的、法律的。孔子集中国古代文化之大成。他致力于把中华上古文明找回来，然后再把它传下去。你说我写的《孔子传》有什么不同？我没有办法把孔子和诸子百家并列。后人称之为“儒家”。我看和他同时代的人就是老子，此后的诸子都在孔子之后，之后的诸子没有不受孔子影响的。再说，《周礼》原本有“非天子，不议礼、不制度、不考文”之说，当孔子私人编书的时候，已经打破这个礼制了。

《论语》里的“子曰”是立说。那么在孔子这个时期，他和他的学生著书立说是开先河的，后来的诸子百家都是响应者。诸子百家不光是争鸣，他们都聚徒讲学，文化大传播。

从春秋时期孔子开这个先河，到了战国时期的百家争鸣，你看到中国的文化中那些遗失了的上古文明被找回来了。诸子百家是那么的恢廓有容，巍巍壮观，这确实是一个文化复兴的时期到来了。这就是我对孔子的一个认识，应该去这么认识他。

这是我在《孔子传》中要写的孔子思想体系的来源。他上承着中国先夏文明，这是我们今天可以称之为中华民族悠久的历史文化的那些东西，他找回来，然后通过教育传播下去。这样一个人，对我们民族文化的影响，你看有多么大吧。西方人也会反思，但没有猛烈地抨击苏格拉底和柏拉图的，中国人却如此地抨击自己最伟大的教育家和思想家、最伟大的文化继承者和传播者。

为什么周游列国

白须飘飘的孔子，未来还有多少时间，人生还能做什么？公元前484年的天空下，孔子失望了吗？他似乎最有资格失望。假如这时的孔子沉浸在看透了社会黑暗的“深刻认识”中……这个世界将没有孔子。他没有失望，而是觉悟了。从68岁到73岁离去世只有5年。是这最后5年，决定了中国有个孔子。68岁，是孔子一生中的重大转折，伟大的转折。

肖泽颖：在孔子的一生当中，他为什么要周游列国？

王宏甲：孔子51岁的时候做官，只有四年，被提拔到“代理相事”。但是他的执政思想与鲁国国君不同，与鲁国贵族也不同。孔子在自己的国家，他的政治理想没有办法通过他的职务去实现，他就辞职了。辞职以后就开始周游列国，这个周游列国不是旅游，是游说。他希望劝说其他的诸侯国君，哪怕有一个国家能够采纳他的执政主张。现在不少人说孔子是个官迷，到好多国家去求官做，人家都不给他官做，于是他被撵得像一个丧家之犬。

实际上，孔子只要想做官的话，他根本就不用辞职，他是鲁国第三把手，那个官够大的，用不着到处去跑。因此这里的关键是，孔子不是要做官，而是要做事，这个事就是想拯救天下。无法实现他就辞职而去了。他54岁开始上路，走了14年，就68岁了。过去人说，人生七十古来稀，孔子54岁在路上风餐露宿，要是生病，要是遇到什么情况，他随时都可能死在路上。你可以想象他是用了极大的决心，也有很大的信心，去劝说那些诸侯国君。

肖泽颖：为什么各国的领导者能够接纳他，听他说？

王宏甲：因为他不是一个普通人，他曾经是鲁国的第三把手，而且又是很有学问的人，因此觉得听他的建议也可以啊。他会作为贵客。但是，最终没有一个诸侯国采纳他的主张。14年以后，孔子回到他的家乡。如果孔子愿意失望的话，他是最有资格失望了。今天不是很多人讲看透，比如看透政治了，看透这个社会了，而且往往都被认为是很深刻的。你看孔子游说了14年，劝说了这么多诸侯国的领导人，没有一个人采纳。为什么不采纳？因为孔子去讲的是要施行仁政，要把礼和乐找回来。那些诸侯国君认为，你讲的不就是周公那一套吗，可是周公那一套不是礼崩乐坏了吗，它要有用怎么还会礼崩乐坏呢，觉得这是过时的东西。就是这样一个时代，很值得我们反思。当我们试图把一个光荣的传统找回来的时候，把一种伟大的文化找回来的时候，人们往往会说那没有用，要是有用今天社会怎么会变成这样。有人则说，又要回到过去了，又要复古了。孔子的学说没有得到一国采纳，他回来了。这时候孔子68岁，白发苍苍了。

伟大的育人之旅　崭新的启程

孔子一步步寻本追根，才看到治天下首先要治人心。治理人心，需要教育。这就把思考从外部世界聚焦到了人本身。这场教育运动，直接导致中国春秋时期萌生了一场伟大的文化复兴运动。孔子游说列国14年劝政，没有一步是白走的。他觉悟到：欲治天下先治国，治国先治家，治家先治人，治人先治心。由此开始了伟大的育人之旅，崭新的启程。

肖泽颖：孔子为什么没有失望？

王宏甲：如果这个时候孔子对他的学生说，算了，我们也仁至义尽了，没用，你们都回家吧。该做什么还做什么，各人好自为之吧，那么孔子就结束了，中国就不会有孔子，世界也不会有孔子。可是孔子没有失望，孔子觉悟了，孔子意识到我不能再这样下去了，我得把我现在头脑里这些东西放到年轻人的头脑里去，孔子从这个时候才真正办学，虽然以前也有学生跟着他。中国古代有弟子向谁学习，跟着是一个概念；

办个学校招生，是另一个概念。比如说李时珍去采药，就有弟子跟着他，但是李时珍没有办学，便不能说李时珍办教育。孔子是这个时候才开始意识到，我需要办教育。

因为需要办教育，才要编教材。拿什么给他们做教材，他把上古文化收集起来，即后世说的编纂六经，这些是可以教授，可以传下去的。因此，孔子68岁的时候，是他一生当中的重大转折，伟大的转折。从这个时候到他去世只有5年，这5年决定了中国有一个孔子。

特别值得我们重视的还有：在孔子的精神世界里，他是一个永远不会失望的人。一个人不会失望，永不失望，这是一个人真正成功的品格和品质。就是说，不管遇到多么大的困难，他头脑里根本就没有失望这个东西。最终他找到了一个最好的载体，就是放到年轻人的头脑里去。

这个学问，或者说知识，放到人的头脑里去，是一个在使用过程中不仅不会损耗而且还会增值的东西，因为学生还会有自己的想法，比如曾子、子思、孟子，都有各自宝贵的创见。孔子68岁以后，游说各国的终结，正是开始了一个新的旅程。

肖泽颖：您怎么看孔子与中国文化的关系？

王宏甲：在中国，没有受孔子影响的人是没有的。哪怕是激烈反对孔子的人。孔子的思想上承先夏文明，孔子是中华悠久文化的集大成者，也是中华文明伟大的创新者和传播者。我们为什么说“祖国”？祖国不仅仅是地域的概念。一个民族的祖先拓土开疆发展至今的历史，以及这个历史过程中形成的地域、人文、精神的总和，就是祖国。我们不仅需要一个物质状态的国家，还需要一个精神上的祖国。这里就渗透了孔子与中国文化的意义，也是我今天撰写《孔子传》所应当追寻的孜孜以求的意义。

当年孔子游说列国，并不是教诲哪个国君如何强大起来，灭掉别国，而是劝导以道德礼乐仁爱治国，才有国与国之间的睦邻相安，天下和平。这是孔子思想的人类意义！

二〇一四年四月

北京

王兆军：书圣之道王羲之

《兰亭集序》是汉字书法艺术的瑰宝，其文化营养来自中国文化传统的肥沃土壤，也吸收了书法家的个性魅力，堪称华夏传统艺术的精华。多少年的心血投入，终于造就了这美轮美奂的佳作。多少年的坎坷历练，推敲琢磨，方才凝聚出如此光彩夺目的精品！这是中国艺术史上无可替代的奇葩，也是全体中国人的骄傲。

想此事已过一千六百多年，物不是，人亦非，枯木朽烂，山河改貌，而兰亭之名却历久弥新，何也？大江东去，浪淘尽千古风流，此文章，此笔墨，此盛举，却日益深刻地铭记于文艺史上，胜似勒石，也胜似各种各样的纪念碑。古人云：王侯将相，文治武功，而今何在哉？唯神仙故事、文人墨迹绵延不朽，足见百年事功不如方寸文章。是耶？非耶？

王兆军

嘉宾简介

王兆军　男，1947年生，山东临沂人。中国作家协会会员。主要从事小说、散文及报告文学创作，兼及文化研究与美术评论。其《拂晓前的葬礼》获第三届全国优秀中篇小说奖，《原野在呼唤》获中国作家协会第三届全国优秀报告文学奖。长篇小说《乡下人》三部曲——《白蜡烛》《青桐树》《红地毯》，被收入国家图书馆馆藏建国六十年五百部优秀小说。长篇小说《把兄弟》被《亚洲周刊》评为2013年度十大华文小说。近年有随笔散文《碎玻璃》《皱纹里的声音》《眺望红尘》及纪实文学《问故乡》等出版，其作品被译成日文、英文、德文等多国文字。

导语：

中国作家协会于2012年初做出决定，用5年左右时间，集中文学界和文化界的精兵强将，创作出版《中国历史文化名人传》大型丛书。这是一项重大的国家文化出版工程。其中，王兆军担任《王羲之传》一书的撰写。

王羲之（303年—361年，一作321年—379年），字逸少，汉族，东晋著名书法家，世有“书圣”之称。祖籍琅琊（今山东临沂），后迁会稽山阴（今浙江绍兴），晚年隐居剡县金庭。历任东晋秘书郎、宁远将军、江州刺史，后为会稽内史，领右将军。在书法史上，他与其子王献之被合称为“二王”，影响广远。

王羲之的《兰亭集序》为历代书法家所敬仰，被誉作“天下第一行书”。《兰亭集序》记叙了兰亭周围山水之美和聚会的欢乐之情，抒发作者对于生死无常的感慨。王羲之兼善隶、草、楷、行各体，精研体势，心摹手追，广采众长，备精诸体，冶于一炉，摆脱了汉魏笔风，自成一家，影响深远。其书法平和自然，笔势委婉含蓄，遒美健秀，世人常用曹植的《洛神赋》中“翩若惊鸿，婉若游龙，荣曜秋菊，华茂春松。仿佛兮若轻云之蔽月，飘飖兮若流风之回雪”一句来赞美王羲之的书法之美。

王羲之真迹早已不存于世，唐代的精摹本历来被当作真迹看待。由于年代久远，而《兰亭集序》又最享盛名，元以后的公私藏印及流传历历可考，其珍贵性不言而喻。

肖泽颖：您怎么评价王羲之？

王兆军：王羲之是中国书法史上的高山，一座巍巍挺立的高山，他在行书和行草方面的创造，为后世直到现在，树立了一座艺术丰碑。他的影响是世界性的，不论是中国还是其他国家和地区，凡使用汉字的，都尊其为书圣——书法界的圣人，名副其实。后人所称之的“二王”，就是王羲之、王献之父子。二王的书法已经成为中国人研习书法的必经之路，是一个无法绕过的台阶。

国人传颂一千七百年的著名书法家王羲之，不仅将汉字书法中的章草推向尽善尽美的高峰，而且创造了汉字的行书典范。在中国书法艺术史上，他是承接中古、开辟近古书法的奠基人。王羲之的影响悠远而深广，其历史地位至今无人可以替代。可以说，王羲之是中国书法史上拱顶石般的人物。有了这个拱顶石，汉字书法的殿堂显示出其伟大而精妙的艺术气韵。因为有了他的书法，中国文化平添了一份弥足珍贵的瑰宝，让全世界使用汉字的人奉若神明，很多人将之尊为书圣——汉字书法界的圣人——这份称誉，实不为过。

肖泽颖：您觉得王羲之书法的风格是什么？

王兆军：按时代发展的顺序说，他的风格应该属于妍美流畅一类。这个妍美也是相对来说的，因为他那个时代之前的书法基本上是章草和隶书，以王羲之书法的妍美为美，具有创新的意义。书法界称秦汉以前的书法“不衫不履”，隋唐作品则“衣冠楚楚”，唯魏晋时期的书法可以称之为典雅潇洒，不拘小节。行书出来以后，其所具备的流畅、舒展和优雅，形成了独一无二的字体优势。比如说，王羲之之前写一个“曰”字，得先写左边这一竖，再写右边那一竖，然后连续写中间的三横，多一笔。等到王羲之的行书出来以后，这第一横和右边的一竖是连笔下来的，不用再提笔，直接拐下来，这个弯儿就显得很柔和，与隶书篆书都不同。

肖泽颖：王羲之的成长道路，跟他的几位老师是有密切关系的。比如说卫夫人，还有他的叔叔王廙等等。你怎么看待这几位老师？

王兆军：王羲之的第一位正式的老师是卫夫人。卫夫人的老师是汉朝的大书法家钟繇，而钟繇的老师是汉代大书法家蔡邕，他们都是书法界公认的先行者，是楷模，钟繇则是楷书的鼻祖。卫夫人就是跟钟繇学书的。卫夫人跟王羲之的妈妈是一个家族的，都是卫家人，姐妹。可能不是亲姐妹，是叔伯姐妹、堂姐妹这样的关系。王羲之的母亲恳请卫夫人给王羲之当老师，卫夫人看这孩子确实可造就，欣然接受了。按照当时的地位和书法成就来说，卫夫人是不适合给王羲之当老师的——就等于一个大学教授到儿童班去当老师。因为他们之间有亲戚关系，加上王羲之的父亲在战乱当中下落不明（要么是战死，要么是当了俘虏），这一家失去了男主人，境况有些凄凉。对卫夫人来说，王羲之的母亲是她本家的一个寡居的姐妹，一个人带着两个孩子生活，极不容易。这种亲情和同情，这种怜悯心，也是卫夫人答应亲自教授王羲之书法的一个因素。卫夫人这个老师，对王羲之的书法成长起的作用是太重要了。她给王羲之的书法奠定了一个基石，章法，笔墨，精神，气质，都是最基本的东西。她不仅把钟繇的技法，还把自己对书法的理解都传给了王羲之。所以说，王羲之的第一任老师就是高水准的。

肖泽颖：卫夫人书法是一种什么样的风格？

王兆军：钟繇的书法是端庄的，典雅的，具有摹本典范的性质。钟家在当时是很厉害的，不仅是文学和书法，政治上也有作为。他有一个小儿子叫钟会，就是那个被嵇康冷落了的时髦才子，他后来带兵灭了蜀国，是一个了不起的人物。他的父亲钟繇，就不用说了，官至上卿不说，学问上也了不起。卫夫人继承了钟繇书法的端庄典雅，又增加了一点飘逸和流美，后人对卫夫人书法的评价是像插花侍女，很有POSE。这是王羲之的第一个老师。

他的第二个老师是他的叔叔，王廙。王廙当时的书法，时人的评价是在两晋书法的前几名里。还有庾翼，大文学家庾亮的弟弟，也是当时书法界的翘楚。王廙和庾翼有不同，王廙还是一个大画家。当时朝廷里面要画什么画，都是找王廙画。王廙是王羲之的亲叔叔，王廙之所以愿意教授王羲之书和画，有很深的亲情在里面，哥哥王旷不在了，作为二叔的王廙，自觉承担起教育子侄的伦理责任，应该说，很有担当。由一个有亲情的人任教，跟一般的人做教师是不一样的，学生能在举手投足中感受到老师那种殷殷之情，进步必然会快一些。更为重要的，王廙在艺术上还有一套自己的理论，简单地说，就是“画我自画，书我自书”——强调书法的个性，王廙是自书自画理论的创造者。

肖泽颖：王廙提倡创新。

王兆军：自书自画，本身就是艺术理论上的一大创新，并进一步导致了书法和绘画的创新实践。就是说，画画也好，书法也好，你得画出自己的东西，不要亦步亦趋盲目地跟从别人，也不要一味死板地去临摹古人的东西，那样走不出前人的圈子，走不出世俗的窠臼。这个理论，对王羲之后来形成自己的书体起到了至关重要的指导作用。可以这么说，王廙是自书自画的始作俑者，而得益的第一人，就是王羲之。

肖泽颖：王羲之的书法什么时候为人所知？

王兆军：王羲之最初为人所知，缘自一次贵族的派对。当时有一位德高望重的老先生，叫周顗。“永嘉之乱”后，南渡大士族经常有这样的集会，上层贵族的 party。当时周顗的地位大概相当于副总理的角色，同时他又是文化界的代表人物，他家的 party 在上流社会是有影响力的。周顗请各家派一个代表，王羲之的父亲“不在”，就让王羲之来了。王羲之那时候才十二三岁，风度绰约，举止潇洒，在书法上已有名声，大将军王敦曾夸奖他这个侄子是“王家佳子弟”。那时的派对时兴吃牛心炙，也就是牛心烧烤。当牛心烤熟之后，周顗老先生没有把第一块牛心炙端给地位最高的人，而是端给了少年才俊王羲之。这个举动，在当时看来，是有些突兀的，因为当时的王羲之不过是个名不见经传的少年。用现在的话说，这一举动相当于巴菲特到中国来访问时给一个小股民亲自颁发了一套怎么炒股的书一样。或者，就像比尔·盖茨到中国来访问，第一个接见的是一位做软件的小青年一样。

肖泽颖：这个小青年一下子就火了。

王兆军：当然，在这样的场合，受到一位德高望重的老先生的优待，对于王羲之的名声，有很大的推动。有人对王羲之刮目相看，有人会探究周顗老先生为何对这样一位未出仕的少年如此礼遇，众口一词的惊讶和赞誉，让王羲之初露头角。

肖泽颖：王羲之少年时经常接触京城的那些官员吗？

王兆军：在东晋、西晋，士族间的交往，一般只限于贵族这个圈子，不跟平民交往。举个例子说吧，王羲之的儿子王献之有一次去拜访著名隐士谢安，见谢家的客厅里坐着一个地位很低的人，王献之不肯落座于那位下层人的旁边，羞于为邻。谢安说，你坐啊。王献之宁肯那样站着，一直站着，就是不落座。事后谢安说，王献之太拿捏了。这是一个例子，说明当时的门第观念很重。王羲之出身于大士族之家，他交往的人主要是上层贵族，贵族在文化修养上有其长处，也有局限性，最大的局限就是不肯俯就下层。

肖泽颖：除了卫夫人和他的叔叔，王羲之还有别的老师吗？

王兆军：按情理说，王羲之的启蒙老师应该是他的父亲王旷。王旷教他书法的时间，肯定很短。在现存的史料上我们能看到，王羲之曾经偷偷把他父亲藏在枕下的一个书帖拿出来看——大概是《用笔诀》——被他父亲发现了。王旷不让他看，说这种理论书太深，等你长大了再看为好。王羲之说，如果我在书法上已经走了弯路，那时再看就晚了，养成坏习惯就不好校正了，不如现在就看呢。王旷默许了。不久，王旷消失在战场上，未能继续启蒙老师的职责。因此说，他对王羲之的教导时间很短。后来，王羲之又学了很多碑帖，有陆机的，有索靖的等等。这些都是在他叔叔王廙的指导下逐步学习的。在这个基础上持续演进，许多年之后，王羲之才形成了自己的风格。

肖泽颖：他的风格在当时是不是正统的？

王兆军：这么说吧，有正统的一面，而且主要是遵从传统，但王羲之的书法又不完全是正统的，有重大创新。这种创新，被时人讥为野鹜，也就是今人所说的野路子。庾亮的弟弟庾翼就称王羲之的书法为“野鹜”。意思是野鸭子，等于现在咱们说的野狐禅，邪路子，不正统，瞎搞。这种被讥为野鹜的书法，恰恰是王羲之的创新。王羲之很谦虚，对此只是一笑置之。后来，坐镇荆州的庾亮听说王羲之的书法很是了得，想请他写一幅作品，王羲之回信说：你身边现就有一流的书法家，又何苦舍近求远要我的字呢。他说的“身边的书法家”，就是指庾翼。庾翼的书法当时确实处于顶尖位置，尤其是章草。王羲之的这封信，显示出他谦逊的修养，也给了庾翼很大的面子。王羲之的回信是用章草写的，庾翼看了，非常佩服，说王羲之的章草超过了他。王羲之三十来岁时，书名已很高，京城中有很多盗仿他的字卖钱的。

肖泽颖：那个时候王羲之的生活来源主要是靠他的书法吗？

王兆军：不是。别人拿去卖，但他自己不卖。他的生活依靠做官的俸禄。

魏晋士族的生活，主要不是靠俸禄，而是靠庄园里出租的土地收入。两晋采取分封制度，皇帝先封自家的兄弟们到各小国当王，再下面就是那些大臣，叫作食邑，食邑的大小标志着政治地位的高低。你被封为千户，这一千户的收入，他们的粮食、他们的手工业产品、他们挣的钱，一部分交给中央政府，一部分交给地方政府，一部分是自己的。永嘉南渡以后，王家、谢家、郗家、周家、萧家，纷纷在南京附近买地，这么一来，就不可避免地要和当地人发生矛盾。王导在南京附近有八千亩地，八千亩地的收入当然很多了，能够过丰裕的生活。但像王羲之、谢安这些人，在京畿就买不到那么多土地，如果执意买地，会跟当地的士族、财主、乡绅发生冲突，于是他们只好向南走，渡过钱塘江，到了会稽山阴一带。那时的浙东，还是一片比较僻远的蛮荒之地。到没有开发的地方去买地，不仅与当地人较少矛盾，价格也便宜。所以，北方士族南渡后主要是在钱塘江，在浙江东部一带发展。后来隋朝、唐朝的许多诗人都到那个地方去旅行，李白、杜甫、白居易，都留下了许多关于浙东的诗篇，如李白的《梦游天姥吟留别》。因为士族的投资，那里有很多好看的别业，里头住着很多自命清高的知识分子，他们都是有钱的人。由于经济和文化的发展，那里还有很多新建的寺庙，很多和尚、道士，包括从波斯、印度来的传道者，风景好，文化上也很丰富。后人说“南朝四百八十寺，多少楼台烟雨中”，说的就是那一带。

肖泽颖：王羲之对书法是不是特别专注，甚至投入了毕生的精力？

王兆军：可以这么说，王羲之对书法的追求，毕生不曾松懈。王羲之酷爱书法，从小就醉心于此，呕心沥血去研究它，这没有疑义。你看他的作品，每一个字都是经过仔细推敲，最后才形成的。《兰亭集序》里面“之”字有二十多个，每一个写法都不同，那绝不是随手乱写的，他对每个字都已琢磨过千百万次，这个“之”字怎样写才好看，有哪几种写法是不好看的，他把不好看的去掉了，留下这些比较好看的，最后他才有那么多的写法，也才能写得那么好。

王羲之的书法有一种难以企及的风度，一种属于他自己的韵致。后唐的李煜，就是写“小楼昨夜又东风”“一江春水向东流”的那个后主，曾经评论过二王的书法。他说，王献之的字好是好，但还是流于用意过急，“缺乏蕴藉态度”。也就是说，李后主认为王献之的字和他老子王羲之的字相比，显得有些轻浮，才子气旺盛，不够沉郁，典雅中缺少一份沉静和从容，而王羲之的书法就有一种难得的蕴藉态度。这个蕴藉态度，在王羲之的书法里头能够看到，那是一种受过磨难的人，把心安静下来，承认命运的无常，也承认自己的无奈，然后将那种达观和忧郁渗透到艺术里去以后所形成的深沉的智慧和自然的妙真。那里没有炫耀，没有悲伤，如一潭清水，自在自为，任凭世事变幻苍狗白云，艺术的山峦间总是风光无限，身在峰巅而不自诩，娓娓道来，无为之中洋溢着得道者的狷介。王羲之书法的潇洒是有节制的，不像他儿子那样时不时来个任意挥洒。王献之是一个从小没受过什么苦难的人，一个贵族子弟，他的经历和修为和其父很是不同。当然，王献之的书法也很了得，有他自己的风格，但父子之间还是有区别。

王羲之出身世族大家，一生坎坷颠沛，他在艺术上的追求却一以贯之，从来不曾止步。在他的精神世界中，有高贵的人格，纯正的心地，创新的胆识，达于精微的艺术追求，爱国、爱家、深切同情百姓疾苦的入世情怀，同时也有厌恶官场、崇尚自然、寄身世外的道家思想。这不仅构成了他的心灵世界，也体现了中国古典知识分子一贯秉持、奉为正宗的文化传统。

肖泽颖：王羲之的成长历程中，有几次大的磨难？

王兆军：他的第一个磨难就是永嘉南渡。永嘉南渡，后人有些不同的看法，我在我的书里没有囫囵地接受前人的论述，我有我的看法。史书上一般都说“永嘉之乱”缘自北方少数蛮族的侵入，以致于造成中原人民的流离失所，悲悯之情都在中原人民这一边。实际上，不能简单地这样说，这里有片面性，也不够客观。从根本上说，引发动乱的是当时封建制度和统治阶级无节制的剥削，而土地制度、赋税制度、徭役制度，是造成“八王之乱”的罪魁祸首。一个皇帝把他的儿子们分封到一个个小国，比如说山东临沂这个地方，王羲之的老家，就叫琅琊国，附近的郯城叫作东海国。皇帝把一块块地方分给他的儿子们，要他们每年向中央政府缴纳一定数量的赋税。他的儿子再生了儿子，就把那个小国再分一次。本来是一个省的，逐渐变成一个地区了。儿子再生了孙子，孙子还得从这个地方再分封，一个地区就变成一个县了。原来享受一个省的贡赋，当然都很富。但是，地方越分越小，贵族的收入就逐渐减少了，所以各个封国的王侯们就拼命抢夺土地，同时隐瞒户口和地亩数字，尽量减少缴纳朝廷的赋税数额。因为赋税是按各地户口数字来交的，于是诸侯们就拼命剥削农民，让农民破产，农民破产后变成他们的部曲。变成部曲以后，本来一千户的变成五百户，纳税也只纳五百户，而土地还是那些。越来越多的农民破产，土地被兼并到王侯家去了，失地的农民也就变成了贵族家的奴隶或部曲。这些人在正常年景里，靠辛苦劳作，勉强还能吃上饭，一旦遇到灾荒之年，兵荒马乱，就会成为流民。流民也是要吃饭的，这时间如果有人造反，大家就跟着抢粮食，找饭吃，这些人就成了农民起义军。

肖泽颖：最有代表性的是谁？

王兆军：最有代表性的就是石勒。石勒原本是个穷人。他失地之后，先是在地主家扛活，当长工，然后变成没有饭吃的流民一分子，最后变成一位起义领袖。因为他胆识过人，后来建立了赵国，史称后赵。石勒是后赵第一个皇帝，毛主席对他的评价很高。

肖泽颖：还当皇帝了？

王兆军：当皇帝了。这些人是具有示范作用的。当时的游民一说起石勒来，许多人赞同，甚至将之奉为楷模，他当年也是个打工的嘛，人家造反了，成功了，至少有饭吃有衣穿了是不是？于是就有人效仿他。长安那边的刘渊也是这样的。刘渊原是西晋的一个将军，山西人，有北方民族的血统，大方豪爽，有什么东西都分给朋友，喝酒很多，朝廷不信任他，他就造反了。刘渊建立的那个国叫后汉。那时候，你如果老老实实，就没有饭吃，如果造反，当时就能有饭吃，保住了一条命。北方的气候不比江南，那里经常遇到水灾旱灾，粮食收成很不稳定，加上政治的流弊，人民饥寒交迫，所以才有了北方人朝南方入侵，淮河流域、黄河流域、长江流域这些地方农业比较发达，于是就到这些地方抢吃的，形成了很多动乱，“永嘉之乱”的实质就是这样的。

肖泽颖：当时的王家也是个地主家庭吧？

王兆军：王家当时已经是著名的大地主。王羲之的老爷爷王祥，妇孺皆知，因为有卧冰求鲤的传说。故事说，王祥的后妈对他不好，经常虐待他，大冬天想吃鱼汤，就叫王祥去抓鱼。王祥抓不着鱼，就躺在那个地方把冰暖化了，于是有一条鲤鱼跳出来。这个故事，我认为是一种传说。如果真有这件事，实际上，那条鱼还是他抓到的。我们老家的河里有好多鱼，结冰以后，在冰上打两三个洞，一伙小朋友手拉手在冰上跑，朝着一个方向赶，脚下的冰被踩得哗哗响，鱼就被赶到汪塘的尽头或河沟的要紧处，此时就有鱼从冰洞里蹿出来，大家就抢啊，这个人抢一条，那个人抢两条，估计王祥是用这个办法逮到鲤鱼的。

肖泽颖：王祥就是王羲之的爷爷？

王兆军：老爷爷。王祥有一个弟弟叫王览。王览有好几个儿子，其中有王正、王基等。他们又生了若干儿子，包括王敦、王导、王旷等。王旷的儿子是王籍之、王羲之。从王祥到王羲之，已经是第四代了。

肖泽颖：王家是从什么时候富贵起来的？

王兆军：王家原是平民，从他老爷爷起，才成为贵族。王祥这个贵族不是因为世袭或者军功，也不是因为文采，而是因为他是一位道德模范。

肖泽颖：就凭了一个道德模范？

王兆军：因为王祥是当时的全国道德模范，皇帝就给他个大官做。魏和晋，都是靠篡位获得皇权的，所以羞于谈忠，却注重孝文化。王祥因为侍奉后母勤勉用心，在曹魏时期就当上了模范。朝廷叫他到处讲学，皇帝还专门为他设了讲座，让大臣们听讲如何对长辈尽责，如何忠于自己的主子之类。后来王祥发达了，有俸禄、有田地、有名望，到他子侄辈上，就更发达了，成为那个地方的大贵族。

肖泽颖： 那这样的一个殷实的家庭对于王羲之来说应该是一个非常好的开始。

王兆军： 王羲之从小受的教育肯定和一般的平民家庭不同。可以想象，一个书香门第，一个士族大家，王羲之从小接受的就是读书、书法、绘画，而且是高端的东西。这对于一个人的文化修养是有很大助益的。

肖泽颖： 这种家族对于王羲之的性格形成有什么影响？

王兆军： 王羲之小的时候应该是很快乐的，享受着优越的贵族生活。

肖泽颖： 这样的时间过了多久？

王兆军： 大约六年的时间，六岁时，王羲之开始品尝动乱的苦楚，逃到建康去，也就是现在的南京。

肖泽颖： 是不是王家败落了？

王兆军： 不是败落，但他们必须跑。

肖泽颖： 为什么？

王兆军： 仗打过来了，战火燃眉，整个西晋面临灭亡。这些有钱的人家就撒丫子跑，跑到能落脚、能稳稳当当住下去的地方。

肖泽颖： 王家的人都跑了是吗？

王兆军： 也不是都跑了，很穷的人没法儿跑。他们觉得到哪里都是干活，人家来抢，我也没什么可抢的，连住的地方都没有，就有个破草棚，只要人躲一躲兵火，保住命就是了。特别有钱的人、地位高的人，都跑了，能跑多远跑多远。中等的也跑不了，逃难可不容易啊，要雇一辆牛车，得花很多钱。一千六百多年前，没有别的交通工具，就是马牛拉的车，还有小船。雇一辆车从山东到南京，一千多里路，得不少钱呢，还得雇到可靠的人。要想逃亡南渡，你家的东西得值那么多，才会把它运到南京去，如果家底子不值多少钱，就不会想着南渡了。我去王羲之的老家孝友村采访时，那个地方就有很多人是未跟随王家南渡的。

肖泽颖：那里应当还有王家的家庙吧？

王兆军：王家有祠堂在那里。当地的王家人说，他们这些人的老祖是穷人，没有多少家产，想跑也雇不起车马，就留下来了。实际上，到南京的，就是王览的几个儿子，孙子。富的跑了，有地位的跑了，穷人没有可跑的地方，拿命踹就是了。

肖泽颖：跑到南京以后，王羲之的生活境况怎样？

王兆军：王家好不容易安定下来了，算是步入一个祥和期，但是王家有好多兄弟，各家的境况还是颇多不同的。具体来说，王羲之家在整个王家来说，地位就是不怎么高的。一是因为他父亲王旷是庶出，叔叔王廙、王彬是嫡出。其次，他父亲王旷不久就“消失”了。所谓“下落不明”，不是个很好的名誉。

肖泽颖：他父亲什么时候去世的？

王兆军：王羲之七八岁时，父亲王旷带兵在陕西潼关那一带跟北方造反者打仗，大败，两个部将被杀死，王旷下落不明。据说，他被俘后投降了。这对王羲之一家来说，简直就是塌天之祸。王旷是他家的顶梁柱，家长没了，家将何以安生？而且，这个家长的消失不是很光彩的，说他投降也行，你说他下落不明也行，但绝不是战死。因为这一点，王羲之在政治上是受压抑的。王羲之到二十多岁才出来做官，一个小小的秘书郎。出身于这样的大家族，弱冠之后多年才出来做官，说明他当时处在一个被忽视、被冷落的状态。

肖泽颖：王羲之的伯伯、叔叔们对他怎样？

王兆军：他两个亲叔，王廙和王彬，对王羲之都很好。但是，身处要职的王导对他好不好，史料上基本付诸阙如。王羲之在江州赋闲时，已是四十多岁，当时族伯王导要他到京城做官，王羲之拒绝了。这至少说明，王羲之和王导并非言听计从的关系，彼此之间一定有说不拢的地方。史料上没见王导曾给王羲之太多关照和关切。王导曾经把他从北方带回的《宣示帖》，也叫《宣示表》，送给了王羲之。这说明王导对王羲之的教育，特别是书法，还是关心的。王导是王家的族长，他有义务照管整个家族，这一点，对王羲之的政治地位还是有帮助的。

肖泽颖：王羲之少年患癫，是怎么回事？

王兆军：王羲之的癫痫病，和他少年时受的刺激和磨难有关。少尝患癫，是王羲之自己说的，此事见《世说新语》。《世说新语》的作者是南朝人刘义庆。那时离王羲之在世时相距不过百年，应当可信。王羲之说“吾少尝患癫，两三年辄发动”，就是说，我小时得过羊痫风，每过两三年就会犯一次。我请教过医学专家，他们说先天性的癫痫是有遗传的，有的是下代遗传，有的隔代遗传。但是王羲之的家族里，上面没有，下面也没有患癫的记载。医生说，这种情况可能就是后天的。后天得癫痫病的因素很多，突然的刺激，巨大的惊吓，过于郁闷的生活，都会造成癫痫。王羲之受到的惊吓，最有可能是在南渡的路上，五六岁的孩子，遇到烧杀劫掠的土匪，遇到手起刀落的杀伐，鲜血淋漓，生命无常，也有洪水灾难，有惨绝人寰的生命呼喊，可能给他巨大的刺激，以至于患癫。

肖泽颖：还有一次重要的经历，和王敦的造反有关系。

王兆军：那是一次偶然的经历，但是对于王羲之是很危险的。王敦是王家的长支，年龄在其同辈人中最长。王祥的弟弟叫王览，王览有六个儿子，大儿子生的儿子就是王敦。二儿子生的就是王导。王敦是王祥的长子长孙，也是晋武帝的驸马，王敦娶的是皇帝的女儿。王敦这个人受过教育，但他性情粗粝，任性而畅快，有点儿桀骜不驯的气质，一口气出不来就想动粗的，甚至不惜造反。他一直带兵打仗，拥有当时东晋全国二分之一左右的军事力量。东晋朝廷里有刘隗和刁协这么两个人，经常在皇帝面前说王家的坏话，并且得到皇帝的信任。皇帝为什么信任他们呢？因为王家的势力太大了，就像曹操当年在汉献帝时的情况，就像司马家在曹魏后期那样，炙手可热，所以皇帝心里老是提防着王家。臣下告王家的状，皇帝做了几次处罚，虽然处罚并不很重，但是气焰嚣张的王敦不高兴了，就觉得皇帝身边有坏人，于是就以“清君侧”的名义发兵讨伐，这就是历史上的王敦造反。

王敦和王羲之的关系很微妙。有一次王敦和他的一个部下在王敦家里秘密讨论造反的事，打算把军队开到京城去，杀他个人仰马翻，出一出对朝廷的恶气。当时王羲之就在大伯王敦的客房里，当然听到了他们的密谋。听到这么重大的机密，王羲之吓坏了，无端得知别人的阴谋，不是好事。果然，那人临走时问王敦，咱们刚才说这些话没别人听见吧？王敦忽然想起，他的侄子羲之在他家里呢，当时就拔出剑来，仗剑进了房子。如果王羲之此时在清醒状态中，必死无疑。王敦进去一看，见王羲之睡得呼呼的，哈喇子流到嘴角上，才把寒光四射的剑插回鞘里，走开了。王羲之急中生智，保得一命，这件事说明他很聪明。其次，说明当时的政治环境很险恶，即便是自己家族的人，在政治上也是不惜刀剑的。第三，说明王敦和王羲之之间的关系既亲密又不是同类。纵观王羲之一生，没见他公开批评王敦造反的话，也没见王敦骂他这个侄子如何如何。所以，在这个问题上，在对朝廷的态度上，王羲之对王敦是什么立场什么态度，很难说，后人不好乱猜。可以这么说，他们叔侄之间的关系是不错的，王敦称王羲之是“王家佳子弟”。佳就是优秀人才，有出息的孩子。

肖泽颖：王羲之也带过兵打过仗吗？

王兆军：王羲之做过军中幕僚，当过右将军。右将军也带兵，但王羲之好像没有亲自指挥过什么战役，他在军队中大都是充当幕僚的角色，在庾亮的帐下做过幕僚，在殷浩的帐下做右将军。史上有王羲之出的一个《护军教》。那个《护军教》，是他到任以后，视察了军营，看到了一些问题，发出的一个告示。那个告示说，老弱病残的，不能打仗的，就让他们回家吧。还说，家里只有一个儿子的，也让他们回家去。他的意旨是要把军队搞得很精干，不要弄一些充数的人来，人人能打仗，军队才有战斗力。王羲之是很清醒的，如果他带兵打仗，也许会比殷浩、谢万强得多。

肖泽颖：王羲之和谢安是什么样的关系？

王兆军：他和谢安有很多相似的地方，但也有不同。他们俩有过一次著名的“冶城之辩”。这是王羲之和谢安之间的一件大事。在建康，谢安碰到了王羲之，两个人到冶城去散步，就讨论起人生的出与处，近似于讨论人生价值观。谢安说，世界这么浑浊，没几个好人，优秀人才应该隐居，读书，修身，享受自然，陶冶性情，成为一个纯粹而高贵的人，不要出来当官。王羲之不同意谢安的观点，他用历史上一些伟大人物的事例，说他们起早贪黑宵衣旰食，就是为了社会变好，为人民造福。王羲之认为，一个知识分子应当积极问世，献身于当前的政务，关心人民疾苦，与其让坏人当道还不如我们出来做事等等。他们两个辩论了很长时间，最后也没辩论清楚谁对谁错，各自坚持了自己的观点。但是，这次讨论在他们双方的世界观里都留下了很深的印象。后来他们俩走向了相反的道路：王羲之离开官场隐居了，谢安从隐居的地方出来当官了。著名的“淝水之战”就是谢安指挥的。那时谢家已开始凋落，没什么人了，谢安觉得他再不出来，谢氏家族就要完了——实际上，古典知识分子还是有一种经世济世的情怀。当时的前秦很厉害，皇帝苻坚征服了北部中国，想一举拿下东晋天下，他甚至扬言说，把我军的马鞭子扔到长江里，长江水就流不动了——真是气势汹汹啊。在大军压境、东晋王朝岌岌可危的情势下，谢安以少数兵力打败了苻坚，整个前秦一下子就瓦解了。“风声鹤唳”“草木皆兵”的典故，就是来自那场战争。

王羲之的内心一定存放、负荷、堆积着沉重的孤独与寂寞，而《兰亭集序》所表达的，恐怕不足万分之一！这就是魏晋文人的特点，非同凡响，但很难拿捏；同时具备了阴阳两面，表现都在地点和时机；彼此臭味相投便称知己，但生死与宠辱，各自都有立脚处与着眼点，即或竹林中人，相互不能倾心者，也不乏其例。

什么叫作精神？精神就是追求，就是偏好，就是俗话说的“一根筋”。王羲之，这位自少年时代就被王敦赞誉的“佳子弟”，内心深处积累了太多悲情，层叠的苦难造就了他傲世独立的胆气和深藏不露的叛逆情怀。王羲之是一个敢于同世俗较量的大角色，是一位反潮流的艺术家，单是这种精神，后人就难以望其项背。《兰亭集序》中，作者用“一死生

为虚诞，齐彭殇为妄作”这十二个字，表达了自己的世界观。

肖泽颖：您怎么看待王羲之前后不同的人生选择呢？

王兆军：纵观王羲之的一生，他奉行的基本上是儒家思想，积极入世，献身社会，报效国家，修身齐家等等。孔子的处世原则就是这样的。孔子说过：如果给我一个地位，只要这个工作符合我的道，“虽执鞭之士我亦为之”——就是叫我去赶车，当个车夫，我也愿意去做。这是典型的儒家思想。王羲之生长在王家那样的大家族，受儒家的影响那么深，因此他的基本伦理观是入世的，是想为国为民做贡献的，至少他想展现自己的才华，证明自己的价值。但是，在入世的过程中，他不断地遭遇到一些龌龊事儿，他感到无能为力，为此郁闷生气，终于不耐烦了，觉得还是谢安的“处江湖之远”的想法对，还是道家的想法对，最后他离开了儒家为主的思想原则，接受了道家的放任无为，归入自然，去种地去了。隐居之后的王羲之，养花养草种地种树，管理田产，游玩，养生，享受天伦之乐。他和谢安两个人就像绕了一个圈子一样，彼此替换了位置。他们是中国古代知识分子在价值观转换过程中的一个典型事例。

肖泽颖：您觉得《兰亭集序》是王羲之在什么状态下完成的？

王兆军：《兰亭集序》在中国书法史上被称为第一行书，是名副其实的，整个作品一气呵成，反映了王羲之行书上的极高造诣，为后世确立了行书的楷模。但是，这个作品的形成有它的必然性，也有它的偶然性。它的必然性来自于王羲之对于书法的毕生的钻研、继承和创新。他有这个功底，没有这个功底，再怎么偶然的机缘也不会写出这么好的作品来。第二，这个必然性还来自于当时的社会崇尚。魏晋南北朝，士族间有一种普遍推崇书法艺术的文化气息。一个人书法不好，等于穿了一件破破烂烂的衣服，戴了歪歪斜斜的冠冕，无法立足于士林。

肖泽颖：就像一个人的帽子一样。

王兆军：写不了一手好字，等于行头不行，那还能在世上混吗？以上两点，是《兰亭集序》诞生的必然性。但是，《兰亭集序》的问世也有其偶然性。偶然性就是当时的时间、地点、人物和心态。当时的自然环境多么好啊！暮春三月，杂花生树，江南草长，钱塘一带水乡风景优美，《兰亭集序》记叙了当时的情景，崇山峻岭，茂林修竹，飞流激湍。雅集的地点是个驿站，交通方便，大家轻松就能来到这里，无须艰难跋涉。1700年前的兰亭和现在的兰亭不是一个地方。我到兰亭去采访，兰亭研究会的陈德宏先生告诉我，当时那个驿站有个小亭子，亭子旁边长着很多兰草，人们就把那地方叫兰亭。那个年代驿站是官方的，等于现在的邮政局、交通局，是给官方传递文书的。因为交通比较方便，各方面的朋友来此聚会都比较容易。来的这些人，对王羲之来说都是太熟悉不过的，42个人，有的是他的朋友像谢安，像和尚支道林，还有一些是他的子侄，像王献之、王徽之等，都在其中。还有一些是他的下属，当然都会作诗，而且是志同道合的一些人。王羲之当时的地位相当于现在的市委书记或市长，会稽内史，内史就是地方最高行政长官，一把手。在好朋友面前，在一个风和日丽的时间，在一些子侄和晚辈面前，作为一个地方最高长官，你可以想象，王羲之当时的心情一定是轻松的，愉快的，既有一种当仁不让的资格，也有身处高处的优越感。所以，当有人提出要他为诗集写序时，王羲之觉得非他莫属。当众人在那附近游玩时，王羲之铺开纸，研好墨，一气呵成了传诵千古的《兰亭集序》，真乃是机缘天成，水到渠成。可以说，在一个恰当的时间，由一个恰当的人，写了这件千古传诵的名作。所以我说，《兰亭集序》既有它的必然因素，也有偶然因素。

肖泽颖：在那段时间里，王羲之的心情还是愉快的。

王兆军：至少，雅集的时候，他是非常愉快非常轻松的。在书法艺术领域里，王羲之是当仁不让的领袖，没人能向他挑战，他自己也认为自己的书法是最好的。从地位上来说，他也是最高的。从伦理上说，他是长辈，长者。谢安的名望虽然也很高，但年龄比王羲之小将近一旬，其他子侄们就不要说了。王羲之就像《红楼梦》的贾母在大观园里那样自由自在，这种心态有助于形成好作品。后来，王羲之想重写《兰亭集序》，写了多次，总是不成功。这给了我们一个重要启示：艺术创作的偶然因素是重要的。试想，既然他的书法早已达到了炉火纯青的境界，为什么再也写不出那么好的作品了呢？心境变了，创作失去了应有的状态，刻舟求剑，徒然留下许多的怅惘和遗憾。

肖泽颖：他的好心情为什么消失了呢？

王兆军：王羲之后来在仕途上遇到了很多麻烦，主要是和王述之间的龃龉。王羲之是接替王述担任会稽内史的，王述的母亲去世了，按照守丧三年的规定，他要在家守灵尽孝。王述出身于太原王家，这个人心性粗鲁，为官也不廉洁，王羲之一直看不上他。比如，有一次有人告王述贪污，上边要罢他的官，王述为自己辩护的说辞竟然是：家里钱不够用呢，等我贪得差不多，就不贪了。王羲之觉得王述这个人真不是东西，对其常有贬斥。还有，王述性子比较急，有一次吃饭时，他想用筷子去夹一个鸡蛋，可惜没夹住，鸡蛋哧溜滑到地上去了。王述索性用脚把那鸡蛋踩碎，囫囵塞到嘴里大嚼一阵，然后连皮一起吐了出来。《世说新语》上记载了这个故事。王羲之对此给予刻薄的讽刺，甚至连王述的父亲也一起给予挖苦。

王述服丧期间，王羲之替任会稽内史。按照惯例，地方长官为母亲守丧，后任的官员理应前往吊唁，可是王羲之迟迟没有去。王述在家里等着盼着，每当听见外边车马响动，以为是王羲之来了，就叫人赶紧打扫庭除，自己则站在门后边等候内史光临。王述常常这样呆呆地在门后等上好半天，可是车马过去，却不见要等的人过来，王述的心里当然很不舒服。后来王羲之大概觉得不去拜访实在说不过去，草草地走了个过场。他没有按照应有的礼仪完成礼节，只在大门外面草率地作了一个揖，便扬长而去。王述认为，王羲之是故意羞辱他，记恨在心。王述的心情可以理解，他确实被王羲之这个后任给轻慢了。

个性驱使，放任好恶，无视常例，王羲之的举动不无瑕疵。而且，王羲之对王述的政治前途估计错了。王羲之曾放言说：按王述的本事，即使服丧完了，他最多也就是到京城里当个小处长什么的。结果，却让王羲之大跌眼镜，王述服丧以后，被提升为扬州刺史。会稽像一个地区，扬州好比一个省，是会稽的上级。王述上任后，每次视察工作都不走王羲之那里，故意把他晾着。后来王述虽然去了会稽，但对王羲之的政务横挑鼻子竖挑眼，这个不对，那个不对，他甚至对王羲之说：看你这个官当得多么差，什么都做不好，怎么办，你自己酌量去吧，我也懒得说你了。

虽然是咎由自取，但王羲之还是无法忍受这样的侮辱。他曾经私下里呈请朝廷，建议把会稽这个地方单独化为一个行政区，不再归属扬州，可是这件事不仅没办成，办事人还走漏了秘密，让王述更加愤恨，也嘲笑王羲之画虎不成反类犬。王羲之觉得走投无路，决定辞职，不干了。他在父母的坟前发下毒誓，决心彻底离开官场，隐居江湖。王羲之的隐居不是一个自然而然的结局，是他败给政敌后的赌气行为。这件事，对他的晚年，在精神上、心理上，无疑是一道阴影。

肖泽颖：综合起来，我们应该怎么来定位王羲之？

王兆军：我觉得，评价王羲之这个人，主要还是他的书法成就。他应该得到的尊崇，首先是他对书法的贡献。一个人能在民族的文学艺术上走到高峰，不仅是个人的荣誉，也是我们中华文化对于世界艺术殿堂的一份贡献。一个人一生当中能有这么一个贡献，就可以彪炳史册。当然，就王羲之本人来说，他投入心血最多，他旦夕忧虑的，主要还是国家，是北伐，是恢复中原，是沦陷地人民的疾苦。我们不能因此就看轻了他在书法史上的贡献，也不能因为他书法上的成就漠视了其人品的高尚。对王述服丧羲之不拜那件事，有人说他恃才傲物不够仁厚，甚至说他“能书，何足道也”的话。这样的评论，多少有失偏颇——没有瑕疵的艺术家几乎是不存在的。

《兰亭集序》的产生，是综合文化因素的曼妙产物，是一种艺术云层在某个特定地域落下的雨水。虽然那只是数十人的雅集，但却是一个时代的文化缩影，也包含了许多的偶然和必然。从大的方面看，这里有艺术家对于山水的赞叹，有以诗言志的快感，有个人心情之乐，有自由散漫的表达，有感悟生活的群体趣味，甚至还有自觉不自觉的对生命无常的哲学思考等等。这些因素，虽见诸文字和书法，但其内在精神却难以模仿。今人学书，不应刻舟求剑，而要从根本上探求奥秘。那些在书法艺术上得到内在奥秘的人，即使写不出来像《兰亭集序》的作品，

也不枉为书法家。这看起来像是悖论，其实逻辑上并无相左之处。

肖泽颖：您觉得《兰亭集序》美吗?

王兆军：《兰亭集序》是一件非常美的艺术品，其所蕴含的气息，其在行书上所继承的、所开创的，都是值得大大赞许的。我不是说要当书法家的都得学二王都得学《兰亭集序》，中国书法的营养是丰富的，甲骨文、石鼓文、秦篆汉隶，以及历代的碑帖，都有大家出现。但是，作为行书这个领域，王羲之父子的贡献是不可抹杀的，他们是巍然屹立的高峰。

肖泽颖：这样一部作品最终的结局呢?

王兆军：最终的结局很叫人惋惜。唐太宗李世民晚年对于宗教、文化、书法、诗词给予了很大热情。宗教方面，他不仅给予从印度归来的玄奘以极高的礼遇，还为玄奘翻译的那些经书写了《圣教序》。李世民特别钟爱二王的书法，临死前还不忘要把王羲之的《兰亭集序》当作他的殉葬品。据此一说，《兰亭集序》应当还埋在李世民的墓穴里。一千多年过去了，这个东西到底还存在与否，很难说了。很遗憾，世上现在已经没有王羲之书法的真迹了，现在看到的都是从碑帖上拓下来的。

《兰亭集序》是中国书法艺术的伟大交响曲，绕梁千年，至今依然美丽。这段故事更增添了《兰亭集序》的传奇色彩和神秘气息。《兰亭集序》不仅是中国书法的顶峰，也是王羲之一生的最高点。

肖泽颖：您觉得《兰亭集序》对当代的书法，对当代热爱书法的人来说最大的启示和启迪是什么?

王兆军：最大的启示就是，书法要臻于完美，不仅要有高超的笔墨技巧，还要有相应的心性修行。王羲之这个人，本身就是精美的，是古典知识分子的绝世经典。虽然他在政治上没有实现自己的愿望，但在艺术上，他达到了自己的目标。

肖泽颖：您觉得王羲之这个人，给现代的人的启示是什么?

王兆军：主要是在艺术的继承和创新这两点上。王羲之花了大量的精力，努力继承前人的书法艺术。他学习了楷书、章草、行书、草书，终其一生，孜孜不倦，并在前人的基础上完成了创新。创新不是生硬的追求，而是艺术发展到一定的程度，遇到了很多解不开的疙瘩，或者遇到了新的社会和科技因素，自然而然地需要新的方法，创新也就有了动力和诉求。不是说我想当大书法家，我就得去创新，没来由地鬼画符，不是创新。比如隶书，在它之前就是秦篆，到汉代初期也还是，但是大量的公文，单靠专业的篆体书法已经不能胜任，于是官府就招收了一些隶人，叫他们用简易的方法把文牍完成，而且，给他们的是方笔或是用秃了的破毛笔，于是这些隶人就创造了一种新书体，叫作隶书。

王羲之的行书创新，和纸的发明有很大关系。西汉的时候，人们读的书都还是竹简编成的，一条一条的，捆起来。所以那时用得多是隶书，还有章草。为什么？因为竹简就那么一个窄条，长度可以自由一些，宽度却是局限的，不能伸开胳膊这么自由去书写。到东汉就不一样了，东汉时纸出现了（也有人说更早），到了魏晋，纸就很多了，写字开始不用绢，不用竹简，而是用纸。在纸上写字，不受上下左右四面八方的限制，书写者的笔墨可以自由驰骋。这为王羲之的行书提供了材料上的方便，也是科技发展促成艺术发展的一个好例子。在这种基础上，王羲之才有了从章草走向行书的想法，条件满足了他的奢求，帮助他完成了行书的创新。

肖泽颖：中国有这么多的历史文化名人，您为什么选王羲之作为传主？

王兆军：一个重要的原因，是我喜欢书法，喜欢用毛笔书写汉字的那种感觉，以及汉字书法那种美妙的韵致。再一个，我和王羲之有着共同的故乡，他也是临沂人。后来他到了绍兴，而我妻子是绍兴人。两头都沾点儿关系，所以我就选了这个人。这里有对书法艺术的偏爱，也有对故里的一种感情。更深刻的原因，是这个人物的生活轨迹和价值追求，对我有一种心灵的呼应。我既能理解传主积极入世的、忧国忧民的一面，也能理解他愤然离开官场隐居乡野的情怀。

肖泽颖：写完这本书之后是不是很高兴？

王兆军：对我来说完成了一个心愿。我给予传主很高的评价，同时也指出了他做人处世的一些不足之处，我没有偏袒传主，没有盲目崇拜古人，而是力争用现代人的视角去看待古人。在这点上，我是比较满意的。

肖泽颖：接下来老师最近在做什么？

王兆军：我最近一是练习书法，一是画画，国画、油画都在画，希望把我对文学的一些感悟融到我的书法绘画中去。

肖泽颖：说到文学，您觉得一个好的作家，应当具有怎样的素质？

王兆军：作家有各种各样的作品，各种各样的风格，各自都有读者。在风格上，我觉得没有明显的高低之分，现代派，朦胧派，写实主义，浪漫主义，批判现实主义，黑色幽默，风格不同，各有千秋，不好说谁高谁低，这就像你们美女穿各种各样的衣服，留不同的发型，不好说谁的头发最漂亮。但是，文学有几样根本的东西，作家不能丢弃。

第一要有美好的立意，这是作品的德行。是吧？再漂亮的女子，再帅的帅哥，若是为非作歹，也谈不上美。文学也是这样。第一要真诚，不能装模作样地在那儿忽悠读者。作者一定表达自己的真情实感。这是最基本的。

第二，作家要面对真理，面对人性，要拥抱正义，这也是本质的东西，和风格不完全是一回事。有的作品看上去都是些大实话，但是很真诚，能感动人。黎巴嫩的一位散文家，他写给他孩子的那几封信，文字很质朴，但是很动人。还有，第二次世界大战时安妮的日记，在文采上不算了不起，但她用真情震撼了读者，取得了全世界的共鸣。就我个人来说，还是喜欢那种用心真诚、文字质朴的作品，如果有自己的独立的见解，那就更好。

王羲之，一位伟大的艺术家，一位饱经风霜的知识分子，一位终生秉持一致的文化贵族，就此寿终正寝。按虚岁算，此为王羲之花甲之年。在乱世中走完六十个春秋，颠沛流离，到处是刀光剑影，活下来可真不容易啊。看周围亲人、同侪、朋友，能活到六十岁的，可谓寥若晨星。虽然国事不如意，但他，王羲之，作为个人，已经为自己钟爱的国家、艺术、亲人鞠躬尽瘁，一副皮囊还能榨出多少精华？历

史走了，留下今天，古今各自珍重。忠孝节信，此生磊落，虽有些微瑕疵，不掩其志乃尔。毕其功于一生，创造如此美轮美奂的书法，为今人后世的楷模，王羲之应该感到安慰。

在金庭的院舍中，这位伟大的艺术家停止了呼吸，合上了眼睛。一颗明星就这样陨落了，好像秋天里的一片叶子，从树枝上掉下，在秋风中飘荡，潇潇洒洒回到松软的土地上，如婴儿回到母亲的怀抱。虽然人之一生没有贵贱，但就社会贡献而言，确有多少轻重之分。就精神品格来说，也有高低之分。这个人的德行和才气，一千七百年过去，依然被人称颂；这个人的书法，一千七百年过去，依然被奉为楷模。仅此两项，可以说，王羲之的一生是灿烂的。一位伟大的艺术家走了。他的背影消失在历史的风烟之中，而他的高尚德行和艺术精神，依然光照千秋。

二〇一四年三月

北京

郭启宏：千秋词主李煜

一个孱弱无能的亡国之君消失在历史烟尘之中，一代盖世词主却万古流芳，这是运道？是人生？还是宿命？他为人类创造了奇绝的人生与奇绝的词世界。

一种存之永恒的不完美的人生。前辈学者多人说过，作为词人，是李煜的大幸；作为帝王，是李煜的大不幸。然而，令人深思的是作为词人的大幸，恰恰导致帝王的大不幸；而作为帝王的大不幸，又恰恰造就词人的大幸！一如赵翼所说："国家不幸诗家幸，赋到沧桑句便工。"

他的文学才能没有促成他安邦治国的"大业"，他对文学的痴迷恰恰导致他的灭国，他为人处世的真性情也没有促成他造就一个强盛的南唐，恰恰因真性情而贻误了帝王应有的韬略，而导致了失败；另一方面，他在政治斗争中的失误乃至溃败，导致了现实的磨难，而惨痛的磨难又恰恰造就了李煜千古传诵的辞章，造就了他在中国词史上独一无二的地位，令今天的读者咏叹，崇拜至极！这是一个奇妙的人物！

郭启宏

嘉宾简介

郭启宏　男，1940 年生，北京人民艺术剧院一级编剧，兼北京戏剧家协会名誉主席、中国艺术研究院研究生院导师，曾任北京市文联副主席、北京戏剧家协会主席等职。主要作品有：话剧“中国文人三部曲”《李白》《天之骄子》《知己》，昆曲《南唐遗事》《司马相如》，合集《郭启宏文集》（戏剧编），长篇小说《白玉霜之死》《潮人》等，还出版有文论集、诗集、散文集等。

导语：

中国作家协会于2012年初做出决定，用5年左右时间，集中文学界和文化界的精兵强将，创作出版《中国历史文化名人传》大型丛书。这是一项重大的国家文化出版工程。其中，郭启宏担任《李煜传》一书的撰写。

李煜（937年—978年），五代十国时期南唐国君，961年—975年在位，初名从嘉，字重光，号钟隐、莲峰居士。汉族，祖籍彭城（今江苏徐州）人。相传生于天祚三年（937年）七月初七，为南唐元宗李璟第六子。于宋建隆二年（961年）继位，史称李后主。开宝八年（975年），宋军破南唐都城金陵（今江苏南京），李煜降宋，被俘至汴京，封为右千牛卫上将军、违命侯。太平兴国三年（978年）七月八日于京师里第卧疾而卒，一说作感怀故国的名词《虞美人》而被宋太宗毒死。李煜虽不精于政治，但其艺术才华非凡，精书法，善绘画，通音律，诗文均有极高造诣，尤以词的成就最为突出，有《虞美人·春花秋月何时了》《浪淘沙令·帘外雨潺潺》《相见欢·无言独上西楼》等，被誉为“千古词帝”。

“一个孱弱无能的亡国之君消失在历史的烟尘之中，一代盖世词主却万古流芳，这是运道？是人生，还是宿命？”他为人类创造了奇绝的人与词兼美的世界，他就是千秋词主李煜。

肖泽颖：什么时候开始研究南唐后主李煜这个人物？

郭启宏：我很小时候就听说过李后主，第一次读他的词，惊为天机云锦。大学期间有过系统的接触，只是喜欢，谈不上研究。20世纪80年代曾经全面而且认真地研究过李煜及其作品，还写了一出昆曲，叫《南唐遗事》。

肖泽颖：之前您写的那个昆曲《南唐遗事》，具体写的李煜是一个什么样的状态，以什么为主，主要说的是哪段历史？

郭启宏：《南唐遗事》基本上没有逸出编年体的开放式结构，但不是从呱呱坠地写起，而是始于国势衰颓，至于灭国，至于归为臣虏。

若从戏剧构思上看，这一切又都是为李煜之死做铺垫，死才是全剧高潮，是作者深意所在。在这出戏里，矛盾的对立面是谁？是赵匡胤。

肖泽颖：赵匡胤是一个非常厉害的人物。

郭启宏：是的。在治国上，李不是他的对手。但李也有优势，在写诗、填词上，赵不是他的对手。

肖泽颖：那当然了。

郭启宏：这个戏在80年代很有影响，当年评奖的时候，它获得全国优秀剧本奖，即一等奖，还是第一名，听说是满票通过的。这当然不是自我表彰，而是说写人物传记，你得有学问的基础。后来，作协的领导希望我写李煜的传记，我就答应了。

肖泽颖：从最初的昆曲到后来的《千秋词主》，用了多长时间？

郭启宏：时间很难说准确，研究在断断续续中，粗粗算，也得有20年了。

肖泽颖：那应该对于李煜这个人物把握非常准确了。

郭启宏：冒昧地讲，尽可能准确。传记这东西跟写戏不一样，跟写小说也不一样。

肖泽颖：这次的传记和其他人的传记有什么不同？

郭启宏：其他人？我没看过别人写的传记。

肖泽颖：有的可能是写文献类的、学术类的。您这个是属于……

郭启宏：文学类吧。情况不一样，您说的文献类、学术类，可能的情况是，传主本身故事不是很多，笔力偏重的地方也不太一样。像李后主这个人物故事不少，词也明摆着，一般的词作大家都知道，所以写他和写其他人不太一样。

肖泽颖：您和李煜的渊源很深了，20多年了，对李煜这么有名的一位有争议的人物，您怎么看待这样一个有争议的人物，您怎么定位他？

郭启宏：他的争议，有的人认为他是懦弱的……

肖泽颖：亡国之君。

郭启宏：甚至是昏庸的，因为在他掌权的时候国家灭亡了。

肖泽颖：招来很多骂名。

郭启宏：治理国家无能，处理政事欠妥，导致国家灭亡，这是对他的评价，事实也是这样。刚才说起赵匡胤，李煜远远不如他，不少皇帝也比李煜强，就皇帝的作为来讲，李煜属于无能一类。

肖泽颖：无为的。

郭启宏：这是李煜作为帝王的一面。从另一方面，他又是个文化名人，而且很杰出。所以我们这次举出一百名人，有他一名，是很客观地评价这个人物在文化上的贡献的。至于争议，一直存在，得看从哪个方面考虑。论起治国，他确实不行；若论为文，他绝对杰出。

肖泽颖：千秋词主。

郭启宏：千秋词主，也是这么个意思，我就是这么个定位：政治上没有作为，文学上很有作为。一方面是亡国之君，一方面是杰出词人，看起来恍如冰炭的矛盾却又水乳一般统一在一个人的身上，这是一个多么特殊的人物，一种多么鲜明的个性，一例多么耐人寻味的人文现象！我觉得这两者之间的关系十分有趣……

肖泽颖：形成了这种极端的对比和矛盾。

郭启宏：在文学上，他是个天才，在治国上，他是庸才。二者在一个点上绾结起来，这个点是真性情。比如说写词，需要高度的技巧，更需要真性情，词里面可以说真话、真感受，这样的词才是好词。反过来，真性情用在治国上，那就糟了，要想拼天下，你不能没有计谋，不能没有纵横捭阖的智商和情商，什么事都很坦诚，那是傻子。五代十国，赵宋力量最强大，最有可能统一中国，南唐绝无可能，尤其是后主，你文学才能再高，也代替不了打仗。

肖泽颖：写词好不能代表能战胜敌人。

郭启宏：所以他在和北宋的矛盾冲突当中，一直是步步退让，越来越不能打，最后投降了。到了开封后，他过着很悲惨的生活，所谓“日夕以泪洗面”，最终被赵光义毒死了。他的文学创作跟他命运紧紧联系在一起，前期多为风花雪月，未脱“花间派”遗风，然则无人否认其精深的造诣，吴梅说，“虽寄情声色，而笔意自成馨逸”；降宋之后词风大变，尽脱花间窠臼而境界由兹恢弘，俞陛云指出，“传李唐之薪火，为赵宋之先河”。

李煜是中国文学史上杰出的词人，又是五代时期亡国之君。作为帝王，李煜算不得暴君，至多算个庸君，他并非不明事理，毕竟不懂韬略。他待人仁厚谦和，也施仁政，却丝毫改变不了灭国的颓势，在与赵宋王朝争斗、博弈中，南唐总是失算、失势、失败；作为词人，李煜又酣畅挥洒，无一不引领风骚，举凡诗词、书画、音乐、歌舞，他的天赋禀异，他的真性真情，尤其他灭国后悲惨的经历，更加完美地展现他独一无二的才华。认真研究李煜之于词人与庸君的全部作为，人们不能不发出浩叹，这是一个什么样的独特的人物啊！天才与平庸如此奇妙地集于一身！

李煜的命运

一种存之永恒的不完美的人生。前辈学者多人说过，作为词人，是李煜的大幸，作为帝王，是李煜的大不幸。然而，令人深思的是作为词人的大幸，恰恰导致帝王的大不幸，而作为帝王的大不幸，又恰恰造就词人的大幸！一如赵翼所说：“国家不幸诗家幸，赋到沧桑句便工。”

肖泽颖：您说到的很多名篇也就是在他很悲惨的状态下写的。

郭启宏：是的。欢乐之词难好，悲苦之词易工，韩愈说过类似的话。现在所传多为后期作品，比如最有名的《虞美人》，“春花秋月何时了，往事知多少”。一般人没有不知道“问君能有几多愁，恰似一江春水向东流”，没有不知道“帘外雨潺潺，春意阑珊。罗衾不耐五更寒，梦里不知身是客，一晌贪欢”。这些词都是后期作品，所以说，悲惨的生活、痛苦的经历仿佛造就他词作的喷涌。这是个很有意思的文学现象。

肖泽颖：您觉得这种巨大的反差带给您的思索是什么？最大的思索是什么？

郭启宏：我想到一个问题，想到人生定位的问题。一个人在社会生活中，应有他一定的位置，比如我适合搞文学，我最好不要去从政，不要去管理国家，你一当官把国家治理得乱七八糟，那还不如写你的东西去呢。反过来，你有治理国家的才能，你把经济搞上去，把国家弄强大，这比你写首词要强得多。我是随便闲说，也是老百姓的一种想法。人生应该有他自己的定位，这个定位定错了，就糟了。

肖泽颖：这个定位是李煜自己决定的吗？

郭启宏：当然不是，定位往往不自觉。李煜开始并不想当皇帝，他小时候最喜欢的是诗词、音乐、舞蹈，反正就是艺术方面，他很擅长，他并没有想做皇帝，他行六嘛，他大哥在，且有野心。没想到大哥不明不白死了，皇位非常偶然地落到他头上，用现代话讲，他并没有充分的思想准备去当一个皇帝。

肖泽颖：也没有能力去做这个皇帝。

郭启宏：是没有能力去做，但做了就不愿放弃。因为当皇帝有很多好处。人总有欲望，欲望能得到满足，他希望做下去，但实际上他做不好。比如他任用的大臣，大多是他赏识的文人，徐铉、韩熙载，都挺谈得来。大臣值夜班的时候，他也去，谈学问、谈诗词，但这些跟治国到底不一样。

李煜是一个很特殊的人物，治国的庸才，写诗的天才。清代诗人赵翼有两句诗："国家不幸诗家幸，赋到沧桑句便工。"这对我们理解李煜很有帮助。李煜是个向背互补、否泰相成的统一体，他的内在矛盾冲突十分激烈，他始终处在痛苦的"二律背反"之中。于是，我把思考锁定在一种存之永恒的不完满的人生。

李煜的真性情

李煜人性纠结处在真性情上。这位"生于深宫之中，长于妇人之手"的才子帝王，不事韬略，不识干戈，唯有一片天真，无论在位时弦歌管乐之际，还是沦亡后凄风苦雨之中，他都不失其真性情。这种真性情，既体现在李煜的感情生活上，也体现在李煜的写诗填词中。如果说爱情生活上是以灵与肉的交融来表达真性情，那么在写诗填词

中表达出来的真性情则多属精神层面的蕴含。特别是“归为臣虏”以后，在“日夕只以泪洗面”的悲苦岁月里，除了小周后相濡以沫，李煜所能寻求的便只有诗歌慰藉了。

肖泽颖：那您觉得“一代词主”李煜，他的集大成的成就，能成为千秋词主，重点成就具体体现在他的词里面？

郭启宏：应该是这样。词之兴起大约在晚唐（盛唐时代的李白也有词作流传，确否有待考证），五代时期词的风气都还是那种靡靡之音。

肖泽颖：没有什么思想。

郭启宏：那时候有个集子，叫《花间集》，以西蜀词为主。《花间集》选的东西大多是风花雪月。包括李煜前期的词，也还属于这类东西，没摆脱当时的风气。到后来，北宋时期出现的词作大大改变了花间派的风气，开先河者便是李煜。可以说，李煜是一个时代的终结者，又是一个时代的奠基人。

肖泽颖：他开启的是什么样的风格？

郭启宏：最重要的是境界大了。他后期的一些词作，是家国的感受，不是个人风花雪月那点小玩闹。后来影响了北宋的一代词家，包括苏东坡、李清照，一代人都受他影响，有的没有标明我是跟李后主学的，但实际上影响的浪痕仍在。

肖泽颖：他的诗词应该是非常美的，我听说在您写的传记里面，说是“奇绝的人间美词”，您怎么欣赏他的这种美呢？

郭启宏：首先要用真性情去体悟，还要有专业的鉴赏的技巧。

肖泽颖：为什么要用“奇绝”来形容他的词呢？这种已经达到的、很高的这个巅峰状态。

郭启宏：“奇”就是别人写不出来了，“绝”也是到了顶了，“奇绝”表面意义应该是这样的，或曰，“奇”也许别人心里有，但写不出来，“奇”是新鲜的，独特的；“绝”，到头了，换言之，至矣，备矣，无以复加矣。

肖泽颖：您觉得研究李煜这样一个人物，带给今天最大的启示是什么？

郭启宏：于我而言，那就是：创作还是要写自己心里的东西，写真实的东西，不是喊口号，真有体会、真有感受，所以我提出写作要有真性情。没有真性情，写不好东西，包括写传记，没有真性情，便是写了，报纸给宣传了，媒体给你炒作了，那也长久不了。戴复古说得好，“须教自我胸中出，切莫随人脚后行”。

肖泽颖：您觉得这种真性情，应该怎么来衡量？

郭启宏：很简单，你必须写你真有体会的东西，真情实感的东西，别造假，这是最起码。当然也需要鉴赏的技巧，比如我刚才讲《虞美人》这首词，据我的研究，他通篇采用问答体，“春花秋月何时了？往事知多少！”是一问一答，自问自答。“小楼昨夜又东风”你也可以“又东风”画个问号，“故国不堪回首月明中！”是感叹号。“雕栏玉砌应犹在”，是设想，它应该还在吧？“只是朱颜改”，容貌肯定改变了，苍老了，颓唐或者悲伤了。“问君能有几多愁”，很明显，这是问呢，“恰似一江春水向东流”，这是答啊！这种技巧，这种写法，我不知道别人谈过没有，反正我一家之言吧，我觉得它是很新鲜的，用问答体写这首词，更显出深层的底蕴，情绪的感染力更加强烈，这是我个人的看法，不见得对。再分析可能太专业，太专业的东西，观众读者不一定感兴趣。

肖泽颖：如果返回来我们再看李煜这样一个人物，他当时处在那样的一个时代背景下，作为一个皇帝，他的性格，包括他的真性情的一面，您也研究了这么长时间，您怎么看待李煜这样的一个人，真实的李煜是一个什么样子？

郭启宏：我们可以举个例子，感情生活的例子。李煜除了写诗填词，感情生活也很丰富，大家都知道有个大周后，大周后比他大一点，两人关系非常好。大周后有个妹妹，史籍记载没有名字，大周后有名字，叫娥皇，小周后没有名字，你写作时候也可以给她起个名字，那是另一回事，反正她没有名字，史称小周后。当然，小周后比大周后要年轻得多，因为年轻显得更青春靓丽，更容易吸引男人，小美女嘛！依照一般情况，皇帝完全可以下个诏书，把她纳为妃子，这很平常，唐高宗可以偷父亲的妃子武则天，唐明皇可以把儿子的媳妇杨玉环弄过来当妃子，差着辈分都做得，李煜怎么做不得？何况小周后还是“寂寞开无主”呢。然而他不，他不那样做，他和她偷偷谈恋爱，我觉得李煜有一种平等的观念，是对人的尊重，他的《菩萨蛮·花明月暗笼轻雾》写的就是他们的一次幽会，“画堂南畔见”云云。

肖泽颖：您感觉是李后主为人比较有趣还是他特定的一种性格呢？

郭启宏：我觉得是他的性格，他的观念，决定了他的做法；当然，也有客观原因，比如说他怕大周后知道，这也是对大周后的尊重，换个皇帝，知道了又怎么着，你妹妹我不能娶吗？你管得了我吗？我认为从更高层面来分析，他有某种民主的理念。古代暴君不少，衙内更多，现在依旧普遍存在不尊重人的现象，尤其不尊重女性。女性不是三八节才受尊重，哪天都要得到尊重。从这点看，说明李煜果然与众不同，就从他跟小周后的“风流韵事”来看，他的真性情已经上升到人格的高度。

李煜的价值

千百年来，南唐李煜一直是个物议纷纷的人物。作为帝王，他政治上的短视和无能，生活上的放纵和奢侈，固然受到指责，就连他为人方面的仁厚谦和以及私人感情经历，也受到诸多非议。然而，作为词人，他那些展现文学才华的辞章，却受到文史学家乃至一般读者一致的推崇，不仅降宋以后沉郁哀婉的名篇，即便此前的宫词艳语也无人否认其精深的造诣，曰“虽寄情声色，而笔意自成馨逸”，学问家咸称李煜词“皆直抒胸臆”，摆脱花间窠臼而开启北宋一代词风，境界由兹恢弘，诚如俞陛云语：“传李唐之薪火，为赵宋之先河。”甚至李煜的不谙世事也为人所同情，且受到褒奖，王国维说过：“主观之诗人，不必多阅世，阅世愈浅，则性情愈真，李后主是也。”一方面是亡国之君，一方面是杰出词人，看起来恍如冰炭的矛盾却又水乳一般统一在一个人的身上，这是一个多么特殊的人物，一种多么鲜明的个性，一例多么耐人寻味的现象！

肖泽颖：李煜这样一个人物，这样一种性格，在他一生中，整个命运来讲的话，起着决定性作用，那他这一生，他的命运，每个时间都是什么样的一个状态？

郭启宏：他的命运随着国家的兴衰而变化，国家强盛的时候，他可以有些作为，败亡的时候他显得更加被动。然而，不管处在什么情况，他的真性情没有改变，这是我对我的传主的认识。

肖泽颖：那您觉得李煜创造的价值是什么？

郭启宏：一个人体现出来的价值是多方面的，后人回望，往往只取主要方面，时有遗珠之憾。李煜文学上的成就当然最能体现他的价值，别的方面同样令人深思。刚才说过，他也枉杀过一些忠臣，但错杀之后他会知错，会后悔，他临死前后悔枉杀了潘佑、李平这两个大臣，知错思改，当然改也来不及了。记得好像是马克·吐温说过这样的话，“人是唯一会脸红的动物”。李煜知错比起那些死不改悔的帝王要强得多，价值也要高得多！所以我对传主一直采取比较宽容的态度。

我再说，有一首词，叫《柳枝》词，是他写在扇面上送给一个名叫庆奴的宫女的词。这庆奴年轻的时候很漂亮，歌舞也很好，后来青春渐次飘逝，在宫廷活动当中，如游乐活动和宴会当中，她不再是歌舞的主角了，退居一旁，生出自卑的心理。这种心理上的微妙变化，被李煜看在眼里，便写了这首《柳枝》词安慰她，那词的意思是说，柳枝青青，还是那么美好，我不会因为你有了变化，就嫌弃你的。这首词让庆奴感动不已。她到宫里的庵观削发为尼，为李煜祈福，金陵城破，她率众尼赴火自焚，以死报答国主。只有李煜这样性格的人，才有可能体会到一个过时过气的宫女内心微妙的变化，而对她产生同情、怜悯，或者一种安慰。只有李后主做得出来，换一个残暴君王不可能有这种“韵事”。

肖泽颖：李煜他内心应该是很柔软，很柔软的一个人。

郭启宏：李煜可以给我们借鉴的东西还很多。中国自古来男尊女卑，今天也还有，即使“吃软饭”的男人在家里也可以摆谱。李煜不会是那样的人，他给我们留下的东西，不仅有诗文，尤其是词，他还留下一些做人的带有根本性的东西。比如说对人的尊重，对人格的尊重，尽管他亡国了，大家骂他昏庸，但没有人骂他是暴君。

肖泽颖：李煜有没有缺点？

郭启宏：他当然有缺点了，他治理不好国家就是大缺点，因为你是君王，你就有担当，你治理不好就不行！不仅是缺点，更是责任，甚至是罪过啊！

肖泽颖：李煜其实是一个很复杂的人物，有着很复杂的心路历程。

郭启宏：有一件事，赵匡胤打南汉，他让李煜劝南汉投降，李煜不敢违抗，不得已叫大臣写了劝降信，信写后，他自己修改，把作文章的技巧都使上了。南汉阅信大怒，把送信的信使关了起来，后来南汉国破，投降北宋，赵匡胤照样讨伐南唐。李煜这般行为，换个君王，也可能不这样做，换个思路，我能否跟南汉联合起来跟你北宋对抗，效仿战国时代苏秦的合纵？当然，李煜是决然做不到的。

肖泽颖：您觉得李煜的悲剧应该归之于谁呢？

郭启宏：对历史的认识有一个角度的问题。从南唐看，末代丧国是悲剧；从北宋看，举国统一是正剧。若把南唐北宋两个国家做一比较，南唐的财力、物力、兵力，都不及北宋，更重要的是北宋在策略上胜出何止一筹！北宋很有步骤，先把周围列国全扫平了，就剩南唐一个、吴越一个，吴越本与北宋结盟，就等于完全孤立了南唐，又使反间计把他的大将林仁肇给除了。北宋战胜南唐是历史的必然，李煜的表现只能对进程造成若干影响而已。

肖泽颖：他为什么能够成为一代千秋词主，就因为他这种失败的经历，痛苦造就了他？

郭启宏：从某种意义上讲可以这样说，因为只有他失败以后，亡国以后，他才可能对生活有更深刻的认识。假如说，他父亲继续当政，或者他大哥当政，他可能还在玩诗词呢，那灭亡了他跟着走，去就完了，他不应该承担那么大的职责。但现在不行，你是皇帝，你亡国了，你得担当。

肖泽颖：那李煜留下的这些词，对于当代来说有什么直接或者间接的贡献？

郭启宏：贡献是肯定的。许多学者终生研究李煜词作的艺术成就。

在我看来，俞陛云的评价十分中肯，“传李唐之薪火，为赵宋之先河”。而王国维的说法则道破了李煜词作艺术成就的内因：“主观之诗人，不必多阅世，阅世愈浅，则性情愈真，李后主是也。”我总觉得，词中李煜有如诗中“李杜”，是标杆式人物。李煜词作留下来的并不多，但足以奠定他在中国词史上的地位。文学作品看重的是质，不是量。中国写诗最多的人不是大家熟悉的陆游，是诗作破万的乾隆皇帝，似乎有几万首，我曾经统计过，好像一天得写好几首。

肖泽颖：那留下的有多少？

郭启宏：没有，几乎一首都没有。当然，那么多诗也不都是他写的，有文人捉刀，就像我们今天的秘书们给领导写稿子一样。乾隆的东西留不下来，说明他的东西没有价值。

肖泽颖：没有价值肯定也就没生命力。

郭启宏：对，乾隆的诗，我以前读过，但记不住，没有印象。

肖泽颖：都是欢乐的诗词。

郭启宏：他歌功颂德，他不可能揭露清朝的黑暗，比如文字狱，很残暴的文字狱，他推行的他能揭发吗？康乾盛世，包括康熙、雍正、乾隆三个朝代，我是反对盛世的说法的，盛世盛在哪儿？当时德国这个在西方还不算发达的国家，已经发行股票了，你还在搞文字狱杀文人呢！乾隆死后，没过几十年鸦片战争爆发，中国沦为半封建半殖民地，你盛在哪儿？

肖泽颖：那你觉得一个国家强盛的标志是什么？

郭启宏：这超出了文学本义。但是，标志再多，也不该是文字狱的标志！我个人特别痛恨清朝，尤其是清朝的文字狱。

肖泽颖：老师您也是真性情，您和李煜一样，老师您也为文很多年了，然后写过很多的话剧、昆曲，很多的作品，您觉得文学的根本任务是什么？

郭启宏：文学啊，根本的任务是批判，批判一切假恶丑，同时歌颂真善美。

肖泽颖：为什么不是歌功颂德？

郭启宏：因为社会要前进，靠歌功颂德社会只能后退，得靠批判，靠批判指出社会的弊病，只有指出弊病才能改变社会，才能前进。你听着这话，好像挺标新立异，挺离经叛道，不是的，邓小平提出改革，什么叫改革呢？改革不就是鼎新革旧吗？鼎新革旧不就是批判吗？

肖泽颖：因为不好才会改革。

郭启宏：对，你好了革什么呢？革就是革掉不好的东西，作为文学艺术来讲，就是要把这个道理形象化地告诉大家，当然，跳舞、唱歌、美术，比较曲折点、比较含蓄，不像文学那么形象化。便是文学，也因载体的不同而产生表达上的差异，比如写剧本跟写小说就不一样，跟写诗歌更不一样，总是有区别，但都离不开对社会的批判，离开了批判，这种文学就没有价值。刚才讲，乾隆没有批判，写几万首诗，一首没有留下。那是因为他跟文学的根本任务背道而驰。同样是古代的文化遗存，《红楼梦》大家都说好，那是因为《红楼梦》揭示了封建社会必将走向崩溃的大趋势。正如巴尔扎克的《人间喜剧》，他标的是喜剧，其实是悲剧。他自己讲，我喜爱的这些贵族男女们他们不配有更好的命运，这便是《人间喜剧》小说的意义所在。

肖泽颖：如果用批判的眼光再来看《李煜传》，对千秋词主这样一个文化名人，您应该怎么来看待他的社会背景和文化背景？

郭启宏：事实上刚才已经谈及。作为词人，是李煜的大幸；作为帝王，是李煜的大不幸。然而，令人深思的是，作为词人的大幸，恰恰导致帝王的大不幸；而作为帝王的大不幸，又恰恰造就词人的大幸！这不是可以给我们读者提供哲理的思考吗？解放前有一部电影用了李煜的名句做剧名，叫《一江春水向东流》，感动了几代人，你说李煜词的艺术感染力有多么了不起！当然，直接以李煜词比附当今，是不足取，也是不可能的。

肖泽颖：李煜留给后人的，永远是很丰富的。

郭启宏：对。传记写作我觉得必须以真实性为生命，真实性最重要，因为它的确跟文学创作不太一样，文学创作有时候你可以借点实事再挥洒开去，可以有偏离的情况。但传记不能允许。比如《三国演义》，它开宗明义声言演义，《三国演义》不是《三国志》，所谓“七分实三分虚”，三七开。而《三国志》是决然不可虚构的。当然，陈寿在观念上、在史实的考订上也不是无懈可击。

肖泽颖：但是传记不一样。

郭启宏：传记应该是百分之百真实。当你写传记的时候，倘若用史书的体例、方法来写，恐怕也不行，传记写得类乎史书，我干脆读史算了，《二十五史》在那儿摆着呢！所以，你写的是传记，传记需要文学笔法，你叙述的时候要有可读性，让大家能读起来，能有点兴趣，你总得有点文采吧，没有文采干巴巴，谁爱看？我觉得传记的写作，还是以真实性为第一位，以文学性为第二位，我是非常反对所谓戏说的，什么颠覆，什么解构，都是执笔写作的人没有学问的遁词。

历史题材的写作，必须充分掌握史料，必须研究一段历史，必须把所有可能看到的史料都看遍，那功夫很大的，甚至很苦。而戏说可以不下这个苦功夫，戏说实际上是一个护身符或者一个挡箭牌，戏说者可以声称“我是戏说”，于是逃脱了学术的质问。与戏说者如出一辙，更有过之者，打出颠覆和解构的旗号，名曰“新潮”，实为“沉滓”，你连古籍都读不懂，你颠覆什么，你又解构什么？

肖泽颖：李煜在你心目中他伟大不伟大？或者美不美？这样一个人，您是怎样看的？

郭启宏：李煜，我不觉得他伟大，但我觉得他应该是美的。

肖泽颖：很唯美的一个，一个浪漫的人。

郭启宏：李煜还有着初步的民主思想，比如我刚才讲的，对人的尊重，对人格的尊重，恐怕是一般人达不到的。我以为他是个有文化的文明人。一个农村人他可能没有读书，但他很朴实，很尊重人，他是个文明人。但也有读过书的人，他不尊重人，他是不文明的人。李煜又是个感情丰富、体贴女性的人（史料记载中没有写他对女人有粗暴的举止），所以他的情感也应该是美的。

肖泽颖：那他的人生，如果在成就上，他应该是灿烂的，唯美的。

郭启宏：是这样吧。

肖泽颖：美丽的。

郭启宏：可以这样讲。他更有一种禀赋，人世间罕见，那就是他的天赋、天才，我很佩服天才。有一句被屡次曲解了的话，说是 1% 的天才，99% 的努力，其实当年是爱因斯坦还是爱迪生说这句话的时候有个前提，就是说你必须有个天才的“徽号”，然后你还得努力，应该是这样的意思。我们有时候断章取义，笨蛋再努力也干不成大事。李后主是个天才是不能不提的。独特的天才造就了他独特的诗词，别人是不能比拟的。

肖泽颖：在中国文化的历史长河，他是一颗非常灿烂的巨星。

郭启宏：我曾想，南唐灭国了，南唐在历史中所占的篇幅很短，因为历史总是由胜利者来书写。即便如此，失败者李煜到底留下短短的章节，相比他的父亲李璟、他的祖父李昪，他最无作为，但留下最多。就是说，宋朝胜利者也没有否定他的成就，史籍载，赵匡胤夸他“好一个翰林学士！”这是原话。

肖泽颖：别人对他的评价更客观一些。

郭启宏：没错。在文学方面，赵匡胤也好，赵光义也罢，这两代皇帝始终对李后主有一种自卑的心理。尤其是赵光义，向来自视甚高，以为自己好读书，能打仗，有计谋，还善书法，会下棋，但他嫉妒李后主，最后他强奸了李后主的小周后，跟这种嫉妒心很有关系。

李煜，这位似若“二律背反”的人物，从本原、本真、本质上讲是一位文人，在现代语境中判作知识分子，而李煜的悲剧命运则折射出千古文人人生的错位。他的辉煌与他的黯淡竟是不可须臾分离的互补：一方面，他的文学才能没有促成他安邦治国的“大业”，他对文学的痴迷恰恰导致他的灭国，他为人处世的真性情也没有促成他造就一个强盛的南唐，恰恰因真性情而贻误了帝王应有的韬略，而导致了失败；另一方面，他在政治斗争中的失误乃至溃败，导致了现实的磨难，而惨痛的磨难又恰恰造就了李煜千古传诵的词章，造就了他在中国词史上独一无二的地位，令今天的读者咏叹。

二〇一四年三月

北京

杜书瀛：戏看人间李渔

李渔是清代初期最著名的戏剧家，他的戏可称为社会风情喜剧，他是清代社会风情喜剧第一人，也是清代白话小说第一人，他的小说多直接取材于当时的现实，具有独创性，篇篇都有新生命。

他被称为中国的莎士比亚，他在活着的时候被人称为“怪物”“异人”，他是中国最早的职业作家之一，他以写作为生，视写作为生命，他是严寒里奇迹般飞出来的一只未来季节的燕子，他是超前的，几乎超越了三四百年。

李渔不但是一位独创性的戏曲美学家，而且在其他方面，如园林美学、服饰美学、修容美学、饮食美学、养生学等多个领域，也做出了开拓性贡献。

杜书瀛

嘉宾简介

杜书瀛　男，1938 年生，山东省宁津县人。中国社会科学院文学研究所研究员，中国社会科学院研究生院教授、博士生导师，中国作家协会会员。出版有学术著作《文学原理——创作论》《中国 20 世纪文学艺术史》《价值美学》《李渔美学思想研究》《闲情偶寄评注》，散文集《忘不了的那些人和事》《说文解艺》，翻译作品《滑稽与笑的问题》（俄 - 普罗普著）等。

导语：

中国作家协会于2012年初做出决定，用5年左右时间，集中文学界和文化界的精兵强将，创作出版《中国历史文化名人传》大型丛书。这是一项重大的国家文化出版工程。其中，杜书瀛担任《李渔传》一书的撰写。

李渔（1611—1680），号笠翁，浙江金华兰溪人，清初家喻户晓的大戏剧家。他虽主要以喜剧噪世，却同时也是小说家、戏曲理论家、散文家、诗人、园林艺术家、美食家、编辑家、出版家和史论家……可谓名副其实的艺术多面手和学术杂家；但他杂而能专，专而能精。自40岁左右，在杭州开始了他"卖赋糊口"的职业写作生涯，成为中国古代最早的职业作家之一。50岁左右移家南京，继续写作;并且开办"芥子园"书社——集编辑、出版、销售于一身；还组织家庭戏班演出。其间，他数度以著名戏剧家、作家身份遍游祖国东西南北，广泛结交达官贵人、社会名流，为生计而奔忙不息。约67岁，以"首丘之念"而归杭州西湖边上的层园，仍笔耕不止。康熙十九年庚申（1680）阴历正月十三日，于负债累累、穷愁潦倒之中去世，由其好友钱塘县令梁冶湄捐资办理后事，享年69岁。

李渔是清代初期最著名的戏剧家，他的戏可称为社会风情喜剧，他是清代社会风情喜剧第一人。他也是清代白话小说第一人，他的小说多直接取材于当时的现实，具有独创性，篇篇都有新生命。他被称为中国的莎士比亚，他在活着的时候被人称为"怪物"、"异人"，他是中国最早的职业作家之一，他以写作为生，视写作为生命，他是严寒里奇迹般飞出来的一只未来季节的燕子，他是超前的，几乎超越了三四百年。

李渔不但是一位独创性的戏曲美学家，而且在其他方面，如园林美学、服饰美学、修容美学、饮食美学、养生学等多个领域，也做出了开拓性贡献。

李渔的地位

著名作家林语堂说："17世纪李笠翁的著作中，有一重要部分，专

事谈论人生的娱乐方法，叫作《闲情偶寄》，这是中国人生活艺术的指南。这个享乐主义的剧作家又是幽默大诗人，讲了他所知道的一切。”李渔是日常生活审美化在中国古代的热情倡导者和鼓吹者，既是理论阐发者，也是积极实践者，可以称得上是中国古代日常生活美学大师。

几百年来，李渔的作品《笠翁十种曲》《闲情偶寄》和《一家言》等无数次被重印、翻刻乃至盗版不断；李渔所创造的喜剧让人们一直笑到现在，他的许多剧目如《风筝误》《怜香伴》等，今天还在以昆曲或改编为京剧和其他剧种而反复上演。

肖泽颖：李渔作为清代的这样一位大戏剧家，有人叫他“东方的莎士比亚”……您怎么来定位这样的一位历史人物？

杜书瀛：李渔，有的人说他是东方的莎士比亚，其实莎士比亚和李渔是很不相同的，不一定叫作东方的莎士比亚，他就是中国17世纪一个大戏曲家、大小说家、大戏曲美学家。

肖泽颖：他有很多身份。

杜书瀛：他是多面手，他不光是戏曲家，他还是一个园林家和园林美学家。他还是美食家、服饰美学家、仪容美学家、养生家，一个名副其实的多面手，是个了不起的人物。他作为中国的古代的历史文化名人，当之无愧。对于这样一个人物，我觉得我们过去，有一段时间重视不够。

肖泽颖：应该给予公正评价。

杜书瀛：他呢，作为中国的一个历史文化名人，是当之无愧的。这个人，他有多方面的贡献，比如说他的戏曲是中国古代独具特色的社会风情喜剧——轻松的社会风情喜剧。这方面，他可以说是一把好手。

肖泽颖：风情喜剧。

杜书瀛：他写的不是重大题材，他写的是家长里短，人的一些日常生活的喜剧。他是喜剧家，他没有写过悲剧。他作为喜剧家很受欢迎，就像现在的许多歌星、许多球星、许多影星那样受欢迎，受追捧。当时他在中国，可以说是最受欢迎的一个畅销书作家、喜剧家。他的传奇作品风行得难以想象，有时上半部写完了，马上就叫人家抢了去，就去排练了，就去演出了。赶紧地写下半部，不然的话，就来不及了。所以他的那种受欢迎程度是很难想象的。当时他的一位友人，叫作范文白，给他的《意中缘》写序，说：“从吴阊（就是苏州）到丹阳，一路下来，到处都在演我的朋友李渔的传奇，像《怜香伴》、像《风筝误》、像《意中缘》等等……”演出场所，不光是高雅人物的一些堂会，而且还有普通百姓的戏台——李渔在那些个普通百姓中也很受欢迎。他曾经有过一个传奇，里头写到乡间搭的戏台子上面演剧，人山人海。南方，很多河塘，在水边搭一个戏台，小儿、壮汉、妇女，各种各样的人物，站在小船上的，坐在小船上的，来看演出。你知道鲁迅写过《社戏》，那乡村看社戏的热闹景象很像当时看李渔的戏。所以李渔受欢迎那是不得了，不管是高官，还是小民，不管是那些很雅的文人学士，还是那些目不识丁的引车卖浆之流(引车卖浆就是说地位很低下的一些人)，妇女、小孩，都喜欢他。而且他的朋友说，李渔的作品，那些高级人物，拿了去以后，买了去以后，如得“异书”，无不“虚左席”而待之。“虚左席”是什么意思呢？古代以左为上，表示很尊重，“虚左席”，对之非常崇敬。

肖泽颖：很著名的畅销书作家。很难想象在那个时代的畅销书作家有多么受大家的追捧。

杜书瀛：跟现在的歌星、球星、影星那样受关注。李渔，他在我们中国 17 世纪的大地上，掀起了一股李渔旋风，或者叫笠翁旋风，叫湖上笠翁旋风。这个旋风刮到大江南北。

肖泽颖：真是太受欢迎了。

杜书瀛：李渔以他的传奇和小说作品掀起了这样一个湖上笠翁旋风，在当时那是很不小的一股旋风，很强劲。这个旋风以他居住的杭州（后来是南京）为中心，向长江流域的上下左右，纵横几千里，扩展开来。他是很受欢迎的一个戏剧家、畅销书作家。

肖泽颖：有人认为，在历史上，和李玉等其他的人物相比的话，李渔好像名气不是那么大。那您怎么看？

杜书瀛：李渔的名气可不是不大，李渔的名气比李玉（与李渔差不多同时），就是刚才说的那个剧作家，还要大，李渔在当时闻名遐迩。当时有一个芜湖的女子，就“非笠翁之书不读”。这个女子的丈夫叫曹石臣，他们结婚以后十来年，妻子去世了。去世之前，她跟丈夫说，我平生“非笠翁之书不读”，我死了，最大的心愿就是希望能够得到李渔的片言只语之赞。妻子死了以后，这个曹石臣怀揣着妻子的遗像，拦路找到李渔，说请你给我妻子写一个赞。李渔就写了一个赞。李渔自己说，哎呀（他的原话不是这样，我是翻译成咱们的白话），像我这样一个糟老头子，我这样一个人，没有想到得到那么多人的喜爱，这简直让我受不了。

关于写传

肖泽颖：您写《李渔传》，不重复别人，有自己的独创。您是怎样做到的？

杜书瀛：《李渔传》，前面已经有好几部——我知道的有六部。“评传”有三部：一个是肖荣的《李渔评传》；一个是沈新林的《李渔评传》；还有一个是俞为民的《李渔评传》。再就是一般的写人物的三部：徐保卫的《李渔传》；万晴川的《李渔传》；刘保昌的《李渔传》。

肖泽颖：总共几本至今？

杜书瀛：总共，此前我看到六本。

肖泽颖：六本了。

杜书瀛：加上我这个是七本了，前面的六本《李渔传》，一半是写人的（以人为主）人物传记；一半应叫作学术传记。这个学术传记，它是以人物的主要成就、他的学术成就为主，是写事的（就是事物的事，写事的）——这样它就对人物注意不够。

我的这个《李渔传》是文学传记。

肖泽颖：您怎么理解文学传记？

杜书瀛：文学传记是什么意思呢？就是它要写人物形象，主要是写人物形象。当然我不可能不涉及他的学术成就、他的学术价值；要写出他为什么会取得这样的成就。而我更关注的是这个学术成就、美学成就、艺术成就后面的东西——它们怎么来的？我关注的是这个。那么这个学术成就是怎么来的呢？当然有社会的原因，文化的原因，有个积淀过程；同时，很重要的是他个人的性格上的一些因素——这个个人性格上的因素，不能不注意到。这个个人性格的因素，应该说起很大的作用，对李渔的成就，起很大的作用。所以，我就着重来揭示这个成就背后的那些东西，把李渔的性格内涵和他的精神世界揭示出来。所以我写的主要是李渔的形象。他是精神上的一棵大树，这棵大树是怎么成长起来的，我着重揭示这个东西。

肖泽颖：您的这个《李渔传》，如果说和其他的这个传记不同的话，您认为更重要的特点是什么？

杜书瀛：我这个《李渔传》，如果说和其他的传记比较，我认为刻画人物、刻画性格是最重要的特点。前面说到过，李渔作为一个大戏剧家、大小说家、大戏曲美学家，他这个人，确实是值得我们为他写传，值得我们很好地来揭示这个精神大树是怎么样生长出来的，值得我们这样做。在李渔的性格里头，有他不同于别人的特殊的东西，就是应该把他的性格特点揭示出来，看看它在李渔的成长过程中，取得成就的过程中，起到怎么样的作用。同时也要揭示李渔的性格对今天的价值，对于今天的意义。

早就是“国际名人”

李渔早就走出国门，发生世界性的影响。日本学者青木正儿说，德川时代（1603—1876）“苟言及中国戏曲，无有不立举湖上笠翁者”。日本明治三十年也即清光绪二十三年（1897）出版的《支那文学大纲》，分十六卷介绍中国文学家，李渔独成一卷，该书将李渔同屈原、司马迁、李白、杜甫等并称为二十一大“文星”。此后，李渔作品英译本、法译本、德译本和意大利译本也分别于19世纪末、20世纪初出版。李渔早已成为世界性的作家。

肖泽颖：像李渔这样在中国历史上有影响的历史名人的确应该立传。

杜书瀛：这是一个方面，另外一个方面就是：李渔很早就是国际名人。李渔的作品在他逝世 91 年之后，就传到日本了。李渔逝世是在 1680 年年初；91 年之后，日本学者就把他的《蜃中楼》两出，翻译到日本去了。日本有一个很著名的学者青木正儿，他写了一部《中国近代戏曲史》，在这部戏曲史里，他就说，在德川时代（日本的德川时代，大体相当于咱们清代的康熙到咸丰时代，相当于西历的 17 世纪初到 19 世纪中叶），如果有人谈到中国的戏剧，没有不立刻举出湖上笠翁的，所以笠翁的知名度，当时就是非常高的；而且后来日本编了一本《支那文学大纲》，就是一本谈中国文学的书，它把中国文学的这些大作家分为 21 个文星，李渔算是一个，这 21 个文星包括谁？屈原、司马迁，还有就是李白、杜甫……排下来，排到李渔，一共 21 个人。这本书一共 16 卷，李渔自成一卷。所以他在日本的知名度很高。在 18 世纪末和 19 世纪初，他的作品已经翻译成英文、法文、意大利文，传到欧洲大陆和英国去了。后来，他的许多作品又传到俄国。俄国莫斯科大学有一个副教授，叫华克生（他自己起的这个汉文名字），他姓什么呢？姓星期天——俄文读音“瓦斯克里塞涅”这个词，意思是星期天，他就按发音起了中文名字“华克生”。这个人我在中国见过，他到中国来做学术访问，他把我的一本论李渔戏剧美学的书介绍给俄国读者。正是他把李渔《十二楼》翻译到俄国去。美国哈佛大学东方系主任、新西兰人韩南教授说：李渔在中国的古代作家里头，是可以进行总体性研究的一个——就是说李渔的创作和他的理论是很全面的，所以可以进行总体性研究。韩南教授在前些年专门来中国，为了写有关李渔的一本书。他的话是很有影响的。还有就是德国的一个博士，叫马丁，20 个世纪 70 年代，他到台湾去，专门研究李渔。他出了关于李渔的书，同时编了一部《李渔全集》，这个《李渔全集》有特点，咱们的《李渔全集》是不包括《笠翁十种曲》的（《笠翁十种曲》是李渔的传奇、戏剧作品），而他的《李渔全集》里头，包括《笠翁十种曲》。他为传播李渔的作品做出了贡献。还有很多在国外的华人研究李渔，出版了一些有关李渔的著作。

中华民族传统文化是今天建设和发展有中国特色的现代中国文化取之不尽的资源，李渔遗产是其组成因素，他为灿烂的中华文明增添了一束浓重的光彩。反复阅读、考察李渔，进一步窥视到这位大才子如此这般的生活际遇和独特的性格品行。李渔的成就是由多方面的社会历史文化因素所促成，但他的个人品格所起的作用也绝不能忽视，这就是他一贯违时违世、特立独行的性格，他是一个敢于突破传统、勇于创新、自我作古的人。

李渔的性格特点

李渔活着的时候，人们常称他为“怪物”“异人”，这实在是对他生动而真实的写照。他“怪”在何处？“异”在哪里？以其行为违抗时俗、作品标怪立异也。他的人生光彩在“怪”“异”，他的历史贡献亦由“怪”“异”生发的超越性而来；“怪”“异”实乃其艺术创造的标志性品格。

肖泽颖：李渔有着怎样的性格特点？

杜书瀛：我写《李渔传》，刚才我说了，我要挖掘人物的性格内涵，看看它怎么样促成了李渔取得这样的成就。那么李渔的性格特点是什么？李渔的性格，一句话，就是他敢于自我作古——所谓自我作古，就是自己做开天辟地第一人。西方有一句话叫自我统治，所谓的自我统治就是，我不是跟着别人怎么说我就怎么说，而是我自己做自己的主人，自己要创新，有原创性，要敢于做第一个吃螃蟹的人。李渔终其一生的重要性格，就是如此。他不唯书——不是书上怎么说，我就怎么说。他不这样。书上怎么说，我偏不那样说、那样做，我按照我自己的想法，去做，去说。这是李渔的很重要的一个性格特点。他从小就是这样。他在六七岁的时候，就在他家的后花园，自己种一棵小梧桐树，跟随着这棵梧桐树成长。他和梧桐树一起成长，在这棵梧桐树上刻诗，每年刻一首诗。梧桐树大概到了明清易代的时候，毁于战火。那时候他家在如皋。后来在他十八九岁的时候，他的父亲去世了。当地有一种习俗，人去世的当天，灵魂就随着走了，到了第七天，灵魂回来了，叫作回煞。那么这个灵魂回来的时候，家人必须避灾，如果你要是不避开的话，会有生命危险。有一个日者（就是那种专门看天象、专门占卜的人）就劝李渔说，你必须在这个时候躲出去，你不躲出去就有生命危险。李渔就不信这个邪，他说亲人去世，哪有自己的亲人互相残害的道理呢？另外，他说书上也没有这样的记载。从圣贤之书，找不到这样的记载。二十一史（那时候是二十一史，不像现在二十四、二十五史）里边也没有这个记载。而且邻里百家，也没有听说谁家有因为回煞死人的。没有这个事情，所以我不信。王阳明先生曾说："夫学贵得之于心。求之于心而非也，虽其言之出于孔子，不敢以为是也，而况其未及孔子者乎？求之于心而是也，虽其言出于庸常，不敢以为非也，而况其出于孔子者乎？"所以当时李渔就是自我作古。王阳明就是自我作古。李渔是信奉阳明心学的，受王阳明的影响很大：我自己怎样想的，不管别人怎么说，我就一心一意地按我自己想的去做。所以他写了一篇《回煞辩》，驳斥这个日者。日者哑口无言。

还有一件事情，就是他父亲去世一年以后，李渔全家染上疫病，就是瘟疫，病得非常厉害，什么药都很难治好这个病。李渔说，我想吃杨梅。他的家人就去问医生，说杨梅怎么样，他想吃。医生说，千万别叫他吃，杨梅这种东西，和他这个病正好是相克的，如果真叫他吃了一两颗，就要他命了。他的家人瞒着他，不叫他知道杨梅下来了。李渔问：杨梅下来了没有？家人说：没有。但是他住的那座房子，窗户对着街，街上有杨梅的叫卖声。李渔说：你看，现在杨梅已经下来了！逼着他的家人去买。别人不叫他吃，他却非吃不可。没有想到，吃了几颗，病好了——集结在心里的那股郁闷之气，为之一解，他病好了。所以他就是不信邪，不信世俗的传统的那种说法。

李渔到老都是这样。有一次他女婿说，九月九日，按习俗应该登高。李渔说，没有非要在九月九日登高不可的道理，我不信。九月九日之前我就不能登高，九月九日以后我就不能登高，非要九月九日干吗？我就不信。于是他专门写了一篇《不登高赋》。

所以他就是一定要特立独行，和别人都不一样。

他读史书的时候，爱做翻案文章。这里有几个故事。

介子推，大家知道。介子推是春秋时候晋国的一个大臣。晋国公子重耳，因为内部斗争，流亡到其他的国家一二十年，跟着他的有五个人，这个介子推是五个人之一。这五个人都对重耳忠心耿耿，有一次饿得没办法，介子推就把自己大腿上的肉割下来，做给重耳吃。后来，重耳回到国内，当了国君，就是晋文公。晋文公当时是春秋五霸之一。跟着他的人都得到重赏，但是唯独介子推没有。人们就说：哎呀，你看看这个重耳真是，人家介子推对你那么好，当时割肉给你吃，你这个人怎么没有奖赏他？这个介子推后来就隐居了，退隐到乡间去了。重耳（就是晋文公）要找介子推，听说介子推跑到山里头去了，有个人出馊主意说，烧山，把他烧出来。结果介子推和他的老娘就在那个山里面被烧死了。这个故事就是寒食节的典故。寒食节怎么来的？就是这么来的。就是介子推被烧死以后，为了纪念他，就有了寒食节，不生火做饭，吃寒食。但是李渔对这个故事有自己的看法，说介子推是个伪君子，为什么呢？介子推当时说是我不要功名，不要赏识，但是他作了一首《有龙之歌》，四言诗，这个《有龙之歌》说：有一条龙在外头流亡，五条小蛇跟着他，回来以后，这四条蛇是得到了赏识，只有一条小蛇没有得到赏识（“有龙于飞，周遍天下。五蛇从之，为之丞辅。龙反其乡，得其处所。四蛇从之，得其露雨。一蛇羞之，桥（槁）死于中野”）。这首诗明明是要晋文公给他奖赏，但是他却假惺惺地说不要，而且跑到山里头去，这不是个伪君子吗？李渔说，这种伪君子不值得我们去崇敬他，而且说，这类伪君子还很多。还有谁呢？汉王刘邦。这个刘邦哭义帝。李渔说哭义帝的刘邦也是一个伪君子。为什么呢？这个义帝是什么人呢？秦末楚汉相争，楚霸王项羽当时是为了号召人们跟着他走，要有一个招牌作为标志性的人物，就找了楚怀王（楚国的楚怀王的孙子，也叫楚怀王）来做旗帜。后来项羽就自封为西楚霸王，把刘邦封为汉王，把楚怀王推为义帝。意义的义，义帝。刘邦耍花招，派人把楚怀王、把这个义帝给杀了，杀了以后，就把罪名推到了项羽身上，而且还假惺惺地三哭义帝。这不是一个伪君子吗？李渔说，刘邦就是一个伪君子，本来义帝是你杀的，还要假惺惺地去三哭义帝。这个刘邦是伪君子。

还有个人物，就是曹操。曹操把汉献帝迎到他的许昌驻地，目的就是“挟天子以令诸侯”。本来是为了私欲，私人目的，结果看起来好像把这个汉献帝供奉起来，好像是多么尊敬汉献帝，其实不是。是挟天子以令诸侯。这些都是伪君子。

肖泽颖：是挟天子以令诸侯。这些都是伪君子。

杜书瀛：他说，这和吴起杀妻求将、易牙烹子求荣，是一样的。这又是两个典故。

吴起，大家知道，吴起是战国时期的卫国人，那个时候和现在有点相像的就是要到处去求职。吴起年轻的时候，到鲁国去求职，在鲁国发展自己的事业。到了鲁国以后，正好是齐国要攻打鲁国，要拜将，要有个人领兵打仗；有个人出主意，说吴起这个小伙子不错，有才、有德、有能力，可以拜为将。但是有一个问题，就是吴起的老婆是齐国人，说齐国来攻打鲁国，你要是拜吴起为将，因为老婆是个齐国人，将来吴起会不会向着齐国？国君听后有所顾虑，消息传出来之后，吴起就把自己的老婆给杀掉了，为了得到这个职位，把自己的老婆杀掉，听起来，简直是有点恶心这个人，对不对？这就是吴起的故事。李渔说，你看，曹操、刘邦，他们这些伪君子和这个吴起是一样的。他说还有个易牙也一样。易牙是谁？易牙是春秋时候的五霸之一齐桓公的厨师。这个厨师做菜做得非常好，齐桓公非常赏识他。有一次，齐桓公无意间说了一句话，说我什么好东西都吃过了，就是没有吃过人肉，没有吃过婴儿的肉。结果易牙听了，回去以后就把自己四岁的儿子给杀掉了，然后做成肉羹，奉献给齐桓公，你说这样的人恶心不恶心？所以李渔说，刘邦也好，曹操也好，还有介子推也好，他们都是伪君子，和易牙是一样的，和吴起是一样的，他们都是一路货。所以李渔说，你们读书千万不要相信有些个古人说的话，你要自己用脑子想一想，要独立思考。这是李渔的很大的特点，终其一生，李渔就是这个特点，这是他的性格当中非常重要的一点。不唯书，自我作古，富有创造性。

李渔性格在当时和现代的作用

李渔的特立独行的性格和品行，是他成为一个历史文化名人的重要因素。他常常敢于第一个吃螃蟹，他总是想人之未想，行人之未行，一生充满创造。

肖泽颖：性格决定命运，他的性格决定了他一生最终的命运是什么？

杜书瀛：他这种性格，我想强调这样一点，就是李渔这样的性格，直接促使了他的成就的取得。因为他不唯书，敢于独创，这样的性格，对于当时他的成就起了很大的作用，所以他的成就——他的戏曲也好，他的小说也好，他的戏曲理论也好，都是敢于独创。他的戏曲作品和他的小说作品一样。他以前的人写的小说和戏曲，都是演绎故事（“故”者，在这里就是陈旧的、既有的），演绎以往的那些故事，很少有自己的独创性。冯梦龙比李渔大概早那么一点时间，他是明末的人，他的“三言”，还有后来凌蒙初的“二拍”，这些小说大部分是演绎故事，古代的那些关目，古代的一些情节，然后再加上自己的一些加工、润色，写成小说。所以那些都没有太大的独创性。但李渔不一样，李渔的小说、戏曲都是自己找新关目、新情事，然后加以独创，写成传奇、小说。所以他的有些传奇、小说，直接取材于现实。比如那个时候（明末和清初），明、清易代，非常残酷的一个战乱时代，杀人如麻，草菅人命，好多人被杀了。李渔是亲身经历过那样一段战乱，他曾逃荒逃到山里去，经历了那个惊心动魄的生死险境。

肖泽颖：就根据这些经历，他写成了自己的小说，有好多小说，是直接取材现实。

杜书瀛：比如说他写的许多小说，就取材于当时他自己的经历——例如他看到把人论斤卖，特别是卖女人。当时就有一些女人被逮了去以后，用麻袋一装，按着重量来卖。李渔的小说就写到这个，称一称，多重，然后叫人买了去。有的人没有老婆，就买去做老婆了。李渔根据这个就写成了他的一篇小说。

肖泽颖：写成真实纪实的这样的小说。

杜书瀛：李渔还有一篇小说，写到当时西方传来的望远镜。李渔就把望远镜写到他的小说里头，叫“千里眼”。这篇小说就是写一个人物，他和一个姑娘谈恋爱，姑娘家里不同意，然后他就通过“千里眼”，看到她家里——她父亲写的东西，写的一些内容。然后他就假借天意说，你看，神意，我知道你是谁谁谁，你写的东西是什么内容，我和你女儿谈恋爱，这是一种神意，这是一种天意。他把望远镜也写到他的小说里头去了，所以他当时是很前卫、很先进的。

肖泽颖：很时尚的想法。

杜书瀛：很时尚的。所以李渔的作品很有独创性。

另外，我觉得李渔的这些性格，不光是当时对他的艺术作品、他的美学作品，富有独创性，起了很大的作用……

肖泽颖：李渔这种性格的确对他取得那样的成就起了很大作用。

杜书瀛：而且在现代，我觉得他的这种性格、这种品格，也很有意义。为什么呢？李渔这种独创性的品格，不唯书，特立独行，自我作古，在现代也是非常需要的。我们现在天天讲中华民族的伟大复兴，伟大复兴需要什么样的人？就需要这种独创性的人。反观我们现在的教育，我认为，只是在培养大大小小的小绵羊、大绵羊——就是老师怎么说，然后跟着怎么学；书上怎么写的，然后跟着怎么说。就是这么缺乏独创性。所以说，古代的人倒是很有独创性的，我们的古代对世界曾经做出了很大的贡献。

肖泽颖：我们的古人有四大发明贡献给世界。

杜书瀛：所以咱们现在，还不如中国古代的人在当时世界上的地位。咱们现在老是说，怎么咱们没有获诺贝尔奖（只有一个文学家莫言获奖），总埋怨人家西方对咱们不重视。实际上咱们真的应该先反思自己——自己没有拿得出让世界重视的东西。问题在哪儿呢？缺乏独创性，缺乏原创性。李渔敢于第一个吃螃蟹的这种性格，为我们今天提供了一个榜样，中华民族的复兴就需要李渔这样的一种性格，敢于独创，敢于第一个吃螃蟹。不然的话，我们是不会真正创造出那些被世界所承认的成就的。

李渔的成就

肖泽颖：在李渔的成就里面，您觉得最显著的几个代表性的成绩是哪些？

杜书瀛：一个，他的作品的成就，就是戏曲和小说。他的戏曲——独具特色的社会风情喜剧，是他最主要的特点。他的社会风情喜剧，刚才我说，为当时的人所倾倒。他也是清代白话小说第一人。

肖泽颖：都有哪些代表作？

杜书瀛：代表作，他有好多了。一个小说集叫作《无声戏》——他认为小说和戏曲是一样的，戏曲是有声的，它（小说）是无声的。他的这个《无声戏》，还有《十二楼》(他的另一部小说集)，都是他的代表作。戏曲理论（戏曲美学）方面的代表作就是《闲情偶寄》，他的戏曲理论，集中表现在《闲情偶寄》这部书里。这部《闲情偶寄》很不一般，历来都是非常受重视，一印再印，不知道有多少盗版。一直到现在，还在不断地出版。

肖泽颖：《闲情偶寄》具体是什么内容？

杜书瀛：《闲情偶寄》分八个部分，最主要的是它的戏曲理论方面的成就，它建立了有中华民族特点的戏曲美学理论、美学体系。这个美学体系，前人已经有所创造，但是最终，这个体系的完成，是在李渔手里头。

肖泽颖：完成于李渔。

杜书瀛：所以李渔在戏曲美学上的地位，可以说是中华民族富有自己民族特点的戏曲体系的完成者，可以说是中国古代戏曲美学的第一人。清代白话小说，他也是第一人。他是第一个——就是说，过去的白话小说，刚才说了，都是演绎那些旧事，演绎旧的关目，而他是有独创性的。所以，孙楷第（他是我们文学所的一位老专家）说，冯梦龙他们这些小说，虽然写得很好，写得不错，但是是演绎过去的故事。唯有李笠翁的小说，篇篇都有自己的新生命。孙楷第是很著名的专家，孙楷第说的话，大家都很推崇。所以李渔可以说是名副其实的、当之无愧的清代白话小说第一人。

李渔是奋斗出来的

肖泽颖：他经历过哪些重大的挫折，有哪些不为人知的经历？

杜书瀛：有。李渔，他开始的时候，曾经在家乡待不下去了。当时明、清易代，战乱中他跑到山里去躲灾。就是当时清朝军队打来了，打到了他的家乡，他们就躲到山里头去了，躲了一两年的时间，后来平定下来了，回到家乡务农。务农的时候也曾经有过很舒适的日子，他盖了一座伊山别业，就是别墅，也曾经过了几天舒心日子。但是后来，为了一个官司，没法生活下去，他就到了杭州。到杭州，开始了他的卖赋糊口的生活。

肖泽颖：刚开始的时候，他靠什么为生？

杜书瀛：开始的时候，是写小说和戏曲。

肖泽颖：他最辉煌的时候？

杜书瀛：最辉煌就是从杭州时期起，写小说、写戏曲。开始当然不为人所注意了，但是后来，他的戏曲和小说写出来之后，大家看了，觉得很好，所以就流行起来了，越来越流行得广泛，他成了一个红人——他这个红人就这么来的。他是凭借自己的小说和戏曲红起来的。

肖泽颖：他拿稿费？

杜书瀛：稿费？中国如果有职业作家，应当从明末清初时候开始，而李渔则是中国古代职业作家最主要的代表人物。这个职业作家很不容易。因为当时是帝国专制时代，是小农自然经济，小农自然经济和市场经济是绝对不一样的。而李渔卖赋糊口，他实际上是当时的自由职业者。

肖泽颖：就是他卖赋糊口——写文章挣钱来养家糊口。

杜书瀛：“赋”本来是中国古代一种体裁（文体）——赋、汉赋，汉代不是有汉赋吗？本来是一种体裁（文体）。但是李渔这个所谓卖赋糊口的“赋”，就泛指一般文章。

肖泽颖：一般文章？

杜书瀛：诗文、小说、戏曲都可以包括在他这个卖赋糊口的“赋”里头。

肖泽颖：卖赋为生，卖赋能够糊口吗？

杜书瀛：他是这样——他写成文章（小说、戏曲）之后，就有书商（开始的时候是书商）给他刻版。刻版以后……

肖泽颖：印刷。

杜书瀛：然后印成书，书卖了以后，他才能够得钱，就是这样。后来到了南京的时候，他就自己开书社了。

卖赋糊口这是在1650年之后。在杭州待了十年，开始的时候，是写了传奇和小说，有书商来印行、卖，然后给他钱。就像咱们投稿，投稿以后，出版社给你稿费。开始的时候，就是这样一种情况，卖赋糊口。也许当时书商刻印了以后，交给他自己去卖——也有这种情况。反正通过他的劳动，写的书刻出来，卖钱，来养家糊口。到了南京的时候，他想：与其叫书商去给我刻了卖，还不如我自己开一个书社。所以到南京之后，他就先搞了一个翼圣堂，后来，紧接着就搞了一个芥子园——芥子园是一个大的书社。翼圣堂和芥子园，都是李渔自己开的书坊或者叫书社，从此自己写，自己刻，刻了以后自己卖。这样利润就不会流到书商那里去了。我自己又是书商，又是作者，又是卖书的人，这个钱就归自己。翼圣堂、芥子园就是这样一个书社，他有好多书都是在自己的书社里头刻、卖。当时出现了一个问题，什么问题呢？他的书有好多盗版——当时也有盗版，不光是现在咱们的书有盗版。他对这种盗版非常恼火。有一次他接到朋友的来信，说苏州那个地方正在卖他的盗版书，他急了。我自己辛辛苦苦写出来，自己刻、自己卖，那个钱是归我自己的。结果别人却盗版，盗版以后他们去卖，是不劳而获。所以他就赶到苏州，去制止这个盗版。当然，那个时候没有什么法律保障，他就只好请当时苏州的官员来帮他来解决盗版的问题。在苏州他还没解决好呢，不料杭州又来信，说杭州正在刻他的书，不日就要上市了。他分不开身，叫他的女婿到杭州去。

肖泽颖：去打假。

杜书瀛：对，去打假，去反盗版，去解决这个问题。所以他非常烦恼。他有一篇文章里面就讲，他要和盗版决一死战。决一死战，李渔当时反盗版是很坚决的。就和现在是一样的，现在也有盗版。

另外，为了利润，李渔很会做广告。他为什么书卖得好？他在出版《闲情偶寄》的时候（是翼圣堂出版的），在封面上就说它是笠翁秘书第一种，不久，笠翁秘书第二种《一家言》就要出了。这是一种广告。

肖泽颖：做广告。

杜书瀛：他早就会做广告了，后来他还搞了许多信笺，就是信纸带上花纹的那种，拿去卖。当时信都是毛笔写，这种信笺很漂亮，在信纸上写上很漂亮的毛笔字，这是很有意思的事情，很文雅，很雅。他可以拿这个卖钱。他的信笺有好多好多种，有花卉的，有人物的……他就做信笺的广告。做的什么呢——我有多少多少种信笺，你要是买的话，到金陵（就是南京）什么什么地方，去买就可以了。写得非常清楚，这是一个广告。现代的作家羞于做广告。其实李渔在 300 多年以前就做广告，而且做得很好。后来鲁迅也做广告，大文豪鲁迅，我们崇敬的大文豪也做广告。所以说，做广告并不是一件坏事，在市场经济下，推销自己的作品，这是完全正常的。但是不要作假，作假不行。

李渔，我认为他作为职业作家，从这点来说，他是在严寒的冬季飞出来的一只春天的燕子。严寒指什么？就是指这个帝国专制制度之下，那样一个社会。在那个社会里头，他特立独行，成为一个职业作家，一个卖赋糊口的自由职业者，而且用这个来养家糊口。这在当时专制社会是非常罕见的一种现象。

肖泽颖：李渔也有过麻烦？

杜书瀛：对，李渔有烦恼。但是他也有相当得意的时候。就像现在的歌星、球星走到哪儿都有找他签名的。当然，那个时候，不会有人找李渔签名了；但是到处都有人在吹捧他，到哪里去都受欢迎。

李渔“卖赋糊口”的职业创作之路，在17世纪中华帝国的茫茫黑夜之中，透露出一丝未来季节的曙光。他是市场经济自然萌生期在精神领域长出的一根幼苗，不管它多么稚嫩脆弱而且浑身沾满帝国专制体制下的精神痕迹，却代表了一种未来事物的萌芽。他的道路是超前的道路——几乎超前了三四百年，直到20世纪，中国的职业作家才在种种压制之下开始成批出现；到了21世纪，中国市场经济下的职业写作道路才逐渐成为许多作家不得不走的路。

李渔的悲伤和不幸

肖泽颖：李渔人生前期可以说是春风得意。李渔后来的不幸，原因是什么？

杜书瀛：李渔，他是一个登徒子，有登徒之好，他很喜欢女人，他的身边少不了女人。他的一些姬妾，成为他的家庭戏班的重要成员，其中有两个，一个叫乔姬，一个叫王姬，是这个家庭剧班里的台柱子。这两个人，都是他到西北去旅游的时候（这个旅游和我们现在不一样，他的旅游是要挣钱的，是要“打秋风”的——“打秋风”知道吗？打秋风就是找一些达官贵人，去为达官贵人服务，为他们作一些对联、诗词，达官贵人赏识他、资助他），人家买了一些小女孩，送给他。最初李渔是作为登徒之好，但是后来，发现这两个小女孩是真有艺术天才，所以后来就成为他的剧社、家庭剧班、戏班的台柱子。但是很不幸，过了几年，乔姬首先病死。到武汉（现在的武汉那一带，就是楚地）、到楚地旅游的时候（也是为了打秋风，到处去给人家唱戏什么的），在这个过程当中，乔姬病死了。因为她刚为李渔生了一个小女孩，但又不愿意离开李渔（刚刚生了孩子，应该休息，身体非常体弱），但是她瞒着李渔说身体很好，随李渔一起到楚地去。结果在那里生病，死掉了。李渔非常伤心，天塌地陷。这还不算，后来过了一年多、两年的京都之行，带了王姬，就是另一个台柱子。

肖泽颖：也死了。

杜书瀛：结果这个王姬死在北京，这对李渔又是一个莫大的打击。

肖泽颖：从此以后，他的人生开始走下坡路了。

杜书瀛：李渔的主要成就，不论在戏曲方面、小说方面，还是戏曲理论方面，他的成就在此之前已经基本奠定了。乔姬和王姬去世之后，他再没有那么重要的作品写出来了。但是他还仍然在写李渔是很顽强的，虽然他受了这么大的打击，但是他顽强地活了下来。

笠翁是一个热爱生活、热爱生命的老头儿，他晚年之营造层园，一方面充分享受大自然的恩赐，另一方面，“老骥伏枥，壮心不已”。是的，笠翁有一颗永远年轻的心，有一双总在辛勤劳作的手。他从来不服输。笠翁风光一生，也贫困一世。临死，家无余资，好友钱塘县令梁冶湄出资帮助安葬于杭州方家峪外莲花峰，九曜山之阳，题其墓碣曰：“湖上笠翁之墓，弟梁允植立。”李笠翁一辈子以写作为生；而写作也即他的生命。

李渔写作到最后一息

肖泽颖：李渔写作到最后一息，当时的情况是什么样？

杜书瀛：最后到了他临逝世的一年，他还写了三篇最重要的序。他在逝世前的两个月零十二天，写了一个《千古奇闻》的序。这个《千古奇闻》是写什么呢？是李笠翁删定陈百峰所辑《女史》而成，里面收有数千年间的妇女故事600多个。他对妇女的态度有他落后的一面，但是他也有他很肯定的一面。他说，女人，不要轻看了她，过去我们都看男儿在历史上起了什么作用，有什么好的作为。实际上女人也是很有作为的。《女史》后来就被李渔改编成了《千古奇闻》这本书，他所搜集的就是这些古代妇女们的一些好的事迹，这本来是给他的女儿们读的，后来这个书，实际上给好多女人读，男人也可以读。他为《千古奇闻》作了一篇序，这个序是在他逝世前的两个月零十二天，就是逝世前七十多天的时候写的。那时候他身体已经很不好了。

他逝世前五十天，又作了一篇序，是《芥子园画谱》或者叫《芥子园画传》序。《芥子园画传》，大家现在都知道，很有名的中国古代学画的一个基础教材，最初是李渔作的序。李渔竭力促成它的出版，这个序是在李渔逝世前的五十来天写的。

还有，就是李渔大概逝世之前的一个月，即康熙十八年（1679）十二月，为毛纶（字德音，号声山，毛宗岗的父亲）批《三国志演义》这本书作序。这离他逝世只有一个月，只有一个月呀——因为李渔的逝世，据李渔的家谱说，是康熙十九年（1680）的正月十三。李渔写序，是康熙十八年十二月。这个正月和十二月，就差一个月。所以我断定，他写这篇序是在逝世之前一个月写的。所以直到生命最后，这个老头，还在不断地笔耕，从这个方面来说，李渔也是堪称楷模。现在我们有好多人退休了以后就无所事事了，就不要再去做什么工作了，李渔是以写作为生，写作就是他的生命，他不写作，好像就是生命就结束了。所以他一直写到最后，一直写到死。但是他的最后，是穷得叮当响，死的时候，家里头没有钱来给他发丧，就是死无葬资。

笠翁风光一生，也贫困一世。临死，家无余资，好友钱塘县令梁冶湄出资帮助安葬于杭州方家峪外莲花峰，九曜山之阳，题其墓碣曰："湖上笠翁之墓，弟梁允植立。"

李渔留给我们的遗产

肖泽颖：这样一位历史名人，为什么最后却落得死无葬资？这种巨大的反差，带给我们的思考是什么？

杜书瀛：这就是在帝国专制时代，在小农经济时代，他做的事情，却是市场经济下的事情。所以我说，他是从严寒里头飞出来的一只春天的燕子，这只燕子毕竟是非常脆弱的。虽然他有一段时间是很辉煌的，最终还是抗不过那个严寒。没有抗过严寒，最后。因为，你要是作为一个卖赋糊口的人，你这个“赋”得卖出去，才能够得到钱，养活这个家。但是卖不出去，那就不行了。他后来年纪大了，没有那么多创造性的作品出来了，生活相当艰苦。最后，死无葬资。这就是当时的社会。

他是一个超前的人物，超了差不多300年，到现在的市场经济下才有比较多的职业作家出现。300多年以前，一个帝国专制时代，小农经济时代，和市场经济是格格不入的——他的一些行为，和市场经济是格格不入的，所以他是个超前的人。这个超前的人物有他的悲剧——最后他死无葬资。他的朋友钱塘县令梁冶湄出钱，安葬了他（安葬于杭州方家峪外莲花峰）。

他的死带给我们很多的思考，很深刻的思考，需要考虑考虑他是不是成功的？如果他说成功的话，为什么死无葬资呢？他是不是失败的？如果他是失败的话，为什么到现在我们还在纪念他，还作为一个中国古代的历史文化名人，作为一个杰出的作家来纪念他？前两年在他的家乡开了一个全国性的“李渔诞辰400周年纪念会”，都在纪念他，而且现在好多的博士论文、硕士论文，就是以李渔为题来写的。全世界的好多汉学家，以李渔为题，来做自己的文章，写自己的著作。所以这样的一个人，全世界那么重视他，你说他是一个失败的人，那也值得我们考虑。他是成功？还是失败？这是引起我们所有的这些学者思考的一个问题。

肖泽颖：他给后代留下了什么？

杜书瀛：他留下了很丰富的遗产。他的作品，他的戏曲作品，他的小说，他的诗文，他的其他文章。这些文章具有很高的审美价值，到现在，他的语言作品还在流传。有的戏曲，就是他的传奇，还在上演。比如说《风筝误》，我们的北昆（北方昆曲剧院）就时常排演他的《风筝误》，我曾经去看过，演得不错。还有前年排演的他的《怜香伴》传奇，这是300年来第一次用昆曲的形式，原汁原味地来排演李渔的《怜香伴》。《怜香伴》剧组聘我为文学顾问。当然后来有些变化——香港的一位导演被聘请为该剧导演，就是关锦鹏。《怜香伴》是中国第一部写女同性恋的一个传奇，写的是两个女人同嫁一夫，同认一父，为了什么呢？就是因为这两个女孩结下了很深的友情，而且从友情发展成爱情。当然我们现在对同性恋还有一些不同的说法、看法，我觉得同性恋不应该受歧视，各人有各人的追求，我认为这个应该宽容。

肖泽颖：您的思想还是挺前卫的。

杜书瀛：我觉得应该这样，不要歧视。李渔是第一个，可以说是用一部完美的作品去写女同性恋的。后来这两个女人同嫁一夫，而后就没有男主角什么事了。李渔写的主要是这两个女人之间的爱情故事，写了她们从相识、到相恋相爱的整个过程。

肖泽颖：而且这个完整的故事，写的就是李渔的两位妻妾？

杜书瀛：有不同的说法。有人认为就是写李渔的妻妾和谐——李渔的朋友虞巍为《怜香伴》作序的时候，就是这么说的。虞巍说，看着李渔的妻妾和谐，就建议他以此为题材写个传奇。李渔就写了这部《怜香伴》，但又不完全是写妻妾相互体谅，相互照顾，和谐相处，它已经是一部艺术作品。李渔有他的想象，不是生活的一种照搬。

特别要强调的李渔的一段话

肖泽颖：李渔美学思想的精华所在体现在哪些内容上？

杜书瀛：李渔有一段话，我觉得应该特别说一下。李渔在他的《一家言》自序里头，曾经说过一段非常重要的话，过去人们不太重视，我觉得这段话是李渔美学思想的精华所在，所以必须加以强调。他说：

> 凡余所为诗文杂著，未经绳墨，不中体裁，上不取法于古，中不求肖于今，下不觊传于后，不过自为一家，云所欲云而止，如候虫宵犬，有触即鸣，非有模仿希冀于其中也。模仿

则必求工，希冀之念一生，势必千妍百态，以求免于拙，窃虑工多拙少之后，尽丧其为我矣。虫之惊秋，犬之遇警，斯何时也，而能择声以发乎？如能择声以发，则可不吠不鸣矣。

这段话，有点文言，大家可能一时听不明白，我再解释一下。就是说，他所写的这些杂著、诗文、戏曲、小说，不是刻意去追求什么。他“上，不取法于古”——就是不以古代作为我的榜样，按照古代的那种规则去写。“中，不求肖于今”——现今那些人的作品，我也不是以他们为榜样写。“下，不觊传于后”——就是说，我也不希望我的作品，就非要流传下去不可。他说，我不过是要说我心里头、内心想说的话，我说这些话，就像秋虫，它要鸣叫，就像夜里头看家的狗，有盗贼来了它要狂吠。不是说为了模仿什么，是他发自内心的一种欲求、一种感触，由感即发。如果他要是想着模仿的话，那就不真了。要是想模仿的话，就必然是要求“工”，就是我写得多好，多美，他一求“工”，那坏了，就有一些虚假的东西在里头了。就“尽丧其为我”——我自己的个性就没了，我自己的真心没了。

所以他说，我写的东西，都是从我内心里头流出来的，从我的精神世界里头迸发出来的，而不是模仿了什么东西。这和过去我们说的现实主义理论正好是相反的，或者是不同的。过去我们说，我们的现实主义总是模仿现实，现实什么样子就写什么样子，可李渔不是这样。他是说，我写作品，是因为从我内心里头，有一种生命欲求生发出来，要表达，所以才写。即有感而发，有触而发，有所触动而发，不是模仿。不是模仿现实——这是一个很高明的思想。如果要不是这样，就把自己的个性泯灭了，那我宁肯不写。这一段话，是李渔的美学宣言。他的美学的最主要的主张，都集中在这儿了。过去我们好多人没有注意这段话。如果说到李渔美学的价值和他的美学主张，那么这段话必须大说特说。现在好多西方的一些作家就主张不要模仿现实，不要是现实怎么样就模仿它，不能够这样；而是表现我内心的一种生命的欲求。实际上，好多作品都是从自己内心迸发出来的。有的作家，一辈子写一本书，是写他生命当中最有价值的那一部分。比如，奥斯特洛夫斯基的《钢铁是怎样炼成的》。《钢铁是怎样炼成的》这本书尽管现在看起来可能有一些缺点，但是它有非常重要的一点，即它是作者真正把自己的生命之中最有价值的东西写出来了。所以它是奥斯特洛夫斯基的生命的表现，也是他的整个生命最有价值的一种深化。很多好的作品，都是这样出来的，是从自己内心里面流出来的，从自己生命当中生发出来的。

肖泽颖：所以李渔就是，其实他是个代表。

杜书瀛：李渔就是这样，他的好的作品——当然他有些作品也有缺点，但是他的好的作品，就是朝着这个方向的，至少是朝着这个方向去做的。当然，可能现在看起来，有一些作品不尽如人意，有一些缺点，但是这个美学主张是非常高明的。世界上很多大作家，都是在用自己的生命去写作。巴金也是这样，他的那些小说就是在写自己生命当中最有价值的东西，这些都是从生命里头生发出来的。

李渔自40岁左右到杭州卖赋糊口，到晚年回归杭州西湖，差不多经历了30年职业作家生涯。他的一生之风风雨雨，起起落落，奋斗拼搏，留给后人丰富的文化遗产，也留给后人无限思索：

他是成功者吗——为什么一生穷愁，死无葬资？

他是失败者吗——但为什么300多年以来他的著作流传不息，中国和外国那么多人在读他、演他、热爱他、研究他、纪念他？

二〇一四年三月

北京

赵瑜：伟大的唐代诗人白居易

白居易的诗，比如“离离原上草，一岁一枯荣。野火烧不尽，春风吹又生”，这样的五律诗已经好得不行了，当时他初到京都，长安一个大文化人看他的名字叫作白居易，人家很感慨，说长安之大，居大不易啊！玩笑一下，今天，你以为文人在北京写文章作诗，买房子安居容易吗？这个大诗人叫顾况。此人读到“野火烧不尽，春风吹又生”的时候，又感慨说白居易是可以在京城混的。这是一个尽人皆知的故事。白居易的格律诗非常好，他的文章也写得非常好。他在诗歌上要求进一步改革创新，这种创新精神在中国整个历史文化流程中并不多，达到一个高峰以后，又能达到一个高峰，这样的文化人、诗人、作家贡献特别大，白居易就是这样一个革新家。

赵　瑜

嘉宾简介

赵瑜　中国报告文学学会副会长，山西省作家协会副主席，国务院特殊津贴专家，正高二级。曾三次荣获赵树理文学奖、三次徐迟报告文学奖、三次《中国作家》文学奖、第三届鲁迅文学奖。

导语：

中国作家协会于2012年初做出决定，用5年左右时间，集中文学界和文化界的精兵强将，创作出版《中国历史文化名人传》大型丛书。这是一项重大的国家文化出版工程。其中，赵瑜担任《白居易传》一书的撰写。

白居易（772年—846年），字乐天，号香山居士，又号醉吟先生，祖籍山西太原，到其曾祖父时迁居下邽，生于河南新郑。

白居易是唐代伟大的现实主义诗人，唐代三大诗人之一。白居易与元稹共同倡导新乐府运动，世称“元白”，与刘禹锡并称“刘白”。他的诗歌主张和诗歌创作，以其对通俗性、写实性的突出强调和全力表现，在中国诗史上占有重要的地位。他是把盛唐诗歌的逐渐小众化最终推向更加大众化的伟大的诗人。

白居易的诗歌题材广泛，形式多样，语言平易通俗，有“诗魔”和“诗王”之称。官至翰林学士、左赞善大夫。有《白氏长庆集》传世，代表诗作有《长恨歌》《卖炭翁》《琵琶行》等。公元846年，白居易去世于洛阳，葬于香山。

白居易的纪实精神

肖泽颖：为什么会选择白居易来作传记？

赵瑜：李白在大家印象中可能更浪漫一些；杜甫可能更深沉、更内心化一些；白居易则更纪实一些。比如他的《长恨歌》，有具体的历史事件；还有《琵琶行》，他是真的在路途中江船上，遇到一个琵琶女；再如《卖炭翁》，真的是他碰上了卖炭的老头儿，有点像精美的诗报告。

我到了80年代中后期，始终稳定在纪实写作形态上。我经常叹服白居易把纪实故事写得如此精妙，把纪实故事变成了可以歌咏的诗歌。他的纪实方法，他的纪实精神、纪实艺术高度是我非常喜欢的。所以我欣然同意写这个人物。我们这一代作家更注重一点，看看究竟能从白居易身上学习到什么。

我们这一代作家始终处于学习的过程，“文化大革命”前后的作家，基本上是营养不良，学习很不系统，西方的、中国古典的文化积累比较稀薄，整个传统文化的教育是残缺的。1949 年以来，我们对于古典文学的教育，要么是以阶级斗争主线来解说历史文化，要么干脆轻视历史文化，我觉得通过参与这次写作，自身可以吸收营养得到提升。

白居易的乐府运动

肖泽颖：那您怎么来定位白居易？

赵瑜：白居易属于中唐时期的典型诗人，这个中唐和初唐、盛唐以及晚唐的区别在哪里呢？整个唐代的诗歌很发达，达到了我们国家乃至世界诗歌史上的高峰。白居易、元稹以及周边的李商隐，认为前面的诗歌模式化了，文学艺术的形式常常由兴盛走向模式，急需再度创新，可以说，任何艺术形式都往往如此。白居易正好处于中唐时期，他的典型作用在于从诗歌创作上，以自己的创新承前而启后。这些诗作又经过演变，向前推动了潮流，完善了创作与生活的关系，高雅的诗歌征服了大众。

目前我们的京剧就处在瓶颈困境中，京剧艺术程式化、模式化，包括我们三维舞台空间的话剧也模式化，怎样使这个东西在成熟的基础上既继承又发展？需要大的突破。

白居易正好处在这样一个阶段，他倡导诗歌新的生命力和生机，还要把先秦乐府的新鲜活力引进来，引入唐诗的创作。他从成熟格律当中提倡了乐府运动，使诗歌更自由奔放，更容易表达精神与内容，一下子给唐诗带来了活力，也适合于演唱，适合于人们背咏，它在继承基础上，对格律诗进行了新鲜的改造。

他的格律诗，比如“离离原上草，一岁一枯荣。野火烧不尽，春风吹又生”，这样的五律诗已经好得不行了，当时他初到京都，长安一个大文化人一看他的名字叫作白居易，人家很感慨，说长安之大，居大不易啊！玩笑一下，今天，你以为在北京买个房子容易吗？这个大诗人叫顾况。此人读到“野火烧不尽，春风吹又生”的时候，感到此人是可以在京城里混的。这是一个尽人皆知的故事。白居易的格律诗非常好，他的文章也写得非常好。他在诗歌上要求进一步改革创新，这种创新精神在中国整个历史文化流程中并不多，达到一个高峰以后，又能达到一个高峰，这样的文化人、诗人、作家贡献特别大，白居易就是这样一个革新家。

肖泽颖：他的创新应该叫新乐府？

赵瑜：新乐府进一步促进了人们热爱诗歌。他一度官场被贬，从京都翰林院这样高的层次，被贬江州（就是今天的江西九江），他在郁闷的情况下，徒步在长江边上，去当一个司马。司马是个地方副职，一路上的心情是可想而知的。但是走着走着，他欣慰起来，高兴起来，什么原因？古时候有休息的长亭短亭，就是让人歇脚的小驿站，他发现一路上，所有的亭子上都刻着或用毛笔写着他的诗歌"在天愿作比翼鸟，在地愿为连理枝"，容易吟唱容易表演，很容易拿出来和其他艺术形式结合，如跳舞等等。所有亭子上都有他的诗，能不振奋吗？

肖泽颖：他的诗越来越平民化。

赵瑜：通过种种方式，人们到处传播白诗，得到这么多群众的认可，对他来说是一种精神上的鼓励。所以白居易在其人生当代就已经亨有盛名了，这是他和别人的一个区别，写作规模数量比较大，最后有了《长庆集》，当时收集就达到了4000首。

把唐诗小众化推向更加大众化的局面

肖泽颖：白居易对诗歌的最大贡献是什么？核心是什么？

赵瑜：有一部分诗人和作家是身后盛名。比如杜甫，老先生去世很久以后，人们逐渐发现他的诗非常好，难以超越，逐渐认同了他的价值，他在有生之年生活则比较潦倒，像《茅屋为秋风所破歌》所描述的那样。还有很多大诗人作品总量不多，就以姓王的说吧，王维、王勃、王之涣、王昌龄，都没有白诗总量庞大。而且，白居易所涉及的题材非常广阔，从宫廷到草根，都有精彩作品。我们用这样一种眼光去分析一位大诗人，有个核心的东西，就是从小众走向大众。

肖泽颖：说得好，诗人从小众走向大众。

赵瑜：正如今日的小说要演变成电视连续剧才好。电视连续剧在80年代，艺术质量不高。电影界把电视剧说成黑板报，一度轻视，说是写上以后一擦就没了。它比不了电影，没有什么价值，过去，你要参加电视艺术家协会，还得跟人解释有这么一个新的协会啊。而短短20多年，中国的电视连续剧已经发展到你绝不能轻视的地步。这种变革你得承认它。你不能停留在小说的纸面、平面阅读，过去，人生苦闷，夜深人静、灯光暗淡的时候，在那里苦读小说，这种形式必会演变。今天，小说如果被电视电影改编，受众非常广大，一段大学生宿舍生活短片，点击观看上千万人，从小众走向大众了。白居易就是从诗歌小众化推向大众化的一个头号伟大诗人，直至海外。白诗通俗易懂，在一定程度上被误解为浅显，其实，白居易是唐代科举制度里许多范本的原作者，文章达到极高规格。你不能说一个人写文章是很高水准，写诗歌就很浅？他是有意的。他有意让诗歌变得更加深入人心。这对中国漫长的古典诗歌运动是一个极大的推动，实质就是让人民可以接受更好的诗歌教育。

反过来说，群众的民歌，人民的精神食粮，更可以反哺诗歌，使诗歌达到更高峰。我们沉痛地看到，“五四”以来的新诗运动并没有获得显著功效，新诗是成功了还是失败了？大可质疑。它没有结合汉语言语音当中最核心的部分，仄音、平音都不讲，押韵不讲，大家都记不住怎么办呀？这对于诗歌不危险吗？我除了能记得北岛几句诗以外，其余实在抱歉。可是，遍及全球的华人，有几人不知“床前明月光，疑是地上霜”呢？就是说，华人在3岁幼年，旧体诗就很适合练习口音了，背下来，贯穿他的一生。

我有个好友，乃山西诗坛领军人物，名叫潞潞。他发表一首新诗，说的是历史和今天的关系，他写道：“一只小鸟／站在教堂的十字架上／一点儿一点儿吃时间”，诗意果真不错。而你仔细一想，就想起了同样说鸟的古诗，“两只黄鹂鸣翠柳，一行白鹭上青天”，然后“窗含西岭千秋雪，门泊东吴万里船”。你看，同样由动物想到了时间空间，画面感尤其丰富，对吧？那门窗怎么能含千秋雪呢？怎么能放万里船呢？一开始由于非常好的格律，大家就背下来了。你背下来，慢慢品味诗意，久而久之融化在我们血液中。

白居易非常卓越，他的一首诗，能让我们背下来好多句子。既是奇人奇文奇诗，又是可以学习、可以接近的，不是隔膜的。

今天的时代，纪实写作蓬勃发展，报告文学和非虚构文学逐渐赢得了主要阅读群体。最近有一个调查：究竟纪实以及非虚构的读者多，还是虚构小说的读者多？结果基本上是8∶2，七八成的人喜欢由纪实而来的真实作品。

肖泽颖：因为作品真实可信。

赵瑜：在《中国历史文化名人传》丛书工程中，山西一省作家承当了11位，比例不小，大家都有兴趣。其中，周宗奇写范仲淹，陈为人写墨子，周山湖写沈括，聂还贵写王勃，张继红写孔尚任，哲夫写王维，乔忠延写关汉卿，李金山写温庭筠，玄武写徐霞客，阎文盛写罗贯中，我写白居易。还有一个未定，专家组正在讨论中。

我们不约而同形成了交流互动小组，已经进行了三次聚会，大家对写作命题是非常严肃的。周宗奇先生为了写好范仲淹，行走范仲淹曾经去过的地方，走了7个省69处，他居然发现，今天的一批农民工正在祭奠先祖范仲淹哩。

陈为人先生跑到美国去寻找关于墨子的评著。墨子是我们整个文化体系当中一个非主流思想家，关于他的评价相当庞杂，为人兄一定要从中外对墨子的各派学说中，梳理出他所认识的墨子来，很不容易。

聂还贵写王勃，而王勃名气巨大，材料、故事却不多，老聂觉得有点难度，大家就跟他讨论各自所理解的王勃。我谈到王勃过江西，挥写千古名篇《滕王阁序》，而今成了江西巨大的文化财富，作为江西文化产业主打项目进行中外交流，叫作“滕王阁国际文化节”。好家伙，我作为内地宾客去参加一次，世界华人名流云集南昌，可见王勃的贡献至今不衰，文化作用非常大。老聂一听就来劲儿了！

张继红先生写孔尚任，他在山西古典出版社当社长，主动提供古籍社储存的有关这些传主的资料，对大家帮助不小。《黄河》老主编周山湖先生写沈括，光提纲就写了5万字，大家觉得有点儿过头吧？

老周却说，写提纲，不就是为了后边接着写嘛，他把这看作一项很愉快的劳动了。乔忠延先生写关汉卿，他早就研究了中国戏剧史和山西戏剧史，而他又开着车（他还不太会开，让他儿子给他开）最终把山西的古戏台全部找遍，从中获得灵感，他说撰写关汉卿又是一次人生的高峰体验，他要把这个关汉卿写成活人，并且他运用一出一出的戏剧结构来写这个传记，非常出奇出新。这是我们山西目前的一个情况，我算个召集人吧。

白居易的史料比较多，有点儿国际化，日本长期研究白居易。大家帮我找到了陈寅恪先生1949年以前研究白居易的著作，玄武居然从台湾带回一本研究白居易的专著给我，有些观点跟大陆近50年来的观点很不相同，大家互相帮助非常愉快。

每个人都从自己的角度率真讨论，很有意思，互有启发，甚至冒出几个怪角度来也很不错。比如大伙说，老赵你知道白居易特别爱泡妞吗？还真是这么回事。中国唐代的婚姻制度、男女观念和今天截然不同，古代歌伎常是高人，与今日东莞打黄不是一个概念。歌伎才艺高超才能吟唱白居易的诗歌，曾有歌女以此作为侃价的资本，其情感、节奏、音律会反过头来校正诗人写作。特别是女性善爱的心灵，也会给诗人滋养。我们不能想象，一个从来不懂得男欢女爱的家伙，怎么当诗人当作家呀？跟这个道理一样，作家诗人可以在悲喜过程中吸收关于女性、关于母性、关于善和美的多种营养，使其一生保持旺盛的创作力和生命力。

白居易一生爱美女，爱女性，一生也尊重女性，尤其《琵琶行》《长恨歌》，让人感到这样伟大的诗人在今日中国真是太少了！多少年来，中华民族的女性命运是那么苦难深重。

白居易的诗歌是中国传统文化当中重要的组件，触及题材宽广而又深刻，从历朝历代对他的评价看，白居易既是巅峰的又是平凡的，因而他是不朽的。

二〇一四年三月

北京

刘兆林：儒林怪杰吴敬梓

《儒林外史》是我国古代小说中较早出现外文译本且经受住了时间考验的经典之作。作者吴敬梓的名字，已同他的《儒林外史》不朽于源远流长的华夏中国文学史。

刘兆林

嘉宾简介

刘兆林　男，汉族，1949 年 4 月 12 日生于黑龙江省巴彦县，当代著名作家。曾任沈阳军区政治部创作室专业作家、辽宁省作家协会主席；辽宁省政协常委、文化和文史委员会副主任；中国作家协会第七、八届主席团委员。现任中国作家协会主席团委员、中国散文学会副会长、辽宁省作家协会名誉主席、辽宁省政协文化和文史委顾问。1968 年从学校应征入伍，1972 年开始发表文学作品，1984 年考入中国作家协会文学讲习所第八期（学习期间改为鲁迅文学院第一期）青年作家班（同年加入中国作家协会），1987 年秋毕业，1989 年当选辽宁省作家协会副主席，1992 年从部队专业作家转业到辽宁省作家协会任驻会副主席、主席等。

发表各类文学作品 400 多万字，主要有：长篇小说《不悔录》《绿色青春期》《雪国铁梅》；中、短篇小说集《啊，索伦河谷的枪声》《雪国热闹镇》《黄豆生北国》《船的陆地》《三角形太阳》《妻子请来的客人》《一江黑水向东流》《违约公布的日记》；散文集《父亲祭》《高窗听雪》《和鱼去散步》《在西藏想你》《脚下的远方》及长篇传记文学作品《儒林怪杰——吴敬梓传》等多部。作品曾获全国优秀中篇小说奖、全国优秀短篇小说奖、全国冰心散文奖、中华文学基金会庄重文文学奖、中国人民解放军八一文艺奖、东北文学奖、曹雪芹长篇小说奖等多种重要文学奖，并获国务院有特殊贡献专家等奖励。

导语：

中国作家协会于 2012 年初做出决定，用 5 年左右时间，集中文学界和文化界的精兵强将，创作出版《中国历史文化名人传》大型丛书。这是一项重大的国家文化出版工程。其中，刘兆林担任《吴敬梓传》一书的撰写。

吴敬梓，出生于清圣祖康熙四十年（1701 年）安徽有名的科考世家，祖上曾出过四位进士；卒于清高宗乾隆十九年（1754 年），享年 54 岁，全椒人，后移家南京。字敏轩，号粒民，曾自称“秦淮寓客”“文木老人”；因长篇讽刺小说《儒林外史》而成我国古代最伟大的小说家之一，另著有诗、赋、文多卷传世。其幼即颖异，善记诵，尤精《文选》，诗赋援笔立成。不善治生，性豪迈，不数年，旧产散尽，为著书立说放弃科考，生活艰窘时或至于绝粮。

吴敬梓一生创作了大量的诗赋和文论著作，不过，确立他在中国文学史上杰出地位的，是他大约耗时近 20 年，直到晚年才完成的长篇讽刺小说《儒林外史》。他的一生中，家庭生活和个人思想都经历了巨大变化，从一个富豪科考子弟落魄为甘当粒民写稗史的穷困才子。他在《儒林外史》中，对自己熟悉的种种类型知识分子腐朽精神生活，和使之精神腐朽的科举制度，做了无情的揭露和讽刺。由于众多儒林人物形象的成功塑造，使他的作品具有分外生动感人的批判力量。《儒林外史》代表着中国古代讽刺小说的高度，开创了以小说直接评价现实生活的范例。《儒林外史》脱稿后即有手抄本散传，作者病卒 5 年后，才经友人筹资刊刻行世。后人评价甚高，鲁迅先生认为，该书思想内容“秉持公心，指摘时弊”是“伟大的讽刺之书”；胡适先生认为，其艺术特色堪称“精工提炼”，作者是真正的“大文豪”。在国际汉学界，该书早有英、法、德、俄、日、西班牙等多种文字传世，并获盛赞，有外国文学评论家认为，《儒林外史》足堪跻身世界文学杰作之林，可与薄伽丘、塞万提斯、巴尔扎克和狄更斯等人的作品相提并论，是对世界文学的卓越贡献。

伟大之书《儒林外史》

一向行色匆匆的长江，与总是悠然漫步的历史长河相互牵扯着，流淌到了大清帝国的乾隆五年（1740 年）。世界最古老的华夏中国，数不胜数的读书人，正在挖空心思为中举进士谋官而呕心沥血之时，长江边的古城金陵（今南京）清凉山下一座简陋民宅里，一位年届四十，被祖父与嗣父命名为敬梓，却自号粒民的吴姓秀才，正奋笔写一部时人所不齿的稗史，而后人称之为伟大之书的开篇。

肖泽颖：刘老师，您为什么会选择小说家吴敬梓来写传？

刘兆林：你问得很好！一个作家要终生面对两个写作问题，一是写什么，二是怎么写。为历史文化名人写传，于我是件冒险的事，所以敢斗胆选了伟大讽刺小说家吴敬梓先生来写，不过因青年时读过他历时近20 载，死后 5 年才得以刊刻行世的长篇名著《儒林外史》，而且当年读到的只是语文课本里所选的《王冕画荷》《范进中举》及写严监生和严贡生等的几个片段（阅读全著还是后来的事），却留下经久难灭的印记，并对自己人生和写作发生过重要影响，以至也写过一部曾被有的评论家戏称为当代儒林传的长篇小说《不悔录》来。尤其后来又知道了伟大的鲁迅先生和胡适等新文化人师曾尊《儒林外史》为伟大的讽刺之书。这样看来，我斗胆选吴敬梓作传，便完全因喜爱他的作品而爱屋及乌，感情用事的结果，即所谓因爱而勇了。当然，首先因为这是一部伟大之书！

伟大也要有人懂

《儒林外史》和伟大的小说家吴敬梓，在国内越来越少有人读，当然也越来越少有人懂，甚至少有人知了。一个没有伟大作家的民族是悲哀的，有了伟大作家却被人遗忘或不懂的民族，更可悲哀。

肖泽颖：请您谈谈怎样理解《儒林外史》的伟大之处。

刘兆林：我还是先说四个伟大历史文化名人是怎么看《儒林外史》

的伟大吧。第一个是鲁迅。鲁迅先生是中国新文化和新文学运动的伟大旗手和中国小说史家。他认为《儒林外史》是一部秉持公心讽刺现实的伟大杰作，是中国讽刺小说的绝响。第二个是胡适，他是中国新文化运动的领袖，又在国民党蒋介石政府里做过驻美国大使。他认为《儒林外史》思想高超，艺术高明，作者吴敬梓是一个了不起的“大文豪”，他还专门写过一篇《吴敬梓传》和一篇《吴敬梓年谱》，可见他对吴敬梓及其著作特别高看。第三个是陈独秀，他既是新文化运动的领袖人物，又是中国共产党的创始人之一。他认为吴敬梓这部书不仅呼唤人生理想，而且写得实实在在，栩栩如生，说是中国最难得的一部优秀小说。再一个是美国的著名学者亨利·威尔斯，他说这是一部可与意大利的薄伽丘、西班牙的塞万提斯、法国的巴尔扎克，还有英国的狄更斯等伟大的作品相媲美，是属优秀讽刺文学，且有很浓的诗意，对世界文学有卓越贡献。

这四位国内外不同派别的代表性大人物（家），能不约而同地赞美这部小说，可想而知它的文学史地位有多么高。我也是一个小说作者，我不仅信服他们的看法，还很看重《儒林外史》的现实意义。我觉得现实对它特别不公。现在的各种媒体一提古典文学名著就是《三国演义》《水浒传》《红楼梦》《西游记》，电视剧反复改来改去也是这几部，从没有谁来光顾一下《儒林外史》。其实是先有《儒林外史》后有《红楼梦》的，它不仅开了讽刺小说的先河，也对后来的白话小说起到桥梁和纽带作用。它以前的《三国演义》《水浒传》写法上与它不同，主题思想也不同。

鲁迅、胡适等都是用现代科学进步眼光说《儒林外史》伟大的。而《三国演义》是歌颂帝王将相的，是维护封建正统思想的，极力宣扬的是怎样不择手段地维护正统皇权思想。《水浒传》比《三国演义》进了一步，他是歌颂造皇帝反，反封建统治反腐败的，但思想糟粕也不少，如为造反可以不择手段，乱杀无辜百姓等等。而到了吴敬梓的《儒林外史》，批判与歌颂的主题已深入到救治人的思想和灵魂，对腐朽的封建科举制度加以批判，呼唤为自食其力的理想生活而读书。这在古代，的确算是伟大的先知先觉者。

历史学家一般都认为吴敬梓所在时代，是“康乾盛世”，风调雨顺，天下太平，把整个国家统治得繁荣昌盛，是个了不起的太平盛世，但吴敬梓却从太平盛世中看到了“一代文人有厄”。他是一个官宦世家的叛逆读书人。当时的读书人出路只有一条，就是科举、考试、做官。他从太平盛世中看到一代文人之厄，就是甘当腐朽没落科举制度的奴才，除了科举考官这一条路之外，什么也没有，什么也不能干。他说一代文人有厄的时候，同时代其他文化名人是有激烈反对和批判的，指责他，太平盛世你却感到有厄，穷困得连饭都吃不上，说明你自己无能。他写了近 20 年才完成的《儒林外史》，在他死后 5 年才得以刊行，与那些看重为官宦富豪写歌功颂德文字，一字一金，财富收敛得不亚于贪官污吏者相比，当然“无能”了。恰恰因此，鲁迅先生说他秉持的是公心，他的作品是伟大的。可惜至今许多人不懂他这伟大。他要是只对金钱感兴趣，不是秉持着公心，那他也是可以妻妾成群，家财万贯的。他的“无能”却给中国文学史留下了一部伟大无价的不朽之作。所以胡适说他思想高明，艺术高超。虽然他书中表明写的是明朝事，但他那是假托前朝，讽刺与批判的是当下。他不仅讽刺和批判现实，也呼唤理想。书中有个吴敬梓自况的人物杜少卿，就是仗义疏财、尊重妇女和平民百姓、读书不为做官的人物，身上就有他自己的影子。中国封建社会一直对妇女是不尊重的，三从四德，妇女没有地位，所以小说中有这么一个情节，写杜少卿携手新婚之妻在南京春游。那时读书人光天化日下携手和妻子在外不遮不掩地爬山、说笑，还唱歌，那是极伤风化的。春游当天野餐时，同行的文友议论此事，吴敬梓就借杜少卿之口说出谁的母亲不是女人，世上女人甚至比男人伟大的意思。他认为再伟大的人都是母亲生的，母亲都是女人。女人都要做母亲，所以男尊女卑思想与腐朽科举制度同样值得批判，这在当时都是令人振聋发聩的。所以胡适说他是可惊可敬的大文豪。

伟大的现实意义

伟大的鲁迅先生称吴敬梓的《儒林外史》是一部“秉持公心”的“伟

大讽刺小说"，开了中国讽刺小说的历史先河。鲁迅先生还深怀哀国人之不幸、怒国人之不争的沉重心情发出呼唤：伟大也要有人懂！

唯其如此，我们有必要弄懂，出以公心的先知先觉者吴敬梓与他的《儒林外史》何以伟大。

肖泽颖：那您觉得，《儒林外史》这部作品，对我们的当下有什么意义呢？

刘兆林：文学创作上的意义，和社会发展进步方面的意义都有。在中国文学史上，《儒林外史》无论写作方法，还是主题思想，都是进步超前的。是它之后才有了《红楼梦》的，从它开始，白描手法和心理揭示才明显运用于小说写作。这部小说不是用一个人的命运故事去贯穿，也不像过去小说那样都是通过说书人去讲。它以前的小说也不讲俗常生活中的凡人小事。它所描写的多不是那种惊天动地的事，也不是帝王将相的事，也不是儿女情长的事，更不是才子佳人的男欢女爱，他写的是读书人的事，他把不怎么样的和好的读书人形象，写了形形色色几百个。而且这几百个人物并不连贯，如果没有耐心的读者可能看不到头，可能只是看了几个就撂下了。但你撂下也不要紧，看一个也会有收获，即如鲁迅说的，"虽云长篇，却形同短制"，每回都可作为独立的短篇来读，这也是它的高明和独特之处。总体写了几百个人，共55回，写作总目的是啥呢？就是用他自己心目中理想的读书人形象，讽刺和批判那些各具形态的恶俗读书人，为的是改变人的不健康心理，追求有文化的新生活！

鲁迅先生那个时代的精英知识分子，为什么积极参与新文化运动，就是推动人们摆脱封建旧道德观念的束缚。运动高潮时，许多长辫子的读书人出国留学，上日本的，上美国的，上英国、法国的都有，直接看到了许多外国小说，便一下觉得中国的小说都无所谓了，包括对《儒林外史》也不当回事了，觉得不如外国小说伟大了。所以鲁迅说，有人看了些外国小说，就觉得连《儒林外史》这样的小说似乎也不伟大了。所以提醒读者，伟大也要有人懂！现在，这书的伟大之处还有没有了呢？有的！现在虽然早已废除了腐朽的封建科举制度，但实际它的流毒还在，比如现在的高考、考研、考博以及考国家公务员什么的，也还有这种弊病，不过比那时有许多改变与进步罢了。古时就是读书做官，万般皆下品唯有读书高，书中自有黄金屋，书中自有颜如玉。现在怀揣这样目的读书的人也不少，考公务员不就是考官吗？所以吴敬梓在《儒林外史》中寄托的理想仍有现实意义。开篇第一回写的高尚读书人王冕，和结尾最后一回写的“四客”，就是他寄托理想的人物。王冕读书学画为孝养母亲，为百姓，请他出去当官他竟逃走了。不是说读书做官就不好，但那个时候把做官当唯一出路、第一荣耀。现在有好多人也是奔当官有特权，有特殊的铁饭碗啊。吴敬梓那个时候就认为当官不应该是读书人的唯一出路。全书结尾的新型读书人“四客”，一个是卖纸火筒的，这个人会画画，是可以卖画为生的，却摆个小摊卖纸火筒，这工作之余才画画，一是自得其乐，再可以把画送亲朋好友，图的就是爱好。还有一个是庙上的和尚，他当和尚之余爱好书法，谁向他求字他也不收钱，只看这人顺不顺眼，顺眼对心思的他才给写。特别有意思的是，有的傲慢财主或当官的，只要他看不起，就是派人拿大钱上门求他也不写，甚至被他臭骂一顿。还有一个是裁缝，读很多书又特别喜欢下棋。中国读书人不是讲究琴棋书画嘛，他当裁缝只图挣点糊口钱就够了，剩下就天天下棋，棋术很高，却不为争强好胜，他为的就是一种快乐。最后一个是弹琴的，他弹琴还开个小茶馆，他是很有钱人家的子弟，却不看重钱，有点儿跟年轻时的吴敬梓差不多，生在大户人家，祖上出过四个进士，皇帝都召见过的，所以父辈也非让他考官不可，他很厌恶考官，索性坚决不考了。人们都会不解，你不考官还读书干啥？他写最后这个读书人，卖完茶就弹琴，弹琴给别人听，或者找知音来听。最后写这个弹琴者，是有寓意的，意在弹一曲高山流水觅知音。所以后来有评家说，“滔滔儒林，终之一琴”，传主就是想通过最后这四个人物道出理想，期望读书人都能成为自食其力，又有丰富精神追求的快乐的普通人，而不做权力、金钱、地位的奴隶。而像范进那样的读书人，他要考不上官的话，杀猪也不会，喂鸡也不会，种地也不会，什么都不会，不就是个家庭和社会的废物和包袱嘛！所以他最后通过写这么四个新型读书人，寄托理想，让人追求自由美好的新生活。

这意义对于当下自然也非常不小。现在许多读者喜欢麻醉药似的热衷于娱乐阅读，须知麻醉药只管一时止痛，是不治病的。而讽刺批判和给人理想那种阅读，才能帮人消炎治病。所以《儒林外史》这种能帮人消炎治病类的伟大之书，仍需要我们认真来读懂它。中国的真正进步，得指望全民素质的提高，如果全民素质不提高，你这个民族的伟大程度和先进的程就不会高。有什么样的文化土壤，才会有什么样的国民素质。《儒林外史》这类文学作品，可以对这种土壤加以改良。

但是，伟大的《儒林外史》和伟大的小说家吴敬梓，在国内却越来越少有人读，当然也越来越少有人懂，甚至少有人知了。一个没有伟大作家的民族是悲哀的，有了伟大作家却被人遗忘或不懂的民族，更可悲哀。

伟大小说家吴敬梓

肖泽颖：请您谈谈吴敬梓的伟大小说家地位。

刘兆林：范仲淹因《岳阳楼记》“先天下之忧而忧，后天下之乐而乐”思想，而获“伟大”之名，吴敬梓因《儒林外史》而得“伟大小说家”之名，首先也是因他“秉持公心”，不是为自己个人的人生出路，而是为国家和民族的进步着眼创作出《儒林外史》的。作者不是绝对反对读书人做官，而是反对读书人把当官作为唯一出路。也不是反对国家考官，而是反对只通过考八股文选废物为官。没官怎么治理国家，怎么引领全民族发展？吴敬梓是封建社会末期具有民主思想萌芽的文人，他的人生理想是男女老少各色人等都有文化，有才艺，有追求，有自我生存的能力。而他讽刺的读书人恰恰与此相反。说他是伟大的小说家，还有艺术手法方面划时代的原因。

鲁迅先生称道《儒林外史》是讽刺小说的绝响，说中国自《儒林外史》而真正有了讽刺小说。他的高超讽刺，让人笑后产生思考，而不是愤怒的谩骂。肤浅的谩骂很多，如《官场现形记》，如《二十年之怪现状》，那种作品浅显易读，看的人很多，但它真正的讽刺与批判意义不深刻。前面提到的改良土壤，改变人心，靠愤怒谩骂效果不佳，而这种高超的惟妙惟肖的讽刺，更有力量和效果。他不直接使用批判字样，却把中国画的白描手法运用到小说中来，不动声色地细致刻画人物，描写景物，这在以往的小说里，基本是没有的。这难道不是划时代的功劳？他描写的几百个人物，一个是一个，却没一个是脸谱化的，也没一个是类型化的。而此前的《三国演义》《水浒传》，人物个性虽然非常鲜明，但张飞和李逵是一个类型的，刘备和宋江是一个类型的。而《儒林外史》里的几百个人物，你对比去吧，在其他文学作品里找不到可对应的类型化人物，都是独特唯一的。类型化写作，和大起大落大故事写作，他都没有。宋江杀了阎婆惜，武松杀了西门庆，西门庆杀了武大郎，这一听就吸引人。《儒林外史》不是这样，他就慢慢给你描写小细节，描写景物，这是最要功夫的，所以他要用一二十年才写出来。以前的小说哪有白描写景刻画人的，顶多是青山依旧在，几度夕阳红，或朔风怒吼大雪飞扬而已，他这里呢，那晚霞怎么怎么样，河水怎么怎么样，天空怎么怎么样，近柳树及上面的鸟，远山及山的形状，他都要加以描写。以前的小说没有心理活动描写，到他这里开始有了一些。到《红楼梦》就更进了一步，但这进步有《儒林外史》铺垫的功劳，所以吴敬梓是个有思想家气质、有创新精神的划时代小说家。

其实他不仅是个伟大小说家，为他写传以后才发现，他还是个优秀诗人，所以我在传中专门写有一章“诗人吴敬梓”。他的诗现在读来，水平也很不一般，跟他的小说有相同之处，思想感情很平民化，传下来有一百好几十首，还有诗论七卷。他的文学才能是很全面的，既是诗人又是诗评家，最后成为伟大的小说作家。他非常重感情，他既多才多艺，又有情有义。原来只知道他的文章大好人大怪，实际这个大怪都是官场和当了官的读书人这样看他，他对普通百姓有很多感人的事。我在传中专门写了一章他跟一个歌女苕苕的爱情。他为苕苕写了30多首歌词，没有爱情为基础，是不可能的，所以写那一章时，我自己都被感动了。他之所以对一个歌女产生了爱情，是在他妻子死了以后的事。他与歌女荅荅那段爱情，既很感人，又可看出他对人的平等思想。他不仅能对正直的歌女产生爱情，对底层人，比如说奶娘、厨娘、洗衣娘，还有他的劳动人民的岳父和妻子的深厚感情，都令人肃然起敬。他出身官宦富家，为何却对劳动人民有特别感情？他是过继给嗣父家的，不是亲爹亲妈养大。这也是封建大家庭造成的。大家族里必须得老大当家，当家的老大再传给长子当家。但吴敬梓出生的探花府大家庭的老大家没有儿子，所以吴敬梓一出生就过继给大伯父做嗣了，长大好接替嗣父掌门。所以从小亲妈就不能给他喂奶，他是吃奶妈奶长大的，奶妈后来被他家给休了，他对奶妈很亲，多年后感情不断。还有对洗衣娘、对厨娘这些下人都很有感情，这种感情几乎是血肉般的，他嗣父是个正直清廉的小官吏，岳父是乡间草医，这使他从小既有条件读许多书，又有条件培养起与劳动人民的感情，也有条件接触丰富的民间艺术营养。这样的成长经历，都是他能成为伟大小说家必不可少的条件。所以前半部分我基本是写他的成长，挖掘他能成为伟大小说家的原因，后边写他是如何写出名著《儒林外史》的。目的是让读者从多方面记住小说家吴敬梓的形象，从而回头再去读《儒林外史》原著。

这位崇尚自由平等、蔑视权贵，又出以公心，乐于助人的伟大作家，在写作《儒林外史》的后期，连粥饭都喝了上顿没下顿了。无米下锅，无炭暖足，却伏案茅屋，靠搓手顿足而笔耕不辍，用自己创作的几百个儒林人物传世，以伸张知识分子不应只为科考谋官而读书，呼唤所学知识应对社会和百姓有用的卓见。他的家庭和他本人，是有条件也有能力科考为官的，可他这个史上有名的科举世家有望进士为官的富家子弟，却于最有为的而立之年发出背叛的誓言，不考不宦，甘为“粒民”，一心写作批判腐朽没落科举制度，呼唤读书人觉醒的《儒林外史》了。而这部至今仍闪烁着人类进步思想光芒的不朽之作，在作者死后 50 年才得以刊刻行世。唯伟大可以消酸！

让更多人敬爱伟大作家

肖泽颖：那么，您是怎么写的呢？

刘兆林：你这个问题提问得也好。实在说，怎么写，现在想来有点后怕。为历史文化名人写传，起码该掂量掂量自己的史学及哲学思想水平，而这差不多正是自己的弱项。但既已因爱而勇上路了，也便骑虎难下了，壮胆写完吧，写好写赖，只要写出来了，总可以为后来的大手笔们扔下一小块垫脚石吧。

当然我还是想尽自己所能，起码写得能吸引住读者，且读后能受些感动，得点启示，留下一个能在心里活起来的传主形象。传记不是学术著作，也不是政论或文论，而是文学作品，那么，办法只有按文学规律写了。文学最基本的规律是形象思维，第一要素是语言，按这规律去写，才能立体地塑造出传主形象，他的思想只有附体于他的形象之中，才能借着形象的生命力在读者心中活下来。这样，我只有扬长避短了。自己的史学和思想水平低，就依那些史学界、文学史界已有定评的，目前还没被推翻的结论及评传为基准，加传主自己不朽的作品为依托，把苦心搜索到的材料（有的是从评传中分析出来的，有的是从史料中查找到的，有的是从传主作品中依据年谱推导出来的，有的甚至是从民间传说中借鉴来的，这都不属于虚构而来），用纯粹的文学语言，和各种文学叙述手段，将传主的成长经历、思想情感、人生境界、重要贡献及其作为，形象地描写出来。这样，叙述语言和叙述方法就将起到决定性作用。这使我首先想到了《马克 · 吐温自传》开头第一句话：世界上没有哪个人的出生，能像我这样贡献巨大，一下子使故乡人口陡增了百分之 × ×，女人比例骤降了百分之 × ×（大意。意在一开始就谦逊地交代自己是个出身卑微的偏远小地方男人，同时又用语言的魅力吸引住你读下去）。几十万字一本传记，还没读就可能让人望而生畏了，如果叙述语言干巴如普通学术著作一般无味，得多坚强的毅力才能读到底啊。可马克 · 吐温这等幽默的叙述，使我很快并且愉悦地读完全书，而且长久记住了他的形象，因而我就不恐惧自己学识的弱势了。尽量把从史料和学者的有关评传、年谱甚至从传主著作中找到依据的民间传说等各种渠道得来的材料，叙述得形象可感些。

中国的历史文化名人在乎智慧和统治术的不少，最典型的要数老庄和孔子，但他们却不大重视人的尊严，如尤其不重视男女平权、官民平等。而吴敬梓却极在乎尊重妇女，尊重底层劳动人民的善良感情，最憎恨读书只为做官，做了官只会谄媚更大的官，和愚弄与欺压百姓、侮辱女性的社会制度，及受这制度毒害的各色读书人等。所以，传主这方面的叛逆性格，甚至他与歌女、奶娘、厨娘、洗衣娘等底层下人的爱情、亲情、常情，我都特别当回事，不惜笔墨去写，我认为这其实是读书人最高层次的“齐家、治国、平天下”。不懂人应该平等，不懂人应该不分高低贵贱，你读成了多大的官，读出多少自己的黄金屋和颜如玉来，你的“齐家、治国、平天下”，不也是把百姓和家人当牲畜来牧放吗?

我因喜爱《儒林外史》而选择了写《吴敬梓传》，那么我最大愿望，便当然是盼这本不算长但却好懂易读的传记作品，能吸引读者回头再找伟大的讽刺小说《儒林外史》来读懂。因鲁迅先生再三呼吁过，伟大也要有人懂。

一代文豪吴敬梓，猝死于乾隆十九年（1754年）扬州一家小客店里，险些被当饿殍收尸。他是在对《儒林外史》能否刊刻问世的等待中病猝而死，死得悄然无声却令人心寒。

值得告慰先生英灵的是，《儒林外史》早已成为中国十大古典文学名著（或说五大古典文学名著）之一，也成为不朽的世界文学名著，不断有各种文字的新版本问世。先生赊酒饿腹写下的杰作，如今年年都有稿酬奉献给全人类。

《儒林外史》成为我国古代讽刺文学的典范，吴敬梓对生活在封建末世和科举制度下的封建文人群像的成功塑造，以及对吃人的科举、礼教和腐败事态的生动描绘，使他成为我国文学史上批判现实主义的伟大作家。《儒林外史》不仅直接影响了近代谴责小说，而且对现代

讽刺文学也有深刻的启发。美国著名学者亨利·韦尔斯也大加赞美说："《儒林外史》是一部讽刺迂腐与卖弄的作品，然而却可称为世界上一部最不引经据典、最饶诗意的散文叙述体之典范，足堪跻身世界文学史杰作之林，可与意大利薄伽丘、西班牙塞万提斯、法国巴尔扎克或英国狄更斯等人的作品相抗衡。"

因此我们可以说，《儒林外史》不仅成为中华民族的精神瑰宝，也成为全世界的璀璨名著，是我国清代文学中较早出现外文译本且经受住了时间考验的经典之作。吴敬梓的名字，已同他的《儒林外史》不朽于源远流长的华夏中国文学史。

二〇一四年四月

北京

何香久：旷代大儒纪晓岚

纪晓岚是有清以来执学术牛耳的一代文宗，他以总纂《四库全书》而名满天下。后人看他如仰视南天北斗，但是如果没有这一部《阅微草堂笔记》，他将永远是一个寂寞的学问大家，永远是一个谜一样的人物。藏在《阅微草堂笔记》中的真实的纪晓岚是个什么样子?

他是一个在文网紧密、法纪森严的时代，敢于抨击社会的黑暗、官场的腐败、理学的腐朽的文学斗士，他是一个在对乾嘉之治的一片颂扬声中，从虚假繁荣的幕后看到了那个社会的危机，敢于呐喊出盛世危言的清醒的小说家，他是一个在理性主义的时代持理而反理的学问宗师，他是一个重性灵、重真情而又有着模糊情爱观的矛盾人物，他是一个借谈狐说鬼烛照人间幽微的幽默文学大匠，他也是一个善于把人生经验化作生存智慧的智者。

何香久

嘉宾简介

何香久　男，1955 年生。中国作家协会会员，第十二届全国政协委员、中国民主建国会中央委员会委员，现任河北省沧州市政协副主席、文联主席、王蒙文学院院长。出版诗集 14 部，长篇小说、中短篇小说集 12 部，学术专著 35 部。主编《纪晓岚全集》等近 50 部。长篇小说《焦裕禄》获第二十一届中宣部“五个一工程”奖、河北省“五个一工程”特等奖，由小说改编的电视剧获第二十九届中国电视剧“飞天奖”、第二十七届“金鹰奖”最佳电视剧奖、中宣部“五个一工程”奖、河北省“五个一工程”特等奖等。

导语：

中国作家协会于 2012 年初做出决定，用 5 年左右时间，集中文学界和文化界的精兵强将，创作出版《中国历史文化名人传》大型丛书。这是一项重大的国家文化出版工程。其中，何香久担任《纪晓岚传》一书的撰写。

纪昀（1724—1805），字晓岚，一字春帆，晚号石云，道号观弈道人，清乾嘉时期学问宗师。直隶河间府（今河北献县）人。生于清雍正二年（1724）六月，卒于嘉庆十年（1805）二月，历雍正、乾隆、嘉庆三朝，享年 82 岁。纪晓岚 4 岁开始启蒙读书，11 岁随父入京，21 岁中秀才，31 岁考中进士，官至礼部尚书、协办大学士，曾任《四库全书》总纂修官，撰写了《四库全书总目提要》。因其“敏而好学可为文，授之以政无不达”（嘉庆帝御赐碑文），故卒后谥号文达，乡里世称文达公。代表著作《阅微草堂笔记》。

他历经坎坷，编纂了《四库全书》《阅微草堂笔记》，一个始终在灯影和阴影中挣扎的真实的灵魂，他就是风华绝代的旷世大儒纪晓岚。

纪晓岚总纂《四库全书》名满天下

肖泽颖：为什么会选择纪晓岚这位人物？

何香久：因为我研究纪晓岚的学术思想和《四库全书》已经 20 多年了。我主编过四十卷本的《纪晓岚全集》，写过关于纪晓岚的十几本书。一个重要的原因，纪晓岚是沧州人，我小时候就是听着纪晓岚的故事长大的。纪晓岚这个人物，我觉得他对中国文化的贡献特别大，他主要的贡献有三个方面：第一他总纂了《四库全书》，这是我们中国文化史上的“万里长城”，因为《四库全书》这么浩大的文化工程，前无古人，后无来者。纪晓岚从始至终参与了《四库全书》的编纂工作。他一生的历史贡献集中在这一件事情上。第二个他写出了《阅微草堂笔记》，按鲁迅先生的说法就是《阅微草堂笔记》和《聊斋志异》是双峰并峙的两大绝调。

纪晓岚生于清雍正二年（1724），卒于嘉庆十年（1805）。他生活的仕宦生涯和学术活动展开的18世纪中后期，正是中国思想史上一个重要的枢纽时期。来新夏教授曾说过："纪晓岚是在中国文化史上有重大贡献的学者，是一位文化巨人。纪晓岚在整个中国文化史上所做的贡献可以说是前无古人，而且截至目前也尚无来者。"

肖泽颖：它们互相是一种什么样的关系呢？是互相补充还是互相作用？

何香久：应该说是两个系统，《聊斋志异》写的是平民层面上的那些故事，就是狐鬼和爱情故事，纪晓岚的《阅微草堂笔记》更多诉诸理性，他拿故事来说理，来教化。当然这个问题我们最后还会谈到。第三个贡献就是纪晓岚张大了经世实学的主张。他是汉学家的一个优秀代表。当时乾嘉以来的学说有两大派，一个是汉学学派，另一个是宋学学派。宋学就是理学，汉学就是发扬汉以来的儒学传统，原本儒学传统（的学派）。经世致用之学，就是实学。

所以说纪晓岚在这三个方面对中国文化的贡献是非常大的，对中国学术、对中国文化的贡献非常大。这样一个人物我是很敬重他的，所以我很大的精力都投放在对四库学和对纪晓岚学术思想的研究上。

纪晓岚的研究价值

肖泽颖：您觉得最大的价值是什么？

何香久：纪晓岚是乾嘉时期学术的领军人物，但是那个年代做学术也好，做官也好，都不太容易。因为那是一个文字狱特别盛行的年代，包括纪晓岚入主《四库全书》到四库馆主持编纂，也是在文字狱最厉害的那个年代。

肖泽颖：顺利吗？编纂的工程进行得顺利吗？

何香久：非常不顺利。

肖泽颖：皇上交给他的任务也不顺利？

何香久：为什么不顺利？《四库全书》馆实际上就是乾隆皇帝实

行文字狱的一个情报部，为什么说是情报部？全国征集的图书都要放在四库馆，让四库馆的馆臣审读，在审读的过程中发现一些有违碍字句、反动思想的作品都要挑出来。分为几个档级，比如说全毁，就是把这个书要烧掉，一本都不能留，而且要追究，那些民间藏着的都要征集上来，送到京城，然后烧毁，这是全毁的。再有一部分就是抽毁，什么叫抽毁？就是把这里面的违碍字句都抽掉，有用的保留吸收。再有一种就是可以利用的。乾隆皇帝是满人入主中原，对于有些词汇他是很忌讳的。比如说中国的汉族对少数民族的歧视性的称谓，"夷""狄""胡""虏"，甚至"猃狁"，包括"中国"这些词都不能用。当时中国的概念是中原，不是现在我们一个国家的概念，它是一个区域概念，是中原。所以在修《四库全书》的过程中，经常有一些馆臣挨罚。为什么挨罚？违碍字句没清理掉，或者清理得不干净，或者什么地方有错字没改过来，几乎所有的馆臣都挨过罚，包括纪晓岚本人，但他是挨罚最少的一个。怎么罚？把你的俸禄——也就是你的工资扣掉了，而且要一扣扣多少年的工资，错误多了要重抄。《四库全书》都是手抄的，三千多个书吏手抄。好，错了没办法，你得自己掏钱雇人把它抄下来。这部分费用又是很高。

皇帝看到出错了，命人去再重新挖补修改，有的官员给吓死了，有的把家产给赔光了。比如陆费墀，他是总校官，出了错把家产全部赔光，到最后乾隆皇帝说给他留下一千两银子养家糊口，剩下的所有的钱都要赔到这个《四库全书》的改错上面来。你说他一辈子最后什么都没有，所有的都赔光了。

肖泽颖：还得自己去赔本，去编书。

何香久：家产都赔光了，纪晓岚是唯一一个——那么多的馆臣中唯一一个，从一开始工作直到看到这部书修完了的人。一直到嘉庆九年（1804）还在对这部书进行挖补和修改，把乾隆皇帝的诗文补到《四库全书》里面去，还在做这个工作。所以说纪晓岚乾隆三十四年（1769）从流放地回来以后，两年之后入主《四库全书》馆，一直到嘉庆十年（1805）去世，这么漫长的一段时间，他都在做这项工作，其他事儿干得很少。他是唯一一个得到善终的人。纪晓岚为什么能善终？这和他的处世风格有关。纪晓岚这个人，有些学者认为他很圆滑。

说他很活，说他做事比较谨慎，其实纪晓岚确实是这样的。他的思想很明确，他的想法是：我不做思想家，我只做学术人；我不当政治家，我只做执行者。因为那个年代文字狱的恐怖对于中国知识分子的打击是非常大的。所有的知识分子都有那个年代的冰川的擦痕，这是没办法的。我仔细研究过乾隆朝发生的所有的文字狱，（共有）57起，这50多起文字狱并不是因为你写了什么反动的文章，并不是你的书里真的有什么违碍字句，大部分或者是绝大部分是因为仇人的告发。你把人得罪了，好了，我就告：张三某人写了一本什么书，书里面有违碍字句。告到地方官，地方官就得查。没有毛病也得给你找毛病，他如果不办，皇帝要摘他的顶子，甚至杀他的头，有很多巡抚因为办文字狱不力丢了脑袋。纪晓岚对这事儿非常明白，他看得很清楚。所以他绝对不当政治家，只能做执行者；也不当思想家，只能做学术人。看看他的砚铭，看看他的很多器物铭识，他的外圆内方的思想都写在这些文字里面。比如说他的一则砚铭“作作有芒，幸不太刚”，就是看起来很有锋芒，但是锋芒不太刚，不太坚韧。我的锋芒藏在心里，我保持我学术上的尊严，但是在外面，我不给你一个很张扬的那种印象。这种处世原则让他得到了善终。纪晓岚有好几次是险象丛生，有一次文字狱把他牵连上了。纪晓岚是沧州人，沧州老家的一个人到北京来献书，这个人是个神经病。因为纪晓岚当时在老家已经很有名气了，这个人说我到北京来献书，这两本书是仙书，仙人写的书，我要送给纪翰林，纪翰林是我们那儿一方土地的大名士，从我们沧州那一片出来的，从河间府出来的，这书我得献给他。结果纪大人不见我，我只好又把这本书献给了金简，比纪晓岚更大的一个官。结果发现了违碍字句，把他给弄起来了，这个事儿牵连到了纪晓岚，通过调查证明纪晓岚跟这个人没见过面，这样就把纪晓岚给择了出来。纪晓岚要真的跟他见过面，那好了，纪晓岚是逃不掉的。你知道他这书里有什么东西，你不往上报。经历了好几次这样的情况，而且我在第一历史档案馆翻档案的时候，发现了一个谁也没发现的秘密——纪晓岚本人也制造过文字狱。

纪晓岚又是一个矛盾的人物，他的性格中有太多的两面性。他是在乾隆时期文化专制最残酷的一片风声鹤唳中入主“四库馆”的，有清以来的文字狱，到乾隆朝，达到了最盛，在中国历史上第一次把思想犯罪引入法律惩治的范围之内。纪晓岚在“文字狱”的阴影下，一方面是百般小心，力求多保护一些好书免遭秦火，另一方面他自己也制造过“文字狱”。把找他献书的人送去惩办。

何香久：就是他在修四库的期间，有一天他下班坐轿子回家，快到虎坊桥了，他家在虎坊桥住，就是现在的晋阳饭庄那里，那是他的阅微草堂的旧址。他回到虎坊桥的时候还没下轿子，有一个人拦着轿子献书，都知道他是《四库全书》的总纂官，献书的人想出名或者得点什么好处。纪晓岚一看书送到轿子门口了，人也跪那儿了，不看不行了。翻了两页看，这书麻烦，有些违碍的字句，马上让人把这个献书的人送到兵部问罪。那份奏章就这么几行字，但是我看到的是一个血淋淋的文字狱案，一条生命可能就没有了，百分之百是没有了。被纪大人看出讳碍文字来，这个人的命运可想而知。那么他自己也制造文字狱了，他为什么制造文字狱，这让我很不舒服。因为我是对纪晓岚比较崇敬的一个人，我没想到纪大人真的制造了文字狱，这是我不愿意看到的一个事实，但是确实有这么一回事。而我在这个传记里也如实地写了出来，我没有隐讳什么。

戏说的纪晓岚

肖泽颖：戏说的纪晓岚是什么样的？

何香久：非常客观地写了出来，而且确实有历史根据的。纪晓岚这个人是被我们全国的读者和观众广泛认同的一个人物，都知道他。但是都是通过戏说知道的他，我们前几年的电视剧《铁齿铜牙纪晓岚》，还有很多，比如《宰相刘罗锅》《乾隆下江南》这样的影视剧，整个把纪晓岚给戏说了，大家接受的是戏说的纪晓岚。其实纪晓岚被戏说不是从现在开始，从纪晓岚活着的那个年代就开始了。我现在能找到的几十种清人的笔记小说，纪晓岚同代人写的、纪晓岚以后的人写的，他的学生写的，学生的子弟写的。这些笔记小说对纪晓岚都是戏说的。比如他的生活习惯，说纪晓岚不吃米和面，以肉当饭，每天吃。

面是偶而吃一点，米是从来不吃的。每次吃饭吃二三斤肉，现烤，一边喝着茶一边吃烤肉，谈笑风生，一会儿吃完了。比如说他特别能抽烟，号称纪大烟袋，他这个烟袋在北京绝对没有第二个，号称京城第一大锅。这烟袋大到什么程度？装二两半黄烟，点着以后，他家住在现在的虎坊桥，从他家那个地方到圆明园这么远的距离坐着轿子去上班，从家出门点上到圆明园刚好抽完，二两半。就这么大的烟量，能抽烟，能吃肉，不喝酒。

比如记载他虽然以肉当饭，但是不吃鸭子，他在北京住着，咱们北京烤鸭，那时候叫吊炉烧鸭，但是他从来不吃，从来没吃过北京的烤鸭，再好的厨子做的他也不吃。

肖泽颖：他是不敢吃。

何香久：他不是不敢吃，他就是习惯不吃鸭子。好多人也探讨纪晓岚为什么不吃鸭子，因为纪晓岚写过两件事，一件事是说他一个叔伯哥哥买了一只烤鸭，看着特别好，拿油纸包着，结果拿到屋里来用刀一切，那个鸭皮是牛皮纸的，上了一层颜色再涂一层油，里面包的都是泥。他觉得很恶心，这是一件事。还有一个传说，他丈人那个村上，有一天半夜屋顶站着两个穿黑衣服的人，背着两个布袋子，袋子里都是鸭子，往每家扔鸭子。结果吃了这个鸭子肉的人全都得病或者死掉了，他就写过这么两件事。

纪晓岚是清代在正史和野史中都很炫人耳目的人物。他不仅在正统的史传中占尽风光，在民间也有广泛的知名度。20 世纪 90 年代，因为一部《铁齿铜牙纪晓岚》的电视连续剧，这位在清乾嘉时期执学术牛耳的学问宗师火爆天下，但同时也被“戏说”弄得面目全非。

纪晓岚在清乾嘉时期居于高位，负有盛名，学问淹博，正如同许多名人往往被人“造神”一样，时人和后人对纪晓岚的种种“戏说”，从某种意义上来说也表达了人们对他的喜爱。

纪晓岚的性格

肖泽颖：后人对纪晓岚的戏说，能反映他的真实性格吗？比如他不吃鸭肉是他的性格所致？

何香久：这也不见得，不见得是这个原因，但是不是这个原因就不知道了。知道的是他从来不吃鸭子肉，这些事儿当然都是他的生活的细节的一些反映，有可能是真的。但他很多的故事，是因为大家喜欢他，加到他身上，把他戏说了。所以说前人理解的纪晓岚就是一个幽默大师，就是一个跟谁都开玩笑，上至皇帝下至他丈母娘都开玩笑的这么一个人，很滑稽很幽默的一个人。纪晓岚的性格确实有这一方面，确实是滑稽幽默，爱跟人开玩笑。包括他学生的玩笑他也开，皇帝的玩笑他也开，他岳母的玩笑他也开，反正没有他不开玩笑的人，这是性格使然。但是这个人又很可爱，这种性格掩盖了纪晓岚性格的其他方面，所以说被戏说的纪晓岚把他的学术的光芒给遮蔽了，很少有人去探讨他对中国文化的贡献，而是夸大了他的性格中的这个方面。所以说我写《旷世大儒纪晓岚》，其实就是把一个真实的纪晓岚还原给全国的读者，让大家看看真实的纪晓岚是什么样子的，写出了他生命中的那些经历，那些痛苦，那些焦灼，那些无奈。这些东西我都写出来了。

肖泽颖：您觉得在纪晓岚编纂《四库全书》的整个过程中，他遇到的，包括他经历的几次重大的险境或挫折，具体有哪些对他整个人生来说是非常重要的一些经历？

何香久：第一个就是刚才我说的文字狱的频繁发生，让每一个馆臣的神经都绷得紧紧的。纪晓岚六次到热河去校书，热河就是现在的承德。为什么去校书呢？乾隆皇帝每年要到热河去避暑，他一避暑就要看存在避暑山庄里面的《四库全书》，乾隆皇帝是个很敬业的皇帝，从当皇帝那天起到他卸任那天结束，每天早朝要比大臣早到一个半小时，五点多他就要在那儿等着，大臣们到侍漏房集合齐了以后再去见皇上，皇上往这边走的时候，过一个亭子放一个鞭炮，过一个长廊放一个鞭炮。他就是这样的一个皇帝，他非常的勤政。这个皇帝他的文化情结也是很重的，他编《四库全书》，其保存国故的那种动因，被他的禁书压住了。有的说他修书是为了禁书，不全是这样子。禁书和修书虽然是并行的，一块儿往前走的，但是他不是为了禁书才修书。学术上有人持这个观点，我是不赞成的。乾隆皇帝对这套《四库全书》非常看重，因为这是他的文化工程。放在承德避暑山庄的《四库全书》，乾隆皇帝时时翻阅，看出毛病了他就要把纪晓岚找过来，要修改那些错字。纪晓岚赔了不少钱，把他的学生、他的子侄都带上，到承德去修书，这是一方面。再一个他身边的同事一个个倒下，所以说这个修四库的过程险象丛生。他修书的过程其实是一个文化历险的过程。那个年代的文字狱是非常严厉的，一旦一本书找着真正违碍的地方，跟这本书所有有牵连的人都要掉脑袋。刻书的、作序的、作跋的、发行的谁也逃不掉。我的书上写了这样一个故事，有一个刻书的刻工，牵连进了一件文字狱，把他拉到街头去砍头，刷一刀下去把脑袋砍下来了，脑袋滚到他家门口眼睛还睁着，然后说一句我冤枉，才把眼睛闭上。

这是从江南来的一个朋友讲给纪晓岚的，纪晓岚不能不害怕。当然，乾隆对修四库的馆臣的管理，是“胡萝卜加大棒”。为什么这么说呢？他给这些馆臣经常要赐一些哈密瓜，还要赐千叟宴，就是年龄大的馆臣，60 岁以上的，赐千叟宴。乾隆也经常到四库馆，给他们送点折扇，送点小礼品，每个人多少石榴，多少西瓜、哈密瓜，分配下来，给馆臣一些优厚的待遇。而且四库馆专门有午餐和晚餐的一些补贴。你中午可以在那里吃饭，吃饭是不花钱的，而且伙食挺好。上午上完班，下午可以回家了，把书带回家去，工作也不是太紧张。但是就是这个修书的环境，正好是文化和政治高压的环境。纪晓岚在这种文化高压下，在禁书的风声鹤唳之中，其心理上承受的压力，我们是能够想得到的。

肖泽颖：这样的一种高压下，对纪晓岚这样的一个人物，他是继续前进还是选择了退缩呢？有没有退缩？

何香久：退缩是不可能的，我觉得纪晓岚首先是选择自保，要把自己保住。第二个选择多留一些书，对于纪晓岚这个爱书如命的学者来说，烧书那就是往他心上扎刀子。武英殿每天都在烧书，那些全毁的书都是要当场烧掉的，不能留着它。所以纪晓岚还是尽他自己的努力保存了很多的书没有遭到焚毁，这个都有历史的档案见证。纪晓岚的奏折，他给皇帝先后上过很多很多的奏章，讲这个书不能毁，为什么不能毁，提出理由；那个书不能毁，为什么不能毁。很多书都是因为纪晓岚的学术努力没有被毁掉，一直保留到现在。收录于《四库全书》或存目中，保留了下来。纪晓岚对中国文化上的贡献很大，这一点是功不可没的。他保留了很多的书。而且纪晓岚这个人，他当时如果不是采取自保的方式，就没法得到善终。

《四库全书》的纂修是一项旷古文化工程。自乾隆三十八年（1773）二月开“四库馆”，至乾隆五十二年（1787）四月关闭“四库馆”，共经历了 14 个年头。纪晓岚始终担任总纂一职。《四库全书》七份存阁后，各阁空函书籍的缮录、补写、复校工作全面铺开，纪晓岚仍然为校书、补录等奔忙劳碌，曾四次去热河校书。实际上到他嘉庆十年（1805）去世，为《四库全书》奋斗了大半生。在四库馆臣中，他是唯一一位从始到终做完了这项工程的人。

《四库全书》79337 卷，6144 函，每份为 36000 册，七份总共 252000 余册，成为中国古代最大的一部丛书，被称为中国文化的万里长城，历来有典籍总汇、文化渊薮的美誉。其收录书籍，上自先秦，下至清代，囊括了中国数千年历史发展过程中所产生的主要文献典籍，涵盖了中国传统学术文化的各个学科门类和各个专门领域。集中国古代重要典籍之大成，至今对中国学术文化的发展，仍然产生着巨大的影响。同时，纪晓岚又一手勘定，完成了中国文献学史上扛鼎巨著《四库全书总目》的修纂工作。该书是一部纲纪群籍，指示治学门径的大目录书，余嘉锡先生称《总目》“衣被天下，沾溉无穷。嘉道以后，通儒辈

出，莫不资其津逮，奉作指南。功既巨矣，用亦宏矣”（余嘉锡《四库全书总目辨证序》），诚为中国古代学术史上一块重要里程碑！

何香久：纪晓岚与和珅的关系也是大家很关注的。有两种说法，一种说法是说纪晓岚跟和珅，他俩年龄差距比较大，不可能有任何的交往。有的说这个纪晓岚跟和珅官位也差了很多，所以说他们之间不可能产生某种冲突。其实不是这样的。他俩的年龄差距很大，这是对头的，他俩没有接触不可能，为什么？和珅是《四库全书》馆的总裁，相当于出版社的社长，纪晓岚是总纂，相当于总编辑，他们两个人之间肯定要发生工作上的一些交往。当时和珅是个权臣，大权独揽，一人之下万万人之上，所有的官员没有人不巴结和珅的，不巴结和珅的只有纪晓岚和另外少数的几个大臣。纪晓岚跟和珅有交往，这是一定的。纪晓岚不跟他同流合污也是一定的，因为好多当时的清人笔记写到这一点，就是唯有纪晓岚、铁保、玉保这些大臣，还有刘墉是不跟和珅同流合污的。他跟和珅有一些交际。清人的笔记小说中，也记载过他对和珅的态度，那是什么呢？就是得空就把和珅给揶揄讽刺一通。反正我跟你开玩笑又无伤大雅。

比如和珅修了一个花园，就在圆明园那片。皇帝把一片园子赐给他，他把它弄成自己的花园，让纪晓岚题个匾，纪晓岚当时是非常有名的纪大学士，纪晓岚题什么呢？“竹苞”两个字。不要说和珅没有学问，和珅的学问是很大的，和珅上过官学，就是宫里的官学，那是很厉害的。五经四书都是懂得的，和珅一看，明白“竹苞”两个字来自《诗经》，赞美人的华屋落成，就像松树和竹子那样茂盛一样，就是这个意思，取自于《诗经》的小雅。和珅很高兴，高高兴兴地把这个题额刻了个匾，挂在他家花园的亭子上。乾隆皇帝到他那个园子看看，一看到“竹苞”，乾隆皇帝乐了，和珅就问皇帝说：皇上您乐什么？哪儿不对头了？皇帝说这个纪晓岚骂你还挂上，和珅说没骂我啊？

乾隆皇帝说，竹苞是什么？拆开后是“个个草包”，那个“竹”字不是两个“个”字吗？说你家每个人都是草包，你们家没有正经人，都是草包。

和珅当时脸就红了，又让纪晓岚涮了一次。因此对纪晓岚怀恨在心，也有好几次整过纪晓岚。他跟纪晓岚有过很深的芥蒂，所以变着法儿地整他。比如说纪晓岚的一个属下参劾和珅，和珅被参，他第一个想到肯定是纪晓岚干的，因为他们之间有种种不愉快，很深的芥蒂。于是就找纪晓岚的毛病。但是纪晓岚做得很巧妙，这事查来查去没纪晓岚的事儿。纪晓岚跟和珅的关系就是这样一种关系，我书里写了很多，当然这些都是有历史根据的。戏说的东西很多，我一样都没写，因为它没根据，没根据我就不写。纪晓岚和和珅的关系就是这样的，我不跟你同流合污，但是我尽量不碰你，无伤大雅地开个玩笑是可以的，但是让我去碰你、让我去参劾你，给你上奏章，这事儿我不干。我知道你不是东西，我不跟你同流合污，但是我也不碰你，我们可以保持做操的距离。伸伸腿、弯弯腰，谁也碰不着谁，可以和平共处，但绝不同流合污。

这是他跟和珅的关系。跟乾隆皇帝的关系也很有意味。乾隆是皇帝，他可以一笑定生死枯荣，微微一笑可能这个人就没了，也可能这个人就起来了。纪晓岚跟乾隆保持一种什么距离？也是这样一种距离，就是我可以跟皇帝开开玩笑，因为乾隆皇帝也不是一个成天板着面孔的人，但是好多人在他面前是板着面孔的。过去谁敢跟皇帝开玩笑，但是纪晓岚敢，偶尔在皇帝心情好的时候开开玩笑。比如说他在修《四库全书》的时候，有一天皇帝去视察，那天天气炎热，纪晓岚把上衣脱了，赤膊。一见皇帝来了，赶快钻到桌子底下去了。乾隆皇帝明明看见纪晓岚钻桌子底下去了，也不理他，往太师椅上一坐，就开始翻书，坐了很长时间也不出去。别人也不敢说话。纪晓岚受不了了，在桌子底下探出头来问：老头子走了没有？乾隆说：“出来出来出来，纪昀你怎么回事儿，作为总纂官，你赤身露体，成何体统？”纪晓岚说我怕热，头目昏昏，实在受不了了。皇帝说：“你说这个‘老头子’是什么意思？”纪晓岚说：“万寿无疆之谓老，顶天立地之谓头，那子呢？就是《白虎通》里说的，父天母地之谓子。那就是老头子。”

乾隆哈哈大笑，这事儿就过去了。你说他要解释不上来，这个事儿就很麻烦。所以说他跟皇帝是这样一种关系。乾隆皇帝到了晚年，就有点糊涂了，从承德回来觉得冷，就戴了暖帽，皇帝戴暖帽，大臣都跟着换帽子。到了北京觉得热了，又换个凉帽，大臣哗又全换了凉帽。乾隆就觉得很不理解，怎么一天换了好几次帽子。乾隆就问纪晓岚，怎么大家不断地换帽子啊？一天换好几次。纪晓岚说：皇帝您垂顾臣等。就是说您对我们很爱护，觉得冷了您戴上个暖帽，大家跟你一块儿戴暖帽；觉得热了您再换个凉帽，大伙儿跟你一块儿换凉帽。乾隆一看是这个意思，就说，我老了。这事儿也就过去了。你对乾隆能说你糊涂了吗？你一会儿冷一会儿热。所以乾隆皇帝跟纪晓岚这种相处，纪晓岚有难以言说的那种苦处。比如说纪晓岚有一次给一个大臣说情，皇帝要流放一个大臣，他来说情，皇帝就拍着桌子把他骂了一通，说：“我以为你学问好，让你修《四库全书》，不过以倡优待之而已。”什么意思？我不过拿你当个唱戏的，当个娼妓，我这么养着你就完了，你有什么资格谈论国事，你没有资格讨论国事。

他内心很痛苦，皇帝这么劈头盖脸骂一顿，因为你学问好让你修《四库全书》，你说你修书得了，你参与国事干吗？你没有那资格，你在我眼里是什么东西，不过是倡优而已！纪晓岚心里肯定是很痛苦的。再一个，乾隆皇帝的喜怒是变化无常的，他一会儿跟你嘻嘻哈哈，突然脸一变又是另一副面孔。所以纪晓岚跟皇帝打交道的时候也是战战兢兢，如履薄冰。从他的砚铭中可以看到他这种小心的心理的描述，他是很小心的。

肖泽颖：而且他曾经一度还被发配到了新疆，是吗？

何香久：他被发配新疆的那个时候还没编《四库全书》，在编《四库全书》之前受了他亲家的连累，他的亲家就是卢见曾，两淮盐运使。盐运使这个官职，是权臣，很有权，所以说他也很有钱。两淮盐运使的案子发作以后，要抄卢见曾的家，纪晓岚预先知道，就给他亲家报了个信。纪晓岚的女儿嫁给了卢见曾的孙子，他们是这样的姻亲关系。卢见曾是他一个亲家大叔。皇帝派人去抄卢见曾家的时候，发现什么也没有了，按现在的话说是财产转移了，抄不着。不光纪晓岚，有好多报信的人都一块儿受到了处理，把纪晓岚流放到了新疆。纪晓岚被流放新疆是他命运最大的一个转折。纪晓岚的仕途除这一件风波外，再无风波，升官升得很快，仕途很顺利。这件事是他命运的第一个转折。

他被流放到新疆的时候，到了那个地方才知道基层老百姓的那种生活、戍边将士的那种生活，对他以后的经历可以说是终身受益。你看看他的《乌鲁木齐杂诗》160首，写了新疆的风土人情，写得非常好，淋漓尽致，边地是什么状况、民风是什么样的、民情又是什么样的。纪晓岚在新疆开始思考人生，开始思考人的命运，男人的命运、女人的命运，这给了他很大的内驱力。他真的是放下身段来体验人生了，他的体验是比较深刻的。所以说纪晓岚的《乌鲁木齐杂诗》160首，不但记载了新疆的风土民情，是屯垦史的一部重要史料，同时也是他心灵史的一个重要的组成部分。

肖泽颖：应该这次就算是奠定了他第一次转折点最根本的一次。

何香久：最根本的一次。发配新疆两年多，因为纪晓岚有才华，那个地方的将军温福又对他很熟悉，很照顾他，让他做“印务章京”，“章京”就是科员，“印务章京”是管文件发放、文件起草的低级官员。但是这个位置是很安全的，他不像其他的发配官员要到前线去，要参加平叛，要参加屯垦，这些他都没有做，他只是一个文员。他在那儿做了两年，有机会接触到很基层的老百姓，一些感受他都记录下来了。比如说他写到有一个遣户叫茹黑虎，茹黑虎的媳妇儿是山西人，会做很好的醋。她那个醋被称为“法醋”，她做的醋，那一片都吃，谁家都送。他还记述了一个叫边羔子的演员，地方戏的演员，也是发配到新疆去的，他演戏的时候，能半边脸哭半边脸笑。我说现在也没有这样的演员。特别有意思。现在哪个演员能够半边脸是哭的，半边脸是笑的？现在还没有。

纪晓岚把这些事儿都完完整整地记载下来，记载了新疆的棉花是从什么时候开始引种的，记载了新疆屯垦的历史，新疆户口的管理制度、军屯制度、民屯制度是怎么一个现状，记载得非常详细。我们研究新疆的屯垦史，纪晓岚的《乌鲁木齐杂诗》160 首，是难得的资料。

肖泽颖：所以当时在那样的情况下，纪晓岚做出这样的表现，或者说他的这种状态，就说明纪晓岚应该是一个文人。应该怎么来界定他这样一个人呢？

何香久：其实按我的想法，纪晓岚是一个很天真的知识分子。他很天真，直到死都保持他那种生命的本真。他去世那年 80 多岁，这种本真依然保存着，他还上奏章为妇女请命——就是为被贼人强奸，她虽然反抗了但也死掉了，这部分人你不能说她失去了贞节，就不给她旌表。当时对节妇是有旌表的，立贞节牌坊。纪晓岚说这些人也应该旌表。他很天真，他要是不天真，这样的奏章是不会上的。

肖泽颖：这是他在多大年龄段的一个事情？

何香久：他虚岁 82 岁。

肖泽颖：82 岁的时候。

何香久：对，他还要上这样的奏章，所以这个人很天真。

肖泽颖：但您刚才说到了他也会制造一些文字狱。比如说这样的一些事情，您怎么看待？

何香久：因为他在新疆经历过很多，比方说有一天他正在值班，别人喊他处理一件案子，什么案子呢？就是在一个家里是两口子一块儿来的新疆，男的出差了，光女的在家，女的在她老家浙江那儿还有一个跟她不错的男人，男人就到新疆找到这个女人。来了以后两个人殉情自杀了，这个男的当场死掉了，女的经过抢救活过来了。

《阅微草堂笔记》中隐藏着一个真实的纪晓岚

肖泽颖：《阅微草堂笔记》中隐藏着一个怎样的纪晓岚？

何香久：纪晓岚很有感触，他对女人的命运非常同情，他写了文章也写了诗，最后在《阅微草堂笔记》中写了这个事情。他一直在思考女性的命运。所以说你看他的《阅微草堂笔记》，那真是一个非常真实的纪晓岚。如果没有《阅微草堂笔记》，纪晓岚只是编《四库全书》，做官，那么他给人的印象就是一个学者，就是一个显赫的官员，他不会是一个天真活泼的纪晓岚。你看《阅微草堂笔记》，他对贪官的那种怒斥，对冬烘先生的那种讽刺，那都是入木三分的。纪晓岚所有的思想的锋芒就藏在《阅微草堂笔记》之中，他曾写到这样一个故事，他们老家一个冬烘先生，是一个非常迂腐的儒生。有一次冬烘先生看到邻居的孩子趴到井沿上，而且这个邻居的媳妇在那儿洗着衣服睡着了，他本来想把这个媳妇叫醒，又顾忌到男女授受不亲，不能叫她，就满街上找他这个邻居。找着了邻居，说我找你好几条街了，邻居问什么事儿，他说你媳妇儿洗着衣服睡着了，你那儿子趴井沿上，马上就要掉下去了。他的邻居赶快往那儿跑，跑到井边上，儿子早就淹死了，他媳妇趴在井边上哭儿子。他这个人很迂腐，你要是把她叫醒了，或者把她儿子抱起来，不就什么事儿都没有了。他就顾忌到男女之间那种大防，没叫醒邻居的媳妇，而直接找他的邻居去，你看这就很有意思，他对这些只讲理学不懂得世道的人，总是给以无情的讽刺。《阅微草堂笔记》中，这样的故事是很多的。

所以我建议大家都要读读《阅微草堂笔记》，这里面藏着一个真实的纪晓岚。

《阅微草堂笔记》，该书24卷，计1196则故事，举凡官场世相、轶事掌故、民俗风情、异地风光、典章事物、乡里见闻、狐鬼神怪，医卜星相，上下古今，包罗万有，所反映的社会生活面十分广阔。鲁迅认为：纪昀本长文笔，多见秘书，又襟怀夷旷，故凡测鬼神之情状，发人间之幽微，托孤鬼以抒己见者，隽思妙语，时足解颐。间杂考辨，亦有灼见。叙述多雍容淡雅，天趣盎然，故后人无人能夺其席，固非仅借位高望重以传者矣。

《阅微草堂笔记》还以大量的笔墨反映了下层人民群众所遭受的涂炭与压迫。蔡元培先生将其与《红楼梦》《聊斋志异》并列为清代三大流行小说。孙犁先生也曾把它比作与《聊斋志异》双峰并峙的两大绝调。而我认为，正是这部《阅微草堂笔记》中，藏着一个真实的纪晓岚。

读他的诗，你看到的是一个曲高和寡的纪晓岚；读他的文章，你看到的是一个笏袍显宦的纪晓岚；读他的《四库全书总目》，你看到的是一个谨严多识的纪晓岚；听别人讲他的故事，你看到的是一个诙谐谑浪的纪晓岚。

但这些，都不是真实的纪晓岚。

纪晓岚以总纂《四库全书》而名满天下，他是有清以来执学术牛耳的一代文宗，后人看他如仰视南天北斗，但是如果没有这一部《阅微草堂笔记》，他将永远是一个寂寞的学问大家，永远是一个谜一样的人物。藏在《阅微草堂笔记》中的真实的纪晓岚是个什么样子？

他是一个在文网紧密、法纪森严的时代，敢于抨击社会的黑暗、官场的腐败、理学的腐朽的文学斗士，他是一个对乾嘉之治的一片颂扬声中，从虚假繁荣的幕后看到了那个社会的危机，敢于呐喊出盛世危言的清醒的小说家，他是一个在理性主义的时代持理而反理的学问宗师，他是一个重性灵、重真情而又有着模糊情爱观的矛盾人物，他是一个借谈狐说鬼烛照人间幽微的幽默文学大匠，他也是一个善于把人生经验化作生存智慧的智者。

纪晓岚张大了“经世实学”精神。纪晓岚对中国学术思想的贡献在于他立足于古典文化的穴结点，借助于浓厚文化积淀所锻炼出来的锐利眼力，回眸追索，将气象万千的学术文化之流条分缕析地加以滤析，评验。在学问的“围城”中，纪晓岚不失为一个忠勇的擎灯者。

纪晓岚对今天的启示

肖泽颖：您觉得纪晓岚对于今天的巨大价值在哪儿？

何香久：那就是他对中国文化的那种巨大的炽热的感情。如果没有这种炽热的感情，没有这份赤子之情，他不会有这样的贡献。

肖泽颖：他在编纂《四库全书》的过程中，别人实施文字狱他也亲自制造过文字狱这样一个事实，您怎么看待这样一个复杂的人物？

何香久：纪晓岚性格的复杂性，也就表现在这里。如果这本书他自己收起来，他不报的话，这个人可能就没事了。但是他不报，有可能他自己会被杀头。因为这是一个事件，不是他一个人经历的，所有跟随他的人都看见了，抬轿子的人、别人都可能知道这件事。当时那种本能，他第一反应就是自保，我只能把他送到有司去问罪。

肖泽颖：您如何来评价这样一位历史人物？

何香久：我们应该辩证地看纪晓岚。首先看到他对中国文化的贡献，这是不能磨灭的。至于其他的，都是他性格的事儿，不用拿着他不反皇帝或者跟和珅不斗争，你就说他圆滑什么的，那是另外一回事。他这个人我刚才说了，他就是这样一种理念，他不当政治家，只做执行者，不做思想家，只做学术人，这就是纪晓岚的生存信条。他绝不当政治家，他知道政治家很有风险，他不做思想家，他知道思想家也有风险，做学问相对来说安全一点。因为我们了解的纪晓岚——可能多数人都是通过戏说来了解他的。那么这一部《旷世大儒纪晓岚传》就是纪晓岚的一部正传，所有的材料我都经过甄别和筛选，我大概参考了 200 多种资料，而且我自己也做过很深的功课。比如在第一历史档案馆看过三个多月的原始档案，就是修《四库全书》的全部档案，我都调出来看，其实这些书都出版了，但是我还是自己去看。我要是不在第一历史档案馆待那三个多月，就淘不出刚才我说的纪晓岚制造过文字狱这件事。所有的档案上都没有这样一条记载。这些都是我在原始档案中爬梳出来的资料，做了很多功课。其实这本书写的时间不算长，几个月的时间就写出来了。但是这是我 20 多年对纪晓岚学术研究的一些积淀。我再写就绝对不能戏说了，我想把一个真实的纪晓岚还原出来，还原给全国的读者，让大家看看纪晓岚的心路历程。那一代知识分子是怎么走过来的，那个年代的文化专制如何在知识分子的心灵上留下了冰川的擦痕，其实着重写的就是这一点。这是一个人的传记，也是一部书的传记——就是《四库全书》的传记，是一个人的生活过程，也是乾嘉年代的学术所经历的灾难的一个过程。是一部乾嘉时期的学术厄史和灾难史。我通过纪晓岚这样一个人，把那个年代的文化专制以及文化专制下知识分子的心态给还原了。

纪晓岚这个人物出现在我们“百名文化名人传记丛书”的名单上，是比较晚的一批。我接到这个课题的时候，有的学者已经差不多完成了，或者把提纲写完了，我是最后一个进入的。我为什么能够第一批出书，就是因为我对纪晓岚比较熟悉。20多年来我一直在做这方面的工作，材料已经不需要再去收集了，我以前做了很多很多的功课了。包括我在第一历史档案馆一住三个月，在旧档案中爬梳些有价值的文献资料一样，经过很多的功课，做了很多的工作。心里有底。

肖泽颖：您觉得纪晓岚给我们当代的最大的启迪是什么？

何香久：最大的启迪就是无论在什么时候都要保证一个学术人的尊严和操守，就是可以不跟任何权臣同流合污，为了心仪的那种学术的境界，把整个生命给投放进去。纪晓岚是一个为了中国的学术把整个生命投放进去的人，他这种生命的投入是我们应该学习的。

肖泽颖：这种生命的投入在编纂《四库全书》的过程中也具体地展现了出来。

何香久：对啊。比如他保护了那么多的书，他夜以继日为《四库全书》工作，他有那么多新的学术发现，他培养那么多的学生。他那么坚定的学术信念，一个学术人的人格那种绽放，他全部的生命绽放全是为了中国文化来工作的，为中国文化的传承来工作的，这是我们应该对纪晓岚尊敬的地方。

肖泽颖：他还写过《阅微草堂笔记》，他又是一个非常矛盾的灵魂，一个真实的纪晓岚。

何香久：《阅微草堂笔记》中的纪晓岚很真实，他的思想真是蕴藏在里面了。你看他对中国官场的那种透视，多么入木三分。他对那些只挂着狗头讲章的所谓的理学家的讽刺，又是多么鞭辟入里。他对基层劳动人民命运的那种同情，对妇女命运的那种思考，又是那么深刻。这个纪晓岚是真实的。

肖泽颖：但是他同样是有缺点的。

何香久：当然是，他有缺点太正常了，他没缺点就不真实了。把他伪装起来，用一身官袍掩盖起来，他就特别不真实。读他的诗，只能读出他的兴味；读他的学术文章，只能看到他学问做得很严谨；而那些戏说的故事，又让他面目全非；只有在《阅微草堂笔记》中，他才是真实的。

肖泽颖：在您心里，他是什么样的形象？

何香久：他就是一个像鲁迅所说的那样，在那种文化专制下，能够呐喊出自己的声音、呐喊出对这个社会现状的不满，把对官场的那种愤懑，能够真实呐喊出来的一个很有魄力的小说家。

肖泽颖：纪晓岚最终的命运走向了一个什么样的结果呢？他这一生的命运最终走到了哪里？

何香久：可以说到最后他达到他辉煌的顶点。

肖泽颖：他到达顶峰了。

何香久：他到达顶峰了。从那次发配以后他再也不坎坷，一路高升。

肖泽颖：他最终做到多大的官呢？

何香久：他最终做到礼部尚书、协办大学士。

肖泽颖：礼部尚书相当于现在的……

何香久：相当于现在主管文化与学术的最高官员。清代的官级和现在的职级，很难找到一个对应面，他的官位是很高的，也没受到什么挫折，但是他的灵魂深处的波澜，可以从《阅微草堂笔记》看出来。

肖泽颖：那里有一个真实的纪晓岚。

何香久：那里面他的形象太真实了。

肖泽颖：您和纪晓岚之间有没有共同的精神上的追求，或者说有相似的东西？

何香久：我学纪晓岚就学这么几点：一个是学他做学问的那种严谨，他对学术是一丝不苟的。再一个学他对“经世实学”精神的探讨，他是做经世实学的，所以说我觉得一个人做学问不能脱离现实，不能做空中的学问。有这两点就足够了。我很喜欢这个人，这个人很率真。他在官场不得不保持那种所谓的“圆滑”。他不得不做出那种选择，那也是纪晓岚的文化选择。

肖泽颖：那您的文化选择是什么？

何香久：我的文化选择跟他不尽一样，我肯定要始终保持这种率真，不管我做官也好做学者也好，我都保持这种率真。你想我不率真，就没有我现在写的这些作品。另外，纪晓岚是一个非常丰富的人。他绝不是一个单面的人，不单是他的思想世界很丰富，其实他的情感世界也很丰富。你看他对女性的态度，你看看他对女性命运的所做的深层次的思考，以及对他周围女性的那种生活层面的表述。这个人内心世界非常丰富，他不是一个纯粹的官员。你看曾国藩的日记，多是记一些焚香扫地的事儿，国家大事他几乎一个字不敢写。为什么？他怕招祸，怕文字招祸。纪晓岚那个年代的文字狱更厉害，但是写《阅微草堂笔记》的时候他全放下了，通通都放下了。当然那个时候文字狱已经结束了，可没准哪天还会再闹一场，这谁也说不好，但是那时候他全放下了。

肖泽颖：他应该是冒着风险的。

何香久：我觉得他没有这种风险意识，写《阅微草堂笔记》时候的纪晓岚 70 多岁，不是因为他年龄的关系。像他这样的知识分子，年龄越大胆越小这是一个规律，但是纪晓岚不是这样的，他那时候真的是随心所欲，起码是随心所欲。

肖泽颖：这也是他的又一次选择。

何香久：他的性格全部释放出来。

肖泽颖：总体来说您觉得纪晓岚他是一个什么性格的人？一直到了他 70 多岁、80 多岁，从年轻到这段时间，您觉得他的性格有没有变化？

何香久：他的性格没有太大的变化，他其实还是一个非常旷达的、幽默的、坚守着自己灵魂和内心的人文知识分子。他是经常用自己的眼睛寻找自己心灵的这样一个知识分子，一个大儒。而且他是个通儒，通儒就是他学问做得很宽，这是很难得的。他不像与他同代的学者戴震和其他的那些学者，如王鸣盛他们这些人，只是专注于一个方面的研究，纪晓岚研究的面比较宽，很不容易。他自己说，从 4 岁直到晚年，他没有一刻离开过笔砚，书是不离身的，笔砚是不离身的，他就是在学问上很投入的一个人。

肖泽颖：所以您非常喜欢和欣赏这样一个人。

何香久：对。比如我欣赏他对中国学术的这种热爱，这种深深的热爱，深深的投入。而且是彻底的绽放，我因此很欣赏他，每个人都有缺点，纪晓岚也不例外。

肖泽颖：您觉得纪晓岚在中国整个的传统文化发展进程中，是不是起到了非常重要的作用？

何香久：那当然是。他参与了中国历史上最伟大的一个学术工程，他在中国的学术上还算是一个擎灯者，他是高举起灯盏，把一条学术的道路照亮了的一个人。应该给他一个很高的评价。

纪晓岚一生中写了那么多恭和圣制的诗篇，做了那么多歌功颂德的文章，上了那么多道谢恩折子，这些文字不全是为了讨皇帝的欢心，他感恩的情感是真实的，因为乾隆皇帝的体恤，他的官职才一再擢升，拥有了一个文臣最高的荣耀。他对乾隆皇帝的钦敬也是发自内心的。当然这其中也有一生挥之不去的恐惧感。

一个真实的纪晓岚，一个丰富的纪晓岚，一个始终在灯影和阴影中经历着灵魂挣扎的纪晓岚。一个通古今之变的大儒真实的心路历程，同时也让读者看到，那个年代的冰川，如何在人文知识分子的心壁上留下擦痕。

这样一个纪晓岚，才真正是有爱有恨，有血有肉。

二百多年前，以总纂《四库全书》而名满天下的学问宗师纪晓岚为自己写了一副挽联："沉浮宦海如鸥鸟，生死书丛似蠹鱼"。这副挽联概括了他的一生的行藏，也为后人留下了深长之思。

二〇一四年三月

北京

徐刚：烂漫饮冰子梁启超

他提出“中国人对于世界文明之大责任”。人生最大的目标，是要向人类全体有所贡献。

任公说，我们人数居全世界人口四分之一，我们对于人类全体的幸福，该负四分之一的责任。不尽这责任，就是对不起祖宗，对不起同时的人类，其实就是对不起自己。

徐　刚

嘉宾简介

徐刚　男，汉族，上海崇明人，1945 年出生。中国作家协会会员、中国环境文学研究会理事、国家环保总局特聘环境使者等，以诗歌散文成名。1970 年就读于北京大学中文系。1962 年参加解放军，做过战士、南京军区某部文艺宣传队创作员、上海市崇明县农民、中共崇明县委写作组组长、《人民日报》文艺部编辑、《中国作家》编辑部副主任、《现代人报》副主编。1963 年开始发表作品。其主要著作有:《徐刚九行抒情诗》《抒情诗 100 首》《小草》《秋天的雕像》《夜行笔记》《倾听大地》《伐木者，醒来！》《沉沦的国土》《江河并非万古流》《中国风沙线》《中国：另一种危机》《绿色宣言》《守望家园》《国难》等。其作品近几年来曾获中国图书奖、首届徐迟报告文学奖、首届中国环境文学奖、第四届冰心文学奖等。

导语：

中国作家协会于 2012 年初做出决定，用 5 年左右时间，集中文学界和文化界的精兵强将，创作出版《中国历史文化名人传》大型丛书。这是一项重大的国家文化出版工程。其中，徐刚担任《梁启超传》一书的撰写。

梁启超（1873 年—1929 年），中国近代思想家、政治家、教育家、史学家、文学家。字卓如，号任公，又号饮冰室主人、饮冰子、哀时客、中国之新民、自由斋主人。汉族，广东新会人，清光绪举人。青年时期和其师康有为一起，倡导变法维新，并称“康梁”，是戊戌变法（百日维新）领袖之一、中国近代维新派代表人物，事败后出逃，在海外推动君主立宪。辛亥革命之后一度入袁世凯政府，担任司法总长，之后对袁世凯称帝、张勋复辟等严词抨击，并一度加入段祺瑞政府。他倡导新文化运动，支持五四运动。曾倡导文体改良的“诗界革命”和“小说界革命”。其著作合编为《饮冰室合集》。

他是长期被误读的历史伟人，他的思想宝库都隐藏在《饮冰室合集》中，他谈中国的人口占据世界四分之一，他谈中国的文化至少要做出对世界四分之一的文明的贡献。他追求独立之人格、自由之精神，他就是一代宗师梁启超。

一代宗师梁启超

肖泽颖：您怎么来定位梁启超这样一位历史人物？如何来定位梁启超这样的义士、名人？

徐刚：在历史上任何一个有历史意义的伟大人物，他总是会跟他所处的那个时代联系在一起的。那么梁启超他经历的是什么时代呢？清朝末年，而且他参与了清朝的崩溃。清朝的崩溃意味着什么？意味着中国几千年的封建社会的结束。他是在这样一个节点上站出来的人物。接下来他又参与了中国封建社会向半封建半殖民地社会过渡。同时又参与了半封建半殖民地社会向着近代社会的过渡，也就是创建中华民国。

在历史的过程当中参与了那么多事情的一个人，而且是在风口浪尖的一个人物，他的重要性可想而知。梁启超是连接中国古代社会、中国近代社会，并且保留下了它的宝贵的文化遗产的一个人物。

比如说为了把清朝推翻，他创办了《时务报》,《时务报》呼唤什么？呼唤中国要变。中国非变不可，你不变别人让你变。那么与其如此还不如自己变。变法维新的开始，是这个节点。

而后他又参加了中华民国的创建。就是在武昌起义以后他从外国流亡回来直接参与了中华民国政府，当过两任内阁要员。他的目的是想建立一个君主立宪的中国的社会。他们这个理想没有实现，但是他参与了中国这样一个古代社会到近代社会的转变。到晚年，最后十年著书立说到处演讲。尤其是在清华国学院当导师，他留下了不朽的文化遗产。因此我把他称为一代宗师。

肖泽颖：历史上梁启超和康有为是保皇运动很有争议的人物，您怎么看？

徐刚：我们有一些历史知识是从历史的教科书上看到的，我们并不知道当时历史留下来的大量的别的文字。我相信我们都是这么过来的。我在历史书上看见的也就是康有为、梁启超两个最大的保皇派的头子。

那么这个保皇我们要确切地说他保的是谁？保的是光绪皇帝。光绪皇帝是一个什么样的人？光绪皇帝是一个支持维新变化，希望中国强大，不被列强欺凌、霸占的皇帝。但是他后面还有一个慈禧太后垂帘听政，一直到最后把他软禁在中南海的瀛台一无所成。但是他最大的贡献，就是支持康梁，是有变法维新的所谓百日维新。这一百天是光绪皇帝一生当中最辉煌的一百天。他几乎每天下几个诏书，干什么？做改变。中国要变，官员制度、办学校、废除科举制度等等，那么这些诏书，所有这些新政，新的政策、政令是谁给他起草的？是康有为、梁启超。百日维新的新政全部出自康有为、梁启超、谭嗣同等等这一批维新派的人手中，尤其是康有为、梁启超。

所以当我们非常随便地脱口而出，把保皇派的帽子扣在他们两个人身上的时候，实际上我们忽略了、抹杀了，或者我们掩盖了我们在那一段历史时期的最光辉的事情，就是刚才我说的百日维新。他们保的是这样一个皇帝，他们不是保其他的皇帝，他们也不是保清王朝。他们保光绪皇帝，如果保住光绪皇帝以后，希望把慈禧太后除掉，能够让光绪皇帝成为一个现在的英国女王一样的人物。再开议院，设总理来实现宪政。而且康有为为了这个事情专门跟光绪皇帝谈过，说将来这个皇帝你就是虚位，你是空的，你不能像现在这样号令天下。光绪皇帝是答应的，是同意的。因此我们对康梁的保皇派要有分析，我们要还历史的真相。我就感觉到我们的教科书真是误导了一代又一代的人。康梁不仅参与了清王朝的崩溃，而且参与了中华民国的诞生，为中国从古代社会走向近代社会，乃至中华人民共和国的诞生，付出了多少心血和智慧。那么我为什么把中华人民共和国给说进去了？

没有中华民国有中华人民共和国吗？这是一个社会的延续。从康梁而言，我曾经在写康有为的传记当中说过，康有为一生都是失败的，但是他有一件事情是成功的，他培养了一个梁启超。而梁启超既继承了康有为的事业，同时他又广纳百川。他对中国社会，对中国、世界的进步思潮他都能接受，因此他是集新旧文化精华于一身的这样一个人物。

真实的梁启超

肖泽颖：真实的梁启超就是这样的吗？

徐刚：这就是真实的梁启超。这就是真实的康有为。康有为后来最让人不能够容忍的、最为社会所谴责的就是张勋复辟。辫子军啊，张勋带了六千辫子军，打到北京，然后把溥仪重新扶上皇帝的宝座。为此，梁启超在讨伐张勋复辟的时候，也批判了康有为，师徒两人从此反目。到最后他们两个还是和好了。那么这件事真相是什么？这件事情的真相我们要读《康有为全集》。人民大学出版社出版的 12 卷《康有为全集》。康有为的这一本书里面有大量的文章，有大量事实告诉我们，这次复辟不是他策划的，是地方军阀，而且也不仅是张勋，连冯国璋都参与了，要把溥仪重新捧上皇帝的宝座，要把中华民国推翻。

康有为是他们必须要有的一个，所谓前清遗老，是被他们“牵率”，康有为用了两个字“牵率”，牵率至北京。但是康有为起草了复辟以后的溥仪皇帝的全部文稿，宪政文稿。第一，不叫清朝叫中华帝国。第二，这个皇帝从满族改身为汉族。第三，下设国会、议院，选举国务院总理。这个皇帝完全是虚的。因为我写了《先知有悲怆》的康有为传记，我仔细地研究了他的这些文章，所有文告详细到中国农村社会，中国农村在那个战乱的年代，把富人与乡绅吓跑了。我们的农村在几千年的封建社会当中是没有官员的。靠谁？靠乡绅，靠农村里的几个读书人出来协调村民之间的各种纠纷。

所谓这些读书人就是念过私塾的，考不上秀才的，但是他是有文化的，他们说的话是有道理的，他们读过四书五经，农民都听他们的话。所以几千年来没有警察、没有官员的中国农村相对来说是平安无事的，而农耕文明是我们中华民族最伟大的文明。康有为参加张勋复辟一事也要还历史的真相，他是参加了，他是犯了一个大错，但是并不是像我们批判他那样他要复辟清王朝。

肖泽颖：我们如何来读懂梁启超？

徐刚：我们研究梁启超的人很多。但是在二三十年之前我们研究梁启超的时候上边有一个封顶的东西，就是你必须要说梁启超是保皇的，然后才可以有别的东西。我们今天可以不这样。所以我相信读懂梁启超的人在中国还是不少的。我自己感到我至今为止没有真正读懂梁启超，但是我可以提供一点建议。就是我们要想读懂梁启超，我们必须要读梁启超的原著《饮冰室合集》。

肖泽颖：这本书您研究了很多遍？

徐刚：我读其中的一些主要的文章，它有的一些文章可以不读，比如说他给别人写的墓志铭，或者是有的悼念文章之类，但是他讲到中国必须要变革、中国的土地制度、中国的文字起源、中国思想史、中国历史、清代学术概论，那我就读了很多遍了，五六遍，七八遍。因为我不这样我无法了解他。所以我们要读懂梁启超我们必须要读2400万字的《饮冰室合集》。那么这2400万字如果去掉一半至少你要读一千多万字。但是你知道我们这么浮躁的社会，我们已经不可能去读一两千万字的书籍。

肖泽颖：把他定位是桥梁式的人物，这个怎么理解？

徐刚：是文化的桥梁。就是说我们现在中国缺少文化，我们现在最缺的不是我们这个社会的物质财富，我们缺的是中国的古代文化、传统文化的传承。而这一点是中国之所以能称为文明古国的最根本所在。但是要我们现在的年轻人去读“五经”，或者“六经”，《诗》《书》《礼》《乐》《春秋》《易》就非常困难。但是我们中间有个桥梁就是梁启超。

肖泽颖：为什么说他是桥梁？

徐刚：中国所有的传统文化，梁启超都做了，以近代社会的语言，做了他的演绎，他写了《孔子传》，他写了《老子传》，他对孔孟之道、对老子、对屈原都有他的论述。读梁启超的文章，通过梁启超的文章我们了解到中国的古代文化及其流变，这就是一种桥梁。如果我们从这个桥梁上走过，这个桥梁上有风光无限，进入这个桥梁我们就进入了一个中国学问的山阴道。

从山阴道，我们可以深入堂奥，堂奥就是一直走到这个殿堂的里边了。那么即使我们仍然没有心思去读我们说的四书五经，我们真正把梁启超读懂了，读明白了，对中国的传统文化我们已经学到不少了，或者说我们至少可以学到一点皮毛了，怎么做人？这是孔孟教我们的。孔孟说修身齐家治国平天下。老庄是内向的，老庄讲的是人法地，地法天，天法道，道法自然，讲的是自然的，讲的是哲学。立身社会又有内心的丰富，如此等等。这样就对我们现代人怎么样成为一个人，怎么样使自己成为一个有益于社会、有益于中国、乃至于有益于世界的人大有益处。我说的桥梁就是这个桥梁。

梁启超对文化的理解

肖泽颖：梁启超先生对文化是怎么理解的?

徐刚：梁启超先生对于文化的重视可以说在他一生当中几乎是无与伦比的。那么梁启超对文化的解释，有的解释比较难懂，但是有的解释是比较通俗易懂的。他认为文化是自由心灵的产物。这个心灵前面有加上“自由”两个字，自由心灵所创造的有价值的那些东西。所以梁启超的学术当中他最重视的是良心，独立之人格、自由之精神，或者说自由之思想。

肖泽颖：您怎么看他的这种境界?

徐刚：太好了，我无以言之，真的是太好了。你想想看假如作为一个文化人你没有独立的人格，你跟着一根指挥棒，他让你向东你就向东，他让你向西你就向西，他让你说什么你就说什么。这个文化人能写得出真正的文化来吗?这是独立之人格。

第二，自由之精神。自由之精神是什么?首先是精神是自由的，再在文化上他有一种自由表达。当然这个自由不是漫无边际的。作为一个文化人他应该知道在所处的时代和社会他应该追寻一些什么公理、什么共有的法则，他不是胡说八道，但是他是自由的。那么有了这一个独立和自由你才能够创造出真正可以称为文化的作品。

梁启超认为，救济“精神饥荒”之要者，首要就是立精神生活为第一，物质生活，仅视为补助精神生活的一种工具，精神生活绝对自由。精神生活贵能对物质界宣告独立。至少，要不受其牵制。而东方精神即精神活动的绝对自由。

肖泽颖：您刚才谈到梁启超提出中国占世界人口的四分之一，应该对世界文明做出四分之一的贡献，怎么理解?

徐刚：他到了巴黎，巴黎当时的一个最有名的，法国最有名的哲学家叫普陀罗的和他见面，见面的时候普陀罗说了一番话，他说你们中国真了不起，我们欧洲人拿来一块鹿皮挡住身体，在森林里边打猎的时候你们就已经出了多少名人。那么他没有说这个年代，但是我想这个年代大约就是先秦年代。这个年代它已经出了多少人物了，什么人物呢？老子一个，孔子一个，孟子一个，庄子一个，荀子一个，墨子一个，管子一个等等。我们现在的所谓传统文化就是这几个人的东西，战国还有屈原一个，第一个有名有姓的诗人。但是在这之前我们已经有了一部《诗经》，无名无姓的不知道是谁写的，开始叫《诗》，后来叫《诗三百》，孔子删定以后叫《诗经》，不仅有《诗经》还有一部《山海经》。《诗经》用孔子的话说不学诗无以言。你不读《诗经》你说话没有味道的。《山海经》是什么？《山海经》有人说是鬼怪书，不对。《山海经》是中国最早的一本地理书，最早的一本神话书。地理、神话、传说我们有了，最早的诗歌有了，接下来又有了那么一批人物，那就是普陀罗说的你们中国多么了不起啊。

后来普陀罗一句话震惊了梁启超，用梁启超的话说，让他大吃一惊。普陀罗说任何一个民族最重要的是建设自己的文化，同时又吸收别的文化把它结合起来，那么这个文化会越来越光明。

同时梁启超跟巴黎的另外一些法国朋友讲过孔子。说孔子谈不嫌贫，就是不怕贫；嫌不均，就怕不均，就是贫富悬殊。那么孔子的思想当中，孔孟的思想当中有很多这样的内容，包括孟子的“守望相助”。我写过《守望家园》，我这个“守望”便是从孟子而得，我不知道在孟子之前还有没有人说过“守望”两个字。但是我看见最早的就是孟子说的。孟子说的这个“守望相助”是什么意思呢？这个源于井田制，井田那个“井”字，这一块地是你的，那一块地是他的，还有一块地是我的，中间一块地是公田，这个公田是用来交公粮。这一块井田的所有的老百姓都是邻居，先做公田后做私田，生老病死邻居们都在一起，然后孟子用了一句话说“守望相助”。

还说了墨子，墨子的兼爱。交相爱，交相利，攻相害。只要交都有利，只要攻都有害，就把当时法国的一批著名的人文学家、社会学家震惊了。他说你们中国有那么多的宝贝为什么不介绍到法国来呢？不介绍到欧洲来呢？然后梁启超发出了感慨：第一，我们有如此深厚博大的古代文化。第二，我们对世界要有一份责任。什么责任？多少责任？我们占世界人口四分之一，我们至少要对世界文明做四分之一的贡献。而且我们不要拒绝外来的好的东西，使两种文明结合起来产生一种新的文化能量。

所以在我的印象当中说中国要对世界文化、世界文明做出贡献，而且具体到你占世界四分之一的人口，你要做四分之一的贡献，在梁启超之前没有人说过这个话，这是我看见了他最早说的这句话，就是中国文化和世界文化的关系。没有一定的情怀，没有一定的境界是说不出这种话来的。

梁启超笔端常带感情，他曾说：我一生的政治活动，其出发点与归宿点，都是贯彻我爱国救国的思想与主张，没有什么个人打算。梁启超可说是个彻底的爱国主义者。其又笃信“宇宙未济人类无我”，又提出“中国人对于世界文明之大责任”。人生最大的目标，是要向人类全体有所贡献。

任公说，我们人数居全世界人口四分之一，我们对于人类全体的幸福，该负四分之一的责任。不尽这责任，就是对不起祖宗，对不起同时的人类，其实就是对不起自己。

肖泽颖：他实现了这种愿望吗？

徐刚：至少可以这样说，从梁启超以后，从我们中华人民共和国成立以后，尤其是这近 40 年，中外文化交流越来越多，这个世界上有两本书发行量是最大的，第一是《圣经》，它的发行量是第一。还有一本书位居第二就是老子的《道德经》。现在看看全世界有多少孔子学院。不知这些孔子学院到底讲了多少孔子的东西，但是我想他们多少会讲到一点，就是讲中国的传统文化。应该说梁启超当年的愿望我们现在在不断地践行之中，当然我认为还是远远不够的，我们还要努力去做。

梁启超一生对中国的贡献

肖泽颖：梁启超一生对于中国的巨大的贡献在几个方面？

徐刚：梁启超这一生对中国的贡献，第一就是从中国古代社会到近代社会转型的时候，梁启超作用超过了康有为，是站在最前面的，这是第一。

第二，梁启超一直有一个梦想是富强中国，使中国成为一个宪政国家。那么这里边有一个特殊的背景，因为袁世凯当政了，袁世凯一直想总统专制。当时袁世凯这个总统之下的所谓民国实际上是徒有其名。梁启超为了改变袁世凯他要"和袁"，所以这也是梁启超被人诟病的一个很重要的方面，说他多变。后来又成为袁世凯总统手下的部长。梁启超并没有成为袁世凯的御用官僚，他还是保持了自己的人格。他希望改变这个社会，改变袁世凯。袁世凯改变不了，袁世凯要做皇帝。那么他怎么办？他就带了蔡锷亲临火线讨袁。这在中国知识分子里边是少有的，因为当时梁启超已经名声那么大了，把袁世凯推翻了，恢复中华民国。因此在历史上对梁启超的评价有四个字叫"再造共和。"

梁启超对政治失望，袁世凯以后是段祺瑞、冯国璋，这一些人都当过总统，都离不开他们军阀的本性。梁启超在当时说过两句非常有名的话，梁启超认为当时中国只有两个阶级，一个是有枪阶级，一个是无枪阶级。有枪阶级就是军阀。梁启超曾对他们寄予希望，并且想通过他们，利用他们改变中国，都失望了。都失望了以后在 1920 年的前一年，1919 年、1918 年这样子他就脱离政治，专门搞学问，开始写文章、讲学。讲学他有几个地方，一处是在北京，包括清华、北大、北师范、北师大他都去，在《饮冰室合集》书籍里都有记录。还有一处是东南大学，南京，以及天津的南开大学。他就把他的思想灌输给学生。他希望通过孩子们在将来能够救中国。

十年的心力教书讲演

梁启超以最后十年的心力教书讲演，或可再问，在梁启超所处的日益西化的时代背景下任公坚守者为何？反对者为何？梁启超对教育的一贯主张为“教人学做人”，后来在这句话之后又加了一句话“学做现代人”。在《北海谈话录》中自谓做清华国学院导师，“当然有我的相当抱负而来，我要想把中国儒家道术的修养做底子，而在学校功课上把它体现出来。”

徐刚：那么最后这个时间大概也就不到十年。他最辉煌的是在清华国学院。前后约两年时间，因为他后来生病了就不能再讲了，后来很快就去世了。去世是57岁沾一点边。他在清华国学院有一句话，他要准备辞去一切社会职务，包括清华国学院的教职，这是他留下的最后一件事情，他那时候说过一句话：“独于清华不能无眷眷”。眷恋的“眷”。独于清华不能无眷眷。眷恋、眷顾这个“眷”字。

就是说我病了，我连教书也不做了，但是我还是眷恋啊。独于清华不能无眷眷。他眷恋清华什么？眷恋清华的学子，眷恋他的研究生，眷恋他没有讲完的中国文化史。中国文化史有三个部分，他只讲了一部分。那么他希望继续讲，让他的学生继续能够听他的课，然后跟他一起讨论，然后推动中国的文化能够再发展下去。这是他给弟弟写的一封信里面的一句话，在《梁任公年谱》里边可以看到。这些话里边你都可以体会到这个人是一个充满了爱的人，因为我后来读他的书信，我也很惊讶，对爱，对爱情他也有新的理解。我们现在说爱情就是男女之爱，不管是夫妻的还是谈恋爱的还是什么情人之类的就局限在这个范围内。但是在梁启超看来这个爱情是对所有人的，尤其是对自己的家人，对自己的学生，对自己的朋友。所以他把那个“爱”字写在家书里边，都是直接明讲我对你们的爱情是无边无际的，你们对我的爱我也能体会到。

梁启超浓得化不开的爱

肖泽颖：梁启超对亲人，朋友浓的化不开的爱体现在哪些地方？

徐刚：尤其到了晚年，因为他的孩子在国外留学，如果一个月接不到信，他就会写信：你们总要每个月给我写上几句话，你们要知道爹爹对你们的爱怎么样怎么样。看了之后我会流泪。因为我也是父亲，我没对我女儿说过这种话。这里边我就忽然想起了鲁迅先生的一篇文章，《我们现在怎样做父亲》。那么梁启超可以说他是一个伟大的父亲。包括梁思成，他在国外学的是建筑，梁启超是知道自己孩子的，就是梁思成的个性。他给梁思成的信中说：你选的专业是建筑，这个专业相对来说是比较枯燥的，你可以读一点文学的书，因为文学的书它会有情趣，你要多交一些朋友，相互之间有所交流。实际上他是对着梁思成的个性特点讲的这些话。细心到这个程度。梁思成和林徽因要结婚，他们开始选的路是从当时的苏联经西伯利亚回来。但是梁启超建议他们不要走这一条路，宁可多花几个钱要走欧洲，意大利这一条路。为什么？可以了解欧洲文艺复兴。这是欧洲文艺复兴的发祥地，风景也极佳。

包括对夫人。夫人病倒，夫人是得乳腺癌死的。他自己写了一篇文章说夫人走了以后意气风发的我兴味索然。就是他本来是一个很意气风发的人，已经感到一点意思都没有。那么他干什么呢？他把宋人的词，把它集起来写对联，包括冰心先生家里还有梁启超的一副对联。就是那个时候谁问他要，他都用写对联来打发时间。然后写了一篇悼文。他下葬夫人的时候写了一篇悼文。他自己说在我一生当中写的几篇好文章里它是其中之一。所以我在《梁启超传》里把这个悼文全文保留下来，你可以看到他的那种真情所在。

和师友的关系也充满了爱意，包括为他写年谱的丁文江，是个地质学家，他们游欧洲的时候为了找一个懂英文的人临时把他拉上。后来丁文江成了他最好的朋友。丁文江编年谱，丁文江死了还没有编完，丁文江的弟弟接着编，现在我们看见的《梁任公年谱长编》，还有一个

《梁任公年谱》是两个地方出的，两个出版社出的，它收录的都是书信。那么这里边还有很多的给朋友的，包括康有为。康有为去世后分文不名，梁启超马上寄钱过去，把后事办了。办后事不说，又在北京发起公祭，这个钱都是他掏。公祭康有为他是作为孝子出现的。中国的传统孝子是什么样的？披麻戴孝，衣服是不缝边的，所有来参加公祭的康有为的门生，康有为的徒子徒孙都要行礼，梁启超也跪下来回礼。梁启超那个时候肾有病，已经非常严重了。

所以康有为这个公祭结束了以后梁启超曾经有八九个小时尿不出尿。他最长时间是十几个小时尿不出尿。协和医院也莫名其妙，知道梁启超有一个肾有问题，结果动手术割下来的是一个好的肾，那个坏的肾留在里边，这是当时的一个公案，徐志摩写过一篇文章说“梁任公白丢腰子”。就在这种情况之下他还要募捐一批钱，自己带头，因为他要安顿康有为的后人，家人。可以说他为国家、民族，为家人，为朋友是奉献了他的所有。

肖泽颖：您把他称为一代宗师，怎么考虑的？

徐刚：那么他不是一代宗师谁是一代宗师？他从人格、思想、精神到学问，到为人父、为人夫、为人友都是了不得的。那么这样一个人我们不把他当一代宗师这是我们的损失。他的很多思想，直到现在都是闪闪发光的，都是有用的。

1919 年发生了五四运动，他没有参加，因为他在为巴黎和会游说，在外国，回来他做了两件事情。第一，要求政府释放被捕的学生。第二，他在一篇文章里边谈了，他没有说这个德先生和赛先生不好，他说中国还缺两个先生，爱先生和美先生。要让中国的孩子们从小懂得爱，懂得敬畏，从小懂得美。什么是美的，什么是丑的。那么如果我们想一下，我们拥有德先生和赛先生，拥有爱先生、美先生，我们有四个先生，何至于今天中国这个社会，从传统道德意义上说已经完全跌破了底线，到处都是骗子，什么东西都可以是假的，没有任何诚信，如此等等。所以当我想起梁启超所言，我在写这本书的时候或者现在我说的时候我内心是有感慨的。

研究梁启超的价值

肖泽颖：研究梁启超的价值是什么？

徐刚：研究梁启超的价值实际上就是梁启超说的我们为什么要研究历史。一百多年过去了，写梁启超实际上我们也是在研究历史，研究历史的根本的目的就是要找到新的材料，就是你不要老是炒冷饭，炒已经炒糊了的东西。包括谈梁启超，包括写梁启超，这些年来也不少，也很多，那么我力图做到说一点我自己发现的东西，找一些新的材料，要有一些新的观点，要启发现代人。达到以史为鉴、以史为警的作用。梁启超对文化的重视，对历史研究的重视，可以说是他一生当中最重视的两件事情。尤其在他的后期，那么他终于找到了一个源头。如果没有对文化的重视，没有对历史的见解，我们就无法改变中华民族的弱点，我们就无法成为一个真正意义上的大国和强国。

肖泽颖：您觉得以后还会有梁启超这样的人物吗？

徐刚：我不敢说绝对没有，但是我几乎不抱希望。我觉得我们现在要做的就是从梁启超那里学到一点东西。

肖泽颖：您学到了吗？

徐刚：1992 年以后我的写作主要是两个方向，一个是生态环境人与自然，一个是写人物传记。我尽量正视现实，正视历史。我希望我以独立的人格、自由的思想，献给我脚下的这一片土地，献给历史上像康梁这样的伟大人物，而后借我的书传播一点他们的思想和学术。假如这一点，这个目的我基本达到了，那么对我来说也就是一个莫大的安慰。

二〇一四年三月

北京

周大新：作家的一个重要任务是探究人性的奥秘

其实人性是一个非常幽暗的洞穴。作家的任务之一就是不断深入这个洞穴，去发现人性的新成分新内容。人从动物界脱胎而来，也因此，人的身上有动物性的遗存，人性中有美好的部分也有丑陋和黑暗的部分。直到今天，人对人性的认识还没有完成，还需要作家和心理学家一起，去继续探究和发现。我这些年写这么多作品，有一个用心，就是渴望对人性进行探索，发现人们过去没有意识到或没有认识到的新内容，从而丰富我们对人的内宇宙的认识。

周大新

嘉宾简介

周大新　现为中国人民解放军总后勤部政治部创作室专业作家，中国作家协会全委会委员。已发表和出版长篇小说《走出盆地》《第二十幕》(上、中、下三卷)《21大厦》《战争传说》《湖光山色》《预警》《安魂》等，其中《第二十幕》是作者用近10年时间构思写出的一部长篇小说，获第三届《人民文学》奖。其短篇小说《汉家女》《小诊所》获全国优秀短篇小说奖；长篇小说《湖光山色》获茅盾文学奖。因创作成绩突出获冯牧文学奖。一些作品被翻译成英文、法文、德文、希腊文、捷克文、日文等。不少作品被改编成电影、电视剧和戏剧，其中由其小说《香魂塘畔的香油坊》改编的电影《香魂女》获1993年度柏林国际电影节大奖“金熊奖”。

导语：

他出生在农村，他的很多文学创作的题材都来源于河南家乡那片土地，他的很多文学作品里边的人物最终都走向了觉醒的阵列。他的文学作品也被改编成了电影、电视剧，著名电影《香魂女》被评为柏林国际电影节金熊奖。他的长篇小说《湖光山色》在 2008 年获得茅盾文学奖。让我们一起来走近这位在北京生活多年，仍然带有浓重的河南口音的著名作家——周大新。

文学是我倾诉的一个途径

肖泽颖：您觉得文学对您来说意味着什么？

周大新：文学是我向外部世界倾诉的一个途径吧。心里有很多话，对世界形成的看法，随着年龄的增长也对人生有很多感悟，希望把它说出来，告诉自己的读者，所以就特别需要通过文学这个途径来达成。

肖泽颖：是在什么时候知道自己对文学有了感觉？感觉自己和文学有了联系？想倾诉自己的心声是在什么时候？

周大新：对文学感兴趣，最喜欢读文学书是在上小学的时候，见到文学作品就喜欢读。那个时候可读的书很少，我记得我读的第一部文学的书就是阿拉伯的那个故事集《一千零一夜》。

肖泽颖：《一千零一夜》？

周大新：嗯。从那儿开始读文学书了，那个年代社会上流行的文学作品是《红旗谱》《青春之歌》《林海雪原》等。还有河北作家梁斌写的其他一些小说。曲波写的《林海雪原》，我当时最爱看，因为那里边写了爱情。这本书所以吸引我，还因为书里讲的剿匪的故事非常精彩。大概从这时，对文学的兴趣在心里就浓起来了。

有了兴趣就到处找文学作品读，那时候“文化大革命”已经开始，学校的图书馆管理不严格，我们就悄悄地从一个破了的窗户进去，从那里边找了不少书看，找到一些外国、中国的小说，偷偷拿出来看。

肖泽颖：当时给您印象最深刻的小说，除了《林海雪原》以外，还有哪些作品？

周大新：我记得有一本叫《战火中的青春》，还有《敌后武工队》。从《奔流》杂志上读的一些作品，从《人民文学》杂志上读的一些作品，都让我觉得很新鲜。对我影响特别大的是列夫·托尔斯泰的作品，这时我已经当兵了，我 18 岁当兵以后，看到班长找来一本没有封皮、没有封底，也没有书脊的书，看得非常痴迷，我就趁他外出时从他褥子下把书拿过来看，一看就吸引住我了。书中讲的是聂赫留朵夫和玛丝洛娃的故事，让我觉得非常有意思。但当时不知道书名是什么，后来，改革开放以后就是"文革"结束以后，才知道它是《复活》，是列夫·托尔斯泰的重要作品。这之后我就把他的其他作品都找来读了，他是对我影响比较大的一个作家。

乡村文学《湖光山色》

肖泽颖：我知道您的很多作品都关注女性的命运，您写了很多美丽的女性，写她们在艰难的生存环境下，努力奋斗，做出了一番不平凡的事情。我特别想知道，《湖光山色》里边的暖暖这样一个人物，有没有生活原型？

周大新：暖暖这个人物形象，是我把在生活中接触到两个女性形象叠加融合在一起塑造的，也就是说，是有模特原型的。第一位女性是在北京打工的山西姑娘，大概也就是十九岁、二十岁这个样子，她到我家做钟点工，我跟她聊天，这个女孩非常勤快，你叫她做的事她给你做好了，你不叫她做的事，她也给你做好了，真心帮助你，主动给你做。我们非常喜欢她，就问她为什么到北京打工？她说我想挣点钱供我弟弟上学，然后我再挣一笔嫁妆钱。这个孩子长得也很好，很善良，给我留下了美好印象。另一位女性是我回家乡到丹江口水库周边采风时遇到的，她是一个大学生，长得很漂亮，在武汉上的大学，毕业后在武汉工作了一段时间，后来又回到了我们家乡，在一个镇政府工作。我问她为什么不留在武汉？因为大学生一般进了省城，通常不会再回到小镇上，她的选择让我就觉得有点儿奇怪。她就说我不想在大城市生活，我在大城市接触了一些人，他们给我的感觉不好，我愿意回到家乡这个小镇上，因为这里的人我都熟悉，我原来就在这里生活，在这里让我内心安妥。她冒雨领我们到村里老百姓家，跟农人交谈，安排我们吃饭，把我们照顾得非常好，还对我们谈了她的生活理想，给我也留下了深刻印象。当我决定写《湖光山色》的时候，这两个生活中的真实的人物形象，给了我启发，我就创作了暖暖这个形象。我希望通过暖暖这个形象，给读者带去一些温暖和美好的感受。今天社会上冷漠、黑暗或者说不理想的东西很多，很多人觉得这个世界很丑恶，不值得生活下去，从而悲观厌世，我就希望暖暖这个艺术形象能驱除人们心里的一些冷感。

肖泽颖：您怎么看待根据你作品改编的《香魂女》这部电影？

周大新：这部电影改编拍摄得不错，把我小说的主旨，都表现了出来。女主角二嫂的扮演者斯琴高娃演得很好。二嫂这个人物年轻时家里因为穷，被卖做童养媳，她遭受了人世上很多痛苦，可是她在有了钱以后，又开始重新制造新的痛苦，她又用钱来迫使环环嫁给她的傻儿子。就是说受害者又成了迫害者，在制造新的痛苦。不过最终她觉醒了，解放了环环，使自己的人生走上了一个新的台阶。

电影中环环这个演员演得也很好。环环也是一个受害者，她对婆婆的理解促使了婆婆的觉醒。女性自己对自己进行解放，是一个很重要的问题，女性的解放不能全靠男性，还要靠自己。

我们中国的女性解放已经走出了很长的路，已经取得了很大的成就。现在的科研教育领域和行政机关里都有很多女性在唱主角，女性办的各种企业也非常多，在社会生活中，用说惯的话就是“半边天”这个局面已经显示出来了。但生活中女性受歧视和压制的情况还严重地存在着，官场里大多数人是男的，只是在一个单位里、在一个地区点缀性地有那么一两个女同志。在一些企业里，男女不同工同酬的现象也存在着。女性在就业时会受到不公正对待。很多时候，女性只是作为一种被观赏的对象出现，没有得到应有的尊重。这些现象，随着我们社会经济的发展，会慢慢改变的。

战地女性小说《汉家女》

肖泽颖：《汉家女》是20世纪80年代中期写的短篇小说，您能谈谈这篇小说的创作过程吗？

周大新：20世纪80年代中期，我去了南部边境战场，但不是作为战斗员，而是进行战地采访。当时接触了很多女军人，就是战场上的护士、护士长、医生、文工团员，还有机关的女干事、通讯部门的女通讯兵，接触以后听到了很多关于女兵的故事，当时很感动。我当时觉得尽管战场上女同志不多，但她们确实扮演了很重要的角色。有些故事特别让我感动。其中一个是我们战士要上一线执行突击任务时，女兵为他们敬酒，这些突击队的战士一般都不会再回来，女兵给他们敬完酒，常会主动扑到男兵怀里与他们拥抱，用这个方式和男战友告别。这个细节非常感动我。然后我就根据这些采访到的东西，创作了《汉家女》这篇小说。

我写《汉家女》，就是想写出一个能代表我们中华民族美德的女性，所以让她姓汉，就是告诉读者，这是汉族人的一个女儿。故事是说她在军用帐篷里洗澡的时候，刚好有一个第二天就要当突击队员到一线阵地的战士经过，他听到帐篷里的水声时，无意中撩开窗帘去看，这个战士才十八九岁，从来没有见过女性的身体，一看就入迷了。护士长汉家女发现有个战士在偷看她洗澡，抓着衣服穿上就出来了，她抓住这个战士骂：你这个流氓！这个战士就很害怕，就说我刚才是无意中去看的，我想明天我就要去阵地，肯定回不来了，我还不知道女人的身体是个什么样子……

作品发表后，出现了很多评论，有叫好的，也有批评的，后来有一个电视剧制作单位把它拍成了电视剧，中央电视台在过春节时把它播了。这对我是一个支持。这个短篇在我的创作历程中挺重要，从那以后我就觉得，人们所以喜欢这篇小说，是因为我对人性在战场这个特殊场所的表现进行了展示和表现。后来我就懂得，应该把探索人性作为自己的一个任务。从此我就不再简单地写人写故事了，而是向人性这个洞穴的深处走去。

肖泽颖：您写部队生活写得挺好，怎么后来又转到写家乡了？

周大新：因为觉得自己的很多思考，军事题材没办法把它表现出来，或者说还有一些很受感动的人物和事件，值得写，但不在军队，于是就有了这种转换。

一个作家最重要的写作资源，通常都藏在自己的故乡里。我把笔转向我的故乡后，发现了很多值得写的东西，产生了强烈的创作冲动。我写家乡各种各样的人物，写家乡各种各样的事件，写家乡发生的各种各样的变化。把故乡人们当下的生存环境生动地展示出来，给读者提供一个观察乡村的标本。我觉得一个作家要是把自己的故乡写好了，就是对文学做出了贡献。

肖泽颖：您怎么看待您的母亲，她是一个什么样的女性？

周大新：我母亲是乡村里那种任劳任怨的女性，对生活没有太多的要求，只要能吃饱有房子住，孩子们能正常生活，她就很满足了。我记得很小的时候，家里来了讨饭的人，母亲总是很慷慨地给人家吃的东西，她告诉我们，只要我们有吃的，就一定要给讨饭的人饭食，自己活着也要让别人活着。而且教育我们，永远不要欺负别人，不要看人家家里穷或者穿得不好，或者有什么残疾，就欺负人家，这不应该，你今天欺负别人，别人有一天就也会欺负你。她还经常叮嘱我们兄妹，不能看不起比你穷的人，人的穷富是会变化的，今天他穷你富，明天就可能他富你穷，风水是轮流转的，不要觉得自己了不起。我记得她告诫我们：人可以说这话说那话，但不能说“过天话”，所谓“过天话”，就是高过天的大话，说大话的人早晚会摔跟头。母亲对我的教育，对我的一生都很重要。

肖泽颖：我看您写的很多关于家乡的作品里面，有一些人，就像暖暖的丈夫，他后来走向了恶的那一面，做了一些跟正义背道而驰的事情，您怎么看待农村里的这种人？

周大新：对于暖暖的丈夫，我是把他作为一个官员来写的，村官也是官，不过是最低一等的官员罢了。在中国官员这个序列里边，村主任虽然职务最低，但他也掌握着一定的权力，掌握着一定的资源分配权。如果他没有自知之明，没有自我约束能力，加上又没有制度对其进行制约，就这样一种职务，同样能叫一个人变得非常可怕。那些掌握更高权力的人，掌握更大资源分配权力的人，如果他不清醒，那就更可怕。最近的报纸经常公布部级、省级的领导贪污，有的单笔贪污就达1.2亿元，这让人震惊。我写这个暖暖的丈夫，就是想通过他来展示权力对人性的腐蚀，让人们看到权力怎样让人忘乎所以变得疯狂。写这个人物形象，也是表达我对官场生活的思考吧。

我的家乡邓州，是一片起伏不大的丘陵地，是南阳盆地里边的一个平底，是国家的粮仓，是盛产小麦的地方。夏天，小麦一望无际；到了秋天，玉米、红薯、芝麻什么庄稼都有，每年为国家贡献很多粮食。这个地方的百姓淳朴、勤劳，不怕吃苦，若是把这个地方的人物写活了，差不多就把中原人写活了。当然，他们身上也有人类共同的弱点、缺陷。中原文化负面的东西给他们造成的影响，都有。所以，我在写我的家乡人时，既歌唱他们身上那种美好的东西，也指出他们身上丑陋的部分。

中原文化负面成分的影响，人性的弱点和缺陷，是我写作时必须面对的问题。这是没办法的，这是作家们都会遇到的情况。每个人的内心都有黑暗的东西，世界上没有生来就完美的圣人，好人是在不断的人生历练后才出现的，是在成功控制内心黑暗部分后出现的。我笔下的故乡人活得其实都不轻松。

作家写作时当然会向前看，但更多的时候，作家会向后看，也就是向自己的来路看，在自己的来路两边，储存着很多值得写的资源。所以，我在不断回望通往故乡的路，那条路的两边，仍有许多我想写的东西。

肖泽颖：您从家乡到了山东，进到省会济南，然后又到北京过起了城市生活，您觉得乡村和城市这两种生活能相融吗？

周大新：其实把农村和城市人为割裂开来的做法已经过时，是完全不应该的，现在西方国家都已经不这样做了。你到西方，到欧美一些国家能够看到，他们那个乡村的建筑也非常时尚，跟城市的那种建筑没有什么不一样，屋里非常卫生，乡村人的文明程度跟城市人一样，生活水平是一样的。可是我们的乡下呢？那跟城市生活完全不一样，是两个世界，所以我们中国的农村人都盼着逃离乡村，赶紧到城市来生活。城市因为文明程度高，可以随时看到电影，看到歌舞表演，随便可以到商场里买东西，在农村呢，买个东西非常难，我小时候跟着老人跑六华里才能到一个镇子上去买油盐酱醋。中国将来的发展，肯定会使这二元社会融合起来。将来，人们生活在乡村和住在城市，都会一样地享受现代文明的成果，一样的有尊严，不会再有区分。

现在北京郊区的一些乡村因为建设得好，已吸引了很多市里人到乡村去住，因为那儿环境好，空气好。北京的很多白领愿到乡村去租一点点地，租几棵果树照料，去种种地摘摘果觉得很舒服，享受这种农家的生活。

中国的城镇化应该走出一条自己的路子。有一些村子比较大，条件比较好，可以以这个村子为主，让周围的那些小村子，那些零星的住户，特别是出去打工的人比较多的村子的住户，逐渐都往这个大村子里搬，使其逐渐变成一个镇子。变成有十来万人，或者十几万人那么大的一个镇子，镇里面也有下水道，有管道煤气，有楼房，大家都使用那种冲水马桶。这样的镇子多了，中国的城镇化就逐渐实现了。

都市题材作品《21 大厦》

肖泽颖：我知道您后来就是又写了一些关于城市的作品？

周大新：对，主要是长篇小说《21 大厦》。我住的那个地方在万寿路那儿，附近有几座大厦，最早的大厦是公主坟的城乡大厦，这部书就是以城乡大厦为模特写的。写这座大厦里边，既有商场，也有宾馆，还有商住的人家。各种各样的人都在这座大厦里边生活。我就是想通过这样一座大厦，去写 21 世纪初期，中国城市里边人们生活的真实境况和他们的精神状态。在这部书里，我既写了上流社会的人物，也写了中层社会的人物，还写了底层社会的人物，也就是在地下室停车场打工、保洁的这些人。我想把北京城里各个阶层的生活情景都写出来，都放在这一座大厦里表现出来。

小说的主人公是一个保安员，是出生在豫鄂交界处的一个小伙子，他来北京打工当保安，通过他的眼光来看这座大厦。因为他是由乡村来的，他的乡村生活背景我熟悉，写起他来我比较顺手，他想的是什么，关注的是什么，我都知道。

我在生活中接触过很多保安，各种年龄的保安我都见过。我们家乡还有一个年轻人在北京也办了一个保安公司，那个公司还颇有名气。这个保安其实是我叙述的一个道具，我是借他的眼睛来看这座大厦里各种各样的人。

他一开始是在一个大餐厅门口站着，维护这里的安全。在这个大餐厅的门口，他每天看吃饭的人的表情和吃相，各种各样的人，白领、蓝领，包括保洁员的就餐情景，他发现其中一个姑娘，是地道的北京人，总是吃到一定时候有个中年妇女抱个小孩在外边等她。这个姑娘匆匆吃完就来给孩子喂奶，他觉得很奇怪，故事就从这儿开始。然后因为他表现好又被调到高层商住区当保安，那是有钱人住的地方，房子很大，一套二三百平方米。在那个地方，他又见识了高官的生活、画家的生活，还有其他一些人的生活。后来因为一次意外，他又一下子被弄到地下室看停车场，做车场的保安，在这儿，他又见识了底层人的生活。

他后来爱上一个女的了，他付出了全部的真情，可对方并没有爱上他，人家只是玩玩，这样他一下子受不了了，想要自杀。农耕文化和现代都市文化这种巨大的反差，给他心理上造成强烈冲击，令他心理失衡，城市生活令他失望了。

我最后也没有写清他是否自杀了，只写他向着那个窗户走去，想从大厦里跳下来，至于他跳不跳，就看他自己走到窗前时的决定了……

这部书我开始并没想到要写一个悲剧，不想写着写着就写成悲剧了。我的作品中，悲剧比较多，这个可能和我的世界观，和我对人生的认识有关系。我觉得一个人从生下来不久就开始吃苦，四五岁就开始要学东西，很辛苦；一直学到十七八岁，再考大学，经过那一番考学的折磨，再来经历大学的四年生活；一直到最后学成一门本领，再去找工作；费了很大的劲儿找到工作以后，又开始为找对象、买房子忙碌。之后就是结婚养育孩子，不断地经受烦恼、苦痛，欢乐的时候很少。到最后开始生病，老年阶段开始后，把你原来得到的东西又都一一收走，先是把你的活动能力收走了，将你限制在家里；然后让你视力变差，以致双目失明；接着让你吃饭的食欲变差，直到你最后死在床上。这么一个过程，这个人生过程非常不美妙，走了一个圆圈后终结。妈妈把我们生在床上，最后我们又死在床上。就这么一个过程，这就是人生，这难道不是一个悲剧？当然，我们在人生过程中也确实享受到了很多欢乐和快乐。所以我就觉得，人活与不活，其实没有太大的区别。如果一个人一直没有出生，他也不知道社会是什么样的，他也就不会尝受苦恼和苦痛。大概是因为有这些看法，就导致了我不知不觉地就写出了悲剧。

人的老景、晚景确实令人伤感，你到养老院里看，原本非常漂亮的姑娘和小伙子，到最后都是没有了牙，眼也看不见了，皱纹满脸，头发落了，弄得非常凄惨。就是这个，让人乐观不起来。

人生就是这么一个过程，上天给每个人几十年时间，让你来人间体验一下，让你看看人生，看看社会，对社会的发展做一点贡献，然后你就退出舞台。一场一场的人生之戏不停地演下去，你上场的时候，不要太高兴；让你下场的时候，也不要太伤心。

纪念儿子的长篇小说《安魂》

肖泽颖：《安魂》这部书写您与儿子的对话，您能谈谈这部书的写作情况吗？

周大新：我的儿子非常善良。我书中也写过了，他有一次从西安放假回来，我托人给他买了一张卧铺票，那年头卧铺票不好买，他上车后看到一个老人有病，就把他那张卧铺票给老人了，他坐的硬座。我去西客站站台卧铺车厢前接他，没接到，我以为出什么事了，结果他从另外一个硬座车厢跑过来了。还有一次他路过万寿路附近的天桥，看到有乞讨的女孩，身有残疾，他回来就跟我和他妈商量，想把那个孩子收养下来，我们告诉他，那个残疾孩子的大人还指望她赚钱哩，人家肯定不会给我们收养……

儿子虽然走了，但我觉得他还在和我们一块生活。对他的记忆是抹不掉的，回忆每一天都在进行，只要你稍微一闭眼，他就会出现在你眼前，所以我决定写一本书，来寄托自己的这种思念，来纪念他，这就是写《安魂》的起因。

《安魂》这部书写完以后，我就越来越相信有另外一个世界存在。人不是只有肉体，如果人只有肉体存在，那人活着就太没意思了。我相信人还有灵魂，在人的肉体消失之后，人们的灵魂还会到一个地方去。现在许多人怀疑，那究竟是个什么地方？因为那是一个不可逆的空间，凡去过的人，不可能再来告诉我们。但相信有这样一个地方会给我们带来很大的精神安慰。现在据说有的科学家也在研究这个问题，我前不久读到过一篇文章，说有一个科学家认为，在我们已知的物质世界之外，可能还真有另外一个空间。

一想到儿子在那个空间等着我，就让我觉得现世的生活可以忍受，即使再遇到什么新的灾难也能承受了……

这部作品与过去的作品有很大不同，过去的作品，写的都是关于人怎样活着的问题，写的都是怎么去追求幸福，怎么把生活过好，怎样让人世变得公正公平；这部作品呢，写的是我对死亡的认识，写应该怎样看待死亡这个人生的结局。每个人都要面临这个问题，平时我们都很害怕谈论死亡这件事，都不愿意触及这个问题，都很忌讳，连车号是 14 啊，楼号是 4 都不愿意。可这又是我们必须面对的人生结局。所以我想通过我这部作品，把我对死亡的认识和理解，和对抵达人生终点应该持有的态度，传达给读者。

肖泽颖：您这部书给许多失独家庭也带来了安慰。

周大新：写这部书，既是为了安慰儿子的灵魂，也是为了安慰我自己。同时呢，也安慰了很多和我命运相似的人的灵魂。我们国家目前失去独生子女的家庭已经有一百多万，而且每年都还在增加，各种自然灾害、车祸和疾病不断地给独生子女家庭带来冲击，失去孩子的父母需要抚慰，《安魂》这本书能起到这种作用，让我感到欣慰。现在，我已经接到好多失独父母的来信，说他们读了这本书，心里的难受减轻了。

肖泽颖：《安魂》中娓娓叙说着天国平等安宁、和乐悠美的情景，并借天国里的庄子、达尔文、爱因斯坦的故事，来表达对“社会、人生、死亡”等问题的深刻思考，充满人文关怀。

周大新：我对人死后要去的那个地方，做了一些想象，当然是一些艺术想象。在死亡这个问题上，世界上的各种宗教都能给我们带来一些安慰，比如中国的佛教告诉我们人死后还会再轮回，比如基督教告诉我们将来会去天堂。文学呢，其实也可以安慰人，文学也可以在这个问题上有所作为，给惧怕死亡的人们送去安慰，完成类似宗教所能起的作用。所以我这个作品就对人死后要去那个地方，展开了想象。我把天国分成好几个区域，让各种各样的灵魂到达他应该去的那个区域。凡是无罪的都会到一个叫享域的地方，在那里享受着一种平安、喜乐的生活……

我希望我的读者读了这一部分内容后，对死亡不再惧怕，能够平静面对它。《安魂》这部书虽然遍布哀伤，但其实也传达了一种达观的精神，就是我们在面对人生结局的时候，能够将其视为一种新的开始，到另一个空间去生活的开始……

发现人性的新的内容

肖泽颖：您下一步打算写什么？

周大新：我正在写一部长篇，写得很慢，主要是因为体力不如过去了。这部长篇因为现在没写完，先不去细说它。能告诉你的是，这部新作还是在对人性进行探索和追问。因为我觉得人性充满奥秘，我把它形容成一个洞，一个很幽深的洞，我们走进去以后会看到各种各样人性的表现。为此，我曾经写过一篇散文，专门谈我在这个洞穴的前几个大厅里看到的情景。但我看到的，还不是人性成分和表现的全部。我的新作就是想继续这种对人性的探索和发现。文学的一个重要任务就是去认识人自身。认识人的身体构造及其变化靠医学家和人类学家，认识人的精神世界包括对人性的认识，得靠心理学家和文学家。我这些年写这么多作品，大都是在探索人性，都是把不同的人放到不同的环境下，让其人性得以展示和表现……

世界上很多作家留下的经典作品，都是在人性上有了新的发现和呈现。比如我刚才说过的托尔斯泰的《复活》，这本书里写的聂赫留朵夫，在当陪审员的时候，发现自己曾经玩弄过的一个姑娘玛丝洛娃成为被告，内心受到极大的震动，人家本来是一个非常纯洁的姑娘，就是因为他把人家勾引了，玩弄以后抛开了，那个女的才走到了这一步。这种刺激让他人性中那种美的东西开始复活，他开始了自我谴责，生出了歉意和愧意……这是托尔斯泰在他那个年代对人性的发现和表现。

又如马尔克斯的《霍乱时期的爱情》，写一个男的爱上一个女的以后，在遭到女的拒绝时，始终爱着对方，一直把妻子的位置留给对方，直到女方七十多岁其丈夫死去之后，才终于将对方娶了过来。这就把人性里边另外一种东西表现了出来，把人的执拗和对爱情的笃信所形成的那种力量呈现了出来。

肖泽颖：您后悔过走了文学这条路吗？

周大新：不后悔。我觉得这条路刚好是我这个爱幻想、爱玄想的人应该走的，我这样一个爱冲动爱动感情的人走这条路是对的。如果真让我去做官，我可能不行。因为我总是想把生活理想化，而实际生活不是那样的，让我从事社会管理肯定会出问题，会碰壁。我现在生活在艺术领域里，经常从事虚构，虚构出一个理想的空间，让我的人物在里边生活，由我决定他们该怎么办，这样一个理想状态，和我的内心要求是相吻合的。所以我很庆幸我走了这条路，使我避免去尝受更多的痛苦。当然，上帝没有忘记我该受苦，照样把很多苦难抛到了我身上，这没有办法，只有去承受了。现在回首我的人生，我发现我受到的苦难一点也不别人少，我觉得我的人生其实很失败。我这些年能够对付下来，还能活到今天，就是因为文学给了我很多安慰。我在文学著作中认识了那么多人物，看到那些人都受了各种各样的磨难，他们的遭遇让我感到上帝对我并没有歧视，所以，写作对我既是一个安身立命的办法，也是支持我活下去的一个支柱。

二〇一三年十一月

北京

王宗仁：灵魂高原

对于青藏高原的认识，我也有一个比较漫长的过程。直到现在，我觉得中国没有比青藏高原更有这种美丽，并且更让人热爱的地方。

在高原上的那种生活的积累，好多是在我们体内的，它在心里面沉睡着，不到一定的时候，它爆发不出来，变不成文学。你只有在反复了解它、触摸它之后，在触动每一个事件之后，灵魂深处忽然有一个东西被碰发，此时，过去那些沉睡的东西就翻腾起来，这时候它才是。

当你把“我”变成“我们”以后，你就自由了。毛主席讲的你就从必然到了自由了。所以我就一再努力把“我”变成“我们”。这个很重要。你每说一句话和每做一件事后都能达到“我们”那个水平的时候，你就自由了。写作也是一样，把“我”变成“我们”，你就会自如。

王宗仁

嘉宾简介

王宗仁　陕西扶风人，笔名柳山。著名散文作家，中国散文学会副会长兼秘书长，国家一级作家。现被推选为中国散文学会名誉会长。

1957 年毕业于陕西省扶风中学。1958 年应征入伍，历任汽车七十六团政治处见习干事、书记，青藏兵站部宣传处新闻干事，总后勤部宣传部新闻干事、宣传组组长，总后勤部政治部创作室创作员、主任，专业作家，文学创作一级。1954 年开始发表作品。1982 年加入中国作家协会。系中国作家协会会员、中国散文诗研究会副会长、中国报告文学学会常务理事。

到目前为止，王宗仁已累计发表作品 500 多万字，出版 40 多部作品集，获得各种文学奖 20 多项，并且连续 5 届荣获总后勤部军事文学奖。尤其是他倾注全部心力、真情书写的精品散文集《情断无人区》，2000 年首次出版发行后，由于读者爱读，传播面广，连续 3 年 3 次印刷，成为文坛一道亮丽的风景线。2010 年，他的散文集《藏地兵书》获得第五届鲁迅文学奖。

导语：

21 世纪的中国文学到底能走出什么样的响动，没有人敢妄下预言，然而被誉为“昆仑之子”的作家王宗仁毕竟被雪域高原残酷的季风吹白了鬓角。40 年，中国有几位作家把 40 年的笔触、情感甚至生命交付给巍峨的雪山和一批又一批在生命禁区顽强战斗、拼搏，甚至默默死去的高原官兵呢?

这是一位上百次穿越了世界屋脊的老人，他是军人，一个把生命化作青藏高原一部分的作家，他写了 40 多年的高原军营生活，有数百名藏地的军人从他的笔下走过，他被称为“昆仑之子”，他就是著名作家——王宗仁。

青藏高原美丽记忆

肖泽颖：青藏高原在您的心目中是什么样的一个形象?

王宗仁：我是有一个比较漫长的过程，我现在对那个地方的感觉是，我觉得中国没有比青藏高原更有这种美丽、更让人热爱的地方。

肖泽颖：现在它给您的印象是什么?

王宗仁：2009 年以前我每三两年总会去一次，有时候连续两年去一次。就是你觉得那个地方好，那里有别的地方没有的、看不到的东西。每次去那里我都有很大的收获，结识好多高原的朋友，好多牧区的藏民朋友，他们在我脑子里面积累多了以后，我这个饱和了、满了，就可以变成文学，变成文字。

肖泽颖：您觉得每次去高原，回到那些地方，留给您最深刻的记忆是哪些?一下子浮现在您脑海里的是哪一段?

王宗仁：在这个高原上的那种生活的积累，拿我来说可能就是五十来年了，但好多它是在你这个体内的，在心里面沉睡着，不到一定的时候，它变不成文学，爆发不出来，你只有反复去了以后，每一个事件触动了，灵魂深处一个东西触动了，过去沉睡的东西就翻腾起来，这时候它才是，我现在心里都是过去的事，50 年代，60 年代，“文革”前或者“文革”当中的事，我得萌发要写它们的念头，先前的去，后来的去，如果你没有这种心灵的撞击或者这种长期的积累，这个火花出不来，你就写不出来。我现在好多散文写的都是我 50 年代、60 年代在高原上的生活，但是我今天把它写出来了，都亏了我现在经常去。

再去高原

肖泽颖：您最近一次去高原是在什么时候？

王宗仁：2008 年去了两次，2009 年去过，2009 年以后再没有去。明年肯定去，因为明年格尔木建市六十周年，他们的电视台采访我，让我写东西，而且给我出了一本书叫《当年我在格尔木》。这格尔木，昆仑山上格尔木嘛，明年肯定去。

我最近一次去的目的，是为青藏兵站部进藏五十多周年。我组织了这么一本书，组织兵站部的官兵作者来写。但是就在写的过程当中，引发和触动了好多积累在我脑子里面的素材。特别让我觉得非写不可的就是今年 8 月份在《西藏文学》发表的《歌的高度》。因为当时在组织时，我们翻腾了它五十多年进藏历程，要给它写报告文学。当时在看到这个史料的时候，我的心动了。它记载了在 50 年代中期，陈毅同志带领文工团到西藏参加西藏自治区筹备委员会成立的时候发生的一件事。当时有一个文工团员，走到长江源头以后，因为高山反应，留在了那里。高山反应很厉害，她留在那里休息，不能进藏了。留在那里以后，由于唱歌，她把自己的生命献在那里。就这件事情，其实我过去也知道，这个女文工团员在历史上也记载着，但是这次回去就让我觉得，我非得要把这个事情写出来不行。对这个文工团员的这种献身的认识，和过去都不一样。过去可能没有到那个火候上，就是还没有一定要写她的这种强烈的愿望，有些问题我还把握不准，所以这次去以后，有了好多想法。其中这篇散文《歌的高度》，应当是我创作方面一个很重要的收获。

实际上前几年我都是在部队，高原部队汽车部队。其中，有四五年的时间我都是在连队开车，当汽车兵。那个时候说实在的，由于我年轻气盛，对高山反应、艰苦这些东西都不把它当回事。但是，那时候毕竟思想感情和高原有种距离，你别看身在其中，但这个距离还是远的，老想着要离开这个地方。但是，就是随着时间的增加，自己不断认识以后，慢慢地我从高原生活当中找到了一种追求，或者一种信仰，或者一种理想，我开始慢慢地爱上这个地方了。这个追求是什么呢？就是文学。所以后来我认为光吃苦不行，苦当然是财富，但是如果你光有苦，这个苦就会变成苦难，变成苦海，那会把人折磨死，是可以把人淹死的，苦海它可以淹死人。当在吃苦的同时，你有一种追求或者有一种信仰，或者有向往，有一种理想，你才会把这种苦变成一种财富，这种人生经历才会变成财富。那时候我的这种追求就是文学，我在当汽车兵的这个过程中，就逐步地开始写我们自己的生活，汽车兵的生活。

当兵第一次来到高原

肖泽颖：谈谈您第一次来到青藏高原的事情吧，当时是一个什么样的环境？

王宗仁：到了高原当兵以后，我们才知道是汽车兵，才知道要到这个地方去当兵。

1957 年年底第一次来青藏高原，人家当时不告诉你去到哪里，也不告诉你是什么部队，慢慢这些东西才知道，哦，要到高原。开始什么都不知道，后来坐上火车，就是那种“闷罐车”以后，往西走，人家慢慢告诉是要到格尔木，要到兰州，要到西宁，知道是要当汽车兵。其实那个时候，刚去以后心情是很压抑的。你想从八百里秦川那么美的一个地方，一下子到那个冰天雪地里面，是有新鲜感，但是更多的恐怕还是一种惧怕，你该怎么过这个生活呢？开了汽车以后，就遇到了更多的困难，车辆状况很差，路况又差，高原气候差，反应又厉害，那你也必须去完成任务，因为你是个军人。那时候我们青海没有一里路的铁路，我们都从甘肃兰新路上的某一个地方把货或某些部队战斗物资拉上，慢慢地摇摇晃晃地到西藏。这每次一趟任务都是 1 个月左右的时间，每天最多的时候走 150 多公里，大部分 100 公里，最少的时候 90 公里。我现在还记着从格尔木到纳赤台 90 公里的路要走一天。就是这种生活，让我觉得今后的日子特别漫长，这个可怎么熬？这个日子熬下来就是 3 年，这个服役期限是 3 年。就像我刚才说的，正是在这个苦当中，我找到一种向往，有了一种乐趣，有了一种追求，我慢慢地觉得这个苦就不是很苦。因为有一种理想在支撑着你，有一种向往在牵着你，这就是文学。我的第一篇散文现在看来不叫散文，是一个小故事，《风雪中的火光》，这也不是第一篇，是最早写的其中的一篇，文章很短，有千把字。《风雪中的火光》就写我们自己的事，唐古拉山上我们的汽车抛锚以后，在零下三四十度的环境下，我们为了让汽车不被冻坏，我和战友把自己的棉衣撕破来烤汽车。当然用棉衣来烤汽车不一定能解决根本问题，但当时那种条件，我们也只能这么做。

肖泽颖：当时为什么考虑用棉衣来烤汽车？

王宗仁：因为天气太冷了，零下三四十度，水箱会被冻坏的。我们就烤下面那个水箱，让水不要被冻住，然后想办法把车修好再走。《风雪中的火光》就写了这个过程。我当时还是一个刚进车队的驾驶员，还有副驾驶员，我们都把自己棉衣里的棉絮撕下来烤水箱不让它冻，棉衣变成夹衣。那散文里最后两句话我到现在还记忆犹新：“我们把温暖送给汽车，让汽车去温暖苦难中的藏族同胞。”1959 年正是西藏平叛的开始，那个时候西藏还是农奴制度，民族改革还没开始，我们去执行的就是平叛任务，要解放西藏。“让北京的温暖阳光照耀到西藏去”，这句话现在看来非常的简单，当时那是我们内心的表白。我们把温暖送给汽车，让汽车去温暖苦难中的藏胞。写好之后，我就把稿子寄到北京，那时候我也经常寄稿子，大部分是不会给你登的，这篇稿子登不登也不知道，后来中央人民广播电台早新闻播了，解放军生活栏里给播了。播了以后我也不知道，我在路上不可能听到。回到部队以后，我们团里全知道了。说这个王宗仁是谁，我们上了中央人民广播电台。那时没电视，每天都是广播新闻节目。我执勤回到团里后才知道，包括团长、政治处主任都来找我，说你写的那篇稿子在中央人民广播电台上播了，大家都很高兴。因为我们这种付出、这种牺牲得到了回报，全国人民都知道了。不久，家乡也来信了，母亲托人给我捎来了一个棉背心，她信上说，我的孩子在那个地方把衣服烧了，会受冻的。后来因为这个棉背心，我又专门写了一篇，这是在不久前写的，叫作《背心》。在当时，这样的事对于一个十八九岁的年轻人来说，得到的那种鼓舞和力量是很大的，他会把高山反应等等这些艰苦的东西都抛到九霄云外，置于脑后。当时觉得你的劳动、你的稿子能起到这样一种作用，那你就会热爱高原生活，热爱高原军人的生活，热爱我们的战士。后来我不断地写，在这个艰苦的环境里面，文学给我带来了这种理想、向往和力量。

肖泽颖：汽车兵每天的生活状态是什么样的？

王宗仁：其实，这说起来可能你们现在的年轻人都不会理解，每天五六点钟起来烤车。那时候我们烤车，就是因为高原上气候太冷了。汽车里面的润滑油到了清晨晚上全都凝固了，那时候的汽车不能发电，没有启动机，我们都是用拖车。晚上要把水都放了，怕冻坏，第二天再发动车的时候，要把变速箱、后压包、油机壳的油都烤化了，让它变稀。早上起来第一件事就是烤车，没有两三个小时烤不动。

肖泽颖：怎么烤呢？用火吗？

王宗仁：我们用烤火盆。专门给每台车配了一个烤火盆。用给你发的劈柴、油，烤完以后拖车，一台车一台车地拖。拖车是很危险的，经常出事。驾驶员要把拖车杠安在个拖车销里面，弄不好经常把手夹在里面，手就流血。每天五六点钟起床，到八九点钟才能出车。

肖泽颖：您觉得最艰难、最让自己感觉都有点儿招架不住的是什么时候？

王宗仁：那就是在这个年代，就是在这个时期。

肖泽颖：您当时自己有点儿绝望吗？

王宗仁：有，就是我刚才说的熬，觉得把这 3 年熬出来，我就可以服役期满。那个时期特别想回家，但因为我们是军人，不管你心里再怎么想，还是得要完成任务，不能有丝毫的懈怠，要努力完成任务。因为这车交给你，你到哪里都不能打马虎眼。汽车兵的汽车和步兵的枪是一样的，你必须保护好它，并且完成任务，你得保证要把货物完整无缺地送到目的地。那时，尤其是到了晚上以后，自己心里有时会想，哎呀，我这一天又熬过来了，这一天又没事了，能活着就不错。那时候我经常是感叹今天又活着了。

高原文学

肖泽颖：什么情况下和文学结缘？

王宗仁：其实我是从小学开始就喜爱文学，当兵以后一进军营，我就开始写稿，在那时投稿很难，登一篇稿更难，但还是写。

肖泽颖：那个时候在哪里写？

王宗仁：在晚上车保养以后，在驾驶室里把灯拉开，没有稿纸就用加油卡片的背面当稿纸写，写完以后把它装进信封里面，写上“稿件”两个字，不用贴邮票，路边有个邮筒就扔进去。几乎每一趟任务都要写好五六篇，甚至有时是每天都发稿子，反正到一个地方看见邮筒就塞进去。写的稿子十有八九都石沉大海，但是有的时候也会登一篇，那就很高兴了。那就又是一份力量，又接着写。

肖泽颖：都把稿子投到哪里去了？

王宗仁：到处投，像西藏军区的《高原战士》，兰州军区的《人民军队》《青海湖》《青海日报》，北京的《解放军战士》《解放军报》等，还有一些上海的刊物。

肖泽颖：第一次发表是哪篇文章？

王宗仁：第一次发表大概是《我的裤子不见了》这一篇，写的是我半夜起来小解之后发现裤子不见了，然后看到排长的灯光亮着，他在给我补着裤子上的破洞，就写了这么一个小故事，很短，几百字。《人民军队》登了，登了以后当然很高兴。就是这些小稿子，在《高原战士》等都登过。

高原故事，全国有名

肖泽颖：《风雪中的火光》发表之后，您觉得自己的生活有什么不一样吗？

王宗仁：那肯定有不一样了，你想写一篇稿子被全国人都知道了，知道我们高原上的汽车兵在那个地方怎样奋斗、怎样生活，我觉得心里很幸福的。这种力量比什么给你心灵的撞击都要厉害，我就继续写，在这以后我就写得更多了。接着在《青海湖》发表一篇散文，又在《甘肃文艺》《解放军报》发表散文。后来，到了1963年、1964年的时候，这是我一生难忘的，《人民文学》连续发了两篇散文。你可以想象那种情况，就觉得世界上没有比我更幸福的人了。在《人民文学》上，国家最顶尖的刊物上发表，全是写我们汽车兵的。

肖泽颖：这对您的整个文学的创作来说，可以算是一个非常重要的过程。

王宗仁：这实际上是我人生的一个转折点。我的作品在《人民文学》发表以后，北京就给我们部队来了一个电话，让我到北京去学习，参加中国人民解放军第九期新闻写作班。我就去了。那是我第一次进北京，一个人都不认识，那真是东南西北摸不着。在那儿学了半年，学期期满了之后，我要回高原。这时候我是一心一意地想回高原的。因为在高原上我已经有成就了，这之前我已加入了青海省作家协会，而且我和另外一个战友、文友窦孝鹏还准备给电影制片厂写一个电影剧本。我的第一本散文集《青藏线上》，我自己投稿到上海人民文学出版社分社。那时候我是准备回高原，没想到头一天晚上，总后勤部有一个新闻科的科长，在我到总政排练场看演出的时候，他拍了我一下肩膀，说你是王宗仁吧？我说是，他说你不要回去了，你留下了。我当时说不行，我什么东西都在高原上。他说那你不要管，你回去以后办手续。哎呀，我那时候是恋恋不舍。

肖泽颖：还是高兴，还是……

王宗仁：既高兴又不舍，舍不得离开那个地方！因为在那个地方，我的特长正得到了人民的认可，因为我在青海有点儿成就了，有点儿根基了。但是，作为军人就要服从命令。我返回到了高原以后，含了眼泪到了昆仑山，在昆仑泉边采了一棵草，这棵草夹在我的本里边，现在还在。那时候确实是不愿意离开的。

肖泽颖：那时候年龄多大？

王宗仁：25岁。我离开这个地方了，但是我一定会经常回来的。

肖泽颖：您觉得高原当时给了您什么？

王宗仁：我觉得越来越体会到在高原上的7年的军人生活，一直到现在才看出是这些经历影响了我一生。它是我人生中的第一笔非常珍贵的财富，也是我文学生命的发源地。我后来又多次重返高原，把这7年的生活和我后来的生活融合在一起。其实我大量地写高原的精彩生活是在我离开高原，又重返高原以后。那7年我写的都是一些小的散文，但是后来我写过长篇。写过几部关于高原的长篇，写过的高原报告文学有很多，散文就更多了。这些都是在我重返高原之后，把那7年之中沉睡在我脑海里、心灵深处的东西呼唤、唤醒起来以后写出来的。你在青藏高原上吃过苦以后，在你今后人生的路上，不管有再大的苦难，你都可以承受得了，你都可以把它咽下去。

肖泽颖：北京的生活和高原的生活，给您带来的心理上的最大的不同是什么？

王宗仁：其实我这个人一直是人在北京，心在高原。

肖泽颖：那你不觉得高原的生活很苦了吗？

王宗仁：不，这时候我已经从高原上得到了我人生价值的体现，所以我才多次重返高原。虽然那个地方很遥远，虽然那里的生活很苦，每天都和困难、艰险、磨难在一起，但我觉得正是那个地方体现了我的人生价值。我不能不提到《青藏风景线》系列报告文学，开始写了三篇，这三篇是90年代初写的，从1990年开始发表，而且都是在中国的大型文学刊物发的，比如《当代》《十月》《长城》。第一篇是《青藏高原之脊》，我认为青藏高原上的脊梁，世界高原上的脊梁，正是我们军人，是我们奋战在那里的军人；第二篇是《女人，世界屋脊上新鲜的太阳》，写的是女军人在那种地方付出的艰辛，要比男军人更艰辛，代价也更多，包括军人的家属，她们的小孩；第三篇是《死亡线上的生命里程》，就写了把生命献在那块高原上的军人们，他们死了，但是他们开拓了一条新的里程，后人沿着这个里程继续前进。这三篇报告文学发表以后，编辑部召开了研讨会，《新华文摘》都转载了。《青藏高原之脊》这本书也进入了共和国五十周年文学宝库。

肖泽颖：关于要写一个系列报告文学，它们是您第一次重返高原的感受吗？

王宗仁：不是，因为这个作品是1990年前后发表的。我是1965年离开以后，之后又去过好多次。但是，只有在那个年代，我才突然产生要写一个系列报告文学的想法，这个想法诞生在长江源头的沱沱河兵站，因为那次我到了沱沱河以后，突然想起我不能这么零敲碎打地写东西了，我应当写一个系列的报告文学，反映我们高原军人在这块土地上的奋战，奋斗精神。现在全国人的精神财富就是特别能吃苦，特别能战斗，特别能忍耐。这“三个特别”，就是青藏线军人创造的。

肖泽颖：7年在高原的生活与重返高原的感受有什么不一样？

王宗仁：我觉得最大的不同，就是把沉睡在我脑子里的那些高原生活都唤醒了。那些50年代、60年代的历史，“文革”当中的事情，我积累的生活，和我们今天现在的军人生活撞击在一起的时候，产生了一种亮点，产生了一种光亮，产生了一种火花。把这种火花融会贯通为一体之后，它才会爆发出来一种美。

肖泽颖：您觉得爆发出来的这种火花是什么？

王宗仁：就是我们民族的精神，我们部队的精神，也就是我刚才说的“三个特别”——特别能吃苦，特别能战斗，特别能忍耐。我当然不是这么口号式地说，我都用实例，都用他们的那种细节，他们那种具体的事例来反映这种精神的。

肖泽颖：您有没有见过和您的经历比较相似的这样的军人，有吗？

王宗仁：有啊，太多了，他们不一定是搞文学。我的好多的高原朋友，就是战友，他们都比我在高原上待的时间长，吃的苦多了。我其实在高原上是个新兵，我7年，人家都30多年。这些老同志、“老高原”好多都是我学习的榜样，都是我的好战友。

肖泽颖：他们有没有重返高原?

王宗仁：他们不一定有我这么多，但是据我知道有一些老同志，像我有一个老战友叫王根成，他后来是军职干部，调到西安以后，每年要带着他的子女老伴走一次青藏线。我们俩也是战友，我作品里面好多地方都写到了他。这样的人不少，我几乎每一次回去都遇到这样的事，就是“老高原”重返高原，他们调到内地以后，又要回高原去走一趟。

《藏地兵书》

肖泽颖：您后来又创作了《藏地兵书》，还有《藏羚羊跪拜》对吧？这些散文是真实的故事吗?

王宗仁：那肯定是真实的。那本《藏地兵书》，我跟好多人讲，就是我写“我”。这个“我”是个大我，是我们。我写的是我们这批高原军人在高原上的经历，他们奉献的历程。所以那本书里面，几乎90%的文章都是用第一人称“我”来写的，这个“我”是从“我”已经走到了“我们”，把“我”的个体变成了“我们”这一个群体，我融化在我们这个群体当中，我来看待我们高原的军人。

《藏羚羊跪拜》

肖泽颖：《藏羚羊跪拜》那个故事我觉得非常感人，当时它是发生在高原的什么地方?

王宗仁：是发生在藏北草原。据我所知，高原军人几乎没人没有听说过这个故事，我也在很早就听说过。

肖泽颖：这是真实的故事吗?

王宗仁：真实的故事，传得很广的一个故事。在这之前我也听说过，但是把它变成我的散文，那是到了1999年前后，我看到大批的藏羚羊被人们滥杀、乱杀，道德丧失、气焰嚣张，整个可可西里都响满了枪声，我才把这个东西拿出来，到了长江源头的那天晚上，我写出了初稿。

肖泽颖：为什么要写出来？

王宗仁：那时候可可西里的藏羚羊已经锐减到了七八万，最少的时候大概只剩下3万多只藏羚羊了。那时候滥杀藏羚羊，到处是枪声，可可西里被打得几乎遍地都是窟窿。藏羚羊是珍贵稀缺动物，那些盗猎分子拿着藏羚羊的皮毛换大量的外汇、金钱。这时候，藏羚羊在我们这个青藏公路上再也看不到了。我就到了可可西里，到了长江源头的兵站，很快就写出了草稿，回京以后就很快发表出来了，很短的一篇文章，1200字吧。藏羚羊这样的国家重点保护动物，重要的稀缺动物，在全世界都是一个稀缺动物，但是，那些盗猎分子嚣张到什么程度呢？保护藏羚羊不能不提到索南达杰，青海省一个县委书记。他为了保护藏羚羊，被盗猎分子打死了。在这种情况下，作为一个作家，你还能按捺住你心里的那种愤怒吗？能坐视不理吗？不可能。我就是在那个年代，在那个背景下写出了《藏羚羊跪拜》。为什么这1200字的散文出来以后会有那么大的影响？一个评论家告诉我，一篇小小的《藏羚羊跪拜》，把全国人民的注意力引到了可可西里，我那个时候就非得要写，就是怀着一种这样的责任或者这样不平的心态写的。当时反映了人心所向，大家都呼吁要保护国家珍稀动物藏羚羊。

后来藏羚羊成为奥运会的吉祥物以后，我高兴死了。成为吉祥物我并不知道，是青海格尔木的人最先给我打电话，

肖泽颖：接下来，就是现在再看藏羚羊的话，自己有什么样的一种想法？

王宗仁：过了这么多年以后，我回到高原，到了藏北，到了可可西里，我心态又比较平静了。

肖泽颖：您由一开始的沉睡、唤醒到最后的平静。

王宗仁：嗯，平静了以后，现在我想坐下来写东西。我要求每年写一篇自己满意的作品。

肖泽颖：写什么？

王宗仁：用心写一篇散文，2012年我写了一篇散文，叫《望柳庄》，那是我用了整个大半年时间写的。2011年我写了《南八仙》，那一年主要就写这个。2013年我又写了一篇，现在还在手头打磨，都是一两万字的散文，我要精雕细刻。现在我对高原生活的认识，我个人认为达到了一种新的高度、深度，或者说是生命的高度，是这种观点。我自己觉得，是我创作几十年来最好的一个阶段。我珍惜这个阶段，我不轻易地去写，我每年就写一篇像样的散文，就这些。

《歌的高度》

肖泽颖：《歌的高度》这篇散文，是在什么时候写的？

王宗仁：是在去年写的。这个在我脑子里面，在我生活的仓库里边，沉睡了几十年。

肖泽颖：为什么说沉睡了几十年？

王宗仁：因为那时候我不知道怎么来表达它，怎么样用文学来表现这件事。因为这件事情弄不好就会达不到预想的目的，带来一种负面的影响。

肖泽颖：您想通过一篇文章向大家表达一个什么样的事情？

王宗仁：这个故事简单来说，就是在50年代中期，跟着陈毅元帅去西藏拉萨的一个女文工团员，到了长江源头以后因为高山反应厉害，留在那个地方，留在那里等待车。那时候交通很不便，不可能有专车送她，也没有随车的高原医生，只有一个卫生员。在兵站滞留了一个女文工团员，这个消息很快就传遍了青藏线，汽车兵们都到这个兵站上来投宿或者来吃一顿饭，来看这个女文工团员。这表现了高原军人们对从北京来的女文工团员的关爱，或者担心，希望她早一点儿康复的那种心愿。另外还有一个心愿，那就是在青藏线上从来没有滞留过一个女文工团员，他们要看一看这个女文工团员是什么样子，特别想听一听她给我们唱一首歌，哪怕唱一首平平常常的歌，军人们也很高兴，也很幸福，也很享受。有些胆大的军人，忘记她是一个病人，提出来让她唱歌。这个女文工团员其实不是一个歌唱演员，她是舞蹈演员，为了满足战士们，她决定唱歌。这些战士们没有听过北京来的女文工团员给他们唱歌，别说听了，连见也没见过呢！所以她就开始给大家唱，唱什么？她说你想听什么，你点歌，我会唱的就唱，唱不好我也唱。结果战士们情绪来了，大家就不断地点歌让她唱，结果这个女文工团员的病越来越严重了，后来她就倒在那里再也没起来。战士们这时候才知道自己是犯了错，为什么要让她唱歌呢？不唱不就没事了嘛。但是他们当时抑制不了对女文工团员的这种苛求，或者说这种期望，或者他们内心这种对美的追求。后来这个女文工团员走了以后，战士们自己打自己脑袋，自己骂自己。那也没用了，女文工团员已经牺牲了。这时候战士们就成群结队地用几十件大衣把她包起来，给她挖了坑，埋在高原上。我说她的这个坟墓比唐古拉山都高，她的歌声虽然落了，但歌声的高度可以把天上的星星摘下来。她的歌声永远留在世界屋脊上。她倒在了高原上，她的形象将永远站立在世界屋脊上，她闪光闪映的那种形象，鼓舞着高原军人在那个地方奋战。当然这个事情总的来说是一个悲剧，但是发生在那个年代，发生在这样一伙纯真无瑕没有任何杂念的军人中间，它又反映了我们军人的那种可爱，或者那种追求，军人那种纯洁的心灵。今年的 8 月份《西藏文学》发了这篇散文《歌的高度》，《新华文摘》在 10 月份转载了。

肖泽颖：那您为什么选择在这个时候写出这个故事？

王宗仁：这个故事在我脑子里面沉睡了四五十年，到了这时候，我已经是 70 多岁的老人了，我对文学的认识，我对高原军人的认识，我对社会的认识，我对生活的认识，包括我对我自己的认识，都到了过去不曾有过的那种感觉。我可以写好这个故事，就写了出来。

过去是不敢写的，觉得它是个禁区。战士们让女文工团员唱歌，她把生命丢在了高原上，因为唱了歌。但我今天把它写出来以后，我没想到反应那么强烈，好多人从这个军人、这个女文工团员身上看到了一种强大的力量，看到了她对高原军人的那种感情，深厚的感情，看到了我们战士在那种艰苦的环境对北京来的女军人的敬仰和热爱。我在散文里表现的是正能量的东西，是一种向上的、阳光的、主旋律的感情。说实在的，我十年前写，可能还驾驭不了，把握不好这个度。我现在就把它写出来了。

肖泽颖：现在觉得自己对自己的感受使自己变得和过去不一样了，这么多年来有什么变化？

王宗仁：一个呢，我老了，还有另一个，我可以把过去不敢写的一些题材写出来。我觉得在我有限的生命里还想写一些东西，现在手头写的一本书叫做《青藏军人死亡档案》，这本书就写50多年中，在格尔木那个烈士陵园里，在和平年代掩埋着708个高原军人烈士的遗骨。他们是在和平年代献出了自己宝贵的生命，没有硝烟，没有战火，这种情况下他们为了西藏的建设，为了祖国的边疆，把自己的生命献在这个地方。我觉得这本书我一定要写的。我在十多年前就开始采访了，但是我现在进度很慢，有出版社早就和我签约，早就说好了，但是一个是由于自己的原因吧，毕竟精力有限了。还有就是我对自己的要求也高了，不想轻易地把它写出来，但是我一定会写出来。

肖泽颖：回顾自己的创作经历，接下来会对自己有什么样的更大的一个提高？

王宗仁：我现在就是这样的，我也不要求数量，我确确实实是这样想、这样做的。这两三年我确实不要求创作的数量，只要求自己写一篇就写好一点儿，因为从我现在的这种生活的积累看是可以的。作家的生活积累，它应当包括三个方面：一个对创造素材的积累；再一个就是感情的积累，也可以叫思想的积累，就是缺一不可；第三个就是写作技巧的积累。过去我们往往讲作家积累生活，就是素材，这个很重要了，没有素材，无米之炊嘛，没有素材还能写？但是仅仅有素材是不行的，还得有感情，感情的积累就是思想认识的高度的积累。你只有把自己的感情投入到这个素材生活当中去以后，你才有个高度，才有个深度。再就是写作技巧，你要不断地变，不断地去熟练，要熟练才能不断地把这个题材驾驭得好一点儿。所以现在我就是这么想的，就把这三个积累弄好以后，再争取写一些像样的东西吧。

肖泽颖：刚刚您也说到了，在高原经历了很多很多，那么总结一下，您对高原的感情，还有高原和您之间的这种一生的联系。我特别想知道的是，接下来您还想为高原做点儿什么？

王宗仁：就是今年 6 月份或是 7 月份，想再去一趟格尔木。格尔木这个新兴城市可以说是和我一起成长的，50 年代到那里的时候住的还是帐篷，现在变成西部一个重要城市。格尔木市建市六十周年时，把我过去写格尔木的那些散文集中在一起，这本书已经出版，叫做《当年我在格尔木》。就写我那个时候在格尔木，都是我所经历的，在我生命中发生的事情。这本书出版以后，没想到前两天责任编辑告诉我又加印一次。再回一趟高原，回一趟格尔木，回一趟昆仑山，看一看烈士陵园里睡在那里的 700 多个烈士，最后再看望他们一次。只要到高原去我必须去看望他们。我每年必须要去的，带着花，带着酒，而且我会讲好多话。我到那里都是要满怀深情地讲一段我的心情，那里躺着的有我的好多战友，还有和我一起入伍的，和我有非常好的感情的也有，我都要和他们说说我的心里话。

肖泽颖：重返了这么多次高原，都没有放下这个地方，您觉得什么时候可以真正地放下高原？

王宗仁：我觉得现在是放不下，真放不下。真的放不下，越来越放不下。

肖泽颖：如果有一天您老了，走不动了，那怎么办？

王宗仁：走不动了，那没办法了，高原上的好多战友能叫来的，把他们叫来再聊聊天吧。

肖泽颖：磨难、苦难这种挫折，对您来说，是怎么来看待的？

王宗仁：像我刚才说的，那是我人生的财富、文学的财富。如果没有这几十年的这种经历，这种曲曲折折，这种波波折折的话，我走不到今天，我的文学也得不到现在这样的一些成绩吧。

肖泽颖：您觉得一个作家，或者就是您作为当代的著名散文家来说，真正走到高峰应该是一个什么样的状态？

王宗仁：我觉得我反正没走到高峰，我还在努力向高峰走。我说自己和自己比嘛，大概60岁以后才真正懂得了什么是文学，才懂得了人生，才懂得了怎么写东西、怎么写作品。

文学的意义

肖泽颖：您觉得懂得了文学，那文学是什么？

王宗仁：文学就是把自己的经历或自己体悟到的别人的经历，变成大家认可的文字。60岁以后，才可以做到。我坚定不移地就是这么认为。人说三十而立，我讲的真正的立命大概到四五十岁以后，现在三十而立的人少得很。那个年代可能三十而立，因为那个时候人活四五十岁就已经到头了，差不多，活五十来岁就老了，六十岁那就是高寿，现在都七八十岁。所以我觉得真正懂得文学对待人生是在五六十岁。

把“我”变成“我们”

肖泽颖：一个作家或者一个人也好，首先要做好自己，您怎么理解？

王宗仁：我是初中毕业后没有考上高中就当兵了，入伍之后，到了北京以后，我陆续地来提高我的文化程度。那时候搞新闻，我学了新闻学，人民日报新闻中心毕业，再一个我系统地学了逻辑学，因为逻辑对于写作是很重要的。还有一个就是心理学，八九年前吧，我跟着后勤学院的学员听课，我就是作业也不做，考试也不参加，就是听课。心理学对我帮助太大了。现在我就觉得，一个作家或者一个人也好，首先做好自己。有一次我给他们讲课，给第四军医大讲课，题目就是：做好自己。你先把“我”做好，才能把“我”变成“我们”；如果这个“我”很差劲，那怎么能变成“我们”呢？当你把“我”变成“我们”以后，你就自由了，毛主席讲的你就从必然到了自由了。所以，我一再努力地把“我”变成“我们”。这个是很重要的。你每说一句话和每做一件事后都能达到“我们”那个水平的时候，你就自由了。写作也是一样，把“我”变成“我们”，你就会自如。

肖泽颖：怎么把“我”变成“我们”？

王宗仁：“我”有了个性，才能融入到“我们”中去。“我们”中的“我”，永远是一个“我”，有特点。

肖泽颖：个性？

王宗仁：个性，但是你必须把个性融到集体里面去。融不到“我们”里面去，不行。

肖泽颖：这个“我们”指的是谁？

王宗仁：这个“我们”是一个群体。拿部队来说，拿一个团来说，你是这个团里面的一员，你只有成为团队里面的一员以后，你这个“我”才有价值。在连队里面，“我”只有融入到这个连队里面，到“我们”这个集体里面，你这个“我”，你这个兵或者你这个班长，才活得有意义，才能有大的作为。大概10年前，兵站部就有一个政委，现在已经是将军了，他原来也是一个文学爱好者。他当时在全体军人大会上，把自己晾了一番，他说：春节到了，任何人不要给我送礼，不要为了自己要提干或者要升级啥的，找我送礼。这是一个领导干部在全体军人大会上讲的。这个对我启发太大了，我当时就给他批了一段话，我说你把自己融入到“我们”里面了，你融入到“我们”里面你才会讲出这么一段话。再一个问题，他在这个大会上讲了怎么样做人、怎么样做事、怎么样做官，讲了这么三个问题。他在给全体军人讲这三个问题，我说怎么样做人、怎么样做事都好说，怎么样做官？好多做官的人不敢谈这个问题，你敢在全排以上干部面前讲自己怎么当官，你敢讲吗？你怎么当官大家都看着你呢，你这个官稍微当不好，大家全知道。所以他才敢在这个春节讲这番话。政委在全军大会上说这个，谁还敢送，送了我给你退回去，你送了我也不给你办事，我就给你退回去。从这件事里我就悟出了个“我”和“我们”。就这样。

二〇一三年十一月

北京

罗杨：文化是书法的核心

“文化是书法的核心”，书法就其技法层面，如间架结构、章法布局、笔墨技巧等而言，已在几百年前就走过了它的鼎盛时期，成为高度完善、程式化极强的认知体系；对后来者而言，王羲之、颜真卿等代表人物至今无法超越——从这个意义上讲，“法”已终结，只剩下“书以载道”了。这个“道”的延续和张扬，就是文化的延续和张扬。书法艺术作为中国传统文化的一个重要组成部分，今天它与当代文化相互交织，以其自身悠久的传统、丰富的内涵，在纵向、横向上对其他类别的艺术产生着重要的影响。它如同一颗明珠，使中国传统文化散发出魅力与灵光。

罗　杨

嘉宾简介

罗杨　1956年生于北京，社会学专业研究生毕业，著有《守望古村落》《永远的手艺》《中国历代帝王陵》；摄影集《中国古塔》；《警世格言》《中华传统名言选萃》《罗杨书法作品集》等字帖等，历任国家文物局团委书记、中国艺术摄影协会副会长、中国文联办公厅主任等职务，现为中国文联主席团委员；中国民间文艺家协会分党组书记、副主席、秘书长、中国书法家协会理事、博士生导师。

导语：

罗杨自幼随其父拜访郑振铎、郭沫若、梁思成等文化名人，深受艺术气息的感染，聪明过人的他开始在艺术方面暗下苦功。他钟情于摄影和书法，为北京大学撰写过《古代建筑文化》教材，后痴迷书法一发不可收拾。读史书，诵经籍，寒窗清苦，“攒断管、书破纸”，博众家所长，并出版有《罗杨书法作品精选》等书籍。因曾在国家文物局古文献研究所工作，常年泡在秦汉帛书及唐人写经的古物堆中，饱得古人轻灵神韵，为其在书法艺术上的成就打下了坚实的基础。

书法的灵魂

肖泽颖：书法有灵魂吗？

罗杨：书法一定是有灵魂的，对艺术来讲，无论相对于哪个事物来讲，它都有灵魂和躯壳之分，任何一种艺术如果没有了灵魂，那它只能是一种空壳，它就是没有生命的。书法上讲究精气神。这个灵魂，就是提纲挈领。引领这个精气神的。就是古人说的：书道之妙，神采为上，形质次之。所以学书法、学艺术都要抓住这个灵魂，你才能进入深的层次，发现它的奥秘。

肖泽颖：中国传统文化博大精深，主要都有哪些方面体现？

罗杨：中国的传统文化是博大精深的，是中华民族千百年来传承下来的所有精神文明的成果，都可以列为中国传统文化的范畴。但是传统文化又有它具体的表现，具体的比如小而说之是国学，是它的主要部分。

具体说，就是我们的儒、释、道三家，简单地说，可以用这样三个诗句概括起来说，比如说儒家：“星垂平野阔，月涌大江流”这样一种追求时代的潮流，这个入世这样的一种境界。释也就是佛家，是一种王维的诗句所说的：“江流天地外，山色有无中”这样一种妙悟的、仙境的这么一种顿悟的境界。还有道家就是最典型的陶渊明，“采菊东篱下，悠然见南山”那样一种出世的状态。

因为书法是中国最传统、最典型的，土生土长的这么一种文化。

肖泽颖：传统文化对书法的影响是什么？

罗杨：具体地来讲，或者说我们管它叫硬件。影响书法的，第一个就是汉字，没有汉字就不可能有书法。

第二，就是中国传统的文学，书法写的内容，只有文学优美，书法才能够优美，这就是一个形式和内容的关系。

还有所谓的文房四宝，笔墨纸砚，如果没有毛笔，没有宣纸，中国的书法都不会发展到今天，也不会有今天这样一种奇妙无穷的境界。

还有一个就是中国传统留下来的很多东西，很多器物。比如说碑刻，铜鼎，或者这些碑帖等等，就是因为有了这些东西依托，很多书法才能留存下来。

还有一个比较抽象的，四个方面影响书法的，而且也是起到书法支撑作用的，是中国传统的哲学思想，所谓的阴阳五行的学说，第二个就是中国处理人和自然关系的这个思想，就是天人合一的思想，第三个就是处理人和事，社会关系的，所谓中庸之道。再有一个就是处理人自己的这种思想，叫克己修身，简单地说就是这样。这就是传统文化的内容，如果没有传统文化也就不会有书法，也就丧失了书法存在的条件、土壤和基础。老子也说：道可道，非常道。但是这个道从书法上来讲，它是和近、形、意是相对的。道，简单地说从首从走。就是你前进的道路和方向，头脑要掌握得正确。一个就是为人处世要走正道，还有一个学习书法要继承传统，不断地创新，这也是走正道，就是不能邪门歪道，不能走西方艺术的道路，因为西方的艺术道路和中国的艺术道路是截然不同的，是两支脉路的发展，比如说西方的医学和艺术，讲究的是科学，而我们中国的医学和中国的艺术讲究的是哲学，简单地说这就是道。

肖泽颖：当代有没有大师大家？

罗杨：一个时代，都会有一个时代的高峰。但是艺术的法则呢，不受生物进化法则的约束。不能说古人情商就比我们现在的低，我们现在的情商比古人的高。比如说唐诗宋词，就是李白、杜甫，包括以后的辛弃疾等。他们确定了中国诗词上的这种高峰的标记。是后人可能不可以逾越的。因为艺术上的标准，不是以新旧来确定的。只有优劣，才是艺术上永恒的标准。所以，当代我们有没有大师、大家，这个需要后人来评说，不是宣传出来的，也不是广告做出来的，也不是包装包出来的，是要靠长年积累、历史的检验，是在一块自然的土壤上，逐步培养，熏陶出来的。

肖泽颖：当书法遇到电脑，是一种危机还是新的机遇?

罗杨：中国的书法现在已经形成了一种全民的书法热。特别是现在申遗又成功，被联合国确定为世界的非物质文化遗产。全民有了一种共识，要弘扬书法艺术。但是我觉得书法毕竟受到时代的影响。它为什么成为遗产，为什么申遗，申遗本身其中有一要求，就是濒危。书法遇到了当代的电脑计算机和它实用的功能，逐渐地淡化出我们的生活工作之中。

中国的文化博大精深，特别是五千年的文化。如果追溯起来，比五千年还长。就是这种文化，可以说我们中华民族，历经了岁月沧桑和历史的磨难，但是我们中华民族，始终没有分裂，始终保持了我们民族的团结，而且在当代社会还不断地兴旺发达。有一个最主要的原因，就是我们中华民族五千年的文化血脉，或者说，很多非物质文化遗产的精华，始终没有断过。因为文化这个东西，和经济不一样。经济落后了，可以追上。文化一旦失去了，或者落后了，是很难追上的。所以四大文明古国，其他3个已经在世界上不存在了，变化了。比如像埃及的楔形文字，现在已经认不出来了，但是我们中国的甲骨文，只要是发现了一个骨片，不管我们现在识别得对不对，但是我们大体上，都能辨认出来。它仍然还是这个血脉，还是中国字。所以非物质文化遗产，包括中国的文字，中国的文化，对我们这个国家，对我们这个民族，都是非常重要的。保护好了我们中国的文化，或者非物质文化遗产，就保护好了我们中华民族的精神家园。

书法的魅力即文化

肖泽颖：传统文化和书法有着什么联系？

罗杨：书法本身负载着历史沉淀下来的深厚文化内涵。书法之所以在中国的艺术和文化中独领风骚、永葆青春，不是在于它的表层艺术，而是在于它内部蕴涵着的深邃的文化。对书法的审美必须把它放到中国哲学观的层面。可以说，书法是一个文化的概念，而不是一个简单的艺术概念。书法应该是艺术而不是技术，这无论从它的产生、发展，还是从它所承载的内涵来讲，都是毋庸置疑的。书法与中国千百年来的传统文化是不可分的，传统文化与书法有着一种无法拆解的因缘，所以说书法因文化而具有了灵魂。反过来，书法又以其形式美让文化放射出光彩。因此可以说，只有当文化作为书法的内涵时，书法才能够感人。比如说《祭侄文稿》，之所以被千古传颂，不是简单地因为颜真卿的笔墨技巧打动人心，而更重要的是在于其背后的爱国精神、道德人品和文化含量。可以说，书法是以文化精神打动人心，又以书法的形式美令人赏心悦目。古代的大书法家无一不是大文学家、大政治家、大文人或者大学者。古代的文人可以不是大书法家，但是从历史上看，如果不是一个大学问家，绝对也成不了大书法家。

目前书坛上大师难觅，经典难见。一些人认为，与历史上的辉煌相比，当代书坛可谓黯然失色。我认为存在的一个问题就是形式的丰富和内涵的退化。内涵就是文化含量。所谓退化，就是无论从展览抑或大赛来看，书法反映出来的都是偏重于笔墨的效果，而淡化了传统书法抒情达意的本质。书法必须以国学为基础，以传统文化为基础。所谓国学，就是旧学。在古代，传统文化的教育是从小就接触到的；而现在的国学教育成为了一门专门的学科了，很多书法家与传统文化都有所脱离。他们往往是学了书法之后再去补传统文化，虽然耗费了很大的时间和精力，却收效甚微。现在我们搞书法，经常套用西方的概念，把书法纳入一个学科，这就把书法推向一个单纯的造型艺术范畴。

如果一味地让书法去接近抽象性，就会造成书法内涵的削减。

“书以载道”

肖泽颖：如何定义书法艺术？

罗杨：书法不是抽象艺术，抽象是对书法的误读。书法的定义是意象性。康定斯基是19世纪初期在德国发展的俄罗斯籍画家，他是抽象派的鼻祖。所谓抽象艺术，最主要的两点是：一是抽去思想的内涵；二是用点、线、面、块、色来表现作者的情感和对美学的阐释。这种艺术理念与书法有着天壤之别。因为西方人不识中国字，读不懂内容，只看到笔墨线条的流淌，所以他们对书法的解读只停留在表象上，而无法深入解读其深度的精神内核。而书法最主要的是文字的情感和文学的内涵，即所谓的“书以载道”。乾隆评价怀素草书时引用的一段话特别好：“云中龙爪不模糊”，书法就如同藏在云彩后面的龙。其首尾俱清，这是具象；首尾均不清，这是抽象。也就是说，书法是具有丰富文学内涵的抽象化了的汉字书写艺术。其表现形态在一些人眼里是抽象的，但抽象并不能概括书法的全部特征。古人对此有个概括，叫作“意象”。观赏书法不应把书法的内容与形式分开。文辞的内容与书法的线条形态，节局创意有着内在的联系，不能把书法与内容割裂开来而作为一种“纯书法”的审美。也就是说，撇开文辞内容，书法作品在视觉上的审美有其独立性，我们所感知的是一种“包含了内容”的形式。一些书法家试图摈弃文辞，在作品中有意对汉字结构作增减、重组、切割，目的就是为了证明“带汉字意味”的线条组合本身的审美价值，但这算不算完整意义上的“书法”，只要还是搞“书法”，而不是其他什么艺术，就不能彻底摈弃汉字。任何一门艺术都允许有一点“边缘性”，允许作一些跨门类的交叉性的尝试，但我们认识一门艺术的本质特征，总是要看它的主流、历史、成因。

书法艺术的高度审美

肖泽颖：书法艺术的审美包含了哪些？

罗杨：能把字写好是技术，能把“情”写出来才是艺术，因此书法要把文化当主体，不能把简单的笔墨当主体。古人说书法是“小道”，指的就是技法方面。书法同时也是“大道”，因为它表现的是中国的文化、中国的哲学、中国的伦理价值以及中国人的人生态度等。“小道”可以悦人耳目，“大道”可以震撼心灵。古人说：“非志士高人，不得言其妙。”这句话说得特别有道理。书法是有生命的，不是僵死的，每一个字都是一个生命单位，书法是文人向社会发出的生命信号。由此看来，书法既是“浅学”又是“显学”，既是“简学”又是“难学”。书法既通俗又高尚。就是说，书法既平易近人，又高深莫测。这是为什么呢？因为认识汉字的人都会对书法有不同的兴趣，而且对书法也会有不同层次的理解，所以它有广泛的文化基础；但是并不是识字的人都能讲出它的深刻内涵和深奥的审美意趣。

一般来讲，艺术来源于生活又高于生活。比如小说、剧本、绘画等，都能找到生活中真实的影子。而书法作为中国传统艺术，其“影子”在哪里？书法跟其他艺术不同，它不是从生活中来的，也不是从自然中来的。我们知道，画家的创作是从自然中来的，绘画作品是对自然界的反映。如其所绘人物、花鸟、山水等，都是对自然界中物象的形象描述，是凭借自己的生活经验对物象进行的反映。而我们每个人都有这种生活经验，都可以去解释它。如果画家画马不像马、画虎不像虎，大家也能很容易地辨别出来他画得不像。而书法不同，它没有自然界和社会生活的参照物。对于一般人来说，认识和理解书法有一道坎儿。这道坎儿是什么呢？就是文化。如果你不具备一定的文化素养，你就不能理解和认识书法，也不会成为书法家。

可以说，大多数艺术都是来源于生活，都是在俗文化基础上的一种上升。而且，俗文化可以作为很多艺术的源头，很多的雅文化都是在俗文化的基础上形成的。最典型的比如京剧，原来就是野台班子的，属于走穴的，或者说是民间流行的。京剧的产生时间虽然没有严格到哪年，但是它的形成就是从徽班进京、汉调北上、徽汉合流开始的。他们的演出被宫廷认识了，经过宫廷的精雕细琢，京剧产生了。但是唯独书法和其他艺术不同。因为书法从一开始就是雅文化，就是与文人密不可分的，与文化有不解之缘。无论书法如何发展，可以肯定地说，书法不能离开中国文化。

书法艺术是民族的，更是世界的

肖泽颖：“越是民族的，越是世界的”，您怎么理解？

罗杨：当代世界是一个多元的世界，各种思潮、文化、艺术相互影响和渗透，中国书法也走向了世界。有人认为应该多汲取一些西方的艺术元素，让书法艺术具有鲜明的时代特色，进而树立新的属于世界的书法高峰。如果说中国书法已经走向世界了，那么我认为世界人民接受和欣赏的恰恰是中国书法的民族性，正所谓“越是民族的，越是世界的”。因而中国书法走向世界，就更应该保持它的传统。我反对书法的“现代化”，因为书法是传统文化。按照哲学的观点，任何一个艺术都是历史的、民族的和时代的。书法也是这样。所以它更重要的是对传统的追溯和回归。书法要创新，就必须延续传统而不违背时尚，能创新而不带有弊病。这两条是对书法创新的一个基本的把握。而更多时候，书法的好坏是以高、低来判定，而不是看新、旧。当然，书法艺术是民族的，更是世界的。但是西方人很难真正触摸到书法的真谛和灵魂。这一点西方人自己很清楚。贡布里希说过，外国人学一百年也理解不了中国书法。很多外国人把书法看成是一种原始文字的书写。西方抽象艺术家不模拟物象，也不用文字作为艺术载体，他们追求独特的样式，甚至连自己的作品也要一幅与另一幅大异其趣，以显示自己的个性以及对待一切传统和程式的反叛精神。书法则不同。书法有一定的笔法、章法，有秩序，有韵律，一气贯穿写出来，以汉字作为载体，并力求使欣赏者能够辨识，因此在“游戏规则”及艺术旨趣方面与西方艺术迥然不同。书法的目的在于拨动心弦，抚慰心灵。最近也不知是谁提倡的，说什么书法要产业化。我觉得书法不能产业化，产业化是对书法的伤害。书法的发展不是做大做强，而是要创造经典。

呼唤大师和经典

肖泽颖：当代书法能够超越历史上的高峰吗？

罗杨：现在大家都在谈要呼唤书法大师的出现。中国书法史上，草体、分书、楷书等都在不同时期达到了高峰，那么，当代书法能够超越历史上的高峰吗？书法就如李白、杜甫的诗歌，因为它是在那样一个富有诗境的环境中产生，你让后人怎么超越？古人从小就把《三字经》《百家姓》等背下来了，从小就用毛笔写字；而现在的人都用电脑了，那种书法生存、生长的语境已不复存在了，我们又怎能与那时相提并论、同日而语？这就和京剧一样，说京剧走进校园了、京剧弘扬了、大学生都成戏迷了，那只是美丽的梦话。个别人作为票友可以，但是全国人民都唱京剧的时代毕竟已经过去了。对于书法，我们要做的工作是普及书法，不是普及书法家，也不可能普及书法家。

中国书法正行进在一个蜕变的道路上，正在完成它的时代转身——从历史的“工具”向当代的“审美”转型，由文学表达的“手段”向艺术表现的“目的”转变。从时代的发展和历史的趋势看，书法的思想观念表达正在悄然让位于审美功能。令人担忧的是，书法的思想价值和文化内涵会被视网膜艺术所冲淡；令人欣慰的是，书坛上仍有一批有志于书法传承的耕耘者。我们不能因盲目自卑而止步不前，也不能因盲目自大而陷入保守，只有让书法超越现实的功利，真正深入传统，方能幻化出大师和经典。

二〇一〇年元旦

北京

吴长江：熔铸中国气派　塑造人民形象

所以我想美术家，应该对自己的创作要有更高标准，包括创作的难度和涉猎的范围，就像弗洛伊德就是画人，就一直画到底。

吴长江

嘉宾简介

吴长江　中国美术家协会常务副主席、分党组书记，中国人民大学艺术学院名誉院长。

1954 年生。1976 年毕业于天津艺术学院附中后任天津艺术学院工艺系教师。1978 年考入中央美术学院版画系，1982 年毕业留校任教。曾任版画系教授、主任、院党委副书记、院学术委员会常委等职。是第五届中国美术家协会理事，第六届中国美术家协会副主席。2007 年 8 月 1 日起，任中国美术家协会分党组书记、常务副主席。擅长素描、水彩、版画。曾 30 余次赴西藏写生。1988 年至 1989 年赴西班牙进修、考察美术。1990 年至 1992 年赴日本进行文化交流和艺术创作活动。1997 年赴德国、荷兰、意大利和法国巴黎考察美术并进行艺术交流。1998 年赴澳大利亚进行艺术交流和考察。

出版有《吴长江人体素描选》《吴长江画人体》《人体素描技法》《吴长江西藏速写画集》《吴长江的世界版画集》《现代艺术家风范·吴长江人体素描》《吴长江的世界·西藏人和生活素描集》《中国素描经典画库·吴长江素描集》等画集、图录 30 余部。

导语：

吴长江是当代中国美术界的著名艺术家，他笔下的人物惟妙惟肖栩栩如生，他的作品带有深厚的民族文化底蕴和现实主义艺术气息，他的石版画、铜版画在业内很有影响，曾在马德里、东京、横滨和国内多个城市举办个人展览30余次，获第八届全国版画展优秀作品奖、国际青年美展鼓励奖、挪威国际版画展评委会奖、80至90年代优秀版画家、鲁迅版画奖等多个奖项。

吴长江认为中国当代的美术家，不能脱离时代的步伐，需要多下苦功，提高自身的艺术修养和水平，研究艺术创作的规律，拓展文化艺术视野，创作出真正能反映时代特色、具有中国气派的精品力作。

投身生活　创作中国气派作品

肖泽颖：回顾“十一五”展望“十二五”，在这样一个关键的时期，中国美术家协会作为重要的文化艺术单位，特别是像您本人也是知名美术大家，在您看来，在世界多元化格局的今天，中国美术在中国和世界分别占据一个什么样的位置，您如何看待这个问题？

吴长江：最近这一个时期，实际上我们都在思考这样的问题，就是总结“十一五”、规划未来的“十二五”，中国美术如何发展，中国美术家如何作为。中国美协与新中国同龄，见证和参与了中国美术60余年的光辉历史。“十一五”期间中国美术的发展有目共睹，中国美协打造的几个大型平台在原来的基础上有了很大的发展，比如说五年一届的全国美展、两年一届的北京国际美术双年展、三年一届的全国青年美展。全国青年美展是继50年代、80年代初两次大展举办后，相隔了几十年，我们在2008年进行了恢复、重组和创新，做了第三届。同时创办了中国美术家海外研修工程，得到全国美术家，尤其是中青年美术家的大力支持，以及国家财政部的支持，每年派出8位到10位美术家，现在已经进行了3年，我觉得它在全社会和美术界产生了很好的影响。这些美术发展和成果，是和国家整个发展的大形势一致的。现在我们的美术空前地受到重视，可以说，历史上任何时期都没有今天这么好的创作条件、生活条件。这为“十二五”中国美术的持续发展奠定了良好的基础。

最近十年是中国美术发展最好的机遇期

中国改革开放30多年来，综合国力和人民生活水平不断提升，国际影响力也显著增强，在这个基础上，中国美术也受到了社会各界的瞩目和大众的欢迎，以及国外艺术界的青睐，吴长江认为最近的十年，是中国美术发展最好的机遇期。

肖泽颖：为什么说最近十年是中国美术发展最好的机遇期？

吴长江：我们的对内对外的展览，无论是在大城市还是在中小城市，都非常多，可以说是一个繁荣的时期。比如中国美术家协会和江苏省联合举办的“百家金陵”，已经连续举办五届了，今年是第八届，逐渐成长为中国当代美术事业的一个非常重要的品牌。今年，天津市人民政府也将和中国美术家协会合作，将在10月份其新美术馆开馆的时候，征集全国各地的名家作品。这既是中国美术的发展，也是城市建设的发展，一个城市的文化设施，比如江苏省美术馆这个场馆，看了以后会感觉比欧洲的很多博物馆、美术馆都要大气，非常好的一个当代美术的展示平台。“十二五”期间，我们要组织什么样的展览，来进行中外的文化交流、美术的交流，推动中国美术走出去，也是我们思考的重要工作。与之前不同的是，我们将主动加强与国外知名博物馆和美术馆的合作，形成更大的合力，共同搭建中国美术的世界展示平台。

1998年，中华文明五千年大型展览在美国巡展，这个展览是双方努力，共同做成的，它的影响面非常大，我觉得它也给了我们启发。中国美术家协会除了思考这些宏观的展览以外，也可以做专题的、单项的、比较有特色的展览，精心选择拿出去展示的作品，对于西方人认识当代中国的发展，认识我们的美术和文化非常重要。谈到“十二五”，我认为中国的美术界应该说是有共识的，这个共识就是要再出人才、出作品，真正拿出一大批有代表性的精品佳作。同时，在推出更多的优秀中青年美术家上，有更具体的措施和办法。所以，在今年，我在第1期的《美术》杂志上也有一篇短文，谈的一个重要的点就是，在今天中国美术发展的大好形势下，美术家，尤其是中青年美术家如何比较清醒地把握这个发展的好时机，使中国美术在国内在国外扩大影响。我想，最重要的一点就是要遵循美术发展的规律，而且要深入研究创作的问题，才能推进这个时期美术的发展。

纵观世界美术行业的发展，东西方文化的差异，造就了异彩纷呈的艺术氛围，作为有着五千年文明历史的国度，中国的美术一直有着自己的特色，但对于未来怎样地发展，中国美术在继承和发扬传统艺术形式的道路上，仍然面临着机遇和挑战。吴长江认为中国当代的美术家，不能脱离时代的步伐，需要多下苦功，提高自身的艺术修养和水平，研究艺术创作的规律，创作出真正能反映时代特色的作品，和有中国特色中国气派的精品与世界分享。

肖泽颖：2000年的时候，您提到了"中国气派"这样的一个艺术观点，那么结合我们中国的美术发展规律的话，二者有什么样的关系？

吴长江：我认为中国气派，它不是一个口号，它是一个时代的精神。美术的形式可以说多种多样，美术的种类也很多，但在精神主旨上，有共同性。中国气派确实代表了我们这个时期的美术创作、美术教育的精神文化基础，里面既有时代性，也包括我们自己的传统。我的理解是，尽力整合我们的美术力量，在这个时期创作出代表时代精神、民族精神的美术精品，这就是中国气派、中国精神。

肖泽颖：我们如何去整合我们的中国气派，以及我们所提到的美术包括教育，包括您刚才提到的，这些内涵的一些东西？

吴长江：我觉得这里头涉及基本的价值观，这个价值观，就是我们是当代的中国人、是站起来的中国人，是有几十年社会主义革命、社会主义建设发展积累到今天的中国当代美术家。改革开放30年，中国的发展更快了，它给我们美术家带来了什么？带来了我们的自信。去年我们组织了六批中国当代知名美术家和青年美术家到革命老区写生，到新疆这些边疆地区写生创作，我们的想法正是：既要认真研究美术的规律，也要呼吁和组织美术家到生活中去感受，让大家认识鲜活的东西，了解社会的发展。今天的工、农、兵和十年前、二十年前、三十年前的工、农、兵应该说不一样了，这个不一样，我是说他的生活、他的状态、精神面貌，都发生了非常大的变化。如果说我们今天的美术家，还停留在过去的认识上，停留在书本上，停留在画室里，那么，实现中国气派，创作代表时代精神的美术创作，我觉得那就等于是空谈。今天，美术家走出去，到边疆、到农村，到其他我们不太熟悉的地方，我们通过具体的衣、食、住、行都可以了解到中国的变化和发展，如果没有这种感受，没有切身的体会，美术家是不会产生好作品的。我认为这个时期，我们当代的美术家，遇到好时候了。只有深刻了解中国的发展，我们的美术创作，才会产生新的活力，才会产生激动人心的佳作。

肖泽颖：您的中国气派里边还包含了，艺术家就是要来源于人民，要贴近人民，贴近国家的土壤，还有人说艺术家应该是取悦于自己，那这两者之间有没有矛盾？

吴长江：有的观点认为艺术就是表现自我，我不需要非要去画别人，画我自己也可以，这也是一种选择，因为今天是艺术多元化的时代。但是我觉得，作为一个中国人，出生就带有一个文化的胎记，你是中国人，你是中国的美术家。那么，作为中国的美术家，你的绘画创作的因素里，应该有什么东西？我觉得这是自然而然的。我就是这样的例子。实际上，我也到过很多地方的美术馆，我也在认真研究，美术发展史上的一些重要个案，这些个案基本上都是这样一些特征，第一，艺术创作是个体的；第二，个体不可能独立于时代和地域环境，它应该代表那个时代顶尖的精神，才能作为精神财富留下来，进入人类共同的文化史、美术史。

肖泽颖：拿来主义是美术的一个特点。那么走出去作为我们未来的，中国美术的一个趋势，怎么样来结合中国目前的发展的机遇去为世界贡献出我们的这样一个普世的价值？

吴长江：我们要立足于我们自己的大地，它是产生我们的好作品的一个重要的根基。

肖泽颖：土壤。

吴长江：根基和土壤，因为你学习了、交流了，要融合和消化，这是最基本的，所以这一点上我觉得今天我们的青年美术家，应该有着这样的共识。大家走出去，走进来，有什么样的对比，对创作有什么启发？都需要思考。我们举办的海外研修工程这类项目，得到美术家的认可和积极参与，也是带着这样一个目的。中国今天有大量的留学生在国外，国外也有大量的年轻人到中国来学习美术，我觉得这种交流可以说是空前的，而且它也给我们的美术创作注入了活力。

中国美协为艺术家搭建中外交流的平台

肖泽颖：在多元化的今天，我们受到西方文化的影响，我们也借鉴了，那么它们会不会冲击到，我们美术界的一些文化的价值观，我们如何去保持中国特色的美术规律与美术特点？

吴长江：肯定会影响，我们的美术教育和美术创作，都受到一些影响。有时我们的青年学生喜欢用一些新奇的方法来表达，我觉得这些探索对他艺术的创造性思维开发是有好处的。但是，我认为这也有一个过程，这个过程就是认知的过程、思考的过程，同时也是形成他的思想的一个过程，即如何从学习到自己创新。比如说全国青年美展、北京国际美术双年展，设置了青年美术家的奖项，这些方面都给青年美术家施展才智提供了一个非常好的平台。还包括青年美术家海外研修工程，中国美术家协会举办的许多单项展，比如说“灵感高原——中国美术作品展”，梳理了西藏题材美术 60 年的历史，今年还要做“天山南北——中国美术作品展”，梳理新疆美术 60 年历史，这样的计划和活动种类非常多，参与的主体都是青年美术家。所以，在借鉴学习吸收的基础上，我认为青年美术家随着自己成长，会更清晰地走中国自己的路。这条路就是，我是中国画家，我表现我自己的人民。我认为，我们的青年美术家们这个思路会越来越清晰。所以，现在展览上许多获奖的作品，在社会上反响非常好。对于我来说，现在做美术组织工作使我有机会看到了中国美术发展的全貌，我认为是一种积极的、向上的东西，而且越来越多的青年美术家，也正在积极加入到我们中国美术事业建设中来，发挥他们的聪明才智。

中国美术家协会，在培养青年美术人才方面，一直在做着不懈的努力，为中国美术事业得以更好地发展，做着充分而长远的准备，也为繁荣当代文化经济，做出积极的贡献。

吴长江：我想今后五年对中国美协来说，抓住机遇，而且要拿出更加具体的措施和办法，推进创作的深入和研究的深入，推进创作水平的提高，扩大美术所产生的影响。所以，中国美协今后五年，将组织若干个和院校合办的创作研究班，用这种深入研究和普遍推动相结合的办法来提高我们大家，提高青年美术家的创作水平和创作热情。

肖泽颖：中国美术未来对中国，乃至世界的贡献什么样的，一种普世的这样的一个价值，比如说我们现在很多的美术家，他们怎么样放下他们的架子，真正地去深入基层？

吴长江：我认为这方面大家正在形成共识。因为美术家总关在画室里头，灵感就会慢慢枯竭。我们经常提到一句老话“源头活水”。源头活水在哪里？我觉得对于美术家来说，会越来越强烈地意识到，这个源头活水肯定是丰富多彩的生活，更何况是今天的繁荣发展。

笔墨体现时代，既是一种艺术的自觉也是一种自然而然、水到渠成的事情。应该说人类真正的艺术创造，其动力从来都不是来自于外在的压力，而是来自于内心的需要和愿望。

肖泽颖：我们当代能不能出活的精品，未来我们的发展的方向是什么样的？

吴长江：我认为应该出现、应该有。现在实际上就外部条件而言，都非常好。其实我刚才说的，组织创作班、组织活动、组织展览，都是有利条件的一部分。但是，关键还在于美术家本身。我们不希望美术创作者，在创作上时间太短，需要稍微多用一些时间和精力。当然，有些画是很快要画出来的，但是需要思考，可能在思考、构思，在构图的阶段，要用很长时间，最后完成的时候，可能是一气呵成或者说很短时间完成。总之，希望我们的美术家们，要认真诚恳地对待自己的创作。因为，今天社会的诱惑太多，譬如艺术市场，也是一只无形的手，它对我们的创作也是有影响的。我们希望更多的美术家，认真地对待市场，不被它太多牵制。按照美术的规律，怎么能够多出好作品，我只是从组织者的角度谈了我们的这些办法、措施，还会有很多具体的操作方式。但是有一点我觉得是大的目标：大家正在形成共识，这个共识就是我们要在这个时期、这么好的条件下，真正地拿出一些经得住时间考验的精品力作。

肖泽颖：这也就是给我们当代美术家，又提了一个要求，怎么样让我们自己的作品有价值？怎么样将来成为经典？

吴长江：我想美术家应该对自己的创作有标准，要有计划，同时也要提高标准，包括对自己创作的篇幅，对自己涉猎的范围。所以我和青年美术家座谈的时候，也给他们建议，有些艺术规律是可以借鉴的，比如说一些世界知名的美术家，一生专注于研究一个题材，像弗洛伊德就是画人，就一直画到底。另外还有一个问题，就是刚才你谈到的中国和国外有什么区别。我认为，对于艺术自身来说，有共同性，但也有区别，就是中国拥有成千上万的绘画和雕塑的美术家，西方现代艺术已经发展到影像、装置各种各样的新形式了，但在中国有这么多美术家从事绘画和雕塑创作，而且这是主体，我们的美术的主体。同时我们也有广大的观众，我们的观众欣赏绘画、欣赏雕塑，有这么广阔的受众和市场，所以中国还是应该找准自己的特点，按照自己的方式走自己的道路，而且我们的确也可以发挥我们这方面的优势。

以往历届全国美展上的许多优秀美术作品，都来源于艺术家们深入基层深入一线的细心观察，通过艺术家的独特视角，真实记录或描绘出美丽自然的瑰丽景象、鲜活真实的百姓生活，从而创造出能够反映时代人文特征的美术佳作，这正是广大绘画艺术家们孜孜以求的理想愿景。

在高原找到自己的创作方式

肖泽颖：您30年坚持不懈地深入藏区的这种创作，是不是您精神的一个幻想?

吴长江：30多年来我每年都去藏区，我每次去都是1个月、10天、20天，时间很短，但是因为喜欢，所以有时间就去。我的思考、我的创作方式，都能够在高原找到，而且也确实是在这个过程中形成的。前一段，我在关山月美术馆做过一个小展览，我在想，会不会有人说吴长江为什么老画西藏？但是，这的确对我有持续的吸引力，这种吸引不仅仅是题材和形式上的，更是精神上的。甘青川藏交界的地方生活的藏人剽悍、俊美，能体现人类原始的一种美，而那个地域就是孕育这种精神的地方。清末的川边大臣赵尔丰，他为了了解西藏的情况，请了一个当地的头人做侦探，这个侦探给他有一个汇报，谈到西藏藏族人中最强的、次强的是谁，三强的是谁。我画的就是那个最强地区的人，我虽然不是那种强悍的人，但我从内心中，崇拜这种强悍，这种强悍代表了我们人原本的东西，最有活力的、最有精神的东西，也是一个民族气魄最直接的象征。所以我画的都是那种血气方刚的年轻人，非常有力量。我这样解释，大家都明白了。对于我的创作而言，这不仅是我已经创作的东西，也是我将一直坚持的原则。

二〇一一年元月

北京

冯双白：舞蹈文化的根本是“和”

我在海南看到一个村庄，有一个人生病了，全村的人通过舞蹈的方式来为他祈求病快点好起来。在这样一个很简单的步伐当中，其实所有的人相互之间鼓励着、传递着一种精神，传递着一种审美。这种传承是和他们的生活结合在一起的。这样一个传递在整个文化的传承当中非常重要。

我曾经看过一个七八岁的小女孩和一个七八十岁的老太太在一起跳舞。那样的一种传承，非常非常美，这种传承实际上是保存了一种生活的方式。所以在我看来，我们的各个民族舞蹈之所以非常丰富，就是和每一个地域的生活观、生活态度和那个地域的生活条件结合在一起，也和一定的信仰结合在一起，所以显得非常非常多元。我觉得这样的多元是最最宝贵的多元。

冯双白

嘉宾简介

冯双白　男，文学博士，著名舞蹈理论家和评论家，编剧，大型晚会策划人和撰稿人。现任中国舞蹈家协会副主席、中国文学艺术基金会副理事长兼秘书长，中国艺术研究院博士生导师。

历任北京舞蹈学院《艺术概论》课教师、《舞蹈艺术》副主编等。先后创作了《咕哩美》《妈勒访天边》《水浒》《玉鸟》《风中少林》《花木兰》《舞台姐妹》《水月洛神》《西游记》《聊斋遗梦》等多部舞剧。作为策划人参与了中央电视台《舞蹈世界》栏目的开播，并多次担任"CCTV 电视舞蹈大赛"综合素质评委。已出版多部舞蹈学术著作，其中《新中国舞蹈史》《宋辽金西夏舞蹈史》《百年中国舞蹈史》《怎样欣赏舞蹈》以及与他人合作的《中国舞剧史纲》《图说中国古代舞蹈史》等，受到广泛关注和好评。曾访问联邦德国、日本、法国、意大利、美国、澳大利亚、埃及和中国香港、中国澳门地区参加国际舞蹈学术活动并发表论文和嘉宾专题报告，受到国际学者的关注。

导语：

冯双白长期研究并追踪当代舞蹈创作的思潮及走向，针对中外舞蹈艺术的创作和表演，他撰写了大量的舞蹈评论文章。在史论研究中，他高度重视第一手资料的搜集和整理，多次在春节期间深入北京地区的农村考察民间艺术活动，并相继考察、研究了新疆维吾尔族、海南黎族和云南少数民族舞蹈的特色。自 1998 年以来，他长期深入青藏高原地区，考察藏族、土族、撒拉族的民俗舞蹈和风情，并对中国西北地区的民间艺术做了深入的学术研究。

在舞蹈研究工作中，冯双白意识到，目前中国当代舞蹈艺术的发展需要理论思考，为此，他积极参与舞蹈艺术实践活动，担任中央电视台春节联欢晚会、央视《舞蹈世界》栏目、青岛啤酒节、宁波国际服装节、元旦晚会、英语频道开播晚会、《中国文艺》“舞坛流韵”等大型晚会和艺术专栏节目总策划、总撰稿，获得了高度的赞誉和奖励。

多年来，冯双白积极参与舞蹈界重要的文化活动，并在全国许多省区进行舞蹈讲学；在全国各类舞蹈大赛中担任评委，为中国舞蹈事业的研究和发展起到了积极的推进作用，为中国舞蹈的普及和电视艺术工作做出了突出的贡献。

中国舞蹈目前所处的位置

肖泽颖：在全国的电视舞台上，我们经常看到古典舞、芭蕾舞、现代舞包括原生态的各个民族的舞蹈。那么面对这种情况，世界多元化呈现出这样的状态，中国舞蹈在目前是一个什么样的位置？中国舞蹈目前在现代的发展是否是一个比较繁盛的时期？同时中国舞蹈它有什么样的特点？

冯双白：在五千年这样一个中华文明的基础上，我们的中华舞蹈是由多民族舞蹈组成的。从世界范围来看，中国舞蹈当之无愧称之为巨大的宝藏。民族的风格流派非常多，涉及的内容、题材也非常多。如果要比的话，我很自信地说，全世界没有任何一个国家的舞蹈种类能和中国舞蹈之丰富相比。

在世界整个舞蹈文化发展当中，我们的舞蹈发展也经过了悠久的、漫长的、起伏的、曲折的发展道路。当然你说得很好，就是今天的这个世界是多元化的。除了上述这样一个判断以外也面临着另外一种情况，就是西方的强势文化对发展中国家的文化发展是有影响的。

我们的文化一直是一个开放的、一个包容性很强的文化；但是另一个方面，中国当代舞蹈文化也面临着巨大的冲击、淹没或者被重新刷掉颜色，甚至被包围、被遏制的这样一个状态，这个事实是不容回避的。

举个例子，我在青海地区曾经做过长时间的民俗舞蹈的调查。我到了一个很偏远的地方，当地的人知道北京专家来了，说那得给北京专家看看最好的、最值得看的东西。然后就表演了一个舞蹈。随后，我突然看到一个三角形的队形。我特别地惊讶，因为我在所有的原生形态的或者说非物质文化遗产保护底下能够看到的藏族的舞蹈都是圆形的构图。表演结束以后我就问："你们这个舞蹈传了多久了？是什么人因为什么原因传下来的？"他们说："这是我们省上群艺馆的老师过春节时来给我们排练的。"从流传几千年的圆形构图，变成了"最好的"三角形队形，可以看出中国传统舞蹈文化受外来文化的冲击其实是很严峻的。

我们的传统舞蹈

肖泽颖：您怎么看待原生态的舞蹈？

冯双白：在历史传承当中，我们面临着不少的问题。首先，我们是不是真的尊重自己的传统？是不是真的认识到了自己身体的方式和自己身体的文化？我想很多人没有认识到。

肖泽颖：原生态的舞蹈带给人们的这种心灵感受和文化，也给我们的舞蹈输入了大量的营养和中国元素。我们也在享受着这种力量，那么对于原生态的舞蹈，我们记录了多少？我们现在还拥有多少？

冯双白：从中华人民共和国建立以来我们传统舞蹈的根是真正受到重视的，而且是长期受到重视的。特别是在20世纪五六十年代，那个时候中国舞蹈也受到前苏联的文化模式的一些影响，这个模式体现在专业的艺术工作者深入到民间去搜集和采风，把动作搜集起来以后创作优秀的节目。像红绸舞、荷花舞都是这种宝贵的舞台艺术创作，它和民间舞蹈之根是联系在一起的。后来，文化大革命对民间文化的根有巨大的冲击。文化大革命结束以后，整个民间的文化又重新受到了重视，那种民间艺术的最精妙的东西提炼成舞台形象今天也还在做，但是今天的认识不同了。

在非物质文化遗产保护的理念渐渐深入人心之后，人们发现不能把原生形态的舞蹈随意切割，这一小段，那一小点的，然后就当作我们的传统。这样不行。今天，我们认识到传统舞蹈的文化如同一棵树，万万不能把那棵树的树根切断。

让我们举一个例子。周恩来总理曾经说，中国的花鼓灯能和西方的芭蕾舞相媲美。为什么这么说呢？因为花鼓灯创造了世界上单一舞种当中非常丰富的动作。20 世纪 50 年代，舞蹈家们到安徽蚌埠去采风，搜集动作，然后回到城里，编成一个花鼓灯的舞蹈，在全国的舞蹈院校当中去传播，效果也非常好，大家伙也非常喜欢。结果到了 21 世纪以后，等到重新回到蚌埠市冯嘴子村，再看冯嘴子村的农民、农民的儿子们在跳花鼓灯的时候，他们突然发现怎么是两个舞蹈？这个进入了都市舞台、进入了都市课堂的那个东西越来越技巧化，越来越让人们看得很精致，但是舞者自身的生命没有了。

肖泽颖：灵魂没有了。

冯双白：对，灵魂没有了。而村庄里那些人呢，他们还保持着传统的、很精髓的东西。恰恰是真正的民间艺术保存在民间、扎根在民间的最重要的东西。联合国有一个特别好的词叫作“文化空间”。在中国当代文化发展当中，这样的文化空间，它的个性，没有受到足够的尊重，常常是为了一些面子工程、文化形象工程，做一些政府的样子或者叫政绩，然后急急忙忙地去把根拔掉。拔苗助长式地堆积起来一些东西。

真正回归民族舞蹈的精神和自己的个性

肖泽颖：我们如何做到对我们原生态舞蹈的尊重？真正地回归

到我们民族舞蹈的精神和自己的个性。

冯双白：这个问题问得非常好！我的导师资华筠常常说，重要的问题是教育领导。我们就是要让文化的主管领导们认识到文化空间的重要性。

肖泽颖：对文化空间您怎么理解？

冯双白：我觉得文化空间就是一个民族的生存方式，就是生命体验的全过程。尊重不同的民族的文化，就是要尊重文化空间，尊重不同的地域里边生长出来的、传承下来的那个文化的个性，尊重他们独特的生活方式。第二个我觉得要给予真正从事民间文化的人以自尊和地位。

肖泽颖：那艺术家和舞蹈家如何放下架子，真正深入到我们的基层？如何去融入？您怎么去看待比如杨丽萍？

冯双白：我觉得你是很尖锐的！她怎么做到这一点呢？觉得很奇特。杨丽萍曾经和我有一次对话，她说："您怎么评价我？真实地告诉我，别人到底怎么说。"我说："大家伙儿都认为你是真正把民间的艺术提炼到了舞台表演的最高阶段，你是一个真正的艺术家。"结果杨丽萍说："不对呀，我就是民间，我没有把民间艺术提升到舞台上。我从生活方式、从信仰到灵魂、到我自己的身体，就属于我们云南那个村庄。我不是你们说的那个艺术家，我就是一个民间艺人。"她说完这番话以后我觉得很有意思，我觉得她不是谦虚，她是一种真的对待艺术的态度。她把她当作民间艺术的一员。而且她还说了一句让我永远难忘的话，她说："我其实不是在做舞蹈艺术的表演，我就是在用身体来告诉大家我对生命的看法，对生活的看法，对世界的看法。我的生活就是这样，这就是我的生活。"

她把所有人的看法，都颠覆掉了。她把自己很彻底地回归到一个最最开始的起点上或者我们叫作原点上，民族舞蹈传统文化的原点上。

她有一个舞蹈，那个歌词非常有意思：

太阳歇歇了，月亮歇歇了
男人歇歇了，女人歇不得
女人要是歇歇了，男人就得病了

那个歌是杨丽萍自己唱的，歌词是她自己采写的。她是在诉说着云南那一方水土上，人们对于家庭、对于男人和女人关系上的本质上的看法。相比较起来我们的很多艺术家不这样看待生活，认为我才是艺术家，你不过是民间的小艺人。

艺术的生命力

肖泽颖：这给咱们的都市的艺术家也提出了很多的要求。

冯双白：提出了很多要求，而且也做出了值得借鉴的一个榜样。我们很多都市的艺术家早已经不这样看待生活了，流连于灯红酒绿的娱乐场所，到处去挣了很多很多钱。但是表达的东西是跟生命没有关系的，跟真正生存的体验没有关系的。它肤浅、空洞，表面的华丽，遮掩不住内心的苍白，遮掩不住情感的苍白，这样的艺术是没有什么生命力的。

肖泽颖：您最担忧的是什么？

冯双白：改革开放30多年以来，我们是向着西方的或者向外来的文化学习了很多东西，帮助我们大踏步地前进。但是我个人现在认为比较严肃的、必须考虑的问题是我们创作的剧目数量很大，从业人员很多，在这样的情况下，要用更多的心思来考虑经典的、传承性的、代表着一个时代的、代表着一个民族的好作品。

肖泽颖：我们有这样的典范吗？

冯双白：有，但是还不够多。我觉得杨丽萍是一个典范。

肖泽颖：中国的传统的审美观念是高雅的、单纯的，同时也非常讲究意境、写意。那我们是不是都忽略了这些？我们如何去看待？

冯双白：应该说中国的舞蹈文化或者说东方的身体的文化有很深刻的内涵，它和人们对待整个宇宙的态度、对待天地的态度、对待人和人之间的那种态度是统一的。它要追求一种自然的和人类的和谐的文化，这是很本质的东西。那么我认为，现在在我们保存多元文化当中对这样的东方的身体文化的东西，应该给予更高的尊重，更大的重视。我觉得这是我们必须要给予尊重的。

中国舞蹈的根本精神

肖泽颖：什么是中国舞蹈的民族灵魂？什么是中国舞蹈的精华？什么是中国舞蹈最终的一个未来？

冯双白：我们刚谈到中华民族舞蹈的根本精神。这个精神里边首先是尊重个性，是尊重各个地方文化的表现。我们每个人都有自己的独特的绝招，在这个绝招里我们成为一个文化的、舞蹈文化的大家庭，这是他的一个精神。这个精神我觉得用一个简单的东西来说就是“和”。这个“和”是不同而在一起，如果是完全一致的，那叫“一”而不是“和”。

肖泽颖：在上海世博会上我们看到了很多国家的舞蹈，他们并没有中国目前很多的大型的场面、华丽的场景，他们可能就是因为节奏、因为自己整体的一种爆发力而赢得了很多的喝彩。这些是不是目前中国舞蹈所缺乏的？

冯双白：我们有的。有的地方的舞蹈保留着独特的艺术的个性，有的地方就丢掉了，去学习别人、抄袭别人、跟踪别人、模仿别人，其实都不是好的办法。在世博会受到喝彩的那些独特的国家的表演，那些舞蹈都是他们的独特的生命的个性表现，那都是独特的文化，独特的文化来源于独特的生活。我们一定要了解这个本质自我要有尊严，自我的文化要有尊严，不要妄自菲薄，而要把我们的东西做好，做得很彻底，做得和今天的时代相符合，然后拿给世界上去看。

能传达出集体的善良的力量的，那才是优质的

肖泽颖：当越来越多的现代的艺术家去改编甚至去整合原生态的这种舞蹈，但是并没有达到我们的审美要求，并没有达成我们想要的一个结果的时候，并没有经典出现的时候，我们是不是应该反思？

冯双白：这个原生形态的东西越来越受到重视，我认为其中有真重视和假重视。真重视就是把原生形态当作真的、好的精神上的归宿去追

随它，还有就是假重视。我们全国各地一说保护原生形态很多地方觉得好，有的地方真的是把原生形态做到了很好的保护；有的就是急功近利，把原生形态的东西拿来为我所用，取其当中的一点点，然后堂而皇之地放到这儿，说这就是我们的原生形态的东西。结果呢，他那样改造之后已经把灵魂抽走了，把血液都已经放干了，已经是一个根本不受人欢迎的了。所以对待原生形态确实要给予高度的重视，同时非物质文化遗产保护要严加防范把它变成某一个地方的文化样子工程、表面的形象工程，甚至是为了招揽游客，把原生形态的舞蹈里面的一些糟粕性的东西也拿来。原生形态里面不是每一样东西都可以作为优秀的文化遗产继承的，它是有优质基因还有非优质基因的，甚至我认为它还有病毒。

肖泽颖：哪些是优良的？

冯双白：我认为真正表达了一个民族的，一种集体的良好的精神状态的，能传达出集体的善良的力量的，那才是优质的。有的东西在原来那种生存形态里面是一种很积极的东西，可是今天拿来可能会被别人误解。比如说我在民间舞蹈的考察当中看到流传了几千年的性崇拜的舞蹈，那是在原来生产力低下、人口生产率低下、人数稀少情况之下人们对于生殖现象的迷茫、不理解的一种表达，那在当时它是很有价值的。现在有些地方把这个东西拿来，随意地加工改造，然后当作旅游歌舞，然后说你们看看我们这儿有好玩意儿。让我看快近似了黄色表演，那就是糟粕了。所以从历史学的眼光去看待它和今天以一个文化建设的眼光来看待它的出发点是不一样的。我们应该提取当中的优质基因来发展我们今天的文化，而不是急功近利地为了一时的旅游歌舞把它改变成一个那样的东西，那是很糟糕的行为。

对我们传统文化的真正的尊重

肖泽颖：中国舞蹈未来的出路在哪儿？

冯双白：我个人看应该是所有人的一起努力吧。然后总体上有一个文化上的共识，有一个文化上的自省。

肖泽颖：您说的这个自省是什么？

冯双白：这个自省就是对我们传统文化的真正的尊重以及清晰的分析，很好地去学习，该尊重的千万要尊重，不得妄加改变；该保护的要严加保护，该传承的一定要一丝不苟地传承下去。我很期待这样的情况。

肖泽颖：您觉得目前中国舞蹈最欣喜的成就是什么？

冯双白：第一，我们的演员全世界第一，我认为他们非常棒；第二，我们的创作、我们的编导很有想法，很有才华；第三，中国舞蹈的理论正在越来越多地发挥出文化自觉的作用，我觉得这都是让人很高兴的。

慢下来，就是慢一点

肖泽颖：那么未来，无论是舞蹈家的理论还是实践，我们如何在保留自己特色的同时创造出更加优秀的作品去贡献给中国，贡献给世界？

冯双白：精神上要有一种追求，审美价值的一种追求。就是不被一时的表面的繁华所遮盖，去追求真正经典的力量。这样在深入体验这个生活的层面上，在不断地加强艺术的修养方面都要做很大的努力，才能做出传世舞蹈。

肖泽颖：对今天的舞蹈家或者年轻的舞蹈家，您有什么样的期望和要求？对于那些浮躁的艺术家，您有什么样的一个期望？

冯双白：慢下来，就是慢一点。在飞速发展的生活节奏当中，一定要有一个空间安静下来反思反思，想一想，然后仔细琢磨一下向前进。

那么要说到它的未来，还是要真正大胆地去吸收外来的东西。在这种开放的比较当中，不是消灭自己去追寻别人的轨迹，让自己的文化脸面全部变掉，去做文化外形上的整容，不是这样的。这样做最后的结果，实际上你不会受到别人的尊重。所以我觉得在未来的发展当中，中国舞蹈未来应该在全世界用自己的眼睛去注视大千世界，用自己的身体表达出我们对生命的看法，用我们的舞蹈动作诉说我们的情怀，我觉得我们的未来是这样的。

你说你对自己的文化已经不尊重了，满眼全是外来的东西，到处都是电视传播的那个东西，到处都是时尚的最大的品牌。然后说天下所有的女人，都梦想着有一个LV的包。那如果把这样的观念传输出去的话，那藏族要背的那个衣服里面装东西的，傣族小姑娘的小扑哨的那种小背包都不复存在了。那文化的多元性从哪里谈呢?

所以真正的文化的多元性，其实建立在对自己民族文化的自己的尊严的认同上。那么这个尊严不是口头上的，应该给予他们地位，给予他们切实的保证。你看这个安徽那个地方政府，为一个农民的艺术家冯国佩，在村庄里边立了一个大大的铜像，在中国的整个社会里边，这是第一次为农民的艺术家立铜像。全身的铜像，很了不起！所以我觉得作为艺术家、舞蹈艺术家，还是应该更深地去扎根生活，向民间艺术去请教，然后创作出真正属于我们民族舞蹈精神的好的作品来。

比如说我们的太极拳，这个身体文化当中人人都可以感觉到的东西。但是在我们的舞蹈发展当中，有人认为这样一种身体的文化落伍了。那种充满能量型的、充满机能的劲歌劲舞，他们觉得更给劲、更符合时代的特点。在这样的状态下，我们可能会丢失掉很多东西。其实我们中国传统的文化，我们舞蹈的传统文化里有非常好的东西。

我在海南看到一个村庄，有一个人生病了，全村的人通过舞蹈的方式来为他祈求病快点好起来。在这样一个很简单的步伐当中，其实所有的人相互之间鼓励着、传递着一种精神，传递着一种审美。这种传承是和他们的生活结合在一起的。这样一个传递在整个文化的传承当中非常重要。

我曾经看过一个七八岁的小女孩和一个七八十岁的老太太在一起跳舞。那样的一种传承，非常非常美，这种传承实际上是保存了一种生活的方式。所以在我看来，我们的各个民族舞蹈之所以非常丰富，就是和每一个地域的生活观、生活态度和那个地域的生活条件结合在一起，也和一定的信仰结合在一起，所以显得非常非常多元。我觉得这样的多元是最最宝贵的多元。

二〇一一年六月

北京

季国平：还戏于民

自古以来，广大老百姓看戏就是看白戏。当然，也不是说老百姓不花一点钱，一般都是地方上有一定经济实力的人请戏班子过来，或者是大家集资请剧团来演戏，现在还是这样。现在基层戏曲演出比较红火的省份，比如说河南、陕西、山西，包括经济发达的浙江、福建也还是这样。这是上千年来形成的民俗，这个民俗是中国戏曲当年之所以繁荣的很重要的方面。这是很好的文化生态，这个文化生态是非常有利于戏曲发展的。当然，这与现代城市里演出市场的培育并不矛盾，都市文化市场需要培育，本质上来说，城市看戏生态应该是传统看戏生态的现代发展。如果把这个文化生态破坏了，我以为对中国戏曲发展是不利的，现在的百姓并不是像以前基层的状态能够去看戏，看白戏，或者说是少花钱也能看大戏。

季国平

嘉宾简介

季国平　戏剧学者，研究员。男，1956 年 8 月出生，汉族，江苏省泰兴市人。扬州师范学院中文系毕业，1987 年、1991 年先后获文学硕士和博士学位。1973 年参加工作。历任中国戏剧出版社总编室主任、副编审，中国文联国内联络部副主任，现任中国文联主席团委员，中国戏剧家协会分党组书记、驻会副主席，研究员。兼任国际戏剧协会（International Theatre Institute）执委会委员、国际剧协中国中心主席。主要从事文艺管理和戏剧研究工作。出版专著有《元杂剧发展史》《宋明理学与戏曲》《汤显祖小品》等多部，新世纪以来，重点关注和研究当代戏剧的现状和发展，在《人民日报》《光明日报》《中国文化报》《中国戏剧》《剧本》月刊等报刊发表了大量当代戏剧评论和研究文章，在我国戏剧界有着重要的影响。

中国戏曲的现状

肖泽颖：当今时代中国经济的发展促进了文化的繁荣，那么提起中国的戏剧，似乎寂寞了很多。我们感到中国的戏曲舞台似乎离老百姓、离人民越来越远了。您怎么理解？

季国平：你说的这段话，我觉得有一部分赞同，有一部分可能有不同的看法。应该这样说，就是随着现代西方艺术进入了中国，影视、流行音乐等的发展，对于当代艺术的丰富是发挥了很大的作用，改变了过去中国戏剧，主要是以中国戏曲为主的舞台一家独大的局面。从这个局面来讲，我以为是社会的进步。我们现在可选择的娱乐样式、观赏样式多了。但是可能就会给人产生误解，好像我们现在的戏曲不行了。我以为可能比以前寂寞一些，但是戏曲还是有着它强大的生命力，还是有着相当的观众基础的，尤其在基层。中国戏曲是中国人永远的审美家园！

肖泽颖：您刚才说的进步，进步在哪呢？

季国平：这进步就是我们现在舞台的样式多了，包括我们传统的戏曲在内也在传承和发展中。话剧、歌剧、舞剧、音乐剧等都是外来的，在中国发展也有百年历史了。又比如说电影电视，随着人类科技的发展，尤其是工业化以后电子技术的发展，带来了艺术形式的创新。当然，跟我们过去的舞台剧相比，虽然它的传播更便利了，但是它不能取代、不能代替传统戏曲。

这些年来联合国非常重视像戏曲这类非物质文化遗产的保护，中国的昆曲、京剧都已经进入了联合国非物质文化遗产名录，在国际上影响很大。但是戏曲终究还不是博物馆艺术，它还是活跃在当今戏剧舞台上有着长久生命力的一种戏剧样式。

大家可能都知道，世界上有几种古老的戏剧样式，比方说古希腊戏剧、印度的梵剧，还有中国的戏曲。大家看到活跃在舞台上而且还有着相当生命力的是我们的戏曲，当然中国戏曲也面临着一些挑战。

所以在当今经济全球化、一体化的情况下，我们倡导文化多元化的视野，戏曲自身的民族性和它独到的艺术个性，恰恰是能够代表中国走向世界很重要的艺术样式。

随着20世纪西方舞台艺术进入中国，丰富了我国的舞台艺术，尽管对于传统戏曲是有冲击的，但也让我国文艺的百花园更为绚丽多彩，当然，戏曲仍然是文艺百花园非常有特点、非常有生命力的一朵。

中国的、民族的、独一无二的

肖泽颖：中国戏曲呈现出什么样的风格和特点？

季国平：中国戏曲是中国的、民族的、独一无二的。它综合了唱念做打，是舞台高度综合化的艺术。它跟西方歌剧只歌、不说、不舞，西方舞剧的只舞、不歌、不说，话剧的只说、不歌、不舞不一样，它是高度综合的，唱、念、做、打，它的写意性、虚拟性、程式化的表演都是独一无二的。所以在中国的诸多的艺术样式里面，中国的戏曲是最能走向世界的，在世界舞台上最具有竞争力和魅力的艺术样式。

肖泽颖：随着经济的发展，中国传统戏曲目前遇到的机遇也是挑战，您怎么样来理解两者之间的关系？

季国平：当代戏剧确实面对着挑战，这个挑战毫无疑问就是现代文明对中国传统文化的挑战，但是同时它也有机遇。先说挑战，我举个例子，大家可能都知道西部最重要最有影响的剧种是秦腔。贾平凹创作了一部小说也叫《秦腔》，小说以陕西农村的乡土文明怎么受到城市文明的侵蚀为背景，写了一个乡村的时代变迁，写了秦腔演员的坎坷命运，我们看他的小说感觉到贾平凹的那种无奈、那种悲怆。而在20世纪80年代，同样是贾平凹，同样以《秦腔》为名写过一篇散文，写散文时的作者对秦腔是那样的自信、自豪，只是前后30年，心态的反差很大。这值得我们深思。

肖泽颖：他的这种无奈是不是也是我们戏曲界的无奈？

季国平：有这个意味在里面，从秦腔这几十年来的变化，可以感觉到现代文明，尤其是西方文明，对我们的乡土文明、传统戏曲的冲击，这是挑战。

肖泽颖：那么这种冲击对我们来说是怎么样的？

李国平：我认为这种冲击第一是不可避免，我们作为戏剧人应该坦然面对。坦然面对并不是我们的戏曲不要了，不是这样子的。我想我们从冲击里面可以借鉴吸收西方的、现代的艺术的养分，转化为我所用，推动戏曲艺术现代化的传承和发展。

第二个是现代社会文化的多元化，娱乐样式的多元化，这是现实的社会发展。戏曲像当年那样独霸舞台也现实地存在过，但到了现代社会也不应该一家独大。在面对着冲击的情况下，我们要把它作为机遇。戏曲的活动空间已经不是一般的乡村，也不是一般的城市，我们的舞台可以走向国际，走向全世界去。从这个角度来讲，是不是有我们有利的机会？

梅花奖艺术团

肖泽颖：西方艺术进来以后，对于戏曲当代的发展也提供了很多可以借鉴的手段。把它用好了对于我们的戏曲是一个很大的帮助。

李国平：对。如借鉴西方戏剧的艺术成就，借助现代舞台美术和技术手段，推动我国当代戏曲剧目的创作；如借助西方的器乐把它融入到我们的民族器乐里面去，它会丰富我们的表现手段，让音乐的感染力更强。这不是机遇？不是好事吗？当然，戏曲艺术同样走出了国门，影响了世界，影响了外国的戏剧同行。这也是机遇。

举一个例子，2005 年 6 月 30 日，中国剧协召开的第六次全国戏剧家的代表大会结束的那天，我们成立了中国剧协梅花奖艺术团。梅花奖被广大观众看作是中国戏剧表演领域的最高奖，得到这个奖很不容易。从 1983 年创办到现在将近 30 年了，我们已经评出来 500 多名梅花奖演员，他们都是各个剧种、各个领域里面的代表性人物。中国戏剧梅花奖艺术团走出了国门，到过澳大利亚、美国、法国、德国等国家。我们不亲身感受，真的不知道外国观众对中国戏曲是那样的喜爱。

肖泽颖：国外对咱们的梅花奖艺术团是什么反响？

季国平：他们非常喜欢。我们到国外去演出，有意地在外国人的圈子里面去演出，而不是只演出给华人看。我们在悉尼歌剧院、纽约的林肯中心，在法国巴黎、德国的海德堡都演过，没想到他们看得那么的开心。

肖泽颖：他们能欣赏吗？

季国平：他们完全看明白了。我们梅花奖艺术团出国演出时我就一直强调，在对外输出剧目的同时，要让外国观众了解我们民族的审美观、价值观，接受我们的观剧习惯。记得一次是2010年的11月，我们应德国德中表演协会邀请来到德国的海德堡，当时他们对中国戏曲了解还不太多，演出以前我们跟他们交流，给他们介绍了中国戏曲一般的特点，并告诉他们，我们中国人看戏就像你们看足球一样，喜欢了可以随时鼓掌叫好。那次演出的是精华版昆曲《白蛇传》，德国观众不但把戏全看明白了，而且戏曲观众和演员当场交流的方式也接受了。那天的演出台上台下互动，德国观众的叫好声口哨声此起彼伏，剧场效果也特别好。

戏曲魅力与欣赏门槛

肖泽颖：我们怎么样让更多外国的、世界的观众了解到中国戏曲？能够看懂它？

季国平：我想很重要的一条，就是我们要走出去。我们可以做些普及的工作，就像当年中国的越剧《梁山伯与祝英台》到欧洲去演出的时候，周恩来总理为了让西方人看明白这个故事，就说这就是中国版的罗密欧与朱丽叶。一下子让外国人就感觉很亲近，就理解了这个剧目。

我们今天出去，不能满足于武打戏，我们要向他们全面展现戏曲艺术的魅力。在选材上说，可以从外国人容易接受的题材开始，比如说像《白蛇传》《红楼梦》，像《梁山伯与祝英台》，因为这些男女爱情故事，这都是人类共通的。他们接受中国戏曲，首先是接受中国文化。我想只要他们了解我们，他们就会被我们的舞台魅力所感动。梅花奖艺术团肩负着向国际舞台去传播我们中国戏曲种子的这么一个历史的职责，所以我们中国剧协这些年来非常重视中国戏曲走出去。我们确实有底气，腰杆也很硬，因为中国戏曲本身历史悠久，魅力无穷。但是戏曲这种艺术样式跟通俗歌曲、跟看电视不一样，它有欣赏的门槛。

肖泽颖：您说到的这个门槛指的是什么？

季国平：指的是戏曲艺术欣赏的门槛，要让他们看明白，了解怎样欣赏中国戏曲。比如说传统戏曲武将上场要来一段起霸，它主要表现武将上台以后的威武。比如说水袖功，比如说帽翅功，比如说演员的髯口功，戏曲里有各种精彩的表演绝活在里面，虽然是表演的技术活，但是表现人物的，或者说是它把人物内心通过戏曲绝活去外化，感染观众、理解人物，这是我们戏曲表演非常重要、非常核心的手段。为什么这个要水袖？为什么这个是要用髯口？为什么这个时候耍帽翅？要让观众知道这个时候演员表达的人物是一种什么情感。这些是需要培养的。培养观众就要从年轻人开始，这对于我们今后戏曲的繁荣发展是非常重要的方面。

当然不只是培养青年观众的问题，还有更广泛的意义。在我的理解，戏曲魅力要通过走市场去培养观众。所谓戏曲走市场就是还戏于民，戏曲创作和演出是要演给老百姓看，看多了就看明白了，懂了。让剧团走市场是应该的，但是戏曲走市场，目的是为了让更多的观众能看到戏，而不是说让他们走市场去为了挣钱。我不反对挣钱，我也希望在他们走市场的同时有一定的市场经济的反馈。但是我所讲的还戏于民，更多的是观众问题，是为了给老百姓看戏。我们的文化机制体制有许多不适应戏曲发展的桎梏，必须改革，但如果把剧团机制体制的改革看作是让他们到演出市场去挣钱，或者用经济效益作为主要的衡量，那就本末倒置了。

还戏于民，谁来买单？

肖泽颖：还戏于民，那谁来买单？

季国平：政府买单，老百姓看戏。这是我这几年一直在说的话题。人民日报社《大地》杂志曾向我约稿，我专门谈了这个话题，后来那一期的《大地》（2008 年第 2 期）专门做了“还戏于民”的专题，有兴趣的观众可以去看我的文章。

自古以来，我们老百姓看戏就是看白戏，白看戏。当然不是说老百姓不花一点钱，一般都是地方上有一定经济实力的人请戏班子过来，或者是大家集资请剧团来演戏，现在的基层还是这样。即使现在基层戏曲演出比较红火的省份，比如说河南、陕西、山西，包括经济发达的浙江、广东、福建也还是这样。这是上千年来形成的民俗，这个民俗是我们中国戏曲当年之所以繁荣的很重要的方面。这是很好的文化生态，这个文化生态是非常有利于戏曲发展的。当然，这与现代城市里演出市场的培育并不矛盾，都市文化市场需要培育，本质上来说，城市看戏生态应该是传统看戏生态的现代发展。如果把这个文化生态破坏了，我以为对中国戏曲发展是不利的，现在的百姓并不是像以前基层的状态能够去看戏，看白戏，或者说是少花钱也能看大戏。

肖泽颖：白看戏？

季国平：是。现在北京、上海这样的大都市，剧场越来越多，但是能够买得起票的普通观众却并不多。随着都市化的发展、都市化的成熟，戏曲的演出方式有了改变，但要让观众看得起戏，看得到戏。

肖泽颖：那怎么办？

季国平：还是我说的，政府买单，老百姓看戏。

肖泽颖：你不怕两者矛盾？

季国平：不怕。政府买单，老百姓看戏是低票价，让群众看得起戏，是这么个概念。当然，尤其是政府主管的国办院团应该如此，社会上办的演艺公司如何走市场是另外的话题。

肖泽颖：之前您所提到的群众白看戏、看白戏这样的一个状态，在都市化进程以后，我们要走市场化路线，那么这两者之间是不是有矛盾呢？

季国平：我认为这两者之间做好的话，不但不矛盾，对戏曲还有好处。

肖泽颖：一个是白看戏，一个是走市场化路线，怎么会没有矛盾？

季国平：那就看你怎么看这个问题。我们的戏曲是在中国传统基础上发展起来的，城市里面的观众看中国的戏曲，也离不开这个大前提。包括现在城市观众去看戏，特别是一些戏迷观众，他基本的心态跟看白戏或者是花少量的钱去看戏时的传统心态并没有根本的变化。当然，随着我们都市的发展，我们要培育市场，改变城市观众想看白戏的这种习惯。

肖泽颖：怎么改变？

季国平：用低票价，让观众看得起戏，逐渐培养。

肖泽颖：是这样。

季国平：我赞成商业运作的方式介入传统戏曲的推广，在城市这是很重要的一个方面。但我要强调的是，即使是商业运作，也要让老百姓看得起戏，特别是作为主流的占我们国家舞台艺术主导地位的国办院团的演出，首先是满足人民群众日益增长的精神文明的需求，这是一个大前提，看得起戏是老百姓的权利，所以我们首先是满足这一点。在这个过程当中，我们可以借助于体制的改革、借助于市场的推广，让更多的人去看戏，而且是看得起戏。

肖泽颖：为什么要强调让百姓看得起戏？

季国平：都市化以后，城市观众需要培育购票的习惯，我们从传统的欣赏习惯走过来，培育会有一个过程。而作为占据国家主导地位的主流的国办院团，它的首要任务是满足群众的看戏要求，而且要让他们看得起戏。可能一台戏投资300万，每一场演出观众所能承受的票价不高，结果演出的成本收不回，甚至会演得越多赔得越多，但是只要戏好，满足了老百姓看戏，就值！

肖泽颖：那钱谁给？

季国平：政府来投，这是一个很重要的方面。这就是我们中国的戏曲，尤其政府办的院团的主流的主导的方向。戏曲走市场，完全可以借助于市场化的办法推广，但不是为了挣钱而推广，而是为了让更多的老百姓看到戏，看得起戏。这与我们传统的看戏生态是相关联的，同时，也是城市化后都市人看戏的一个常态，是戏曲演艺市场的现代发展。

肖泽颖：现在随着市场化的发达，一些文化公司也在排戏也在搞演出，他们那个资金是通过社会化运作的，为了收回成本，他的票价可能比较高，那怎么办？

季国平：那就是我一直在说的观点：就是市场的归市场，公司的归公司，我们国办院团走公益的、低票价的路子，也就是还戏于民、政府买单。

肖泽颖：能区分开吗？

季国平：能区分开。怎么讲呢？作为文化公司，它自身要从市场上去创造最大的经济效益，也有一部分观众愿意去看，掏这个钱看一场戏，可能是一千块钱、两千块钱，无可厚非，他们本身走的是市场化的路子。如果有眼光有识见有良心的演艺商，创作了好戏，并通过他的办法把票价降下来，让观众看得起戏，也是一件非常美好的事情，但不可强求、不可用国办院团的要求来要求他们。只是在我们国家占据主导地位的国办院团，他们首先的责任不是到市场去挣钱，首先的责任是满足观众看戏的愿望。这就是我反复强调的还戏于民，也是我所说的戏曲走市场的内涵。

前几年我到欧洲国家去考察，到过芬兰的赫尔辛基市立剧院，也是它的国家剧院，他们当然是走市场化的演出路子，但他们的市场化就是满足广大国民的看戏需求，所以它的票价是低票价，也就在 10 到 40 欧元之间。欧洲很多国家院团都是带有公益性质的，它走市场是为了让更多的观众去看戏，都是低票价的。政府买单的概念，就是老百姓花少量的钱，看优秀的剧目。芬兰是北欧一个只有 500 万人口的小国，一年的戏剧观众竟达 500 万人次！我至今都记得，赫尔辛基市立剧院艺术总监向我们介绍剧院时说的第一句话，他们的剧院是为人民演出的。

十二五期间，政府主管部门和我们戏剧院团，当然也包括我们戏剧家协会需要努力做的一件事，就是首先要创作更多优秀剧目，同时还应有一套优秀剧目的推广机制，这个也很重要。

肖泽颖：国家主导吗？

季国平：对！这是国家很重要的主导。就是戏剧院团在体制机制上有利于创作优秀剧目，有利走市场让更多老百姓看到戏。国家的宏观调控就是要适当地投入，我们要看到国办院团是公益性的，他们走市场是为了更多的推广、是为了贴近老百姓，创作更多的老百姓喜欢的戏，而在资金的支持上，应该是政府买单、城市百姓花少量的钱，能看到好戏，而基层、农村观众甚至不花钱，看白戏。

肖泽颖：您之前说过中国戏曲有一个门槛，那这个门槛对于都市化和基层有没有矛盾？比如一般的人他能不能欣赏得了？

季国平：应该没问题。戏曲观众需要培养，白先勇带着青春版《牡丹亭》到北大等全国高校巡演，也就培养起一大批青春观众，多看常看，就能从看热闹到看门道，跨越戏曲欣赏门槛。一旦跨越了这道门槛，青春观众就会喜欢上戏曲，甚至成为戏迷。

肖泽颖：这就是观众的培养？

季国平：是的，首先要给他们有看戏的机会，可以演到大学里面去，也可以在中小学课堂。这几年京剧进校园，在地方也可以是地方戏进校园。地方的戏曲文化生态实际上在基层还是相当好的，上面说到的陕西、山西、河南，经济发达地区如浙江、广东、福建等的基层戏曲生态也很好。我们的政府部门要保护基层的这个生态，我们也要在城市建立适合城市人看戏的这样的文化生态，本质上来说，城市看戏生态应该是传统看戏生态的现代发展，是一脉相承的。有了新的观众的培养，我们的戏曲何愁不繁荣？而且随着国门的打开，我们跟国际交往得越来越多，我想我们中国戏曲的优势和魅力会越来越被国人所认识，也越来越被外国人所接受。

肖泽颖：那就太好了！

季国平：中国戏曲它不只是审美的舞台艺术，它还是弘扬民族文化非常重要的一种舞台艺术。所以我们这些年来，中国剧协坚持走下去的同时坚持走出去。实际上我们是在弘扬民族文化，而且我们希望西方人要了解中国文化，了解中国戏曲，感受中国戏曲，接受中国戏曲的审美观。那样，我想中国戏曲以及中国文化在国际上的影响和地位就会更大更强。

二〇一一年五月

北京

金铁霖：中国声乐要走向世界

首先，一个歌者，您得把你要用的工具搞好。那就是说，第一要具备歌唱的条件，有了条件还不行，还得掌握演唱的科学方法，所以要在学校经过系统的训练。训练是由基础的到高级的，能够连成音以后，才能变成音乐流动起来，才能唱各种不同的音乐。

不同的音乐包括外国的、中国的、戏曲的、流行的都可以，最后唱得好的，应该是基础最好的。唱歌什么人条件好，那应该说，他的嗓音条件很好，不只是嗓音，他的发声不好也不行，表现力很差也不行。所以还要结合他的艺术能力、听觉能力、表现能力、修养水平，才能感动人、打动人，才能使别人听了很感动。

金铁霖

嘉宾简介

金铁霖　满族，出生于黑龙江省哈尔滨市，中共党员，中国著名声乐教育家，博士生导师。

金铁霖教授现为中国音乐学院名誉院长、全国政协委员、中国民族声乐艺术研究会会长，并受聘为中国人民大学金铁霖中国声乐艺术研究院院长等。他曾担任北京市文联主席，先后被多所大学和艺术团体聘为客座教授、艺术顾问。曾被评选为北京市高教系统先进教师，北京市有突出贡献的科学、技术、管理专家；荣获文化部创新奖，国家优秀教学成果一等奖，国家有突出贡献的中青年专家，全国模范教师，国家级教学名师奖，全国十大艺术英才；获选 2012 年“国家高层次人才特殊支持计划”教学名师。享受国务院特殊津贴。

金铁霖教授在长期的民族声乐教学实践中，为探索和建立科学完整的中国民族声乐教学体系和中国民族声乐学派，培养和造就德才兼备的民族声乐人才，在弘扬主旋律、诠释文化先进性等方面，做出了杰出的贡献。

他首先提出了中国民族声乐应具有“科学性、民族性、艺术性、时代性”，给我国民族声乐教育以崭新的学术定位并作为民族声乐发展的方向，他为此做出了大量开创性的努力。他创建的民族声乐“七字标准”即：“声、情、字、味、表、养、象”为民族声乐人才的选拔、培养及民族声乐比赛的评判奠定了客观的标准。他辩证地提出了声乐学习三个阶段的理论以及一系列完整的、富有创见性的、行之有效的教学理论。同时他将歌唱训练特有的“启发式感觉教学”进行了完善和创新，使声乐教学活动变抽象为具体，化繁难为简易，从而能够在短时期内解决声乐训练中的诸多技术难题，获得了高层次声乐人才的高成才率。他坚持因材施教，强调声乐训练中的辩证关系，坚持实践是检验教学成败的标准。大批高、精、尖型的歌唱人才群体不断推出，如今他们都是活跃在舞台上颂扬社会主旋律的生力军。在国内外重大声乐比赛中，其学生也屡屡获得骄人成绩。在教学中，他孜孜以求，教书育人，不唯书本，求真务实，与时俱进。他始终坚持在教学实践第一线，潜心研究，不断总结，先后发表了《浅谈我的声乐训练方法》《谈民族声乐教学》《声乐训练中的辩证关系》《中国民族声乐的学习与训练》《中国民族声乐艺术教学探索》等专著、论文、教材和教学音像制品数十部。他还应邀通过计算机网络和电视等现代传媒手段，多次举办民族声乐专题讲座，为推动和促进中国民族声乐艺术的普及和健康发展，做了大量卓有成效的工作。

金铁霖教授在坚持继承民族声乐优秀传统的基础上，博采众家所长，融会贯通，开拓创新，开创了一种具有中国气派、民族神韵的声乐教育体系，形成了具有典型示范作用、科学完整的金铁霖民族声乐教学体系，培养了无数以歌声名动天下的学生。金铁霖教授始终以高度的时代责任感引领着中国民族声乐的发展，以昂扬的时代激情抒发着赤子情怀，在日新月异的中国民族乐坛上，挥洒着一个又一个华彩乐章。他被公认为我国当代民族声乐教育领域的一面旗帜！

导语：

在从教的半个世纪里，金铁霖先生培养的各类声乐表演人才有上千名，金老师的弟子唱出了改革开放以来无数首脍炙人口、家喻户晓的“时代最强音”。彭丽媛的代表作《在希望的田野上》《父老乡亲》《我们是黄河泰山》《江山》等，宋祖英的代表作《好日子》《爱我中华》《大地飞歌》等等，她们不但在中国无人不知，为老百姓喜闻乐见，还把中国民族声乐推向了国际舞台，让全世界人民都认识到了中国音乐的文化底蕴和中国声乐艺术的独特魅力。

沐浴着党的温暖，我们走过了60载如歌的岁月，那些激情燃烧的年代，焕发了共和国的新春，也为中国民族音乐带来了一个崭新的时代。在这音乐文化大繁荣大发展的令人振奋的岁月里，金铁霖教授无疑是最重要的亲历者和推动者之一。这些年来，他开创了一种具有中国气派、民族神韵的声乐教育体系，培养了无数以歌声名动天下的学生。他和他的学生们让无数优美的时代旋律唱红了城镇村寨，唱进了人们的心里。歌声与岁月交响，师恩与友情难忘，在这激情流淌的舞台上，让我们用歌声共同见证，让我们用歌声向祖国祝福。

民族声乐的科学性

肖泽颖：金老师，都说民族的就是世界的，我们的音乐教育成果长期备受大家关注和高度评价，那么我们的民族音乐教育目前在中国是什么样的位置？您又如何去看待这个问题？

金铁霖：民族音乐的历史长河在中国源远流长。民族声乐作为多元化民族音乐的一元，或者说一种具有鲜明特色的演唱形式，进入院校，成为一门独立的学科进行探索和研究，进而培养专业性人才，是在建国以后。在1955年左右，民族声乐作为一门独立的学科在音乐院校设立，从此开始了对民族声乐演唱的探索之路。在此之前，它更多地体现为歌舞团民间艺人的演唱和戏曲演员的演唱，后来逐渐发展到成为一门专业艺术，纳入到学习和训练当中。最早设立这个专业的是沈阳音乐学院，紧接着是上海音乐学院，在早期的教学中，他们都培养了一些较为优秀的民族声乐专业学生。

至 1964 年，我们中国音乐学院，在周恩来总理的批示下建立，目标就是培养中国的民族音乐人才。民族声乐人才的培养，也就是从那时开始的。

肖泽颖：很多人对民族音乐和民族声乐的概念有点模糊，您能否给大家讲解一下二者的区别？

金铁霖：民族音乐包含很多民族音乐形式，比如说民族器乐，像我们现在二胡、琵琶、古筝等等，现在我们学院有十五个专业，民族声乐也是民族音乐中的一种。

肖泽颖：十五个专业？

金铁霖：是的。可以说笛子、琵琶、二胡，不同的乐器就是一门专业。但是唱歌来讲，原来只有一个声乐专业。学声乐的人基本是以学西洋唱法为主，包括艺术院校和师范院校的学声乐的人，都是用西洋的方法来训练，演唱一些外国作品，或者中国的一些 30 年代左右的和近代创作的一些作品。我本人就是学西洋唱法的，我是中央音乐学院毕业的。当时我的老师、导师是沈湘教授，他已经去世了，1993 年去世的，去世已经很多年了。他教得很好，对西洋作品的演唱掌握非常地道，外语讲得也好，唱得也好，他演唱的示范都是很标准的，我跟他学了很多的东西。

肖泽颖：他对您最大的影响，具体表现在哪些方面？

金铁霖：应该说是在艺术上，另外在演唱的科学性方面他很有独到之处。

肖泽颖：提到这一点的时候，我就想到，前一段时间国家教育部也对您做出非常大的肯定，说您在声乐教育这方面提出了科学性、民族性、艺术性、时代性等，给我们的声乐艺术一个科学、合理的定位，奠定了民族声乐学术研究与未来发展的良好基石，那么您的这些思想是受之前沈老师的影响吗?

金铁霖：应该说是在科学性和艺术性这两点上对我影响最大。民族性和时代性的提出，主要源于我在实践中接触到、看到一些新的演唱形式和方法，根据我的理解和体会，在这个新的领域又拓展了一些空间，这个就变化得更大了一点，更倾向于我们中国的声乐。

肖泽颖：专家们说“四性”明确了我们中国声乐教育的发展方向，请您给我们讲一讲这“四性”指的是什么?

金铁霖：科学性，民族性，艺术性，时代性。

肖泽颖：请讲一讲科学性的涵义? 科学性指的是什么?

金铁霖：科学性就是说它既不是外国的，也不完全是中国的，是世界的。就是把所有存在于演唱中的科学部分，在实践中把它吸收过来，并经过不断总结、实践，使它形成一个科学的演唱体系。这个科学性不仅是中国的也是世界的，也是民族的。是所有跟唱有关系的一个共性，即科学性。

声乐演唱是以人体发声器官为乐器，科学性的追求是为了我们发出的声音既好听又持久，具有很强的塑造能力，强、弱、高、低，能产生各种变化，作为演唱的工具，演唱能力很强。打比方说，它既不是骑自行车，也不是电动自行车，而是一辆具有良好性能的汽车，各种挡都有。

就是说无论是在听觉审美上，还是在人声乐器使用的持久性方面，技术能力都达到一定的高度，演唱自如，技法也能融会贯通，这个就是掌握演唱中科学性的原理。当然，说起来似乎容易，实际上是个漫长的过程，这个科学性都要在实践的过程中一点一点去总结。总结之后要让学生理解、做到，让学生不但要做到，还要在不断的练习与积累的过程中熟练掌握，运用自如。也就是说，想唱哪个音，他都能唱得很好，高、低、强、弱，快、慢，都能表达出来，不受技术的约束，达到一种自由的境界。

在世界声乐之林中独树一帜，是中国声乐的目标

肖泽颖：中国声乐的目标是什么？

金铁霖：我们的声乐作品和演唱形式真正走向世界，在世界声乐之林中独树一帜，它就是中国声乐。中国声乐被世界承认了，那么外国人就开始学中国歌了。当然，外国人学中国歌，就跟中国人学唱外国歌一样，我们有时不见得把意大利语、德语、法语都掌握了才来学外国歌，开始往往都是像鹦鹉学舌，一遍一遍跟读，然后再唱，再深入学习。中国人在唱外国歌时，不仅要把词念熟练，还要把语言感觉、内容都搞清楚，这样的话，你对演唱作品熟悉到一定程度以后，你就可能演唱得很好。在参加国际比赛中，你能获得很好的评价，或者得奖。

民族音乐唱出天籁之音

肖泽颖：那说到比赛传播这个方面，近几年来，出现了诸如超女等各种各样的比赛。您在全国甚至全世界做了很多次评委，您是怎么看待目前这种状况的？这是好现象吗？

金铁霖：像超女这类节目，从某种意义上讲，并不是艺术，它可能更多的是娱乐。喜欢的人多，看的人多，唱的人多，但是，往往都是昙花一现，热闹一下就过去了，很难长久流传下去。

肖泽颖：在您看来，这种娱乐对于我们民族音乐是一种冲击还是一种影响？

金铁霖：应该说是一种影响，不能叫冲击。它本来就有一个普及和提高的问题，普及就是说，在一段时期，大人小孩都会唱，尤其是青年人喜欢唱。它内容也有健康的，也不一定是不健康的。提倡它应该是健康的、向上的，应该对人生的道路有所启迪，这应该对青少年和成年人都是有好处的。

那么它作为一种演唱形式，可以说也是一种娱乐的形式，也是一种比较普及的形式，所以当时对流行唱法提出通俗唱法，也就是这个意思。实际上它很通很广，没有文化的人也可以唱，曲调比较简单，比较容易被大家传唱。网络歌曲像《老鼠爱大米》《两只蝴蝶》，我倒没怎么听，但这些东西传播很广、很厉害。它是网络歌曲，就是说它能在一定范围内流行，但不能成为一个国家的主流音乐。中国人现在文化程度普遍还有待提高。毛主席讲过，不仅要普及还要提高，在普及的基础上适当地提高。开始不认识字，你老唱这几个字，可能就认识了，就这样一点一点提高。中国的声乐艺术也是这样，从最简单的开始，一点一点提高，在艺术上，一点一点积累，推敲，修饰，再加上不断锤炼，给大家带来更美的享受。学习又是一种熏陶，所以在这个时候，也是有文化素质的问题。

肖泽颖：那中国声乐，它现在是什么样的层次？

金铁霖：现在，有些人已经到了提高的阶段了，但一些人还处于普及基础的阶段，还有一些更低层的，就是比较低俗一些，目前仍有存在。

肖泽颖：低俗指的是什么？

金铁霖：就是说词内容、曲调内容粗制滥造，缺乏思想内涵与艺术性。有些人具有辨别艺术的能力，有些人却不具备这个能力，好的喜欢，糟粕的东西也同样接受。那么这个我们要提高他们的欣赏水平，培养他们鉴赏的能力，多创造内容健康向上，形式优美、动听的作品，在艺术上还要精益求精，使艺术的表现更加完善，使它达到很高的艺术水平、思想水平。大家听后、看后能获得启示，获得提高，收到好的正向的引导和教育，这就是我们的任务。

肖泽颖：您认为什么样的民族音乐能成为天籁之音呢？

金铁霖：“天籁”出自庄子的一本论著，当时提出的是天籁、地籁与人籁，天籁是音乐的最高境界。从声乐的角度讲就是指最为美妙的声音，这种声音能给人留下深刻、长期甚至永久的印象。古代有“绕梁三日，不绝于耳”，天籁之音，可能就会更加长久，也许是绕梁一年、两年，甚至更长的时间。作为声乐老师和学生，我们要往这个方向努力，不仅声音美妙，所表达的内容与情感更要深深打动观众的内心，也就是展现出中国声乐的高雅内涵。

肖泽颖：有没有好的作品，是您比较认可的？

金铁霖：我们国家有很多优秀词曲作家，创作了不少的精品。比如说像《我的祖国》，这个歌是抗美援朝的时候，大概 1953 年的时候，是刘炽写的，词是乔羽写的。这首歌到现在唱起来还是很好听，内容是歌颂我们的祖国的，时代性很强，十分经典，可谓历久弥新。还有像我们的国歌，聂耳写的，也都很早。具有强烈的时代性，振奋昂扬，一直到现在我们开两会，也都站起来唱这首歌，生命力非常强，每次演唱都能让人感到很庄严，而且热血沸腾。当时这歌只是号召大家都起来抵抗日本帝国主义，但是现在我们起来，为了更好地把中国建设好，在世界成为真正的强国、大国。

肖泽颖：您认为这些好的作品对人民的精神能够起到什么样的作用？

金铁霖：主要是在精神上的正向的、积极的引导。我们鼓励大家走一条创造积极、健康、向上的高雅音乐的道路，在追求音乐事业发展的过程中，让音乐作品在心理上、精神上跟人民能融合到一块儿、达到高度的契合与一致，使声乐艺术成为人民重要的精神食粮不可或缺的一部分。

肖泽颖：一个歌者或者说一个歌手，一个歌唱家，他怎么样才能够结合好作品、结合好自己的情感、语言，把我们民族的文化灵魂非常好地表现出来，唱出天籁之声？

金铁霖：首先一个歌者，要把演唱工具掌握好。前提，就是要具备歌唱的条件，有了条件还不行，还要掌握科学性的演唱方法。所以，在学校经过大学五年甚至八年、十一年的训练，训练由基础、初级、中级再到高级，是一个漫长的过程。从基本发声，到音域的拓展，到声音的流动、连贯，到唱不同的作品，包括外国的、中国的、戏曲的、流行的都可以。最后唱得好的，都是比较全面的，光嗓音条件很好是不够的，如果基础打得好，演唱技术好，表现力很差也不行，所以还要将艺术能力、听觉能力、表现能力，以及修养水平结合起来，才能感动人、打动人，才能使观众听了流连忘返。

选学生的标准

肖泽颖：都知道金老师您有选徒弟的标准，您也收了很多很多的徒弟。有七大标准，您怎么选的？为什么会考虑有这样的标准？

金铁霖：当时因为教声乐与学生配合比较好，出了一些成绩，大家也都想跟你学，那么我就根据我教学的标准提到这些，这些标准，实际上主要包含是选人的问题。

肖泽颖：是作品选人，还是人选作品呢？

金铁霖：当然是作品选人了。我选人的要求是，他的思想是健康的，是有追求的，有事业心的，对长辈、父母、对老师都是很尊重的。做人方面，品行要很好，简单来说就是人要好。如果做人方面毛病很多的话，他就很难学好，就算有一天唱好了，他的品质却不好，那么学业、事业发展到一定程度的时候，他就不可避免地出现下滑，因为做人的方面不好会阻碍事业的发展。我们经常讲情声并茂，这里还有一个歌如其人的问题，人的品性好坏，多多少少在演唱中也会有所体现。所以在日常的教学中，在给学生题词时，我常常会说六个字“做好人，唱好歌”。

肖泽颖：在您这么多徒弟里面，您觉得谁最用情？

金铁霖：大家都喜欢的人，一般都是表现不错的。像原来很多人，都唱得很有特色，她们声音不一样，但是每人各有不同的一些表现形式。而且她们唱的内容大部分是健康向上的，应该说在健康向上这个范畴里有不同色彩的健康向上，有的抒情一点的，有的唱得更主旋律一点的，也有的对生活、对爱情歌颂得比较细腻一点的，这都是属于每个人用不同的表现形式和手段来打动观众。

肖泽颖：在中国声乐这块，您是传播繁荣的使者，您培养了这么多优秀的歌唱家，有人说您是造星高手，很善于造星或者说点铁成金，这样的一些说法，您是怎么看待的？

金铁霖：我也看到报纸有这么登的，它是对我的一种鼓励和赞扬，从另外一个角度来看，其实也是对我的一种鞭策，对我提出了更高的要求。希望我能够把更好的东西，教给更多的年轻人。就像我现在的这些学生，我对他们的要求比原来更高，他们唱得都非常好，基础也相当好。

肖泽颖：当然也有人说，您的这些学生唱的声音好像都没有很鲜明的个性？

金铁霖：对于这些我不加以驳斥，也不加以评价。因为每个人都有不同的看法，实际上是都不一样的。我教的方法也完全不一样，我是因材施教。要说我教的特点是什么，特点就是因人而异，因地制宜。我绝不会要求学生，说：你就按这位或者那位歌唱家演唱的感觉唱，或者说按照她们表演的方式表演，我不会这样要求学生。因为每人的构造是不一样的，不一样的构造出了一样的声音，那就是不科学的。都一样，也是不可能的，因为每个人声带大小、薄厚都不一样，喉咙腔体大小、脖子长短也不一样，就像指纹一样是独一无二的，那怎么会出现完全一样的声音？这是不可能的。我们国家特别提到科学发展观，我听到这几句话就感觉很符合我们的声乐教学规律，没有科学就无法谈到个性。在科学的基础上来体现不同的个性是可以的。如果没有科学性，你再片面提个性的发展，那就是属于不科学，或者说很难提高到一定程度。他只能在比较低的层面上回旋和发展。所以，为了声乐事业的提高，我们要达到一个最科学的，在科学的基础上使你在艺术上体现最大程度的个性。个性的体现包括声音的体现，包括处理的体现，包括对歌曲理解的体现，每个人都是不一样的。说声音都是一样的，这就是他可能耳朵缺乏辨别力，听不出来，也可能是他对于声乐不太了解。

我跟你讲个例子。外行看热闹，内行看门道，京剧有好多派，梅派、尚派、荀派、张派都不一样，包括我，我听京剧都是一样的，表演也差不多。实际上，他们自己是分得非常清楚的，比如这是梅派唱法，那个是什么派，他们都分得很清楚。现在他们也在研究科学性。因为科学性不够，发展就会受一定限制。也有这么一种观点，说一解决这个科学性，就变成了一样，不科学才是最好的。那么就是说承不承认要发展这个科学性，使他真正达到最高水平，每个人的认识是不一样的。在我看来，如果想要成为世界的，还必须在科学性上经得起考验。在你的演唱上，也经得起时间的考验。比如说我的很多位学生已经在国内外开了好多场演唱会了，每场音乐会从头到尾一个人唱那么多首歌。她如果没有好的方法，好的基础，科学的演唱技术，一场音乐会她也唱不下来。要有好的方法，好的声音，还得给大家一种好的形象，好的视觉效果，这样才能成功。

大家喜欢我那些学生，已经出来的学生，那也是因为他们每个人都有自己的特色。对我来讲，他们是不一样的。有的说，长得一样，表情也一样。这就是说对你的声乐，他不是从欣赏的角度看。夸大缺点把不是双胞胎的人也说成双胞胎，十个不一样的人，非要说这十个人都一样，那就没有必要与其争论。如果说，谁像某个人，或者在学习歌唱的基础阶段模仿谁，那是完全可能的。

肖泽颖：我们怎样做到保留中国民族声乐的个性，同时贴近群众，让群众真正喜欢和欣赏？

金铁霖：群众喜欢了就可以。不管他像谁。

肖泽颖：就是用欣赏的角度去看待。

金铁霖：对。也就是说我们唱一些外国的作品，美声的东西，美声比我们更雅。它的歌唱方法、吐字的方法都比较容易做到统一。也就是一些人说的“一样”。外国声乐对于他们来讲，是一种自豪和骄傲。因为，他们的学派形成了一个体系，这种“一样”从某种程度上讲，是他们的特点，大家都学意大利学派，他们觉得好。比如我们去参加国外的比赛，如果你不用意大利式的演唱方法来唱意大利作品，而是换了一种其他的唱法，评委一看不是那种方法，那么演唱的方法与作品不符，肯定初赛就将你淘汰。因为你不是这种歌唱的方法、吐字的方法，对作品理解得也不对，肯定进不了决赛。

所以，从这方面来讲，有些人提出各种各样的说法，只能干扰一些意志不坚定的人。坚持下去的人，仍然还在按照自己的道路继续前进，创造更新的道路，更新更完善的唱法，形成真正的中国自己的声乐学派。不只是中国民族声乐学派，将来是中国声乐学派，这就是发展的必然趋势。所以，在面对这种、那种的看法，或有些外行的看法，或有些人懂，却偏要这么讲时，争论就变得毫无意义了。

肖泽颖：您培养了这么多优秀歌唱家，您认为是徒弟成就了老师还是老师成就了徒弟？而且曾经还有人说，你看，那么多学生，名声超过了金铁霖老师，您怎么想？

金铁霖：是这样。我选择教学这条路，做的就是台下的、幕后的工作，是不成名的。

肖泽颖：也是最高的讲坛。

金铁霖：当然你教书最好的，也就是说你迈到了最高的讲坛。因为，教学工作本身就是幕后工作，通常，学生在外面演唱，没有在演出的时候介绍指导教师的习惯。一般都会报歌曲名称与词曲作家。有的时候介绍演员，也不会提到跟谁学的，就是说，从这个角度讲，他再有名，跟你没什么直接关系。也许某一天偶尔有人问起来，他可能偶尔提到一下，提到的不一定是你，或者某某人。那么就是说往往你教的时候，你觉得很用心，很努力在教导学生，但学生却不见得能够在一些场合提到你的名字，这对老师来讲也是经常出现的。

肖泽颖：遇到这种情况您会失落吗？

金铁霖：不会失落。学生在学习的道路上，不同阶段会遇到不同的老师，想到父母、亲人，没有提到老师是正常的。想到老师却不是常有的事，如果你问他老师是谁，他可能会回答：我老师太多了。不知道说哪个好，这也完全可能。但是只要他们获得好的成绩，老师依然很高兴。

肖泽颖：因为您教得好，找您的人很多，夸您的人也很多。但是，提出各样各类看法的人也不少，那么您怎么看待？

金铁霖：我们事业前进的道路并不是平坦的，总要经历这样或那样的困难与坎坷，但我坚信我的事业会成功！我坚信我培养的学生会成功！尽管在培养的过程中遇到这样那样的困难，我要克服这种困难迎难而上往前走，在这个最光辉、辉煌的道路上，坚定不移地走下去。

中国声乐学派的地位

肖泽颖：您提出构建中国声乐学派，而且指明了中国声乐的发展方向，以及有效的演唱方法与规律，那您有没有想过，未来声乐发展的最理想的状态应该是一个什么样的状态？会不会出现多个派别，或者说进入百家争鸣、百家齐放这样的状态？

金铁霖：如果能把这一个学派确立，稳定，弄清楚，那就是很不容易的了。其实，我们还在艰难行进的道路上，还在继续，摸着石头过河。目前这个阶段，民族声乐已经到了科学性、民族性、艺术性、时代性的阶段。但是还有各种问题有待解决。比如，民族声乐的学生，女的多男的少，女高音多女中音少。男高音都是高腔多，中低声部很少，这个是事实。很多人要提这个问题，那么我们就得在一个新的道路上再继续走，解决中低声部演唱中国作品民族化的问题。这些外国已经发展到了一定阶段，而我们中国还处于早期探索阶段。

学习歌唱的学生，按照嗓音的自然规律，应该会有女高音、女中音、男高、男中、男低音等等。比如她说话很粗，女中音的音色特点明显，那么就应该唱中声部。这是客观的发展的规律，自然产生的。也是我们平时讲的，这是爹妈给的，他们给你这个嗓音，你唱出这个声音，那么谁也改不了你。

小孩在变声之前唱得都一样，男孩女孩唱的音高都一样。到了十几岁以后开始变声了，一般情况是女孩更高了，男孩就变得低了一些。女孩变声有时也会出现低音、中音、高音，男孩也是有高音、中音、低音，这就是自然条件。如果男中音、男低音的嗓音，非要唱男高音，这就不科学了。不科学你唱什么都唱不好，还容易坏嗓子。外国人针对声部，出了很多的歌剧作品。每个声部都有很多的作品，所以有的歌唱家就唱出来了。他们唱好了外国人的东西，进而又唱中国歌。像杨洪基，还有廖昌永，他们就属于这种类型。从国外的声乐作品来讲，它是符合了人的生理构造的，这也是科学性的一种体现。

肖泽颖：您说嗓音是爹妈给的，也都是可以塑造的？

金铁霖：可以塑造，而且还能唱得很好，但是，要根据嗓音条件来塑造。比如，歌唱家不仅有女高音，而且类型也不一样，有花腔女高音，抒情女高音，还有女中音、女低音，还有男中音、男高音，还有男低音。各种声部都可以有一套完整的演唱体系。而且有一批优秀的作品，供他们演唱。包括艺术歌曲，歌剧的唱段和各种角色，甚至流行的歌曲，都根据不同的人物出现不同的声音。这就是在科学共性下体现的不同个性。

我们的演唱在遵循嗓音个性方面是很不够的，比如戏曲黄梅戏，其中女的是唱真声，男的唱的跟她是同度，按照常理，男的在变声以后会高八度，但是黄梅戏中的唱都在同度，有的则是男的唱的声音很高，女的与其同度，这些是违反人的正常科学发声的，而在中国的戏曲和演唱中都存在这种问题。所以，在中国，唱美声，或者是唱男中音和女中音，很少人根据中国的、民族的来写作品，一般都是写女高音作品、男高音作品，有时男高音作品写得太高，就变成了陕北的高腔男高音演唱方式，这种声音是我们民族的一种高腔，在世界的声乐来讲呢，它也是体现中国的一个地区的一种个性。要从真正的、非常标准的科学演唱来看，它又不是，它就是民族一种爱好。就像京剧，有的调很高，尤其是唱黑头的人，按照道理讲，黑头形容男性比较彪，比较宽厚一点，这个角色调很高，和老生的一般高。这个从科学角度上来讲，也就是说违反了一些科学原理，只体现了民族的特色。现在，我们新创作的作品，这些作品中女高音的就比较多了，要比赛的时候，要选两段歌剧，中国的所有的歌剧，都是女高音主角，其他声部很难找出完整的唱段。其他声部没有作品，没有可以选的内容，也就没法比了。因为它没有歌剧，艺术歌曲倒是有。那么就是说，我们想要发展，就得把这几个声部的作品和演唱的水平两手抓，要体现出来民族的特色，声部的特色，唱好中国歌。如我刚才提到的杨洪基等人，就唱得不错。

这些都是当前的问题。我们要突破这个问题，来研究中国声乐，使中国声乐在各个声部都凸现好的歌唱家，好的作品，好的歌剧，各组声部都有。这就是建立我们中国的歌剧体系所面临的一个很难的问题，也对我的教学和研究，以及我的学生提出了很高的要求。科学性上体现中国的学派，不仅是在这个问题上。还有很多的中国其他声部和包括其他的男低音和男中音，女中音能够演唱的一些好的作品，如歌剧和艺术歌曲的唱段等。丰富演唱这些歌曲，不是只有女高音，所以在这个问题上，我早就在十年前对自己提出这种要求。我现在除了教汉族的女高音，还有维吾尔族的学生，土家族，苗族，布朗族，彝族，藏族，壮族，蒙古族，他们的演唱都各具特色。

他们到这里来学民族唱法，我就要研究，他们的演唱跟我们的科学性有怎样一个关系，这都是很重要的。而且你培养出来的人，到新疆给老百姓唱，他们都认可，认为比原来唱得好，能力强了等等，这就说明我们的教学是成功的。我们要避免一种情况：教了他们以后，他们回去不能唱本民族的民歌了，人家就会觉得个性全都改没了，所以在我们的肩上，有很重的担子，要研究很多演唱路子和方法。有时要选择一个学生作为一个代表性研究对象，比如，两年前，我们班有一个研究生，是男低音，他原来是学西洋唱法的，演唱中国作品时不会咬中国字，声音很暗。我的方式就是：第一，先把他的声音训练统一；第二，训练他咬中国字，要咬得很清晰；第三，在风格的掌握上要努力做到。唱好中国男声的作品，也是很重要的一项任务，中国作品在咬字这一点上就不比外国作品好唱，而是更难唱。

中国声乐在国外的状态

肖泽颖：目前中国声乐在国外的主流市场是一个什么样的状态？

金铁霖：我们展示的水平也就是说看你学西洋的能力怎么样。在外国演歌剧，演这个角色，你开音乐会别人去听，觉得这个人唱得不错。像我们国家有一位叫田浩江，是男中音，有时在美国大都会歌剧院唱。他是中国人，现在演外国歌剧，也能担任很重要的角色。像戴玉强，他中国歌会唱，外国歌也能唱，演唱外国作品的水平也很高，也在外国的歌剧中演过角色。我们国家现在很多人也都能达到这个水平，我们可以理解外国的作品，用他们的唱法，用他们的语言，可以演唱他们的歌剧。现在，我们的学生能做到。

但是反过来，外国人唱我们中国的作品，那就有一定的困难。这就有一个，我们第一要树立自己的学派，建立这个体系，还得有一大批优秀的作品；再一个就是我们要宣传中国声乐，我们也要走出去，进入他们的主流社会给他们演出，这个目前还没有完全做到。

我的学生到国外开音乐会，大家听了很新鲜，也听到别人评价中国人唱得真不错，中国作品很好听，就这样。我们现在要让更多的歌唱家去演唱好中国的作品，把中国的作品传播给世界。

这些与岁月交响的歌声，它的每个音符，都浸透着金铁霖教授对祖国滚烫的情感；它的每一个旋律，都流淌着金铁霖教授对生活炽热的爱恋；它的每一个乐章都镌刻着我们共同的成长。金铁霖教授的学生们以其独特的音乐秉性与艺术风格给我们提供了文字所不能企及的历史，他们的歌声和着一个伟大时代的节拍，记录了共和国与春天同行的共同心跳。让我们从歌声出发，一同走向新的历程，一起开创更加美好的明天。

二〇一一年三月

中国音乐学院

濮存昕："我知道光在哪里"

我们往往纠结在于特别想要的那个结果，想得冠军，想得满分，想精彩，但是我们不可能永远那样。真实是最美的。有些瑕疵是很多艺术家追求的那个境界的过程，到哪儿是哪儿，没准哪个地方纠结错了，然后顺兴一走，生花妙笔就有了，原有的台上无意识的，哇，饱满极了。因为进入到那种无我的境界的时候，是表演最美的瞬间。我们每天的演出，我都在寻找这种瞬间，期待着与这种瞬间不期而遇。一定有。我们准备好空间，我们到那儿去碰。如果没有，但是动作是对的，你也能够完成那天的表演。但是我一定在我每次表演的时候，知道哪个地方可能是世界水平的，或者是最精彩的那个，那真可能是与最动人的那个瞬间不期而遇的地方，但是你得留着，你完全有意识明白那个地方是最有价值的。但是每天不是一定就奔那儿去的，到那儿有就有，没有也不错。这是舞台经验告诉我们排练的时候就留好的一个空间。

濮存昕

嘉宾简介

濮存昕　20 世纪 50 年代出生于北京的一个艺术家庭，他的父亲苏民在离休前是北京人艺著名的话剧导演和演员。1970 年，濮存昕跟当时许多年轻人一样，怀着改造世界和锻炼自己的理想，响应国家的号召，自愿到生活条件非常艰苦的中国人民解放军沈阳军区黑龙江生产建设兵团当知青。1986 年进入中国最著名的话剧院北京人民艺术剧院，担任话剧演员并涉及影视圈，成为深受人们喜爱的话剧演员及影视演员，他主演的电视剧《来来往往》《男人底线》《英雄无悔》《光荣之旅》等给观众留下了深刻的印象。2011 年获得第三届全国道德模范提名奖。

导语：

是一本明星出版的书，却不是按照一般明星套路来写的，为此本书的编辑和合作者与出版社交涉了很长时间，因为这样会影响出版社的利润，最终出版社被说服了，于是我们就看到了这本褪去了明星光环，而专注于艺术追求和感悟的书——《我知道光在哪里》。

肖泽颖：《我知道光在哪里》，那这个光您觉得是什么？

濮存昕：生命的，谁心里都有这束光，都是你对这个世界期望的东西，期许、愿望。就是这个，就是你想得到的东西，你想去寻找的东西，你想获得的东西。光，从精神、从哲学意义上讲应该是这样说吧。

濮存昕自述儿时的记忆

肖泽颖：什么时候开始形成了自己的基本的性格以及对生活的态度？

濮存昕：其实我这一生没有离开过剧院，到今天我仿佛绕了一大圈，终于来到了北京人艺站在了这个舞台上。但是之前，其实我的父亲是这个剧院的演员，他从建院开始一直到现在都是这个剧院的演员，所以我生长在这个剧院的环境，这个楼，这个院子，我特别特别熟悉。从小，可能稍稍懂事一点就在后台玩了，再稍稍懂事，小学期间，就已经似懂非懂地看过很多老演员，我的父辈们演戏了，看不懂，但是能坐在底下看。童年的时候，其实懵懵懂懂的，现在都说梦想，我是不是那时候就有理想要当演员，没有。就是玩、闹，随着年龄去学习，在小学的时候功课并不好，所以我童年的时候，少年的时候，真的很不出色，非常平常，就是一个瞎玩儿的孩子。我父亲试图影响我，让我早一点读书，背古诗，学学画画，但我就是不喜欢。

我父亲找蓝天野老师来教我画画，画了两下子就不画了。兴趣不对路，所以学了半天什么都没学着。乐器也不会。但是我很感激我的父亲，就是在“文革”开始的时候，那时候我十二三岁，那时候没事可干，也都不上课了，在我没事可干的时候，空虚的时候，书摆在我面前了，突然间地。按照我现在对年轻人的理解，十二三岁是看课外书的一个最佳时机。那个时候没事干，我父亲从剧院图书馆里借书，每星期换四五本书。我有很多书都是那时候看的。包括俄罗斯的小说，《保尔·柯察金》等等。阅读成了我的一个爱好，我这个不太好学的孩子，但是从课外书看起，有了阅读的习惯，这是我印象特别深的。当时看书速度很快，一星期左右就换，又拿一摞书来。在家没事就看书，跟着我爸一起看《参考消息》，看报纸是从漫画开始，那时候报纸漫画居多，从漫画开始看一直能看到标题，再能看到一些曲文。时事政治不爱看，但是这些都能看，但是读书的习惯、阅读的习惯开始养成，这是我特别重要的一个改变。

正是由于这些经历，塑造了濮存昕基本的性格和人生态度。那就是坚忍、顽强、乐观、自信、宽容而又富于同情心。中学毕业了，因为有着腿疾，本可以留在城里，可濮存昕却不顾家人的反对，报名加入了知识青年上山下乡的队伍，他被分配到了黑龙江生产建设兵团。在那里，他有着“仿佛全世界都一肩挑”的激情燃烧的岁月，也经历和目睹了许多的苦难。

采访濮存昕知青生活中感动的事情

肖泽颖：为什么会选择去了黑龙江生产建设兵团？什么样的一种经历让您锻炼了人生的这种态度，和您人生的一种基本的性格？

濮存昕：其实因为“文革”开始几年之后，城市压力太大了，毕业生没有出路，所以提出来上山下乡，所有人都得响应伟大号召。在69届和68届这两届初中、高中毕业生，国家提倡的是全部要下乡，除了有特殊情况，有疾病、家庭有困难等等。当时，我的父亲和我母亲都不在北京，我姐姐已经在六八年提前一年去内蒙古牧区插队了，我妈妈带着我的弟弟在河南五七干校，我父亲在南口，拿主意下不下乡是我自己定的。因为我们那班的同学大部分都愿意去，都报名去黑龙江。因为当年的 3 月，珍宝岛边疆那儿打仗呢，保家卫国，而且去黑龙江是穿军装，是生产建设兵团，是准军事部队，这些男孩子一听高兴了。幻想穿着军装还发枪，保家卫国多好玩儿。

当时还有其他几个选择：云南生产建设兵团，内蒙古生产建设兵团，去陕北插队，还有去黑龙江的嫩江插队，这五个选择。大伙儿都愿意选黑龙江生产建设兵团，我也报名了，但是当时我腿有点残疾，小时候得过小儿麻痹，人家不让我去，就说你要去就去南方，我就是不愿意去南方，我就是愿意跟要好的几个同学，说好去黑龙江，就去黑龙江，我就写决心书。招生办公室的人把我邀到现在的二十五中那个位置，让我跑步，让我做点动作。说，这孩子腿还行，就让我去了。批准我去的时候，真的离出发就差两三天了。有他们的一个证明，你才能拿那个票去买一个箱子，那时买箱子需要票，二十二块钱一个木箱子，拿家里给我留的钱买了箱子。听说我要去黑龙江，我妈赶回来了，我们一家人只有我妈回来了，说走就走。我妈给我往箱子里搁东西，那一个箱子没装满，我妈怕我不会洗被褥，弄的是黑被里黑被面，我还有些印象。

我妈妈一看我要响应伟大号召，要离开北京了，她心里头肯定是酸楚。我就拒绝我母亲的那种温情、留恋。送我？千万别送我。我们家就在我们学校的那个胡同里头，但那天我说你千万别去送我，谁都别送我。到了火车站，很少有同学家里没人送的，我就让母亲在家，自己就去报到了，行李头一天就上车了。结果学校的欢送队伍都走了，经过我们家时，我抬头看看那窗户，没看到我妈。我家就在二层一个小楼，特别小的窗户，我看了看，没有人。走出胡同，上了那个大客车，在车上就跟同学玩儿，我母亲这时候从家里跑过来了，我正跟人家臭贫呢，正玩儿呢。人家同学说，你妈来了。我就藏着。

我害怕我妈真情流露，可是同学告发我了，在这儿，在这儿呢，我就不得不走到窗口去。她说，你干吗呢？我说，您别送了。我妈这时候从背后拿出一勺来，我没带勺，就把勺接过来，赶紧跟我妈说，您快走，您快走吧。我一点感情流露都没有，就真的跟到黑龙江去玩儿似的，那时候都注销户口了，我当时根本没想这一辈子的前途，就觉得开心、好玩儿。喊着口号去了，喊的口号也不是真的，什么保家卫国，响应号召，孩子的心态就是想玩儿，就是开心，远走高飞，我是这么样一种心态走的。可是我妈把勺递给我，我还不跟她交流，我妈扭身走了，但是我特别记得我妈走的时候那背影，那背身，她那耸着的肩膀的哭泣。事隔多少年回想这段的时候，就是有点愧疚，这个男孩子还真不懂，儿行千里母担忧，可我那时真的不懂这个“寸草心”。后来我跟她说起这段，她说都是应该的。我不明白当时为什么我们这家人就散了，我姐姐在内蒙古，我父亲一个人在南口，后来回北京，我母亲在河南。那时候我们写信你知道是怎么写吗？我们写信是拿复写纸，俗称“拓蓝纸”，三份拓蓝纸，一共是四份，那个题款全都是写爸爸、妈妈、姐姐、弟弟，三封信寄出去，这一家子才能够互相看。信上特意写着：现在跟妈妈说话，我现在跟我姐说话，一式三份寄，叫“红家信”。这还是我提议的呢，我说咱们提议，这么写方便、简单，那一段时间就那样写信。我们在很长一段时间，三四年，都是这么度过的。后来我姐姐调回北京，我母亲后来也从五七干校慢慢回来了，就我一个人在外面。我姐姐从内蒙古回来以后，是北京大学工农兵大学生第一期，我一直到 1977 年才回到北京，一直在黑龙江，但是每年一次探亲假。知青生活应该是对我来说非常重要的一段时期。

以我的性格真的就想远走高飞，就想离开家。我那个时候，真正觉得苦其实是三四年以后，在这之前我一直是开开心心的。把麦子搂完了，10 月下旬，冰天雪地要来了，严冬要来了，又要准备打仗了。当年的 3 月份，整个中苏边界冲突，我们要保家卫国，等到年底又要开始备战了，打仗了，我们要去抚远和虎林之间架设国防电话线。这个工程号称是总理批的，国务院多少号文件，要挑最优秀的人去，我们都是喊着口号写着决心书去的。我被批准了，我们这个连队去十多个人，整个一个团组成一个架线营，十五团组成一个营，三个连队，跑到那儿去架电线。上车之前把行李摆好，全连的人送行的时候，就觉得要上战场了，就想起那时候妻子送郎上战场、上前线的那种感觉，热血沸腾，澎湃极了，看着那些女同学在那儿抹着泪欢送我们，我们好自豪。卡车走的时候，从连队出来转过弯，我们坐在卡车上冲她们招手，就觉得要上战场，这是不是有去无回？其实不至于。不过我们觉得特别光荣，我们辗转坐车到佳木斯再上火车到福利屯，以福利屯下车到锦县，走了三四天呢，那都是慢车。走，一直到了抚远，在多少公里拐弯处我们架了电线，顺着那刚刚修好的一条翻浆的土路，那是由抚远往虎林去的，边境线边上，旁边全都是那种草甸子，已经都冻上冰了。我们每天都干什么活？要把冰用镐刨干，用砂轮打锋利的铁锹，铲水和草根，弄出一个一米六深、一米二长、六十公分宽的这么一个两个阶梯的坑，把电线杆子杵进去，连泥带水给它封上，冻牢了，上边拉上电线，这活就干完了，两个月就是这么干的。每天我们的任务就是挖一个坑然后回家休息，因为水渗得快。十公分左右的冰刨开以后，下面就是水和泥了，那时候高靿儿的雨鞋买不着，一瞅没的用，干脆穿一条绒裤，一双球鞋，下去挖，刷刷……干完了上来把那湿的一脱，光着腿赶紧换成干棉裤回家。每天都这么干活儿，稍微晚一点，那鞋带、鞋都冻脚上了，然后你要砸开，砸松了它，或者拿开水，暖和水给浇了，把那个鞋带浇开了，浇软和了，赶紧脱鞋。穿一裤衩，那冰天雪地的，你要碰着刮大风的时候，特冷！噌噌噌地把干棉裤一穿，拿了湿棉裤，拿着塑料袋，就手拎着，往回走，碰着车，坐车，没碰着，走，两三里地往回走。这个活，十多天了，越干越远，你这路越走越长。

经常晚上一夜一夜这么过，数着天上的星星，那时候有一句诗，叫“枪刺挑落晨星，战士迎来黎明”，你站岗的时候，那种感觉，就是好像世界都睡着了，就你一个人醒着，那时候有那样一种情怀，再加上有这么一首诗，你就觉得，我的手里拿着一支枪站岗，枪刺挑落晨星，战士迎来黎明。还有一次是我架线的时候，特别记忆犹新的，我先回来了，要负责把火赶紧生起来，汽油桶钻几个眼，穿上铁条，然后烧木板子，木板子烧着了填煤，把帐篷里面烧暖和了。别人四五点钟陆陆续续回来的时候，烤棉裤，烤鞋，谁早进来，占了好地儿，第二天不至于穿没烤干的裤子和鞋。当时这太重要了，所有人有坐卡车的，有走回来的，目的就是赶紧占地，烤鞋、烤棉裤、烤绒裤。我负责生火，没想到那板子湿，应该往上浇油，我端错了，没把拖拉机的柴油端来，端的是汽油。我当时不太懂，也不会闻，就用汽油浇在那棒子上，"砰"的一下就着起来了，然后剩下半盆油也着了，再一慌，给踩翻了。帐篷里面，旁边都是木架子搭的床，铺的稻草，要是把这帐篷点着了，还不得被打死！哎哟，当时还有一个人，我们俩都慌了，我急中生智，把自己被子拿起来，"砰"的一声就盖上了。要没有这点牺牲精神，那天一定把帐篷点着了，我就用自己的棉被，把火给灭了。

谁都不知道，可是我没被子盖了，多冷的天啊，我穿着棉袄棉裤，再穿着大衣，穿着鞋，躺在那个烧得都是窟窿的破棉被上，其实那已经是棉絮了。后来跑旁边的阜新五七干校买被子，没有。跟人订，一星期之后人家才来几条被子。我觉得，就知青那时候那点事又好玩儿又刺激，挺开心的。我们终于把活儿干完了，苦吃完了。

其实还有好玩儿的地方，比方说，电线杆子越挖越远，后来就派嘎斯六九卡车把我们接上来了。草甸子里有狍子，这狍子你要追它，它不拐弯。追狍子吧，狍子就在公路上，公路平，它好跑，卡车就在后头追，有几支枪就在前头瞄那狍子。我们就在后头拽着那个车帮，因为你很容易给甩下来，太快了。开着车追狍子，啪啪打几枪，我就眼瞅着打着一条腿，但狍子腾地就折了，折下去了，再打就打不着了。那时确实是"棒打狍子，瓢舀鱼，野鸡飞到饭锅里"。这是那时候的谚语，有点夸张，但是真的，棒打狍子，扔个木棒子就能打着。瓢舀鱼是我经历过的，那小溪水破开冰就有一道缝，你拿着脸盆，拿着水舀子去舀，那小鱼一舀就能舀上来。或者拿条细线，织点儿挂子。那时候有玻璃丝，玻璃丝织水箅子，鱼一来一捞就上来，拿那抄子一抄，就抄上鱼。小鲇鱼也很多，新鲜的，连破膛都不破，因为有的时候鱼小，直接裹面炸着就进嘴了。

肖泽颖：像这种情形一直持续多长时间？

濮存昕：这个活儿两个月就干完了，但是挺苦的，真是很苦，最难熬是回来要庆功。喝得醉醺醺的，上车上车，回家了，要回自己的连队，要回萝北县了，从抚远到萝北也是几百公里，你想这一车人上去，再加上行李，三十来个人挤在一个车里面，再加上行李，就是人贴人那么站着，那个抽烟的，刚喝完酒的味，再加上坐里面闷，坐外面冷，坐中间人挤人，后头喝醉酒一吐，吐你一后背，你赶紧那么一缩，怎么忍？你得几个小时坐那卡车，那时候难过，觉得我要死掉了，我坚持不到目的地了，窒息，一车人躲在那里面，真难熬。后来我们知青在一起聚会的时候，我跟大伙儿说，我今天成名了，名演员，受人宠着，但是我所有所有创造出的这些成就，都跟大伙儿有关，是你们帮我。他们说这怎么说话呢，其实就是那种忍耐力，真的，你在那儿能忍，什么苦没吃过？割麦子，一眼望不到头，一人六垄，割两天割不到头，中间做个记号，第二天早晨你再找来，找着接着割。那腰都酸死了，你跪着割，别人什么走后门的，有路数的，参军的参军，上大学的上大学，你还得在这儿干活儿，我们家没有任何机会让我回来，没有任何条件让我回来，得在那儿忍。但是你怎么能够忍呢？

哥们儿，姐们儿，没走成的人就跟冬天的羊群一样，怎么去抗暴风雪？都往里扎，在外面实在冷，冻得不行的那个羊，往里缓一会儿，里面的羊出来，那才能扛一冬天。之所以你在那还能过日子，就是你在那儿还有那么多的兄弟姐妹在一块儿。我说当时大伙儿都在那儿忍着呢，我也能忍，要没有他们，我就垮了，我有几次机会要上大学的，没上。我的外号叫老朴，为什么叫老朴呢，因为朴素的“朴”最好写，我那个濮，一共十多画，人家嫌麻烦，就写“木”字旁一竖一点，旁边就有朝鲜屯，朝鲜族人在黑龙江多啊，我的外号也成了老朴。结果调到别的连队去了以后，人们说，哎，他是少数民族，优先上大学，我就差点蒙混过关了。有一次，因为我要求进步，先进一点，我报了名，就要走了。可这时候来个哥们儿，“老朴帮个忙，我年龄比你大，我最后一次机会了，你今年让我一把？”

让，没问题，没问题，虽然也想走，但上大学也是前途未卜，不知道你考到哪儿，也有点考试，先得有资格，由群众推举，一个连队三个名额，但我要报名一定能上去，有一个名额明明说的，是要给宣传队的。我是业余宣传队员，农忙时都在底下干活，农闲的时候，冬天我们集中起来排节目，慰问演出。碰到这种事情你说怎么办？其实黑龙江待了小八年时间，对我最大的教育就是“承受力”仨字，你能忍，因为你见过，你什么苦都吃过，什么都见过了，所以今天能够克服困难，能够有耐力、持久力，做事要做就做好，这个是在黑龙江那八年练的。

他从小耳濡目染的艺术，早已在生命中深深扎下了根。不管他人还是他自己，都认为他有搞艺术的条件，于是他参加了当时的文艺宣传队，在祖国边疆广袤的土地上，在生产建设兵团的各个连队里，都留下了他的身影。

采访濮存昕讲演出的故事

肖泽颖：这是当知青的经历，实际上你还是做过宣传干部的，也从事过和艺术有关的活动。

濮存昕：对。那时候演节目。我在“文革”时其实已经是文艺宣传队的了，在街头演出，说快板，对口词，跳舞，都演过。知青的时候，我是所谓的知青连队宣传队的，到哪儿谁说唱就唱一段。当时团里面的业余宣传者正好在排《沙家浜》，四处找演员，找能唱戏的。有人说这个二十九连有一个宣传骨干，也在地头唱过样板戏呢。其实我还不太行，样板戏谁都会唱，可是我嗓子特别低，宣传队非要把我招去。可是那时候我醉心于放牧，真不愿意离开我的放牧，我是养种马的。不太愿意去，但是团里招我去，连里知道了就说你去一趟，我就去了。一试，不行，唱得不行，没嗓，没有高度。就想把我退回来，可是又听说我会画画，因为在连队黑板报都是我出。他说这个、这个宣传队想用你，你等一等宣传股长找你谈话，我从下午就等，一直等到晚上，他吃完饭了，那是一个现役军人，姓庞，庞股长把我叫去，“这个要调你来。”我说，我不愿意来，我愿意在连队坚持劳动，我喜欢我的劳务工作。“你得来。”我不知道最后怎么走的，因为也没地方住。我从团部走了将近10公里回去的，一个人踩着雪，嘎吱嘎吱，上面碧蓝碧蓝的夜空，一轮月亮，再加上白雪，非常亮，因为有雪有月亮，一个人走回连队的。但是我必须得来，因为调令来了，非得去，我就到宣传队了。“你能唱吗？”我说，我唱不了。“四句你还唱不上来，你下定决心，不怕牺牲，要排除一切困难，争取胜利。”四句什么呀？程天明，《沙家浜》，县委书记，县委书记有四段唱“病情不重保平安，病情不重休惦念，心静自然少忧烦，家中事儿勤照看，草药一剂保平安”，像暗号似的，样板戏的那四段，我就是唱到最后草药一剂，那个一唱上不去了，旁边有人帮唱，那段我就张嘴不唱，那个时候就有假唱了，这是在宣传队。然后做报幕景，搬道具，从那儿开始就从二十九连调到团部宣传队了，后来样板戏又有《海港》《红嫂》，演了三个样板戏呢，以后就一直留在宣传队。但宣传队是一个业余的，农忙的时候背着背包，一会儿八连了，一会儿十连了，一会儿二十五连二十七连了，一年一个连队，干活的时候都下去。冬天的时候上来演出，或者是背着背包到连队演出，当天晚上住连队，一个炕住6个人，一个屋12个人，宣传队来了，有空位置的挤进去，没空位置的，挤挤，这炕住7个人，有哥们儿的就投奔哥们儿，没哥们儿的就进那屋里头。“对不起，够意思。”你得在人家两个人的铺位中间忍一宿。其实宣传队也挺苦的，天天坐那个挂斗车，连队演出，没电，突然停电了，把拖拉机开来俩大灯往那儿一照，接着演，或者那食堂里面，前面摆了上百支蜡，全杵在那儿，点着蜡在那儿演出。

濮存昕：我记得因为向往部队文工团，是因为我们这儿有人去到部队文工团里头去了。说沈阳军区来人了，要招舞蹈演员，把我们宣传队几个跳舞好的招去了，还有折跟头好的都招去了，然后开练。我在旁边站着，突然来了一个人，“哎，这小伙子个挺高的，腿也挺长的，你行吗？踢踢腿！”我还真给人家踢了两下。“不错，不错。”可是我不能给人家再往下说了，因为腿在我两岁的时候得了小儿麻痹，9 岁整形手术之前，那时候外号叫“濮瘸子”，我必须跟人家说，人家一摸我这腿，“哦。”我就看那当兵的眼睛，马上就失望了，走了，变得那个快。当然我心里也有这种失落，因为部队文工团要真的把我招去了，穿上真的军装多漂亮啊，红领章、红帽徽的多精神。我父亲当时第一次把我介绍给战友，我去考试了，战友真的是觉得我不错，业务考试第一天人家就告诉我，你通过了，哎哟，我这激动的。我能从黑龙江边上回北京了，一回还是回的北京军区战友文工团，做梦似的。今天演朱德的那个人叫王伍福，那时候是招生组的，我一碰到王伍福我就叫恩师，为什么叫他恩师？他主动给我回过一封信，我在那儿看他那封信看得热泪盈眶。信中说，别着急，领导正在进行最后的研究，希望你寄一份你的档案来。从组织股把档案提出来寄到北京军区，政审合格了，把档案还回来，那时候组织手续是这样的。可是我这儿怎么能够拿得出来呢？当时文艺骨干，机务的、当医生的、当老师的、当干部的，这几种人是不放的。我根本办不走，我在那里又喊过口号，要扎根边疆一辈子，还是一个小基层干部，我还积极要求进步想入党，我写入党申请书没有？真的是拿不出，就找政委要。政委批，组织才能把你的档案给你，你的档案你连看的权利都没有，那是封好的。真纠结，后来演《哈姆雷特》的时候，真的有这种感觉。生存还是毁灭嘛，我怎么办？我真的不敢敲那个门，最终把理想埋在土里。我给王伍福，给战友军区招生组的写了封信，我拿不出来。太远了，跨着军区呢，那边是北京军区，这边是沈阳军区，黑龙江生产建设兵团。人家也觉得你太远了。后来又考济南，我有个舅舅在济南军区话剧团，也是考完了人家说，到黑龙江调你太难了，也放弃了。考总政也没考上，后来还去过一些部队文工团，从 1973 年开始，1974 年，1975 年，这时候我利用探亲假回家考试，都没有成功。后来空政把我录取的时候，梦想才成真。我在黑龙江苦熬了这么多年。

因为这时候，走的人已经很多了，我无论如何得当机立断地回来。在那边的宣传队，热情慢慢地没有了，宣传队越来越不受人欢迎了。

领导也不重视你了，一换（领导），你不是香饽饽，不是演样板戏那时候那么受宠了，真的是很糟糕了，一天到晚地在连队里没有人理你。你就是个宣传队员，上大学、返城什么机会都没有。正好我们一次演出，非常非常冷的一天，我们从一个连队演完了，接着赶几里地就是下一个连队，就是在这个过程中间，我们特别冷的，当时我就想，我应该装病了。

因为到一个连队装台，把灯吊在架子上，拴幕布，都穿着单衣单裤，一身的汗，马上就演出，冷得直哆嗦，确实腿麻木了。我应该演戏了，就是腿动不了了，确实也麻木了，动不了了，而且还发烧了，住院了。医生一看我这个样子，说，他不行了。

两天之后，出院。我就开始说，我的腿完全没有知觉了，在医院里头买了一副拐，开始假装，谁都不知道我是装成这样，因为医院诊断我这腿就是有残疾，我说没有知觉就是没有知觉。这是弥天大谎，是我一生中间撒过的，真的是撒过的唯一大谎。领导说你再等等，我也不参加演出了，转过年到夏天了，棉裤不能脱，我这时候已经要开始申请回北京了。假戏得真做了，夏天不脱棉裤的那一年，那是 1976 年了，1976 年的夏天我没脱棉裤。

夏天没脱棉裤。等到了师部医院，最后我回北京的手续要在师部医院盖戳，医生拿到我的病历和返城的那些证件，一抬眼看着我说你怎么早不来？他说，你这种情况早就可以给你办病退了，我当时眼泪哗地就流下来了，这句话当时记得特别清楚，“你怎么早不来？”在医生手底下盖了多少戳了，“你们这些孩子该回去了。”可是这么温暖的话我一直没听过，而且我还装了这么多年，要求进步嘛，因为你喊过口号，响应毛主席的号召，扎根边疆一辈子，入党。现在我为什么是一个要求自己说真话的人，那时候说假话说太多了，假话把我害的。真的，真是这么一种经历，那时候戳一盖我就准备走了，1 月份我终于回到了北京。回到北京，走进北京火车站，一听到北京站那钟声一响，我又成北京人了。人生有好几次我觉得梦想会成真，可真的是回到北京我又不敢相信了，很长一段时间我会做梦，不管梦怎么离奇古怪的，我梦到又回去了，回北京的事是一个虚幻，我还得在那儿生活，就惊醒了。很长时间会有这个梦，当然我又成北京人了，背着包往家走。人生中我有几次特别大的这样一种梦想成真，叫惊醒也好，就是意想不到的那种幸运。知青返城是一次，能到北京人艺是一次。

濮存昕演第一部戏的故事

肖泽颖：偌大的一个城市，明明是自己的故乡，却偏偏没有自己的位置。你听到北京火车站的钟声，回到北京的心态什么样？

濮存昕：终于回到北京来了，不是说你就能在北京生活的，真的是没有位置。哪有工作做，而且我是病退回来的，只能分到街道一级的单位，街道工厂，我的很多朋友，菜站的、理发馆的，都是这样的工作。

1976 年濮存昕病退回家。偌大个城市明明是自己的故乡，却偏偏没有自己的位置，这是许多回乡知青的共同感受。而濮存昕却比他们少一些惶恐，因为，他一直在追求他所热爱的艺术，艺术于他是心灵的和肉体的双重解救。就在那一年，他考取了空政话剧团，踏上了他梦寐以求的艺术人生之路。

濮存昕：王贵在 1981 年、1982 年，就拍《周郎拜帅》，他已经有结构性的，他的舞台已经不是写实布景了，他有非常强烈的表现主义，有几个平台，多元式的，多义型的那种舞台，转身就是一个空间，那个在当时是非常新的创造。但不是部队题材，是古装题材，费了半天劲排场戏，演了一共十多场。我们还是 AB 组，我还没演几场戏，但是那个戏是我第一次承担了主角的位置排练，那个阵容不一样，因为你承担起了那个位置，因为这个戏的演出，后来恩师蓝天野才有这样一个可能把我介绍到北京人艺来。

肖泽颖：我知道你演周瑜的时候，好像当时演的是周瑜的灵魂是吧？

濮存昕：周瑜的灵魂也演，周瑜也演，都演，因为我们是 AB 组互相演。

肖泽颖：当时是什么样的一种感觉？

濮存昕：因为是第一次演，而且在当时是非常实验型的戏，我们那时候形体都要学汉像砖，都是侧面演戏，没有正面演戏的。非常风格化的一个戏，说台词说得都像日本能乐，非常夸张的音调，像唱，像唱台词，很多人不接受，但是圈里面的、戏剧界的人，对这个戏倍加好评，特别好评。老百姓爱看，部队领导却不怎么爱看，所以当时演了十多场戏就不演了。但是那个戏对我们这些演员，跟着王贵一起开始排实验戏是第一次，很重要的第一次。因为演周瑜，结识了蓝天野老师，他认为我将来可以到人艺来演出，因为周瑜，谢晋导演从上海跑到北京来找我，说你们这儿有一个演周瑜的，他问到我了，我说我就是，当时我手里还抱着孩子呢。他当时想排《赤壁大战》，结果因为资金没有到位，放弃了，可是他认识我了。过了两年他再排《最后的贵族》又来找到我，说试一试，终于我跟他排《最后的贵族》，我第一次接触了电影，而且演的是主角。那时周瑜虽然只演了十来场戏，但是对我的后来的命运、后来的缘分起了非常大的作用。

时任团长的王贵导演，经常让那时还是个小战士的濮存昕为他抄写一些东西，都是他的创作谈、创作笔记之类的。濮存昕垫着复写纸，一次抄出三四份，那些都是大导演新戏剧思想的结晶呀，在抄写中不知不觉地进入了他的内心，让他受用终生。

就在这个时间点上，他接到了北京人艺的邀请排演话剧《秦皇父子》，继而调入了北京人艺。离开黑龙江生产建设兵团，考入空政话剧团，进入北京人艺，濮存昕称之为他的三大人生转折点，然而，进入北京人艺却让他遭受了他人生中的一大挫折。

在濮存昕的演艺生涯中，影视是不能不提的。濮存昕的第一个主角是谢晋导演的《最后的贵族》，这是一个文艺片，他在其中扮演的李寅潇洒、帅气，给观众留下了良好的印象。当时，谢晋导演还不无得意地说："又一个演员出来了。"

此后，他与日本著名演员栗原小卷合作的电影《清凉寺的钟声》也得到了好评。濮存昕做演员有着很好的条件，他高大，帅气，充满

活力，天生一股书卷气，一开始便在观众中有着很好的人缘。但他并没有借此在商业影视片中发展，而是着力往艺术更深处开掘。

《一轮明月》和《鲁迅》这两部影片达成了他影视创作的高峰。这两部影片没有夸张的动作，没有炫技的表演，在平静中直达人物的内心。前者表现了超凡脱俗、坚忍不拔的精神力量，后者展示了愤世嫉俗、特立独行的人物性格。

濮存昕：因为到2005年是中国电影一百年庆典，在这之前我就说过，我其实一直没有觉得自己是影视界的一个演员，我还是属于话剧，因为我自己没有承认，没有拳头作品吧。但是2004年碰到《弘一法师》《一轮明月》这样的传记电影，为什么执意去拍，剧院的工作就扔下了？因为我1990年拍《清凉寺的钟声》的时候，第一次演和尚，我就看了弘一法师的传记了。突然之间我觉得他的人生特别能够触动我，他从一个文艺大家，急转变身，遁入佛门，他能够放得下，他的那种修行是那么的彻底，我不可解释地就有一种心象，有一种向往。拍完《清凉寺的钟声》后，从那个时候开始就读了一些佛教文化的书，结识了一些佛教界的朋友，曾经立过愿望，想演他。

那个时候先拍有头发的一段，剃度的时候就是在灵隐寺大雄宝殿的释迦牟尼像面前，在大殿的蒲团上剃度，热泪盈眶，当时就真的想，我是不是应该按照这种生活方式生活下去，选择和弘一法师一样的道路。当时我这样深深地曾自问。在拍摄现场，等着开拍的时候，我一边流着眼泪，一边想，不行，我还了断不了要当演员，我了不断目前生活的这样一种轨迹、方式，我还没有那种真诚，或者是我那种希望救助的虔诚心还没有积累到，没有做到。但是那部片子对我影响非常大，我今天的很多很多，我自己的艺术观点、态度和一些基本判断，是我向佛教文化学习后特别有的一种积累，所以我在书里讲做人、演戏都是修行，坚持、放弃都是境界，同是一种境界，放弃不是消极的，该放弃就放弃。演戏之前准备充分，然后你在表演的时候那种放松，实际上是放下。演戏不要来假的，往往是我们在炫耀自己的时候，假就出现了，不要炫耀自己，和观众发生平起平坐的交谈，不要自以为是，不要觉得自己了不起，这种做人和演戏的教诲在台上和你的生活中都是受用的，平等的，跟所有人平等，跟观众平等，跟年轻人平等，跟自己不喜欢的人还要保持一种平等的基本的态度，这是修行。所以我就觉得受益匪浅，《弘一法师》演完之后，我的状态特别好，比方说弘一法师的一句话，也是我受用了一辈子的，他有一个偈言，“一事无成人渐老，一钱不值何消说”。

我们往往纠结在于特别想要的那个结果，想得冠军，想得满分，想精彩，但是我们不可能永远那样。真实是最美的。有些瑕疵是很多艺术家追求的那个境界的过程，到哪儿是哪儿，没准哪个地方纠结错了，然后顺兴一走，生花妙笔就有了，原有的台上无意识的，哇，饱满极了。因为进入到那种无我的境界的时候，那个是表演最美的瞬间。我们每天的演出，我都在寻找这种瞬间，期待着与这种瞬间不期而遇。一定有。我们准备好空间，我们到那儿去碰。如果没有，但是动作是对的，你也能够完成那天的表演。但是我一定在我每次表演的时候，知道哪个地方可能是世界水平的，或者是最精彩的那个，那真可能是与最动人的那个瞬间不期而遇的地方，但是你得留着，你完全有意识明白那个地方是最有价值的。但是每天不是一定就奔那儿去的，到那儿有就有，没有也不错。这是舞台经验告诉我们排练的时候就留好的一个空间。

演鲁迅也是不期而遇。碰到好的角色了，碰到自己心仪的角色的时候，那也是挺兴奋的。但是鲁迅怎么演？差距也很大，因为心理的准备是从哪儿入手，也是从放下开始，世俗生活的很多很多和创作没关系的东西，你要远离。

肖泽颖：放下。

濮存昕：放弃，规避开，也要瘦下去，才能在脸上造型时不至于贴颧骨，我必须把这点瘦下去，才能有鲁迅的脸型出现，迅速地，找到鲁迅的那种状态，心态也好，神态也好，那种感觉也好。正好在这之前读过鲁迅的《野草》题词。然后试镜头的时候，实际上念念有词的正是鲁迅的《野草》题词，我自己体会到鲁迅说话时的那样一种状态，所以试镜试得非常好，自如极了，那是因为我有点准备。

而我真正觉得让自己接近于鲁迅的那种办法实际上是我要把我自己越来越多地没有自己，你放松到、松弛到什么程度，你就能够接近剧作到什么程度。我想到我父亲，想到曹禺，想到我见过的那些文艺大家，他们沉静下来的那种状态，然后有思绪要表达的时候那个兴致。我父亲做事很工整，他写毛笔字要打着格子。

肖泽颖：那像鲁迅这样一位有分量的人物，您觉得您塑造得最成功的一点是什么？

濮存昕：其实这个角色的成败就在于你是否能沉静下来，鲁迅可不是跟着人家走的，绝对不会人云亦云，他骨子里憎恶强权，憎恶虚伪，憎恶那种阿谀、人云亦云。我演鲁迅的时候，也是一次修养，就是以他的名义去像他一样地所思、所言、所行。你在他的台词里面去寻找到你表演的时候，那样的一种你的信念。

濮存昕在北京人艺演了大概有二十多个话剧角色，他虚心地向老演员们学习，在表演上有了长足的进步，在逐渐融入北京人艺的风格的同时，他也在寻找一些属于自己的东西。1990年，他演出了林兆华执导的《哈姆雷特》，导演要求这个戏着重于人物内心的表达，外部动作的细节越少越好，濮存昕投入了巨大的创作激情。

肖泽颖：刚才那个戏，就是生存还是毁灭，讲到这个深刻的体验在《哈姆雷特》里面创作角色的一个结合。

濮存昕：因为林兆华当年他的戏剧工作室的第一个戏选的就是《哈姆雷特》，而且不是丹麦王子的那个故事，我们演的是当下，当今。借用莎士比亚的故事，演我们任何一个人都能感受到的困境。那个东西叫作什么？就叫，做还是不做，《哈姆雷特》的悲剧，它是犹豫的悲剧，这是非常清晰的。我们也不穿丹麦王子的欧洲非常古典的服装，我们就穿毛衣、牛仔裤，穿一大皮鞋就上去演去了。去寻找自己心里面的那样一种，所以说把这个东西一解释清楚的时候，我们就觉得这个戏突然间就有了一个新的所谓新戏剧，实验剧目，现代戏能够建立起来的一个角度。演员创造人物要从自己的生命经历中去寻找同感，我真的一下就想到了战友文工团那次考试，把理想最终埋到土里的那样一种经历。真的就是由于急了，敲政委那扇门，跟他说我想调走，就这句话，说得出口说不出口？我最终没有敲那扇门，最终宁肯去死亡，或者宁肯苟活，不愿意去做那种努力抗争。努力做了，你不知道结果。所以说到那句台词的时候，真的，我觉得莎士比亚写得太好了。为什么不敢前行？为什么不敢选择死亡？因为死亡的国度没有一个旅人回来过，告诉你那边是怎么样，因为无知而恐惧。你理解到这一层的时候，你说那一段台词，就特别特别的有内心的那种支撑。

肖泽颖：那您觉得在以后的演过的作品里，哪一部作品是您自然流露的？

濮存昕：舞台上，我这年龄已经过去了，没法再演知青这段了，但是我跟你说，踏踏实实的那种状态是生活给予我的，比如说我演李白，李白被流放，被压抑着。从江南一直走到四川的白帝城，他有一场戏是在江边上，心里面别提有多纠结，突然间他看着湍急的江水，滔滔不绝讲了那一大段独白，想象着你在大自然的山川大江面前，那个空旷，内心的那种感受，跟你在黑龙江的时候，你躺在那个麦垛上，你放马的时候，你在那个草原上的那个空寂就联系了起来。

1991 年，2003 年，2007 年，他演了话剧《李白》。这么长的时间，反复演一个戏，使他经历了由浅入深、由无到有的历程。李白是穿越时空的，他就蛰伏在每个有情怀的艺术家的心中，当你的理想与现实发生了冲突，你就会与李白相遇了。

肖泽颖：为什么一直要演李白？

濮存昕：是剧院非常重要一位作家写的戏，而且是越演越好，越演越能够跟上李白。其实我真的觉得像是李白在塑造我，今天的我，生活中很多性情上的东西，真的像李白，或者是我觉得我有李白的那样的一种状态，挺好的，不是我在塑造李白，是李白在塑造我。

肖泽颖：每次演李白有什么不一样？

濮存昕：这是不一样的，你把自己的生命摆进去了，我就是不想当官。

我就是看透了，我不喜欢，我喜欢当个演员。一些事得费多大劲去跟领导较劲，我真的愿意当性情中人，不愿意老在外面开会，不愿意一下坐到主席台上去，不，不喜欢。突然间这种感觉哪来的？不是李白给你的，当李白说到那些台词“我再也不过问世事了，我后悔呀，后悔当初没有听你的话，我走这个官宦之路，仕途之道”，说到这的时候，正好是我 2003 年在纠结当不当领导的时候，说这句台词的时候，我特别有感触，对吧？特别愿意做一个自在人，特别愿意做一个演员的状态，可是你当了领导之后，你面对的那些难题是你没有优势，你没有能力，你凭什么打肿脸充胖子，你凭什么鸭子非得上那个架子，纠结在这上头了，终于不让我当领导，我高兴极了。

肖泽颖：包括您的做人、艺术观、人生观是不是也会发生一些改变或受到很大的影响？

濮存昕：你心里面有那样一种笃定，进了市委宣传部大楼你不激动，但是很多干部进了党中央、进了市委宣传部是激动的。没有那种状态，这是鲁迅，这也是我自己能做的事情。莫言的散文集里写他的童年，他对自己年轻时的剖析，我特别有感触。也曾经阿谀过，也曾经讨好过，但是他现在有这样的一种自我剖析、反省和批判，挺棒。我自己曾经也是一个在品格上并不是那么强硬的人，今天我也基本上是很随和的一个人，但是骨子里是有那种东西的，不要触动，一触到就非常坚持。

经过人生的历练，濮存昕越来越接近李白，不经设计，不要安排，直接从天真入手，从率真开始。一上场的一大段独白，就这样直抒胸臆而出，一下子达到了兴奋至极的癫狂状态，这就是李白！李白遇赦，从白帝城归来，写下了著名的“朝辞白帝彩云间”，这是全剧的华彩，一个人在遭受百般压抑后突遇大赦，心情豁然，那里有不平，有宣泄，有狂喜和大悲。

多次的演出和人生的历练，使濮存昕和人物达到了思想和生理的某种契合，抑制不住地放开。

某次演出中，他走啊走啊，把行李和拐杖都扔到了长江里，一切

都不顾了，好像睡觉也不用盖被子了。这是一次即兴的创作，艺术就是这样，可以无中生有。演了许多角色，只有李白，才能让濮存昕找到一种类似饮酒的癫狂状态，念台词如饮美酒，演人物天马行空。

濮存昕在林兆华导演的作品中担任了很多重要的具有探索性的角色，如《哈姆雷特》《建筑大师》《刺客》《白鹿原》《大将军寇流兰》，他感觉到斯坦尼之后还是有很多的空间的。

肖泽颖：《建筑大师》算不算是您最满意的一部作品呢？

濮存昕：一开始他给我剧本的时候，我看也因为它是易卜生200年前写的，200多年了，它就是一个故事，但是它的故事里面有着一种象征，这样的一种寓言式的戏剧的语言里有一种东西，具备着超现实主义状态。他写的不是真实的，但他是按照一个真实的故事写的。但是林兆华居然就能够把这个3D的剧本，时间、地点、人物的顺序，按照时空来走，他这个结构成为一个回想，一个叙说。这是他多年想做新戏剧而做不出来的那个东西，他终于在《建筑大师》里面，把这个故事结构成今天这样一部巨作，今天我们看见真的是了不得的一件事。我们到易卜生的老家挪威奥斯陆（国家剧院）演出，得到的喝彩声，证明我们是成功的。易卜生的孙子看完我们的戏说，你们真正懂得了易卜生，那个舞台监督是一个挪威人，他说我哥哥演的和你是一个角色，但是他没你演得好，为什么？就是最后，戏其实已经进入了象征状态了，索尔尼斯男主人公要走上天梯，为了这个女孩，他超越了自己走上天梯去挂花环的时候，剧情写到他摔死了、摔下来了，唯独这个女孩在喊“我的大师你又上去了”，它是一个很象征性的精神上的那种超越，是一个彻底的告别和彻底的重新的开始。但是他们按照爱情戏剧去描述的时候，人家就觉得费解，这么一个糟老头子，让这个少女谈了一夜的话，他就寻死去了，所以说观众从爱情角度去接受你的戏剧信息、舞台信息的时候，就会有反效果，而我们演的时候，是充满了感情的。因为舞台上特别特别投入，心有灵犀的观众热泪盈眶，所以说我觉得戏剧里面的这种崭新的表现，它的力量要比那个故事叙述要有力量得多。

一开始我不懂，我觉得怎么乱七八糟的，前言不搭后语的这样一种很杂乱的、对立的、矛盾的、纠结的一些台词思想，真正到联排的时候还不太懂，不知道。但是林兆华要的就是这个，他要的就是矛盾，要的是不协调，要的是破碎，要的是这个，我说我都不明白，观众怎么办？是不是又是一个《三姐妹等待戈多》呢？当然我们也听到很多夸奖，说哎哟，这个戏了不得。但是演了几年之后，越演就越懂得林兆华的舞台的他想要的那种叙事，那种间离，那种不要演进去，是要给观众说，在说的同时，似演非演，恰恰又是你自己，又有角色。他特别想让演员个人表演的那种元素多于角色，不让你确认为这个人就是一个演员，所以他不让我们化装嘛，不要化装，就是你自己，就是演员本身，这种舞台上的东西在以前很少有的。所以我也觉得自己能这么演戏，我所依托的那种表演，我自己学到的，我所受到的教育都用不上。现在想总结还总结不好，但是只知道这个《建筑大师》是最有意思的创作，这个角色的表演，在目前真的是独一无二的。它考验了我跟着林兆华去寻找新戏剧的，一种新的表演可能性。表演在台上更多地利用静态的、安静的，要尽可能运用更多的停顿，去把观众拉到面前去讲述的那种能力。不是我演你看的，是你明白我的这个意图，就是和观众得融在一起的那样一种状态，在舞台上完全没有场景和那种设置。今年的 11 月还有这个戏演出，在北大。现在都要做准备了，就是说其实演这种角色，它有一种生命投入的过程，就像过两天我到天津朗诵《琵琶行》，我每天在车上一定是背词，13 号在天津合成，和交响乐合成，你要有一个很专注倾心的表演，是很长很长时间，一定要反复揣摩。你在寻找更恰当的表达方法。演了这么多年，你没有用心去表演的话，你自己都看不起自己，你会觉得很空虚，“我怎么能这么做事情？”没有认真，真的很糟糕。什么事情你愿意，得把自己摆进去，确实现在懂得什么叫艺如其人。你不把自己摆进去，你的艺术到不了那个层次，进入不了最后那道门，最后那道门是什么门？就是融在一起。盖叫天谈表演，有这么一个词，叫“三形、六劲、心已八、无意则十”。形就是形状的“形”，有模有样的你是三分，你是这块材料，你能当演员，你有模有样的。六劲，有力量了，那个劲，他亮相有劲了吧，台词准了，天圆了，这孩子能演戏了，到六分。心已八，已经的“已”，心已经到八分的时候，是动心了，动情了。这叫好演员，而且能把观众感动，心摆进去了，有心了、有情了，但是还不是满分，满分叫“无意则十”。不经意全对，怎么演怎么对，这是一个什么样的表演境界。所以我们都在这儿忘我地表演，演员和角色分不清了。不光是他自己的投入，还有观众眼睛看着你，他已经忘却了舞台，忘却了剧场，他的心灵他的感受、他的想象已经和演员一起进入那个情境的展现，甚至演员没演到那儿，或者没完全演到，或者明明是一个假定的舞台，观众的感受是那么的真实。那种无意则十叫满分，那叫盖过天。当演员这行是有程序的，每天按照程序，化装、上台，从零开始，和对手一五一十地交流，每天都在八九不离十地重复，但是每天演出的时候，你怎么才能够尽情、尽兴到无意则十。你自己都被自己感动了，这是表演的境界。

所以《建筑大师》索尔尼斯这个角色，在里面那样的剖析自己，他把一个老年的这样一种所谓成功者，所谓的他自己身上的那种纠结，那种对人生的困惑，他最终扔掉了宗教信仰，同时又批判着眼下自己面对的名和利，呈现出世俗生活的那种厌恶。他怎么才能找到生活的出路呢，找到心能够安顿的地方，年轻的姑娘出现了，最终他们谈话中，他的哲学走到了一个命题上，就是为了快乐而生活。我只干让我感到快乐的事情。其实我们的人生中不是这样吗？当然快乐的认知是你的教育，是你的精力，是你所处的所有的环境给予信息，给予你的判断。王晓波在他的杂文里面曾经说过，人生很多事情都是最重要的，但是真正最重要的我以为是乐趣，人怎么能没有乐趣呢？我们做演员这行，没有深深的爱，你坚持下来了，但你成不了一辈子的好演员，你明星风光一下就可以结束了，或者你再也上不去了。真正能够走得很远的演员，就是还永远有蓄势那样一种待发，还能进入白炽灯，还能往前走的演员，他要没有那点爱，没有那种对这行当的乐趣，坚持不下来，或者你做不了这么好。其实观众凭什么锁定频道，凭什么掏钱买票，几百块钱，每次都来看你演出。他一定是对你有期待，有信任，有这种愿意在台上台下交往，他欣赏你，而且他是去寻找自己精神上的一种映照的东西吧。反观自己，我们能够有这样一种表演的能力，让观众反观自己，因为我们自己把自己摆进去，我们通过恰当的表演，让他也把自己摆进去，身临其境。所以演索尔尼斯，所有人都说小濮能演这个吗？男人的那种男性的残酷，占有的那种欲望，名利的那样一种狠毒，对年轻人充满怀疑和戒备，甚至是歧视，对女性有那样一种野蛮，有吗？其实你要把自己摆进去，你人生中很多很多的体会里面，包括我们想象，最后完成这个人的那种他多面的那样一种性格。

做人、演戏都是一门修行，这是《我知道光在哪里》这本书的封面上写的。在演艺之外，如何做人，濮存昕也是经历了一番历练的。住没有阳光、卫生间的房子，到街上去上厕所，被人围观，遭人议论，在他演艺路上名声渐起之时，越来越承受不了这样的生活压力。"凭自己的本事，为家人和自己创造较好的生活环境有什么不可以？"于是他便开始承接一些广告，谁知道，却招来了一些批评的声音。早期的广告给他带来了一些不快活的记忆。

濮存昕：真正的创新其实最基本的就是生命体的改变，就是老前辈演的这个角色，我今天学这样，我把自己真正摆进去，我就创新了，我一招一式都跟他一样了，我就有创新。因为我把自己真情实感和我自己的生命摆进去了。我表演的是我自己的那种真。

你不能够辱没自己的这样一种做人的尊严，做演员的尊严，你没有自己，你就失去了表现自己尊严的机会了。但是今天和我们一起台上台下发生创作欣赏，交流的观众不一样了，我们面对的年轻人，已经是计算机时代，已经是数码时代的观众，我们跟他们还有交流，我们的方式上一定不一样，节奏上都不一样。

肖泽颖：濮老师您刚才提到民族气质，我特别想知道您心目中好的作品应该是什么样的？

濮存昕：什么叫好的？

肖泽颖：好的作品吧，好的戏，就是您的心目中，好的活儿吧。是一个什么样的一个标准？

濮存昕：一定是人、艺术、文学，一定是要有人，虽然有理念性的作品，但是有理念性的作品，是通过人去表现的，而且观众在底下看好的作品，它首先是通过人感受到的，所以有的时候演员的修养就是，观众去看戏把台词都不记得，但是记得你对它的感应。

每一个人之间的交流，我们说这么多话，其实是在体会对方是否知己，是否有趣，是否跟我相通，而有些词呢，一眼便生话语多少，三杯尽享天地福气。他人之间的交流一定是言语之外的那种感应，一个演员有观众缘，被人宠爱，当作偶像，他应该是他作品里透露出来的作为他的人，他的魅力所在。那魅力不是搔首弄姿，不是什么像，是他流露出来的他那种人的性情、教育，他的品质，他的思想，他能不能跟观众发生联系，不是私交，不是觉得这个演员有这样的一种好感。就是人吧，永远都离不开人，好的作品一定是非常深刻的，以非常有趣的一个角度把人解释清楚。这是一方面，同时又一定是舞台，舞台戏，你光文学好也不行，但是一定要有一个好的舞台，就是舞台一定不只是娱乐的地方，一定要有思想给予，他走出剧场的时候要想，今天在他的思想里头有一些解答，有一些困惑的解答，有一些思索的延续，一定是舞台话剧，不是歌舞晚会，不是娱乐的东西，一定是有思想的。但是同时也用人来表现的，他要有视觉上的那样一种亲近。我们觉得好的作品是我可以完成它，作品本身触动我了，演员其实是第一个观众，他在拿到白纸黑字的剧本的时候，首先从观众角度去想，因为我是观众，哦，有这个角色，这个故事，他的感受一定是和观众的角度分不开的。我们喜欢的作品，从我们的积累的表演能力来讲，应该有点判断，这个一定是有观众，因为我喜欢。好的作品应该是这样的。是能够和观众一起完成创作的一个作品。

现在，在北京人艺他也算得上是老演员了，他从来都是热情地帮助年轻的演员们，他与同事也保持着良好的关系。

演员被角色提升，角色也因演员的个性而异彩纷呈。濮存昕始终

钟情于舞台演出。他的戏，不追求过多的演技，不追求浓烈的情感色彩，他演戏专注、投入，追求率真、纯粹的演艺风格。他的戏大气磅礴，人物的思想与意志奔涌而出，人与角色浑然一体，达到物我两忘的境界。濮存昕一直坚持他钟爱的舞台演出，放弃了许多人生的诱惑，用他的话来说，坚守、放弃都是一种境界。

二〇一三年九月

北京人艺

童道明：演员濮存昕

我很幸运自己接触到了好多演艺界的优秀人才，我发现凡是真正有成就的人，他绝对有人格的魅力。他绝对不会是一个唯唯诺诺的人，他绝对不会是一个谨小慎微的人。在精神上他们很强大，人的品质是一方面，还有就是对艺术的态度，就是他确实爱自己心中的艺术，正是这样一种精神的力量在那儿支撑着他，支撑着他们，完成最艰难的艺术创作。

童道明

嘉宾简介

童道明　1937 年生于江苏省江阴县杨舍镇（今张家港市），中国社会科学院外国文学研究所研究员。著有论文集《他山集》，专著《戏剧笔记》《我爱这片天空（契诃夫评传）》，散文随笔集《惜别樱桃园》《俄罗斯回声》《阅读俄罗斯》《潘家园随笔》，影视剧评论集《文化的魅力》（与蔡骧、余倩合著），并与濮存昕合著《我知道光在哪里》，另有多种译著。1996 年起尝试剧本创作。2009 年发表并上演《塞纳河少女的面膜》，并于 2012 年出版收有五个剧本的剧作集《塞纳河少女的面膜》。

肖泽颖：您曾经和濮存昕合作了一本书《我知道光在哪里》，这本书主要讲的是什么？

童道明：当时出版社觉得有必要给濮存昕做一本书，我们第一个想法是想着重讲一个演员成长的土壤，我们是要写濮存昕，但是我们特别关注的是濮存昕怎么样成长起来的，这点也取得了共识。所以我们没有着眼所谓的明星轶事，它是把重心放在展示艺术家的成长上。

实际上濮存昕的起点不是非常高的，我第一次比较多地接触濮存昕是在 1990 年。一位俄罗斯的导演到人艺来排契诃夫的《海鸥》，他在里头演男主角特里勃列夫，我经常到排演厅去。结果那个俄罗斯导演要走的时候，突然跟北京人艺的副院长于是之老师说，我觉得你们剧院有两个优秀的有前途的青年演员，一个是徐帆，一个是陈小艺，当时没有说到濮存昕。但是濮存昕是把这个俄罗斯导演当成一个恩师来看的，他记住了导演给他的临别赠言，说你是一个聪明的演员，如果你能够在没有大的外部形体表现情景下，把内心的体验、内心的激情能够充分表现出来，你就进了一大步。他听进去了，所以我们可以看到后来濮存昕在《建筑大师》《伊万诺夫》中的表演，到那个时候我们可以看出来了，他已经达到了那样的境界，在外部表情平静的情况下把内心的激情表达出来，所以他后来到俄罗斯去，他就专门到这个导演的墓前献了鲜花。他是一个能够感恩的人，我们知道他是从空政话剧团出来的，那个时候他经常演一些跑龙套的角色。当然他永远记得他是从那里起步的。所以他把空政话剧团那个时候的团长王贵导演，当成了自己的恩师，2007 年，中国话剧一百年的时候，他资助王贵导演把“wm”又拿出来演出了一次。他是一个知道感恩的人。

那个时候跟他一起在空政话剧团演戏的有一个演员是胡伟民的儿子叫胡雪桦。胡雪桦有一次到北京来就跟我说，他说他在上海看濮存昕的《建筑大师》，觉得他俨然是一个大演员了一样，但是他说当年在空政话剧团的时候，他没有看好他的，他现在不得不对他刮目相看，这样一个青年演员，他后来经过 20 年的努力以后，就真的成为一个大演员。所以我们出那本书就是看他的成长轨迹。

我曾经讲过，我们今天这个时代是一个能够产生很多很多的普通演员的时代，因为没有一个时代是像现在那样，有那么多的演员培训机构，但是现在也是一个最难产生大演员的时代。因为中国从来没有像今天这样，有那么多的物质的刺激，物质的诱惑，可能会让演员不能像以前的演员那样全身心地投入到他的演艺事业当中去。所以濮存昕在今天这个时代他能有这样的成就，他的意义何在呢？是他给我们提供了一个标本，看看他是怎么样能够成为今天的濮存昕的。那么我们就不能不说到表演以外的问题如演员道德、演员文化，我们绝对不能说濮存昕是这代演员里头表演技巧最好的。但是我们大概谁都能够承认，濮存昕在今天，不仅是北京人艺的新的一代演员里的代表人物，可能是我们一个整体性的中国当代的话剧演员群体里头的一个代表人物。那么他给予我们的启示在什么地方呢？你要跟濮存昕聊天，他老有这么个词“生命”，生命的投入。所以我那个时候是非常羡慕他的。因为我写剧评的时候，很难有那种生命的投入，而他老讲他创造一个角色就是一次生命的投入。

譬如说《鲁迅》，鲁迅的外部形态他是非常不像的，但是我们注意到，有众多的北京地区的鲁迅专家在看过电影《鲁迅》后，都肯定濮存昕达到了神似。这涉及演员的自我修养，他认识到如果没有一定的精神高度，当你要遇到一个有那样精神高度的人物形象需要你去创造的时候，你就很难在精神上，与那个人物进行对话。实际上他之所以能够把鲁迅创造成功，在《一轮明月》里头把弘一法师能创造成功，除了依靠演技，主要还是他在奋力追寻与接近那种精神境界。

他有一些很感动人的事情，比如这次，北京人艺六十周年纪念的时候，北京人艺的于是之先生躺在病床上，已经近似植物人了，但濮存昕没有忘记这位对北京人艺做出过巨大贡献的大艺术家。就在建院六十周年的那一天，6 月 12 日下午，他带了他妈妈，带了曹禺的女儿万方女士，到协和医院去看望于是之先生。我就问他了，我说这是你的个人行为吧，他说是的，这个很了不起。这不是组织上的行为，结果却更能感动你。

林兆华导演说濮存昕这个人“正”，有一种担当的自觉。还值得一提的是他是近年来话剧舞台上演戏演得最多的一个演员，这是非常不容易的，一个演员一年要演一百多场话剧，除了他恐怕没有第二个人做得到。我们在《我知道光在哪里》里也谈到了他对林兆华的态度，也让人感动。

所以林兆华看了这本书给我打电话，他说很感动。他觉得我们是真心的，因为我们里头有一段讲到他，他说你看林兆华年纪这么大了，说有一次看到他推着个自行车，从门一进来看到他驼着背，就让我生出一种怜悯，他还能干几年，是吧？就是这种话都讲出来了，连我都受到了感动。

肖泽颖：您觉得演员最大的区别是什么？

童道明：我很幸运自己接触到了好多演艺界的优秀人才，我发现凡是真正有成就的人，他绝对有人格的魅力。他绝对不会是一个唯唯诺诺的人，他绝对不会是一个谨小慎微的人。在精神上他们很强大，人的品质是一方面，还有就是对艺术的态度，就是他确实爱自己心中的艺术，正是这样一种精神的力量在那儿支撑着他，支撑着他们，完成最艰难的艺术创作。

肖泽颖：您觉得这种充满艺术性的这么厚重的书，您更想诠释的是什么样的一种精神？

童道明：濮存昕对北京人艺老一辈的艺术家的长处看得是非常仔细的。所以我们在写第一本书《演员濮存昕》的时候，我们两个人在说到北京人艺的老艺术家的时候，我们讲得非常开心。他说董行佶是个伟大的演员，我一听心里立刻就认同了。因为像董行佶这样视艺术如生命的演员的确少有了，这就是“戏比天大”的精神。

为什么我们的第一本书叫《演员濮存昕》，就是我们前头有一本书叫《演员于是之》，原因在什么地方呢？于是之喜欢“演员”这个称号，而不太爱“表演艺术家”这个称号，他的理由在哪儿呢？这不仅仅是谦虚，这里有自豪，自豪在哪儿呢？为什么诗人觉得对诗人的称号可以满意？为什么演员都非得去追求是“表演艺术家”呢？所以当他坚持演员这个称号的时候，这不仅是他的谦虚，而且还有他的自豪，作为演员的一种自豪，所以濮存昕乐于我们叫他演员濮存昕。

肖泽颖：您觉得演员的追求，理想状态是什么？

童道明：就是于是之老师讲的一句话，要能够创造出可以入诗入画的形象，要达到这个境界，演员首先要努力使自己成为一个真正有很高的文化修养、有很高的审美趣味的人。当然还是不能忘记“爱自己心中的艺术”的根本。于是之和濮存昕就为我们在不同历史时期做出了示范。

二〇一三年九月

北京人艺

丁荫楠：演员濮存昕

我是在一个很偶然的情况下和小濮聊天，突然发现他的眼神里偶尔会流露出一丝冷静的审视，对比着鲁迅的肖像照片，鲁迅的眼神是透着冷峻的。我观察小濮的眼睛，他眼珠下面白的部分比较多，通常眼白多的人，都会透着一股力量，瞬间一瞥都十分犀利，就透着一丝冷峻。鲁迅具有冷静观察人性本质的洞察力，他写文字批判国人奴性的一面是十分决绝的。他曾说过，一般人在临死的时候，总会对那些曾经伤害过他的人说宽恕，但是他却说“我一个也不饶恕”。这种斗士的决绝，要不是真正体会到人性阴暗一面，不可能是这样的。所以这个眼神是特别重要的，在饰演鲁迅的这个角色时，演员一定要具备这种眼神。因为好多演员，他尽管来竞选这个角色，也许他外形各方面很像鲁迅，可是不具备这个眼神是不行的。但我们发现鲁迅也有温情的一面，特别是对待像萧红、萧军这样的有文学才华的热血青年，还有对待自己的孩子周海婴，他的眼神也会时常流露出人性的、温和的、宽容的、热情的一面。所以能够具备这两种眼神的演员是非常难得的，濮存昕就是这两种眼神都具备的演员。

丁荫楠

嘉宾简介

丁荫楠　国家一级导演，1961 年考入北京电影学院导演系，毕业后任广东省话剧团导演，后调入珠江电影制片公司任导演，从事电影工作 44 年。曾导演过《孙中山》《电影人》《周恩来》《相伴永远》《邓小平》《鲁迅》《响九霄》，他以拍摄伟人传记题材影片闻名于中国影坛：他执导的电影《孙中山》至今还保持着 9 项金鸡大奖的纪录；1991 年他执导的电影《周恩来》创下了 2.7 亿元人民币的惊人票房；他从 1992 年开始筹划的第三部伟人传记影片《邓小平》历经 10 年打磨，2002 年首演再次在全国掀起观看热潮。2005 年力邀濮存昕主演电影《鲁迅》，引起业界广泛关注。曾任中国电影艺术家协会副主席、中国文联副主席，现任中国文联荣誉委员。2014 年筹备拍摄传记电影《启功》。

肖泽颖：为什么会选濮存昕来演鲁迅？

丁荫楠：在筹备电影《鲁迅》的时候，就列出很多候选人，也有很多人想竞选这个角色，但是我们最后选择了濮存昕，是从诸多方面去考虑的，首先说他是优秀的演员。

肖泽颖：优秀的标准是什么？

丁荫楠：他是人艺的老演员了，塑造过许多鲜活的戏剧人物，比如说李白、《风月无边》的李渔、《茶馆》里的常四爷，个个角色都完成得很好；同时，他还参演过不少电影的演出，比如《清凉寺的钟声》《一轮明月》《洗澡》都有非常出色的表演。他拥有演技的同时，还具备一般演员所不具备的文学素养，和对生活的理解力和洞察力，一种对角色把握不同于一般人的悟性。他跟现在一般的明星不太一样，他不光靠自己的外形，而是靠塑造了一个一个的形象。接着就是我刚才说的他的眼神，他的修养，平时的濮存昕待人接物很和气，很贴近普通人，有种亲和力，观众都很喜欢他，另外他还做艾滋病大使，社会活动很多，是一个德艺双馨的艺人。他没有任何负面消息，这在艺人当中太少有了。他虽然外表很和气，但其实对待任何事都有鲜明的态度，他对人有自己的好恶，他不会妥协去奉承什么人，觉得不喜欢的事情，或者看到社会上的不良现象，就会发表一番激昂的言论，然后流露出冷峻的眼神，他的这个眼神瞬间就被我发现了。

肖泽颖：您是在什么情况下发现的？和鲁迅有什么关系吗？

丁荫楠：我是在一个很偶然的情况下和濮存昕聊天，突然发现他的眼神里偶尔会流露出一丝冷静的审视，对比着鲁迅的肖像照片，鲁迅的眼神是冷静的甚至有些冷峻。我观察小濮的眼睛，他眼珠下面白的部分比较多，通常眼白多的人，都会透着一股力量，瞬间一瞥，都十分犀利，透着一丝冷峻。鲁迅具有冷静观察人性本质的洞察力，他写文字批判国人奴性的一面是十分决绝的。他曾说过，一般人在临死的时候，总会对那些曾经伤害过他的人说宽恕，但是他却说“我一个也不饶恕”。这种斗士的决绝，要不是真正体会到人性阴暗一面，不可能是这样的。所以这个眼神是特别重要的，在饰演鲁迅的这个角色时，演员一定要具备这种眼神。因为好多演员，他尽管来竞选这个角色，也许他外形各方面很像鲁迅，可是不具备这个眼神是不行的。但我们发现鲁迅也有温情的一面，特别是对待像萧红、萧军这样的有文学才华的热血青年，还有对待自己的孩子周海婴，他的眼神也会时常流露出人性的、温和的、宽容的、热情的一面。所以能够具备这两种眼神的演员是非常难得的，濮存昕就是这两种眼神都具备的演员。

其实促使濮存昕下决心接演鲁迅，还有一些别的原因，早在他年轻的时候，就知道自己的父亲苏民一直很想演鲁迅，但一直没有完成这个心愿。而这个机会却落在濮存昕身上，也许是命运的安排。濮存昕抑制不住自己的兴奋，特别冲动地想去演鲁迅。

濮存昕当时已是知名演员，刚饰演过电影《一轮明月》中的弘一法师。过去的电影拍摄经验也让他信心满满，当然还有他本身的文化修养帮助了他，同时他还是个社会活动家，搞公益事业，接触社会。没有这样的积累，没有这样的热情，没有深刻地领悟人性中的善恶美丑，没有自己独立的人生态度世界观，他是不会有那样的成熟的甚至冷静审视的眼神的，这种眼神实际上就是一种沉淀后的沉思所显露出来的独有眼神。

作为导演选演员，就是在选演员的时候，尽量使演员向角色靠拢，就是尽量让他接近角色，塑造角色。但拍摄的时候，就不能太管角色了，反而要全力发挥演员本身的特质，他自己独有的魅力，不能用角色的东西束缚他，不然的话就不能活生生地表演，会变得僵化。当然选的时候你就知道了，他心里有这一面。他表现的时候就充分发挥他演员本身的，因为他已化装成鲁迅了，他已经“是”鲁迅了，你还叫他“演”鲁迅吗?

《鲁迅》的开头讲演，是冷静的、尖锐的、嘲讽的、超然的，就是鲁迅对中国知识分子的剖析，那是一针见血，台词都是从鲁迅演讲记录中截取的，不是编的，是鲁迅演讲的原话，所以一开场就征服所有观众。本来大家都知道他是演员濮存昕，但是造好型以后登上演讲台，现场两千多人一下子就镇住了，所有人一下子肃静了，大家被带到了那个情景中，热烈鼓掌欢迎他演讲，在演讲过程中，大家全都被他的魅力所折服——鲁迅似乎回到人间。当然这里要感谢造型化妆师沈东生老师，他的塑形做得非常好，这也成为了一个典范，造型典范，把濮存昕变成了鲁迅。三个小时的化装，七块的塑胶造型，把他翻了模子以后，再雕塑，脸哪多哪少，胡子搁在哪儿合适。我听有人议论说濮存昕太高了，快一米八了，鲁迅那么矮，实际才一米五九，差距那么大，能像吗？可是一直以来鲁迅的精神是伟大的，鲁迅是文化巨人，所以，普通观众还是可以认可鲁迅高大的形象，这是艺术魅力高于生活的原因。

我们的电影就表现鲁迅死前的最后三年，这是鲁迅走向死亡的三年，也是鲁迅一生最黑暗、最迷茫、最折腾的三年，似乎所有事情都在逼迫着他走向死亡，杨杏佛的死，瞿秋白的死，左联的对立，萧红的离开，都是对他的打击，他无法欣然地接受这些苦痛，甚至一度被黑暗裹挟，故意使自己速死。他抽很多烟，他不爱惜自己的身体，不停地写作工作，不遗余力地鼓励巴金那样的年轻人继续创作，“扛起黑暗的闸门，放他们到光明的地方去”。除了这些战斗的一面，我们还展现了鲁迅情感的一面，比如和他的妻子许广平之间的情感，还有他与儿子海婴之间的情感，他说虎毒不食子嘛，老虎就是再厉害，它也是爱儿子的，甚至是近乎于慈母的感觉。这些情感的表达，濮存昕都完成得非常好，再现了一个内心非常丰富的鲁迅。

一个人能成为名人、伟人，一定有不同别人的思想和性格、生活特点的地方。比如我现在准备拍摄电影《启功》。启功，表面上看，大家都认为他就是个书法家嘛，但一深入进去，就觉得他的人生、他的性格形成过程就是一个特别有趣的故事，而且通过他的待人接物，可以深层次地展现那个特殊年代，知识分子中独特的个性。启功代表了那个时代精英知识分子中的一个侧面，有懦弱的一面，有“滑头”的一面，有谦虚的一面，有才华的一面，这些都是值得我们挖掘表现的魅力所在。

启功的书法，是中华国学美感的外化，他的书法、绘画作品，是传给了下一代见证历史的证物，通过这些作品，我们了解到老一辈的文化精英他们的艺术追求、精神价值追求。在这里，这要感谢国家给我的大力支持帮助。因为毕竟在有生之年，我可以再拍一部电影《启功》。我们这一代导演一直都觉得自己担负着一份历史的责任，是有使命感的导演，不是那种“玩”电影的导演。

肖泽颖：这是您还会坚守的一些东西?

丁荫楠：我坚守的就是一定要拍中华民族的脊梁，中华民族的精英分子，因为他们是可以永恒的，经得起时间考验的。具备这样的条件的人物，这才会做，才有意义，因为毕竟作为导演的生涯是短暂的，一生的能力和时间精力是有限的。

二〇一三年九月三日

北京人艺

林兆华：演员濮存昕

一个演员从人品到戏德，都是我心里尊重的。而且他现在已经成名演员了，他在舞台上，就是你提出来的这些新的问题，他不断地去探索，就是这些东西特别可贵。而且这个人你们也接触了，特别平易近人，做公益、演出，特别负责任。主要跟他这个戏剧家族也有关系，这个家庭，父亲对艺术的执着、认真、真诚，从他父亲就可以看出来。

林兆华

嘉宾简介

林兆华　北京人民艺术剧院导演，1984 年至 1998 年任北京人艺副院长。现任北京大学戏剧研究所所长，北京大学、中国传媒大学、中央戏剧学院等兼职与客座教授。

肖泽颖：有人说您和濮存昕注定是中国话剧史上的一个话题，您视濮存昕为知己，您为何如此看重濮存昕？

林兆华：濮存昕可以说是我在剧院里头的贵人。因为一个人的成功，依靠舞台表演艺术家，还有一位舞美设计师，濮存昕在舞台上的表演可以说是帮助了我，实现了我表演的愿望，我的理念是他来帮我实现的。

今年的《建筑大师》《伊万诺夫》《三姊妹等待戈多》，这几个作品的主要角色都是他主演。

肖泽颖：您觉得是他帮助您成就了您的理念？

林兆华：一个导演离开表演艺术家，他成功不了。离开了舞美设计师、舞美艺术家，也成不了。因为舞台是表演艺术，你没有表演艺术家，导演再有好的艺术构思，你得通过演员表现，通过舞台的艺术展现方式加上舞美设计、音乐各方面来实现。所以一个导演离开这些都是不行的。

我要不满意的话，我不会选他。我们现在的戏剧评论，包括对于表达者的评论非常多，而且这一批中年演员起来，这些评论家都不敢很好地肯定。实际上你们都说老一辈的艺术家是老艺术家，四五十岁的像濮存昕、何冰、梁冠华、宋丹丹这些演员，如今已经是北京人艺的台柱子，你们为什么不敢肯定这些表演艺术家？没有敢这么说的。

肖泽颖：为什么没有人去说？

林兆华：我哪知道？承认那些传统的老演员，是表演艺术家。我们这些新起的濮存昕、梁冠华是未来的北京人艺的台柱子，你们为什么不敢评论？应该评论，应该改变他们。

肖泽颖：您怎么理解表演艺术家？

林兆华：表演艺术家说到底，在舞台上能够发挥他的天性。

我们的评论应该要改变他们，大胆地肯定。我们现在的评论只评论老一辈的艺术家，不敢承认这帮中年的、年轻的，但是将来剧院还是要靠这些人。早年的是之老师、董行信老师、蓝天野老师，他们是“文革”前就已经成名了，但是他们毫无顾忌地演，因为经常谈到传统，对于这些老艺术家尽量地宣传，可是剧院的未来在谁手里掌握？总得下一代的人超过前一代才行。总是拿传统来压人，这个总体感觉是不好的。传统是要创造新的传统，我斗胆说有的你超越了前一代，像原来前几年播出的刘顺奎老师，他是很好的表演艺术家，他就不敢说。他的表演确实在某种程度上超越了前人了，他自己都不敢说。

因为你肯定传统，继承传统，永远不犯错，你只有发展了，触动了传统的一些东西，他说话了。但是恰恰就是这些不安分的，或者是有些新创作的，是戏剧的未来。我们都看到了，我问你个问题，现在中国有当代戏剧吗？比如这个戏，概括了它的主题，他要表达的东西，跟我心灵里面贴切，他通过我的戏剧，他可以为我说话。或者为我导演说话，那我就想排。

肖泽颖：为什么濮存昕老师在很多的场合下都是公开地去支持林导，然后更多的是选择与您合作？

林兆华：一是这个演员从人品到戏德，都是我心里尊重的。而且他现在已经成名演员了，一个名演员，他在舞台上，还在不断地探索，就是你提出来的这些新的问题，他不断地去探索，就是这些东西特别可贵。而且这个人你们也接触了，特别平易近人，做公益、演出，特别负责任。主要跟他这个戏剧家族也有关系，这个家庭，父亲对艺术的执着、认真、真诚，从他父亲就可以看出来。

肖泽颖：谈谈您对濮存昕做戏、做人的评价？

林兆华：真诚。

二〇一三年九月三日

北京人艺

曾来德：中国传统书法

20 多年前，我在腾格里沙漠服兵役时，经常在沙粒上用干枯的骆驼刺练习书法。骆驼刺划在沙地上发出的“沙沙”声，曾经让我在瞬间触发很多灵感。关键是，那“沙沙”声中，还隐藏着一种更微妙的声音，虽然很微弱，甚至我的耳朵几乎听不见，但是它已在我心里头激荡。我觉得这种声音就是中国古代书论所谓“锥画沙”吧。

书写，审美的痕迹与神秘的声音融通于统一。这也许是解释或说明为什么说书法艺术是中华民族文化自觉和自信最彻底的一种态度和方式。

曾来德

嘉宾简介

曾来德　四川省蓬溪县人。1955 年生，1973 年入伍，2004 年转业至文化部中国国家画院任专职书画家。现为国家一级美术师，中国国家画院副院长、院委、书法篆刻院执行院长，中国书法家协会理事、教育委员会副主任，北京大学、中国艺术研究院等全国 34 所大学客座教授。2005 年在英国大英博物馆举办“曾来德书法艺术展览”和“墨乐”东西方文化高峰对话系列活动，以及随后的“墨乐”北欧四国之行在国际上引起了强烈反响，书法作品《鸥鹭》、山水画作品《天地之象》被大英博物馆收藏。2011 年 11 月，曾来德先生的“墨乐巴黎”系列文化活动在法国国家议会宫、法国中国文化交流中心等地举办，又有了新的突破，充分彰显了中国古老文化的艺术魅力以及现代价值和生命活力。

书法的现实地位

肖泽颖：从现实来看，您觉得中国书法目前所处的地位如何？

曾来德：表面上很繁荣，但只是在表面或个别的事上繁荣。书法不仅仅是少数人的事情，它应该是整个中华民族，是我们所有中国人的事情，在历史上是这样的。但现在不是这样。我们已经付出了非常沉重的代价，这个代价就是因为没有真正重视书写而导致我们整个中国传统文化的传承出现了大问题，而且导致了我们全民接收西方价值观。西方价值观侵入和占领了我们的内心、我们的思想和我们的审美，所以这个问题我觉得不是两句话可以说清楚的，需要展开来讨论。

书法的辉煌的历史阶段

肖泽颖：如果从历史的角度上来讲的话，一部书法史已经过了具体的很重要的几个阶段了，目前是处于一个什么样的阶段？

曾来德：书法史我觉得看起来它好像是相对独立的一部审美的历史，但是对中国书法史它不仅仅是这样，因为书法是以汉字为载体的，一种审美的塑造，而汉字它又承载了中国的文化，我们有什么样的方式来承载、来记忆、来传承这个文化，我想人们肯定是会用最好的方式、最美的方式，就像我生活中对美的记忆一样。那么汉字书法就是最美好的记忆的最集中的体现。

肖泽颖：您觉得中国书法，您说的这种记忆的体现，在中国最辉煌、最美好应该是在什么时期呢？

曾来德：在古代，我觉得各个时期都有自己的辉煌。比如说从秦汉时候、唐宋时候、明清时候都是人才辈出、风格各异。每个时代都留下了自己千古不朽的杰作和代表人物，但是这也仅仅是从书法本体来看。我觉得我们今天要认识书法必须要超越书法，要站在整个中华民族的文化这样一个大的背景下。同时要站在整个世界文化历史上。书法到底是什么，它对这个世界到底会产生什么样的作用，它的未来还会产生什么作用。要从这样一个角度来探讨，我们才能看到书法的本质和它真实的价值和应用。

肖泽颖：您刚才谈到了书法的本质，您是怎么理解书法的？

曾来德：第一个问题是汉字书法的命运与中国文化的兴衰这样一个命运的关系。我们知道在中国几千年的文化历史传承当中，任何一个阶段，我们都可以得出这样一个事实，就是书法昌盛、书写昌盛、国运昌盛、文运昌盛，国民则兴。反之书法不昌盛、书写不昌盛一定是国运不昌盛，而文运不昌盛，国民之不兴。

第二个问题，一部中国文化历史，就是一部伟大的书写史，这是毫无疑问的。失去了书写，我们就不能传承，我们就不会有美好的方式来传达、来表现中国传统文化的内涵。还有中国古代人的生命过程，基本上也是一部书写的过程。今天我们用电脑、用其他方式来完成它的工作程序。古人在这个过程当中，是审美、书写，生理和内心，诗词和文学这样一种综合的感受关系。而现在我们只是把书写当成一个使用的符号，把其他的意义都衰减了。

再者我们可以看到，从过去、从传统来看，为什么中国书法延续了二千多年，不衰、不灭，甚至于到今天我们还成就着辉煌、灿烂。这是靠什么？世界几大文明古国，文化都断了，唯独中华几千年文化没有断，为什么没有断？

在西方甚至在全世界很多地方，2 平方公里，或者 200、2000、20000 平方公里，都可以成为一个国家，为什么？因为一种语言就是一个国家。可是在中华民族几千年的历史进程当中，960 万平方公里的土地上，生活着 56 个民族，却没有 56 个国家。回顾一下历史，在秦代以前的东周列国，也是很多国家。秦以后，就统一了，为什么这样？就是因为写字、因为书写。完成这样一个历史进程，我们要记住两个人的功劳，第一个就是秦始皇，第二个就是北大的王选。当然有人会问，王选有那么重要吗？实际上，我认为这两个人的重要在于，他们都不仅仅在某一个领域，或者在某一个方面做出成就和贡献。他们做的事关系到整个中华民族几千年的文化的传承。秦始皇一生做了五件大事，统一中国、车同轨、书同文、度量衡和万里长城。随着历史的进程，其他四件事情早已成为历史，唯独一个书同文几千年来，把整个中华民族各个区域、各个民族紧紧地融合在一起。比如像我作为一个四川人，我到江浙、到福建、到两广，到好多地方去我就听不懂他们的语言，就如同置身国外。你到浙江靠着福建那一带，一个生产队就有好几种语言，那我们靠什么交流，我们怎么沟通呢？听不懂我们就写，这一写就写通了，就写懂了，所以几千年来就是因为这样的书写，把整个 960 万平方公里、56 个民族的语言障碍克服了。所以这书写非同小可。然而到了 19 世纪、20 世纪，中国进入了一个前所未有的特殊的历史时期，就是西方的坚船利炮、八国联军把我们打败了、打穷了、打弱了，我们很多人失去了自信，我们在失去自信情况下的所有的思考，或多或少都有问题。于是我们有一部分仁人志士他们在思考我们这个民族为什么出现这种情况的时候，得出了一个错误的判断，他们认为汉字、汉文化是阻碍这个民族进程的最大的障碍。我们要向西方学习，我们要用西方现代科技文明，我们要废除自己的汉字，全盘西化。简直如同泼水把孩子倒出去一样。这种观点，我们争论了 100 多年。包括改革开放以后，我们曾经认为西方的那样一种体制是解决世界问题唯一有效的方法，我们也企图走这样一条道路。虽然我们是社会主义国家，但是我们的步伐却在人家的路上。这种观念影响整个中华民族进程的时候，王选等人站在最现代的前沿背水一战把汉字推进了电子、推进了计算机、推进了现代化的进程。从这一天开始，突然之间我们的政治家、科学家、专家和学者第一次认识到这 100 年来的中国的被动、落后、贫穷并不是文字，也并不是文化，而是中国人的自信失去了，是中国的思维方式错了。所以也正是从这一天开始，我们一部分人重新回过头去审视几千年的中国的文化。

还有一部分人转过身去要向西方传播中国的文化。就是说从这一天开始，海内外的十几亿中国人，再不会有人怀疑我们的文字和文化有问题，我们达成了一个前所未有的伟大的共识。如果我们一直在这样一个共识之下坚持下去，你想一想我们中华民族的文化，将来在世界上是一个什么样的格局。这是无与伦比的。所以可以看出，书写对传承中国文化的重要意义。

第三，我们知道当代中国人，30 岁以下的人，95% 以上都是西方价值化，40 岁以下的人 80% 是西方价值化的人，50 岁以下的人 60% 是西方价值化，就是 70%、80% 的中国人，在自觉不自觉之间，他都可能变成西方殖民文化的传播者。

我们的文化是什么？我们丢失了什么样的文化？我们的孩子一识字就进入电脑时代，把电脑玩得滚瓜烂熟，但是到最后，我们玩出一个不是东西。他既不能成为一个真正的西方人，也无法成为一个正常的中国人。我们在这两种价值的断裂带上迷失了方向，失去了自己的文化的根，而被别人看不起。过去贫穷的时候，经济并不发达，我们的文化、我们的精神、我们的素质、我们的道德，我们的所有一切都还在。现在有了钱了，可是我们这些东西都失去了，别人花了我们的钱还看不起我们，我们连那些穷朋友都跑掉了，这就是我们必须要反思的问题。

再者中国古代人是怎么传承文字，是通过写字，写字识字、识古汉字通古文化，一通古文化就自然进入诗词、文学、思想、哲学、美学范畴，就主动地去进行几千年中国式审美，修养心性强化人的精神，这是中国人人文素质套餐，现在我们都不常吃。你想麦当劳、肯德基、可口可乐能够把一个中国人胃彻底地改变，那么文化的胃口也是一样，所以写字是传承中国文化的一个唯一有效的通道。

通过写字完成了中国人人文素质的训练。如果说今天大家都不写字，我们把自己的文化变得很苍白。我们不读古典，不认识自己的父母。我们的文学、我们的诗歌、我们的美学，我们所有的一切在当代都是陌生的。我们很多孩子离开电脑既不会写字，也不会识字。为什么中央电视台一个汉字听写影响那么大，多少成人站到面前都感到惭愧，因为他也不会，他甚至还不如这些孩子。你想我们几千年没有中断的文化和文明，如此厚重放到今天中国人里头，我们既传不出去又对接不上。

从这样一个程度来看，你说书法有多重要，它是一个国家的大事，是一个国家的文化战略，是提升整个中华民族的一种文化自觉和自信的一个最彻底的态度和方式。

中国文化走出去

肖泽颖：中国文化如何走出去？如何面向国际文化交流传播？

曾来德：当然我刚才谈的是认识之一，认识之二就是国际性的看法。今天我们中国的文化，在国际文化交流和传播当中，到底是一个什么样的情景？我们首先要清楚。我刚才讲了全世界几大文明古国，唯一文化没有中断的就是中华民族。可是这个民族没有中断的文化，到了当代中国的社会，我们送不出去，我们很想把我们的文化传出去，影响这个世界，但是恰恰我们送不出去。尽管我们在全世界开了很多孔子学院，但那也只是一个非常有限的局部，甚至于我们还可以商榷这种方法对不对。

尽管我们用了如此大的财力、人力、物力，但是我觉得它的收效和投入是不成正比的。第一它是最初级的；第二这个是一种国家的方式。凡是在文化传播当中，以国家的方式，多少存在一种强加，甚至别人视为你是一种文化侵略，所以他的内心他就给你设置一个障碍，后边还加一个鼎立的支撑。甚至再严重一点的话，他认为这是侵略者，你还没走出国门，他早已做好打击侵略者的准备，表面上的反应和内心的想法我认为往往是相反的。

再者的话，当代中国经济如此强大。我们这么大的一个古老的文明的国度，世界第二个经济强国，十几亿人口，在整个世界，我们的文化却那么的弱。经济大国文化弱国，这个弱不是指昨天，而是指我们今天，我们走出国门，我们有公民身份证，但是我们往往没有文化身份证，为什么？因为20世纪以来，整个世界文化艺术的价值观、游戏规则、标准都是西方人制定的，没有中国人。

第一，我们没有参与；

第二，别人不让我们参与；

第三，我们也没想过要参与。

当我们贫穷的时候我们是以经济来交流文化，同时我们也是靠别人的同情来让自己的文化找到一席之地，但是今天我们强了，我们仍然没有身份证，我们仍然要在别人的屋檐下。甚至别人的狗洞，都有人钻，我们一切按照别人的价值观来做。

我们用一个最简单的方式来澄清我刚才说的这一番话。20世纪中国人喊出了一句最大的拯救世界的人文口号：中西结合！中西结合了100年，却从来没有人问中西结合如何结合，结合什么，谁结合谁？100年以后，中西结合变成西东结合，我们被别人结合了，如果今天我们做一个中西方文化的对话，现在我代表东方，你代表西方，现在我告诉你，我要到你们西方去传播中国文化，你做好准备。西方你说，你来吧，我们等着你。我们更关注的是，你用什么方式来传播，你怎么传播，我进行深思熟虑之后，我准备从五个方面向你们传播。

第一从文学和诗歌；第二从美术；第三从音乐；第四从电影、电视；第五从建筑艺术。西方人说没问题，那你说吧怎么传播，于是我说：

第一我向你们传播中国的文学和诗歌，最后西方人说可以是可以，但是你们要清楚你们中国古代的文学诗歌，辉煌而灿烂，但你们当代中国人自己都读不懂，你们怎么给我们传播。而当代文学、诗歌的价值标准游戏规则是我们西方人制定的，在新的规定、标准没有产生之前，你们还在按我们的游戏规则来。100年前，我们首次得到诺贝尔文学奖的时候，你们也发出过声音，有人说也想获这个奖，可是我们说等100年以后吧，我们把一些该授的和不该授的授完了以后再给你们吧。我们给你们可以，必须按我们西方价值观给。全中国的人，各个领域的人都在想尽千方百计去和西方交流，到现在我没有看到西方人想和中国交流。中国不适合讲；别人也还没想过要和我们讲。要讲你就得按我西方的价值观，按西方的标准屈从于我，所以，这是一个基本的文学状况。

第二我说我向你传播中国画，西方人说，传播是可以，但是你们首先要搞清楚你们的身份。我说什么身份？他说你得执弟子礼，我说笑话，中华民族几千年的美术史，犹如滔滔江河，怎么能够给你执弟子礼。西方人说，先生你别冲动，100 年以前的事我们不谈，我们只谈 100 年以后，你看 100 年以来，你们中国的画家曾经失去过自信，到我们西方来寻找出路，想用西方的美术来拯救你们的美术，关键是你们出来之前，做了两件最愚蠢的事情。

一是你们把书法从绘画中清除出去；

再则你们把人文从绘画中斩断了。

你们如同把自己身上的血液抽干了一样，你们留下了一个躯壳到我们西方来换血。换了 100 年你们从来没有人问，你们也不知道，我们的学习跟你们的学习完全是不同的。你想血型都不对，我们怎么能够拯救你们呢？你查查中国美术史，所有的大师基本上都是写意的大师。而现在你们没有一个写意的大师，没有写好书法、没有满腹经纶的人文素养。写就是书法，意就是人文，你们把这两个最根本的东西都丢掉了。更可笑的是到了 21 世纪的今天，你回去看到你们中国的美术学院，所有的美术学院全是我们西方美术学院，没有一所是你们中国的，你们孩子长到十几岁，就跟中国传统文化断奶，完全按照我们 50 年代教你们的方式来考试。

第三看看你们的音乐素质，你们的音乐会 70%、80% 都是一群不成熟的孩子，在里头呐喊，玩得地下一片狼藉，那就是你们的素质。你看看我们西方的音乐会都是绅士才出席，都是衣冠楚楚，除了掌声和呼吸声基本上没有任何杂音，甚至于走进去像连灰尘都没带进来一样。当然中国的音乐在某些特殊的角度，是他们接触的，也是无法理解和比拟的，但是总体情况就是这样。

第四传播中国的电影和电视，昨天才教给你们，你怎么今天来教老师了呢？后来我说抱着最后一个希望，那我给你们传播中国的建筑艺术，西方人说你们中国古代的母子结构建筑那是登峰造极，可是你们中国人一把火全烧了，现在你们的国土上全是我们西方的殖民建筑，你们要不写了几个汉字你们就回不了家，找不到家。这是事实啊，你不承认都不行，这一些我异常地失望，不只说给你。

过了一会儿西方人又说话了，说你们中国还有一种东西，那才是你们中国的，我用了 100 多年的时间想改变它、想改造它，发现不仅没有改变成，现在反过来它在改变我们，中国人都不知道。

我问那是什么啊？西方人说那就是你们中国的书法，你看看你们的书法在世界上生了多少私生子。我们美国的现代艺术大师波洛克，那不就是你们书法的局部取材过来的吗？毕加索先生也说，我要在中国的话，我首先是一个书法家。米诺、法国的汉斯法桐，连你们中国的现代艺术家徐冰都问到，他们都是把汉字书法作为一种资源，传播给我们西方的，而产生了影响。

还有很多很多的，利用你们中国书法的元素和你们的观念，和你们那种点线，在西方留下了很多他们艺术的私生子。可是你们从来没有人来认领，也是你们不自信，你们不敢。当然西方人很不情愿，最后就说了一句话，不过书法我们还是不懂，还是你们中国人自己玩吧。

中国传统书法

肖泽颖：中国书法是什么？中国书法都汇集了哪些元素？

曾来德：书法到底是什么？书法是中华民族的国力，是中华民族的审美，是中国人的一种生活方式，是中国文化的载体，是中国中华民族审美的核心，它承载了中国的思想、哲学、美学、文学和诗歌。它从色彩上讲就黑和白，它从元素上来讲就点和线，黑和白是所有色彩中最高级的色彩，所有的色彩加到一起就成了黑的，可是只有黑的就等于没有色彩，它必须是黑和白的对应，它就是色彩的两极。

西方人把黑设为局部式和单颜色，而中国文化把黑视为中国艺术的本色。老子说玄，玄就是黑，黑就是墨，玄就是中国的哲学。所以黑是什么？黑是一切色的总和，它是大色，是重色，是极色，是绝色，是一切色的总和，是万色之父。白是什么？白是万光之源，是万色之母。这一黑一白就构成了强烈的对比，就构成了色彩的深度。有时候写字，我们不敢把墨用够，黑白之间对比的力度、深度就不够，所以就感觉薄，显得没有分量，没有力量。古人为什么要追求黑光亮呢？它把黑和白对应起来找到两极。黑是一个变色，是一个侵略色。它以主动的方式进入宣纸，变色不定。白是一个被动色，被动接受墨的进入，它也是一个色，但它不动。一个主动，一个被动；一个是阳性，一个是阴性。两个都是变数，一结合就构成了黑和白的二元的对立，就构成了阴阳太极学说。再加上毛笔，毛笔意味着柔软，用毛笔蘸了墨之后，在宣纸上进行转换，就构成三个变数的组合，就构成了中国哲学，一生二,二生三，三生万，不可穷尽。从这个角度再来理解纸笔墨之间的关系。今天的问题是我们的墨越来越淡，越来越弱，越来越薄，越来越稀，越来越少，墨的流失实际上跟水土流失一样。

西方的鹅毛笔、钢笔、圆珠笔什么其他笔，它都产生不了这么高超、高级伟大的艺术，只有中国的毛笔和中国的汉字和通过这两种工具和宣纸三者之间的结合，它就产生了中国的哲学，所以柔软的毛笔把墨汁笼到宣纸上去，这三个变数它的综合就产生了一生二、二生三、三生万物的哲学。

但是今天我们面临的一个问题是我们黑越来越少、越来越薄、越来越浅、越来越细，就是墨的流失就像水土流失一样，要用好墨，就必须得用好笔，要用好笔就得练好字，它是一个系统构成。但是今天我们都很难做到，昨天你们看我的展览，我为什么用墨，那个墨是很难的，很重的墨也很难，很枯的墨也很难，它是临摹的两极，所以这个黑和白是世界上最高级的色彩，点和线是一切艺术元素中最难以控制和驾驭、变数最大的元素，中国书法集了这四大元素于一身，再加上它书写的是诗词和文学。

一支毛笔它可以把中国人，人的道德、品格、素质、个性所有东西都可以反映出来，因此它有多么神奇，西方人能理解吗？理解不透。昨天你看我在拍大照片的局部，说实话每一个局部它的美感，它的现代性，它的空间的分割就如同在太空、宇宙里头行走一样，任何西方的现代艺术，它都找不到这种感觉。那么我们回过头来想一想，中国书法是什么？

通过刚才我自己编造的一个东西方对话，我们可以很清晰地勾画出，我们当前在国际文化交流中的尴尬，尽管我们有无数的人，天天跑到国外去，想传播中国文化，但是我们往往走出去，把那个地方的华人召集在一起，实际上是在给海外华人传播中国艺术，而不是在给外国人传播中国艺术，我们很难进入他们的主流，很难进入他们的主体。不知道是他们有天然的屏障还是我们软弱无力，还是我们缺少金刚钻，这的确是我们需要思考的。

肖泽颖：那您觉得中国书法最重要的应该是什么样的，就是应该如何去做？

曾来德：书法最终成为艺术当然是少数人的事情。但是写字，写汉字，通过用中国的毛笔来写汉字，我觉得应该是全民的一种行为。这种方式和方法，是解决中国文化传承最有效的方式。今天的教育部已经规定了，中小学生要学书法，但是这也只是做出一个决定，在短期内是做不到，因为我做过调查，我们98%的中小学都没有书法老师，为什么？

第一，没有经费；

第二，没有编制。因为我们的国家是需要靠编制的，为什么体育老师一个都不缺，连小学都不缺，为什么？因为有编制，有工资，取决于我们重视了，我们如何重视，我们用什么方式来实现我们重视的最后的结果？我相信这一天会到的，虽然我说了这么多看起来自卑的话，但是实际上我是自信的，我坚信、我相信中国文化在未来的世界当中，它一定是主导这个世界的文化主流，但是它关键取决于我们的自信和自觉。

我到韩国去，曾经看到过一个场景，让我很感动。韩国一个书法家，他带了一万多名学生。有一天他让我去看他的道场，三千多弟子，在一个庞大的像大车间里头，每人地下放一块毯子、一支毛笔、一瓶矿泉水、一个砚台、一瓶墨汁、一本字帖，就跪到地上写字、练字。

一个导师在遥远的地方一把椅子坐在那，偶尔走动，整个大厅几千人，鸦雀无声，只听到笔和纸的沙沙那个声音，除此之外任何杂音都没有，一个非常庄严、肃穆、神圣的历史般的场景。

肖泽颖：您的自信来源于什么？

曾来德：我的自信来自于一个方面，来自于我的贫穷，从小家里没有文化，希望自己做一个有文化的人；第二来自于我这个生命过程，因为我这个生命过程经历了我这个年龄所有人都可能经历的一个过程。

从16岁离开故乡，到大西北、到腾格里沙漠，在部队33年，干了12行。我学的是电信工程，可以说，我是误入歧途，或者说是歪打正着。你到过我的老家你就可以看到，觉得我不应该是那儿的，可是我就是生在那个地方的，所以这一切一切的，就是觉得不合适，它就像一个怪胎一样的，让我终于成长起来。但是最重要的还是在自己的学习书法、研究书法的过程中，我熟知一部中国文化历史，我更甚至作为一个中国人，他最基本的素质和最基本的就是说常识应该是什么。

正因为这样，我的自信就是来自于我从书法出发、从书写出发，接通了整个中国文化历史，返回来给到我强大的力量和自信。否则我也不可能就是认识到刚才这样一些，就是一般人可能都不去思考的问题，我也不可能这十年来在国际上，在大英博物馆，在法国，在那些强权、强势文化的所有的领域里头，跟他们理直气壮地平等地对话，甚至有些时候让他们意想不到的就是那种力量、自信和方式。

所以我希望我们当代中国人都应该想一想我们处在一个什么状况之下，尤其是在东西方文化交流的过程当中，我们应该冷静地思考它的结果是什么。比如说你作为一个中国男人，找了一个西方女人，生出来一个孩子像西方人，可是一个中国女人找了一个西方男人，生出来的孩子还是像西方人，你就得思考，他为什么不像我们呢？就是我们的因素，我们的自信、我们的主动不够。这是我们基本上中国文化和西方文化碰到一起的一个基本结果。

书法的力量

肖泽颖：那您觉得书法的力量是什么？

曾来德：书法力量就是来自于中国整个大文化，几千年文化历史的力量，在书法上的集中的体现，在21世纪以后整个世界文化艺术的资源都基本上用得差不多了，只有中国的书法还源源不断。书法是世界上最长寿的艺术，3000多年的历史到今天都不衰，这是绝无仅有的。

所以在未来的世界，书法的审美，书法的审美方式将是这个世间的最核心的主导的一种审美方式。要实现这样一种理想和愿望，它取决于我们中国人，所以如何向国际上推动中国书法、传播中国书法这是需要审视的。可以说毛笔和宣纸这个摩擦的声音已经摩擦了几千年，但是人们永远是把视觉和听觉分开的，后来我在思考怎么来理解和转换这种声音的时候，我想到了音乐。我再回来练习书法、书写书法创造书法的过程当中，我更加进一步地听到了毛笔和宣纸的摩擦声，尤其是写草书、写狂草的时候，就像昨天你们看到那个大作品，它在我心里回荡、激荡那种声音。

所以后来我就把书法和音乐又做了一个对比，任何事物都是相对应而存在，比如说音乐有几个基本的音符：1、2、3、4、5、6、7；汉字有几个基本的点画：点、横、撇、捺、钩、挑、折、提。这是必然，还是偶然，还是天意？无论怎样，首先它的元素道理是一样的，我们的音乐家，他可以从听觉出发，对这7个符号进行排列组合修辞谱成曲，我们的文字学家从视觉出发对这8个点画进行排列组合，合成了汉字。而我们的诗人和词人又把它构成了词组，形成了诗和词。

中国古人叫吟诗，现在叫读诗，这一吟一读天壤之别，吟就是音乐，我们的写诗填词为什么那么讲究，平仄韵律等等等等，所以古人吟诗就像唱歌一样。当一首曲作好之后，它还不算是音乐，它要借助各种不同的工具和材料来实现它音乐的转换，比如说弦乐、管乐、打击乐、声乐，甚至造声音乐、太空音乐等等，不一而足。那么就是说我们也要驾驭这个工具，我们就需要演奏家，他在理解音乐的同时，他对这个工具要进行长期的训练，极为高超的演奏技巧，他通过神灵比如说弦乐，他的神灵驾驭弓弦，那弦和弦之间发生摩擦，释放出一种听得见而看不着的一个点线运动的发生过程，高低、强弱、快慢、旋转，通过人的耳朵回到人的心里，与自己最初的审美理想进行对照确定得失与成败。

他完成一个听觉式的循环往复的过程。而我们书法家也一样，他通过驾驭毛笔、宣纸、墨汁这三大变数，来书写诗词、文学，通过神灵，通过书法家长期的训练，积累了一种高超的书写技巧，让笔和纸之间发生摩擦，当毛笔落到纸上的一瞬间运行这个过程，那个高低、强弱、快慢、旋转、大小黑白的对应，做得顾盼呼应，间距、行距、题款、落名、印章、钤章，诗词的意境人的喜怒哀乐，它是一次性的宣泄式的方式把它表达出来。

它通过人的眼睛回到人的心里，与自己最初的审美理想进行对照，确定得失与成败，它整个运行过程也是点线运动的过程，我们今天看电视，它有两种功能：

第一，声音、听觉耳朵进，图谱、图像从眼睛进，都回到心里来、脑子里来判断，所以说由于他们这个过程、构成元素、形成过程、表现手段、审美方式完全是惊人的相似，只是一个是视觉一个是听觉而已。

当书法家在写过程中，毛笔和纸发生摩擦这个过程，那个声音，那个沙沙，它有电路感，有电声，有分贝，用现代手段把它转换出来，它就是绝妙的听觉，所谓绝妙的听觉就是非常和谐的听觉，音乐是什么？音乐就是人为的，对已有的声音或制造的声音，进行最和谐的取舍。这就是音乐，书法一样拥有。

由于几千年这种声音，一直埋在鼻子、宣纸底下，我们没有把它倒出来，甚至就告诉我们，当视觉往外的时候，听觉就在里面，当听觉往外走的时候，视觉也就在里。我们一首交响乐，我们用那个医院里头心电图的方式，做一个简单的记录，你会发现，它那个视觉图谱就像一幅非常感人的绘画，正因为这样，我 2005 年在大英博物馆，首次推出我的墨乐。

大英博物馆第一把书法作为艺术品收藏，作为中外文化的一个事件，西方人基本上80%、90%的畅快地、畅通地理解了中国的书法的审美，接受了中国的书法，就是我们传播方式的正确，我们通道的通畅。所以就是说，正因为这样，大英博物馆的馆长收藏我的作品时说过一段话："过去我们对中国的书法只是尊重，我们不懂，所以我们从来没想过要进行书法交流。当你们最初提出墨乐的时候，我们认为是一次冒险，西方人根本就无法接受，但是昨天的墨乐的现场，让我们深深地感受到中国书法的神奇和美妙。"他说尽管大英博物馆收藏了很多东方的写经，那也只是把它作为历史文献，而没有作为艺术对待。而今天这样一个隆重的收藏活动，以如此高的奖金、收藏费用，表明这次墨乐的成功，也表明中国的书法，第一次真正地走进了西方人的心中。

包括以后的北欧、法国、韩国等等。我觉得中国人只要有自信、只要有自觉，只要认真去思考我们的传播方式，只要我们正确地运用了自己的文化，我觉得是完全能够做到，而且依然可以走入它的核心，进入它的上层，打入它的内部，甚至强加给它。文化就是这样的，你自己都没有自信，任何别人是不会主动来给你。

说了半天，书法是中国文化国际传播的一个先头部队，是一支最尖锐的就是说战无不胜的。西方人面对中国书法，他就两种态度，要么我不懂，你们自己玩；要么就是他就失语没有话语权，我无法评判你，那我们就不交流。作为中国人，就是要找到我传播给你、强加给你的方式和通道。你不面对都不行，所以我在大英博物馆写完了十张丈八字以后，我笔一扔，我大喊了一声，这一松口我再也吼不出来了，因为那是我第一次在那个神圣的殿堂里头，如此的狂放、不可阻挡。

最后我大吼这一声是藐视这个地方，他们用那个标题，说曾老的一声东方狮吼把大英博物馆几百年的灰尘给抖掉了。其实我跟他们是打了一年的仗，开始他们大英博物馆接受，把我安排到他们一个专家楼，后来又把我清除出去了，因为我对他们太不客气了。

我甚至跟大英博物馆的人说，大英博物馆就是一个强盗博物馆。他当时非常的生气，他说你凭什么下这样的结论？我说我下这样的结论很简单，我这两天把你们大英博物馆整个都看了，可是我怎么没有发现你们英国人创造的东西，这里全是世界上最优秀的民族创造的灿烂的文化和艺术，怎么都到你们这来了，两个字就是“掠夺”。按理说你们应该尊重创造这些灿烂文化的民族的后代，你们应该花钱请他们来认祖归宗，可是你们没有，你们表面上展出和包覆，实际上你们还是为了赚这些民族的钱，他们坐着飞机、住着宾馆、买着门票来看自己的文化，你们还在进一步地剥削他们。

最后他也无话可说。当你自己做得越好、力量越强、理由越来越充分的时候，他们也就认了，他反而对你充满了敬意，他会更好地接受你。

我在法国那天墨乐的晚上，57 家媒体提问，你知道他提什么吗？首先一条提什么样的问题，你不能答不上来，你不能答错了，所以这个时候就需要智慧、需要修养，我不能正面回答的，我一定侧面回答，我一定要找到勇猛、机智、迂回，要找到就是消减的方式。

当代中国人，自我素质、自我完善、自我认同、自己的文化、自己的母语在我们身上到底有多少？

这也是我一直以来在思考、在坚持、在追求的一个过程，还有我们有些时候怎么去寻找自己的自信，比如说我到大都会博物馆去，我就找到自信。大都会博物馆，作为世界为数不多的几大藏品最富有的国家级博物馆、世界级博物馆，本来一般进去都找到了自卑，可我找到了自信，为什么？

我第一次去，一走进那个大厅，往左边就是古希腊、古埃及过去的石雕，那个鬼斧神工，有一个块头也很大，谁看到都不得不服气。可是我看完以后我突然找到了过去从来没想过的我们的自信，它的东西的确好，但是我一眼都看完了，它好在什么地方我一眼就看完了。就是到了二楼有一个厅，是中国的石雕，一个巨大的佛像，还有一个建筑，还有永乐宫时期的东西，就是壁画一样。你一看中国的东西，你看不透，它背后藏着一种神秘，永远看不透，它好像有几千年的时空隧道，有秘密让你窥探。还有一个古希腊、古埃及的人他们在玩软石头的时候，中国人在玩什么？玩世界上最坚硬的石头——玉，他们的个头很大，我们的个头有些小，那技术难度太大了，现代科技有些都完不成，中国古人在玩着世界上最硬的石头、最难玩的石头，你说谁厉害。

还有他们就玩了那么一段后来就没了，我们从夏、商、周、秦、汉、唐宋元明清一直玩到今天每一个时代都没断过，每一个时代都有每一个时代留下的艺术珍品。中国的五子结构建筑，水平不比西方差，因为它把石头建筑保存下来了。你看现在故宫好不好，就是故宫地下玩那些石头那些台阶，它也不比西方的差，所以只有中华民族没有断代，几千年，从这一点上你也足以找到自信。人一自信就好办了，一自觉就更好办了，所以今天我们是又不自信、又不自觉，那怎么去做文化。

肖泽颖：那您如何来看待中国的传统？

曾来德：我刚才谈这些，都是在清晰地、清醒地通过中国传统文化在自己身上的流动，找到一种鲜活的生命状态，放飞了我的自信和自觉。否则的话，那我也跟很多人一样，总觉得西方的什么东西都比中国好。当然我们也有很多不足，但是我们是完全可以克服，完全可以改变的。当我们很多好的东西，我们也当成坏的东西来对待，那你还有什么？所以经常是自我作践，这是我们最起码的应该清醒的。

肖泽颖：有人说您的书法作品是一种现象，是一种文化现象，您怎么理解书法是一种现象？

曾来德：这个现象我想的话，最简单的判断就是你跟别人不一样，但这个不一样，它是不是最终能够成立，就是取决于你的不一样它的高度到什么程度？只是为了追求不一样那种现象，就像我随便扔两个炸弹到人群当中，它好像是一种冒险，也是一种别人做不到的事情，但这种不一样是犯罪，是不好的不一样。

我刚才讲的现象就是不一样。不一样有两种可能，一种是不好的不一样；一种是好的不一样。那不好的不一样很容易做到，我便异想天开，随便做一个违背常规，只顾自己恐怖分子他也不一样，一般人都不敢做，他可以做也是不一样。但是我们想我们讲的不一样，讲的这个现象，它一定是正面的，一定是正道上和大道上，持有高度、有深度的，是与中国传统文化血脉相连的，是代表中国人的正大气象的这样一种不一样。

当然这个现象不是我说的，是人家说的，如果我天天为了考虑这个现象的话，那我肯定是一个异端邪说，所以我不去考虑这个什么现象，至于别人说这个现象，那只是别人的说法，但是我有一条，我很清楚，艺术是什么？艺术家是什么？艺术家就是一个制造审美伤害的人。他在一定的时期之内，就是这样的，所谓的艺术，就是超越，超越什么呢？他做到常人还没有做、还没有想的事情，那么别人已经做过的事情，你再去做那就不是艺术。

所以当你做了一个别人还没做、别人还没想的事情的时候，你希望得到天下人的理解是不可能的，它需要一个漫长的过程，需要一个儿子变成爷爷的过程。所以由于你做了这样的事情大家在不理解你的情况下，对待你的态度那就是挑剔、责难、诋毁甚至拒不接受，你不能怪别人，那是因为你制造了审美伤害你伤害了别人，别人反过来伤害你那是很正常的。

肖泽颖：那这种伤害是一种什么样的伤害？

曾来德：精神上的对立吧，所以这种伤害和反伤害要延续很长的时间。

肖泽颖：要多长？

曾来德：至少 20 年吧，这个就像一个农民工在城里生孩子一样，你什么都不合适，去医院你没资格、学校你没资格，到处你都不合适，但是只有你艰难困苦的成长，长到 20 岁、30 岁，一个英俊的小伙子，一个漂亮的姑娘站在大家跟前的时候，这个时候大家才刮目相看，这也是一个鲜活的生命，我们现在再不承认他我们就有问题了。所以政治家为现实而战，商人为商业而战，艺术家为 50 年、100 年而战。政治家首先是过现实关，现实这一关过不了下一次就不是我的事情；商人关是三五年能不能赚钱，3 年、5 年赚不到钱这个活不能干；艺术家关注 50 年、100 年以后还有没有你，如果 100 年以后、50 年以后还有你，那就真有你了。

艺术是什么？艺术就是伟大的教育家伴着哲学家的成就，因为艺术需要高超的技术，艺术家要动手就得做一个伟大的将领；君子动口，但是光是伟大的将领还不行，还不是艺术，就像你过河没有桥、没有船，你没有技术就没有船、没有桥，你过了河以后它还需要另外一种东西。就是说你高超的技艺只是完成一个制造躯壳的一种本领，就像一个可以给死人画像的画家一样，你可以画得很像，但是他没有生命、没有情感、没有爱情、没有思想、没有激情，他是僵尸，所以这个美好的僵尸你要给他注入思想、注入亲情，你要把他激活，让他变得鲜活而有感染力，这就需要艺术家的思想。

这个思想和一般思想就又不一样，所以说艺术家是半个哲学家，为什么是半个呢？因为他需要高度浓缩、简短、简单，艺术本身这个形式就很复杂了，你再搞一个很复杂的思想体系。我举的一个例子，就像姚明巨人、侏儒两个人到医院去打针，你发现护士给他们用的同样大的针头，它可以达到同样的效果。你想不通，说姚明比这个侏儒大多少倍，他起码应该针头大多少倍吧。但是不是，那个针头超过一定的量它就是放血，它就不是注射了，艺术家的思想就是注射式的方式，要注射那就必须要非常微小的力量得来的。

而艺术家是什么？艺术家就是野狗家养，因为艺术家需要强烈的个性色彩，不是人云亦云的那样一种角色。野性是什么？就是个性，就是原始的本性，就是原创力，就是源泉、就是原身、就是原本，没有个性不是艺术，只有个性也不算艺术，它还需要共性，共性是什么？共性就是有史以来所有他们共同总结出来的事物的规律。

没有个性不是艺术，没有共性不是传统，你不能成为春秋你就没有未来，没有未来的一切都是夭折的、都是短命的。所以这是一个艺术家所具备的最基本的。

肖泽颖：那您觉得书法艺术最大的难度应该是什么？

曾来德：最大的难度你是说的终极还是过程？

因为不同时间、不同时段的难度是不一样的，比如说今天的难度和明天的难度，人最大的难度就是难度之上的难度，因为艺术永远没有止境，我这个难度就是爬山一样，你爬上了昆仑山后边还有珠穆朗玛峰，珠穆朗玛峰上还有天，还有九重天，所以艺术没有止境这是一句最普通的话。

肖泽颖：您刚才提到超越书法，这个“超越”是指什么？

曾来德：书法就是书法，至于超越的话它更多是一个时代、一个时间概念，从时间概念来看。比如我要超越人，怎么超越？你的爷爷、你的父亲，甚至你们几代人，大致上都差不多，这个差不多不是说你们完全长得一样，但都是中国人，都是黄皮肤的人，个子高一点、低一点、胖一点、瘦一点，反正都是中国人，那从这个大同上来看，你说有什么区别。有爷爷就够了，有父亲就够了。但是尽管相同，他们都处在不同的时代，每个人都在体验自己的生命过程，每个人都在创造自己所不能创造的这个时代的，有利于人、有利于社会、有利于大家的成果和成就。

那你想超越什么，所以我说传统是什么？传统就是一条橡皮筋，传统就是一根钓鱼竿，就像遗传，首先是“传”和“统”这两个字，传是什么？传就是超越，统是什么？统就是规范，一种规范的超越，就是传统。传承、传播、流传、传送就是一个动态的前行。超越什么呢？超越你的生命、超越你所处的时代。你生命结束了，但你的艺术还没结束，这个时代过去了，但艺术生命还在延续，那传下去了，统就是规范，规范就是说事物和事物之间它是有界限的，有边界的。书法就是书法，绘画就是绘画，文学就是文学，诗歌就是诗歌，它们可以局部替换但绝不能整体替代。

所以我们在做书法家的时候，在做画家的时候，在做文学家的时候，一定要清楚你出发点是什么，你主体立场是什么。就像我们向西方学习，至于我们变成西方人吗？你必须是一个中国人，我是学习你我不是卖给你，所以这是第一。

我说传统就是一根钓鱼竿，钓鱼竿它的功能首先就是有一个规定的长度，它的长度里头埋藏着无数的子子孙孙，那么一节一节地把它抽出来，如果我用力过猛我一下抽掉了，脱离了母体它就不成立了；第二我抽得不够、用力不够我又没拿出来，它又影响下一个延伸，你抽出去还要回过来，所以它是自然的伸缩不动包容的一个载体。它完成了它所需要的那个尺度。

同时它也像一条橡皮筋，橡皮筋的特点就是可以拉长，伸缩不动，不拉无所谓橡皮，拉断了失去了橡皮筋的功能，拉得不够也不能完成橡皮筋的功能。我们要完成橡皮筋所能赋予的功能我们要改变它，改变它干吗？我们要把它做成弹弓，做成弹弓的目的是什么？要打树上的鸟，要打树上的鸟你要完成几个过程，第一你要加上十指，第二你要拉，第三你要拉够，第四你要不拉断，第五你要瞄准，你要把这些动作完成了以后，你才能够达到你的目的，否则你都打不到，任何一个环节失去了都不行。

书法的命运

肖泽颖：那您觉得书法的归宿是什么？最终它会走向什么样的一个命运？

曾来德：书法的归宿和命运那就是走向中国文化的本体。再就是必须用书法这种审美方式和审美的这种比喻提高中国人的人文素质，让它更具有群众基础、群众性。中国古代的书法这是大书法，现在成了小书法，就是大众书法，全民有这种方式，通过这种方式来培养中国人的人文素质，来对接中国几千年的文脉，完了以后来强化自己，塑造中国人的人文精神或人文形象再去给别人交流或者交道。所以书法它是个兴国的，也可以救国，书法绝不仅仅是少数书法家的专利，所以它是国策，是国家大计，是中国人的生活方式，是全民的审美，是中国传统文化的长江、黄河，永远不会也不能干枯的，它才会有世界这个大海。

肖泽颖：那您觉得书法和绘画之间有着一种什么样的关系？

曾来德：书法和绘画严格讲两句话，在过去我们是书法如画，在当代我更关注画意如书，这是两种立场。我刚才讲了，画家解决不好书法，他就完不成中国绘画最深刻的、最深厚的、最高境界的那一种塑造。

看起来曾经一段时间，我们认为这个东西过去了、过时了，今天人也很难做好，但是无论你做不做得好，那是你自己的问题，但是它有没有用、它对不对那是另外一个问题。这就是书法和绘画的一个方面。

第二个作为书法家的我，我绘画，我是希望通过绘画的一种审美注入达到画意如书，所以就是书法如画也罢、画意如书也罢，恰恰这是它同源的最本质的体现。

肖泽颖：那您觉得书画的精神是什么？

曾来德：书画的所有的精神首先是人的精神，是人的一个精神在某一个领域、在某一点上的灌注和体现。所以你只有有了中国人的精神，你带到书法里头去就是书法精神，带到文学去就是文学精神，带到绘画里去就是绘画精神。

二〇一四年五月

北京

吴毅：中国传统水墨的现代开拓

归元就是一种生命的基因的遗传。这个生命基因遗传，西方人一定要用这种高倍的物理方法看到它。中国人不需要在视觉上看到，中国人在心灵上感觉到就可以了，这个就是两种文化不同的思维模式。中国用象的思维模式就可以明明白白知道这种运动的变化方向。五行当中，就是它归元以后是一个东西，这一个东西就是元气。那么，西方科学家爱因斯坦晚年的时候提出来一个宇宙四方连续区，他最后想用一个公式来解读它。已经很接近中国那个归元论了，但他没有完成就过世了，所以这些试图归一的理论都属于他留下来的思想遗产，有待于我们当代人类去解读它，继续沿着这个方向、这个导向走下去。

吴 毅

嘉宾简介

吴毅　南京书画院终身荣誉画家，现为成立于美国的中国现代艺术学会会长。1958年至1962年就读于南京艺术学院美术系中国画专业。1979年参加文化部藻鉴堂全国老中青三代画家艺文萃。1980年为南京书画院专业画家。1982年《美术》发表吴毅专栏，介绍其画作及论文，《山高水长》为封面。1984年6月东渡日本考察日本现代艺术，11月底到美国纽约定居考察西方艺术至今。

1994年3月，吴毅在纽约创办了“中国现代艺术学会”，先后在纽约多次邀请国内学者赴美考察博物馆、美术馆及画廊，集聚中西学者和画家主办大型艺术国际研讨会。

导语：

吴毅以一个成熟的中国画家的实力跨进西方现代文化中心所在地纽约，带着20世纪艺术界纷争的实际问题考察、探索长达30年之久。宏观地把握了东西方文化源这一重大学术命题，从东西方两个不同文化源流的现代走向思考中国文化的现代性。提出中国水墨画的现代转型等一系列立足中国文化源流和对传统文化特别是传统审美体系的现代解读，清晰厘清西方视觉艺术和中国传统审美的非视觉审美意识的不同解读方式，必然导致现代的不同走向，因而认定中西方文化的深度交流必须是双向和互补的。并以自己的艺术创作实践和理论思考以及一系列的组织活动来推行着这项跨世纪的文化工程。

11月22号，我们跟随吴毅先生夫妇一起到香港参加了Christie's的国际展览，吴毅先生也把这次展览定位成国际性的中西方文化的一次对应交流的机会。吴毅先生是中国当代水墨画家，他研究了中国原创的水墨思维方式，认为这种思维方式应该与西方的视觉审美思维方式进行交流、理解，并且产生共鸣，我们这次也有幸采访到了他。

中国传统水墨东西方对话

肖泽颖：这次活动主要展览了多少幅作品？

吴毅：我展览了四幅作品。作品虽然不是很多，但这次展出是国际上好几个艺术家在一起，佳士得作为一个国际交流的平台，应该还是很不错的。我觉得能够把中国传统水墨跟现代艺术有所衔接，这是很重要的。我希望能够衔接得好，更上一层楼。

肖泽颖：如何定位这次活动？

吴毅：对于佳士得来讲，是他们一个正常的工作。每年都应该有这样的展览，但是这次我觉得比较重要的是一方面几个艺术家大部分我都熟悉，另外一方面我是第一次参加这样的平台对话，我是把它当作一次中西方文化的对话。因为中国传统的水墨，它在当代来讲，虽然有很多不同的形态，那么一般大众习惯讲是多元，但是对我来讲，我是以中国传统，这个大传统的思维形态来作为指导我个人艺术的走向，或者是一个导向。我的作品参加这样一个艺术的、国际的交流平台，必然会产生一些不同的观感，由这种观感的不同就会产生一些我对艺术与中国大传统这种艺术的形态的联想。另外还有我的一个专题讲座，所以对我来讲，我非常重视这样的一个平台。

肖泽颖：为什么会把这样的一个活动定位成中西方的对话呢？

吴毅：因为参加的艺术家，都是在国际上有一定的影响的。但是他们走的方向可能跟我的不一定完全是一样的。也就是大家所讲的多元的走向，如果把多元看作是中国文化的原生态的形态，它的形态到21世纪出来是这样的不同形式，那么对我来讲，我可以把它解读为中国传统思维形态走到今天，它在中西方交流当中产生一种不同的行为模式，这个就很有意思。

肖泽颖：中国大传统文化的一个意识形态，它和中国的传统文化是一致的吗？

吴毅：是。对我来讲，我是以这个原生态的思维模式，按照我的整个理论上的解读，认为它是象思维形态，这个象思维形态，还有很多很多理论上的要去解读它。但是今天我的演讲不可能这么细致地来解读原生态原创性的思维模式。因为它还牵涉到中国很多大文化思想核心，比方说归元形态、五行、阴阳、形神这些东西。

中国传统文化那个大传统的导向，我大半生当中都在做这个中国原创性的思维模式的解读，也就是说我作为一个现代人怎么解读中国几千年以前文明的一种思维模式，我怎么去解读它。

肖泽颖：从什么时候您就开始关注中国传统文化的思维形态？

吴毅：1984年到了美国以后，有一个美国很著名的对中国当代艺术很关注的学者John Lebold Chohen，改革开放以后就开始涉足这个领域了。他当时问我到美国来干什么，有什么想法。我说，我希望能够让世界了解我，我这个“我”是代表一种中国传统，大传统文化的当代走向，西方要了解中国的当代，而且我要了解世界，我了解了世界也就明白了我该做些什么。所以这就是个对应，本质上就是中西方文化的在当代的一个对应。那么从这个时候，我就衍生了很多，我要解读中国传统文化，这个原创性的思维模式，因为西方，它那个思维模式是以心理学为基础，是逻辑的思维，逻辑思维大家已经很熟悉了，也做了很多解读。而且它也成为 20 世纪世界上的一个主流，但是中国文化那个原创性的东西，原创性的思维模式，大家极少提。所以我就要用中国原创性的思维模式，用一个当代性来跟西方对应，这样的交流产生的多元性，它还是保留这种文化核心，这个主流，它虽然是以多元的形式表现出来，但是它可以归元的，它可以返还到中国原创性的思维形态，来解决当代的问题。那我的画正好就是按照这样的一个导向走的，所以今天我参加这个艺术平台的讲座，也给我有一个发声的机会，这个发声的机会很多人也许以前思考是不够的，比较少的。可以由现在开始做一个比较，一个扩散性的讨论。将来给中国，就是在 21 世纪，中国文化以自身的原创性的思维模式，但是又是当代的一种行为模式跟西方对应交流，就会引起更多的共鸣，而不是单一的，因为引起共鸣，一定是双方的。

解读中国的传统

肖泽颖：您觉得中西方应该如何对话，我们应该如何更好地解读中国的传统？

吴毅：西方文化是一个经典，中国文化同样是一个经典。就是要从文化核心解读它们，你只能从文化核心来解读它才能成为经典，否则成为不了经典。

肖泽颖：那您觉得西方文化的经典之处是什么？

吴毅：中国已经对它很熟悉了，这个心理学的、视觉的，包括视觉的张力，包括视觉的一种处在比较平静的状态，都是一种用心理学来解释这种逻辑的模式。这个就是西方的经典。那么，另外还有一个经典就牵涉到更高的层次，就是哲学。西方对这个物质跟精神，看作是不同的东西，一个精神、一个物质，两个东西。但是人的生命，人生当中这两个东西又没有办法分开，但是又要得到一个统一的解读，它是一个东西，但是逻辑上它是两个东西。那么，中国人正好在解读精神跟物质这两个部分，认为是一个形态的不同，这两个形态它可以归元的，归元到同一的状态上面来解读它。所以中国不产生精神和物质的对立性，而是用归元来解读了这两个不同的东西。

肖泽颖：归元怎么来理解？

吴毅：归元比方说，我们老百姓每个人都知道，一到春节的时候就万象伊始，万象更新。这个更新是什么？中国几千年以前就是这样，它要归元，尽管万象变化有所不同，但是它是同一个元，是一个元气衍生出来的东西。所以中国文化跟西方文化，在21世纪，我们能够把握到这两种不同的形态，用一种不同的形态去解读原生态的东西，我们可能会产生更多的共鸣。其实这个思维的模式，已经在艺术上运用，它将来会有一个扩展。大家都很了解，在中外历史上都有文艺复兴这样一种历史现象，文艺复兴是人类进步的一个前期的预感，有了文艺复兴，下面一定有更大的进步，所以我认为中国到了21世纪，又是一个文化复兴的开始。每一个国家和民族的文化都有可取之处，如何吸收和取向是近百年来最具争议的问题，那么如果建立一个中西方能够对应交流的平台，将来就会引起更多的共鸣，大家对立的观念就会相对缩小。

肖泽颖：怎么来理解文化？

吴毅：一个古代文明，一个现代文明，只是文化发展时空上的间隔，每个人都从自身的切身经历来解读这种文化现象，我觉得有很多是属于学术上很专门的东西，不需要特别去思考这一部分，把它看作是自然的一种导向就好了。但是，因为21世纪中国跟西方文化肯定有比过去更多的交流，这个交流就牵涉到很多思维模式不一样。但是，解读这个思维模式，如果我们找到一个能够使双方更加认同的东西，它就有共鸣，非常容易沟通。水墨文化它本身是艺术，对中国人来讲，中国的文化对水墨的解读是生命的。因为五行当中，水在生命当中是第一位的，怎么样去谈五行，它就要牵扯到一个元气论，这个元气论是西方没有的。其实元气论就是一种形态，这个形态包含了有和没有两个概念。所以西方对这个物质与精神之间，是用逻辑的思维模式去解读它，又产生了唯物和唯心两者的不同。中国人是用归元论的方式去解读它。所以中国人是对所有的不同的变化，最后必须归元到元气。一有了元气这种形态所有问题就都没有矛盾了，所有东西都可以在变化的模式当中产生一种共同的东西。中国的水墨文化，不但涉及书法和绘画，在思想领域它是归元的艺术典范，这是一个属于哲学的很高深的层次，牵扯到人的心灵的解读，是一个很专门的哲学领域里面要讨论的问题。

肖泽颖：刚才您提到文艺复兴，如何来复兴？包括中西方的这种对话，什么时候能实现互相的这种理解？

吴毅：你刚才提的那个问题，文艺复兴不能预示，不能预知。它是一个历史现象，那么西方五百年以前那个文艺复兴，就已经证明了文艺复兴以后，西方文明便获得更大更优越的发展。这个导向，后来一直到西方的工业革命，都是得益于文艺复兴。它那个科学上的产生，分科，学科论，都是文艺复兴以后的事情。但是中国没有像西方这样的一种模式，中国有自己的一种不同形态的导向。而我们20世纪的时候我们忽略了我们自身的东西，我们认识到西方文艺复兴以后产生的各种不同的形态的时候，就认定这个是唯一的，其实并不是唯一的。中国在1000多年以前，南北朝时候就奠定了唐代，奠定了唐宋这样一个成熟的社会文明，它们都得益于南北朝时代。所以南北朝时代在某种意义上，用历史来规范它，解读它，在我的解读当中，我认为南北朝时期是中国文艺复兴的一个开始，到了唐宋就到达了一个成熟期。那么，我们从中国近代文化当中，就以唐宋元明清这一块来看，它已经延续了一千多年，应该说是够长的了。我们在20世纪当中，发现了一个西方文明，是先进的，是人类走到了另外一个高度，所以中国很多精英就到西方去学习，把它很多经典的东西带回来。但是，把这个带回来以后我们中国怎么消化它，我们可以消化它，有很多东西我们建立了很多学科，这个就是消化。但是，我们不能忘记我们中国自己那个文明，那个核心的，西方人叫Power，非常强大，它没有走到衰败的地步，它现在仍然很强大。世界有四大文明古国，中国在文明的走向上，没有发生大断层，当然有某些断层，所以我充满了乐观。而我本身是一个艺术家，所以我认为艺术是应该没有国界的，它在沟通上更加容易。

肖泽颖：您怎么解读中国文明的各个阶段？文明时代最有标志性的是在什么时期？

吴毅：我觉得中国可能会出现的一个新的文艺复兴的萌生的阶段，就是21世纪。但是这个问题我一直在思考当中，没有讲很多，没有很多平台给我谈这个事情。那么，因为从我个人来讲没有这么大的可能性来建立这种属于文化、文明走向的平台，这个必须是国家的力量。但是我有很多的想法，我在美国开过两次水墨国际性的讨论，这个讨论中，我提出来的目标是很高的。我认为水墨文化是一个完整的中国文明审美体系，这个审美体系跟西方的那种以视觉心理学为基础的视觉造型有一些是可以相对应的，这个就是我个人所能做得到的。至于更大规模的平台，我希望能够引起更多人的反响，形成一种真正21世纪的大家一谈到中国文明、西方文明，既认识到西方的经典，同时也不会忘记我们中国文明的经典性的氛围。

中国的水墨文化的审美体系

肖泽颖：中国的水墨文化的这种审美体系是什么样的？

吴毅：国内很多学者都是世界顶级的，他们发表的论文中从不同的角度来解读中国水墨文化。但是我是非常明确的，中国传统水墨象思维它就是一个体系。

肖泽颖：您能不能详细地给我们介绍一下这个体系的内容。

吴毅：关于象思维我写过几篇书画的论文。去年，国内已经发表了，荣宝斋跟《人民艺术家》已经发表了我的关于中国传统水墨象思维学科论。那么，因为不可能在这样一个短时间里边讲远古的论题，因为一讲出来可能反而变成了很多大家不能理解的地方，只能是现在知道这个象思维是中国文明原创性的一种思维模式。比方说，不管是几千年人类历史衍生出来各种各样的形态或者是行为模式，它都必须归元。这个归元有一个最主要的东西，每一个中国人都能理解的，元气。元气，每个中国人都知道，你最近的气色怎么样，这就是元气。看你最近面色也很好，精力也很旺盛，这个就是元气，是一种生命现象。但是西方人没有这个概念，现在英文解读它叫energy，energy就是一种能量，那么，现在中国国家提出来一个正能量，其实就是元气。

肖泽颖：那是不是这个正能量也被西化了？

吴毅：没有。这个我们可以用中国的归元论来解读它。

肖泽颖：为什么您会有这种坚定的文化自信？

吴毅：关键是自身对自己的文化要有定位，走到世界任何一个地方都很自信。不会因为西方文化的强势而自卑。

归元就是一种生命的基因的遗传。这个生命基因遗传，西方人一定要用这种高倍的物理来看到它，中国人不需要在视觉上看到，中国人在心灵上感觉到就可以了，这个就是两种文化不同的思维模式。中国用象的思维模式就可以明明白白知道这种运动的变化方向。五行当中，就是它归元以后是一个东西，这一个东西就是元气。那么，西方科学家爱因斯坦晚年的时候提出来一个宇宙四方连续区，他最后想用一个公式来解读它。已经很接近中国那个归元论了，但他没有完成就过世了，所以这些试图归一的理论都属于他留下来的思想遗产，有待于我们当代人类去解读它，去继续沿着这个方向、这个导向走下去。

肖泽颖：您觉得最满意的一种中西文明的对话，应该是一种什么样的局面？

吴毅：是和谐的局面，是非常和谐。因为艺术本身就应该是非常和谐，才能达到经典，不和谐是绝对达不到经典的。

肖泽颖：您刚才谈到西方为什么产生不了归元，元气。我觉得聊聊这个挺有意思的。因为越讲东西越多嘛，我感觉。

吴毅：对，非常好。因为元气有各种各样的解读。包括中医就有很多我们学科提到的那个元气，有它的解读。其实元气不是单一的物质的概念……

肖泽颖：您怎么看待中西方的这种文化的差异，比如说您刚才讲到的中国的"元气"，但是西方人他不会有这种词汇的产生，您怎么看待？

吴毅：1984 年底我去美国到现在都快 30 年了，30 年中我一直在跟很多西方的不同阶层的人接触，那么他们对元气的解读跟中国人完全不一样，他们是物质性的，energy。中国人这个元气呢，如果我们接受了近代 20 世纪西方的逻辑思维——物质和精神之间的这个哲学体系，那我们也解读不了元气。元气它本身是一种形态，它包括了物质的，也同时包括精神的。而对物质的解读和精神的解读都看作是一种形态，这种形态都在这个元气里包容了。而它不能单独解读为是物质，它是一种不同的形态，当然都在里边了，所以中国人对整个宇宙的解读可以用归元论方法得到最大的和谐。只要归元了就和谐，不归元就会产生这种对立，相互之间的对立。但是如果都归元了，像我们到过年过节的时候，大家万象更新，万象伊始就又是一个新的开始，万象伊始。这个就是和谐，都是老祖宗代代相传。从这个元气论上面，阴阳也必须要归元的。如果不归元它就会产生阴跟阳的分离，所以阴阳它是必须要归元的，是相互之间的相互转化。阴在某一个时空段到阳，所以谈到阴阳的问题，大家过去都以为是迷信。它不是迷信，它是最符合人类对宇宙认识的一个概念，或者是解读这个宇宙，是一种非常准确的方法。那么，中国文化什么时候产生的阴阳概念，翻一翻《山海经》这个最古老的文献，山阴山阳，很多物产生在山阳，很多物产在山阴，所以又衍生出另外一个概念。这个不同的物质一部分聚到阳，一部分聚到阴，于是又产生一个新的概念就是物以类聚。比如有些矿产，有些物质，有些花草，分别聚在山阴山阳高山山脚，阴阳概念就可以解读这个归元的问题。所以从阴阳到归元就是物质和精神的认知过程。

肖泽颖：中国和西方各自的思维分别都是怎么形成并逐渐到今天的呢？

吴毅：都走了几千年了，西方的哲学在古希腊时代就已经有一个心理学基础来解读人生，或解读生命，或解读医学。所以西方这个文明，一路也走了几千年，它形成了一个现代的和古代的经典文化，所以我们相互之间没有必要分高低的。只有一个目的就是产生共鸣，如果都能产生这个共鸣，和谐就出来了，应该是和谐的。天地人的和谐，只能用最大的和谐才能解读天地人。

肖泽颖：中国人的思维演变到今天，是我们的思维能够对人类的指导更好一些，还是西方的经典的思维对人类的指导更好？

吴毅：一个民族的发展是从文化的发生和发展来体现的，从宏观的角度出发，研究世界文化的发展。反观世界多元的文化现象，西方对有形的东西解读更细微，中国人对物质的解读重整体观，不像逻辑思维对物质的解读这么细微，所以我觉得应该是都有各自的优势。但是讲到思维的模式，象思维，是中国文明，是已经到达人的心智，心，智慧的顶层那个部分了。那么再解读下去就牵涉到宗教问题、哲学问题了。中国那个归元论应该涵盖了心智、智慧那一部分，也涵盖了那个理的部分，比方说宋代理学，它就是用理来解读元气，是中国传统文化当中的非常重要的一个学派。它在某种程度上面还可以再完善的。那就要产生中国现代文明的哲学体系了，这个体系跟古代是一致的。

肖泽颖：美国学者是如何看待您艺术的特点的？

吴毅：美国艺术评论家 Jonathan Goodman 在他的《吴毅：纵观自然的艺术家》一文中写道：吴毅的作品告诉了我们西方艺术的精神而不是西方艺术的形式影响了他。吴毅跨越亚洲和美国的两种文化，用作品表现了他赋予中国传统艺术新的活力与朝气，并形成了当代的现代中国画。Goodman 说，事实上他相信，亚洲文化和西方文化，虽然各自采取着互不相同的路径向前发展，但可展望的是此两种文化将彼此相互接近形成一个健康的交流。

美国人从我的画中看到西方精神而不是西方元素，同时评我的作品有深厚的中国传统而不是中国元素。这点很重要，这是一个重大的课题，国际论坛上可讨论这个议题。我在美国这几十年，最大的收获是我对中西文化提出双向对应的交流，以增进彼此的理解和认同；提出属于中国文明原创思维的象思维，在此基础上建立一个全新的现代学科体系，以中国文明的上古精神的现代定位和指向，确立中国文化的世界意义。

二〇一三年七月

香港

王绥桓：深藏不露的国宝俏雕

它至少放在那儿是让人看的，应该值得让人看得更久，像丹麦的美人鱼一样，它能作为一个建筑启迪人令人神往。可是你这建筑老是在那儿摆着让人感觉一种铜臭气，而且让人越来越厌烦，这就是对艺术一个不负责任的态度。我想雕塑现在应该排除商业气息，尽量追求纯艺术化，在个人加强修养之上，然后创作出有利于人真善美东西的作品。

王绥桓

嘉宾简介

王绥桓　当代中国著名石雕艺术大师，1951 年生于北京，自幼酷爱绘画，他在雕刻方面的天资受其兄鲁桓的启发和诱导，得到充分的发挥和惊人的成就。

有藏家喻称王绥桓为“中国的罗丹”，这难免有过誉之嫌，但王绥桓先生那立意奇崛、刀功精湛、天趣盎然的俏雕艺术实为巧夺天工之大作，故京城名家见而赞曰：一石见天地！并非过誉。

导语：

灰色粗石上的一块红化成一只妖艳的甲虫，粉红石裂痕中的一条玉白变作带涎的蜗牛，黑灰色的蹲着一只碧绿的青蛙，土黄色的一端盘着一条鳞片发光的青蛇……不细看，很难相信这些可爱的小生灵是用刀雕出来的，更难相信这些鲜亮的颜色并非人为，而是利用一块石头上的不同颜色便赋予了动物昆虫活泼泼的生命，这就是俏色石雕，众多的生命成就了艺术家王绥桓神奇的雕刻。

肖泽颖：您1951年出生于北京，当时您的生活状态是什么样的？

王绥桓：我是出生在一个教师家庭，父母都是教师。小时候因为我哥哥在北京少年宫学习国画，而且画得特别好。我从那儿开始对绘画产生兴趣，后来我自己在学，小学的时候，曾经有一个美术老师；再就是我从北京转到承德念小学的时候，有一个美术老师，他叫姜宇，在当地很有名的一个油画画家，对我的启蒙教育特别重要，所以算我的油画跟绘画的启蒙老师。以后就是在这个环境里，因为喜欢，所以就一直没有放弃，坚持在画画。有点像自学成才，所以在1975年参加煤矿工作以后，能在半年之后直接在煤矿做美工工作，也就是全职的，画、写，各种美术工作都能做，也得益于之前的这种坚持跟自学。

肖泽颖：自己为什么要选择去河北做一个矿工呢？

王绥桓：是因为在农村的招工，8年之后，最后的一次招工，在这之前呢，人家都选择是条件优秀的、政治条件好的，这至少等4年。因为在回城，在知识青年大回城开始，就开始招工嘛！所以我是煤矿最后一批回城的，没有选择地只能到煤矿。之后我也就没有选择地只有下井半年之后再寻求别的办法。那时候我自己心里头也有活思想，我就觉得要是真从井下上不来的话，我只能扛着画夹子到北京画画，或者乞讨类似的，因为一是干活我实在干不了，二我觉得唯一能赖以生存的也只能靠着画画生活。

肖泽颖：从一个矿工到美工，是不是让你有了自信？

王绥桓：第一步我记着那时候的书记找我，他说我这有一幅画，你看看是不是能画，完了他拿出一张报纸，差不多有二十公分大的那么一张报纸，上头是一幅宣传画，我说可以画。他说要画两米多的油画放大，我说可以。他说得用多长时间，我说看看吧估计十几天。后来就从这幅画开始，我确立了当时矿上、煤矿美工地位。也是那时候，我是特别玩命地画，就几天，差不多半个月就赶出了两幅巨幅油画。一幅差不多七天，所以说当时，一是通过个人努力是绝对要珍惜这时间的；二是呢，也刻意地要表现一下自己的绘画才能，这两方面加起来呢也确立了我后来的在煤矿的这种身份。

王绥桓说“插队8年，那时的农村很穷，却没见到饿死的农民，在煤矿干了10年，井下很苦、很累，可也没见到累死的工人。所以，我想人只要饿不死、累不死就是幸福，但必须要有追求，作为终身的寄托，人活的是一个‘精神’”。

“石痴”王绥桓

肖泽颖：您是从什么时候开始接触石雕的？

王绥桓：1984年的时候，我到故宫，我的哥哥王鲁桓那儿去给他看家，帮着饲养他的小动物，他到广州，东方画廊去举办画展。在那时候呢，我第一次接触到石雕，是因为他给我准备了点石料跟刀子什么东西，他在之前呢，对我的绘画基础是有了解的，也知道我画广告跟油画。从他感觉里头，他承认我的绘画天分跟才能，可他又觉得我这样发展下去似乎有点委屈。他有意识地给我指路，他跟我说人一定要搞创作，要画自己的东西，临走了呢也就给我布置功课，说你可以画油画，你可以在我这画国画。另外呢，也可以刻石头，等他回来以后呢，我没画油画、国画，只是刻了两个石雕，一个我记得刻的是两只甲虫，他回来给了我充分的肯定，我感觉不是一种单纯的鼓励，完全就是一种肯定，他说你这个东西，刻得真不错，甚至可以卖，可是现在这只能是属于你的初级作品，将来一定还要接触更多。后来临走的时候他送我两把他心爱的刻刀，因为他的性格跟我的性格也一样，就是不是特别健谈，而且也都有自己孤独跟孤僻的那一面。他只是作为行为上鼓励，就是意思你可以在石雕上再发展。我也实际上就是带着他的这个一种鼓励吧，在回到煤矿之后就开始刻石头，找石头，而且一心扑在石头上。所以那时候我就觉得就有点真是跟石痴一样，就是什么都不想，从那时候兴趣就一天比一天浓，而且呢，刻的东西时而也拿去北京让我哥哥看一看。

肖泽颖：当时靠石雕能养活自己？

王绥桓：那时候养活不了，因为那时候石雕也只是花钱不挣钱。

所以说那时候就是债台高筑，全靠我的家人，包括我的哥哥、我的姐姐这些人帮着，资助。后来他们觉得负担也重，就给我出主意，就到河北师范大学，我二姨那儿，就算转到石家庄，也在河北师大做，我就第二次参加了工作，在电教室，体育系的电教室当美工。后来在电教室当了美工半年之中，我就接着没有做什么工作，继续在刻石头。

就是接下来的数年，我确实靠着我的努力在坚持，一直坚持到1997年办展览，还是在众多的朋友促成之下，其中有中国美术馆画廊的赵俊生老师，还有一个我的哥哥的校长，就是中央美院附中的校长丁井文，这两位也算是我的恩师吧，帮助，我的展览得以在北京能有更多的艺术界的领袖们给我做鼓励和指导。

肖泽颖：当时那个展览是您自己策划的还是有人帮您策划？

王绥桓：那是有人帮我策划。实际上是我哥哥的老师叫丁井文，也是中央美院附中的校长，过去，他在画界里广有名望，他对我的东西也是赞赏有加，也觉得好像我是王鲁桓的弟弟，一定应该帮个忙，就是让我至少在这条路上能生存。我觉得他对我的这种帮助巨大，是我这一生……后来他去世之后，我给他写过一副挽联，对我的鼓励在于他的行为对我的一个感染。他在1997年办展览的时候不遗余力地对他的所有的认识的人介绍宣传我石雕的展览，所以才有后来那么轰动的场面。

肖泽颖：他们的反映如何？

王绥桓：他们的反映至少好像当时有点提携后进的意思，可是这种鼓励非常巨大。因为我那个展览为什么强调说是美术馆画廊呢，它是别于美术馆的，实际上规模很小。可是在我展览开幕之后呢，这个特别小的展览居然引起了巨大的轰动。当天晚上北京电视台做的新闻报道。当时的美协主席华君武，完了之后还有雕刻界的钱绍武，包括美院的雕塑界的司徒兆光、曹春生就是带队，几乎学院派这些雕塑界的领袖全去给我提出很多建议跟鼓励。

其实我就觉得石雕特别适合我个性的一面。我认为这就是一种执着的精神，执拗的精神。至少在认真地一定要把这件事做好。就是好像我性格里头有比较能坚持的一面。因为我从小，我自己觉得还是有志向的，而且我自认为有绘画天才，所以我自己也曾经选择过绘画跟石雕。在绘画上我自己也走过十几年的路，最终我自己的感觉还有我受我哥哥的影响，他觉得我这样临摹的作画不会有什么前途，我选择，如果选择创作油画，我自己觉得不如石雕更适合我。石雕相对比国画要自由得多，因为国画它是传派传宗，它需要……在我认为它有好些壁垒，唯独这个石雕呢，它适合我的个性。我特别崇尚自由，因为我也是属于典型的一个自由主义者，我喜欢在我自己意识之下搞我自己喜欢的创作。后来接触石雕之后，我自己特别醉心其中，就是因为我真的喜欢它，所以说有句话叫“爱好是最好的老师”。我的老师实际上就真是出于我自己的爱好。

肖泽颖：一幅非常好的石雕作品的完成，需要花费您多长时间？

王绥桓：这个时间不一样。比如像我刻的比较熟悉的甲虫什么的，我估计十几天就能刻出来。像这个螃蟹，就是蟹和这个蛇或者其他有些比较复杂的，这时间就长，有的将近两个月都有，包括龟什么的，因为它非得特别细致地刻。

肖泽颖：开始找到一些动物的形状，然后来雕刻的时候，这样的过程，您能不能举几个例子？比如说看您雕的一些非常精致的，像蛇，像这些您是怎么把它完成的？是如何完成一幅这么震撼、这么真实的作品？

王绥桓：我的作品源于我的生活，我的生活里边好像离不开动物。因为我酷爱动物，所以在我的成长历程里头几乎没有跟动物离开过，总是在饲养动物过程中，即便我在最不稳定状态之下，我自己好像也在……好像怀揣着东西，最少有个蛐蛐罐，有个过冬的蝈蝈什么的东西，我是特别喜欢动物，这是出于我的爱好。可是这作为艺术品我就觉得应该表现我最喜欢的动物的一个最美的一面。在我刻石雕以后呢，我也就成了一种习惯，大量地饲养我刻石雕对象的动物，比如蛇蛙蟹等，两栖爬行类。

为了观摩动物的习性动态，他那并不宽敞的家成了动物的乐园：小鸟、猫头鹰、蛇、蜘蛛、青蛙、蜗牛……朝夕相处的动物再现于他的刀下时充满生机与活力，不仅青蛙、蜗牛、甲虫等小生灵惹人怜爱，就连毒蛇、蝎子、蟾蜍等令人惧怕厌恶的动物，看上去也都立意新颖，别具神韵。

肖泽颖：为什么选择蛇呢？雕刻这些小动物的时候，是有选择的吗？还是不选择，大自然当中的任何一种动物都可以？

王绥桓：这是一种偏好，就跟你养猫、狗一样，有的人喜欢牧羊犬，就是威武看着漂亮，可是有的人特别喜欢特别癞的那种狗。这养蛇也是一种偏好，就是有一种猎奇思想，有一种冒险的精神在里边，就是别人都不喜欢的东西，你能看出它美来，逐渐地你能陶醉其中，而且事实证明，那个蛇真是美，不下于任何其他动物。它的种类之多恨不得能跟昆虫媲美。就是你喜欢这种动物，就一定会研究它，观察它。

外人看这个作品，一般只是觉得像与不像。可是真正饲养动物、喜欢动物的人对这个蟾蜍的直观印象应该是像。看作品应该和看真的蟾蜍一样，能产生一种美和一种喜欢，因为在刻的过程当中你一定要熟悉这个蟾蜍，而且一定要喜欢它。当然你惧怕它你一定也刻不出来它美的一面，如果你不观察它、不强调它美的一面，它也不会在这个石雕作品上表现出来。我就觉得这个蟾蜍我倒没想着古代有什么寓意，至少在我感觉里我喜欢它，就好像它这动物真是憨态可掬，让人跟其他的动物，它有独特的美。实际上每一种动物都有它自己美的一面。这就不应该让人主观地分为好恶或者哪个丑哪个美。过去称蛇跟蟾蜍都是丑陋的，实际上在我眼里都是很美的。因为它有动物的本质的那种天然的造物给它那种美的那种东西在里头。你只要是从美的角度上去观察它，饲养它，雕刻它，最后你一定能从中感悟出好些人生哲理的东西。

曾有某株式会社出资百万欲收藏这件珍稀血袍中华大蟾蜍，却被绥桓先生婉拒。在他看来，“平生虽不荣耀，但也绝不空虚”的艺术生涯，更值得他穷一生心力去求索。

俏色石雕的现状

肖泽颖：那您觉得当下的石雕，俏色石雕它的局限性在什么地方？发展的瓶颈在什么地方？

王绥桓：俏色石雕发展的一个瓶颈，在于一个宣传跟推广不够，没有跟上。大部分人看这些东西还是第一次见到，所以这就是一个问题。尤其在商业化这种形势之下吧，有好些人就怀疑它的艺术价值，就是本身艺术品的价值。所以说人们作为一个生疏的东西，他自然要怀疑，这应该是能理解的东西。它不像是国画、油画，好些人都见得很多，他自己有比较，或者是这些画在历届拍卖上也有它的纪录，人家自己也可以界定。这个石雕呢，人家看好像谁都喜欢，究竟让他确切说出它的价值来，谁也说不准。所以这就是一个矛盾，也是一个瓶颈，因为这个价格决定它将来的艺术走向。再就是这个瓶颈让众多的创作者不一定愿意付出劳动跟坚持，无法突破这个瓶颈。

石雕艺术的最高境界

肖泽颖：那您觉得现在的作品和以前的作品，最大的区别是什么？

王绥桓：最大的区别，之前我觉得有点匠气。后来的作品多少显得透着点灵气。

肖泽颖：您觉得石雕的艺术的最高境界应该是什么样的？

王绥桓：我觉得最高的境界就应该是他这种境界，带着文人性质的诗书画印，把他个人的，就是石雕作者的全部的修养能表现在这一个作品里，而且能给人一种震撼一种美感，这个作品就应该好。我的作品就是直观上让人感觉特别具象，而且特别自然，刀工精湛，而且用色巧妙。这几点虽然说简单，可是作为一个真正的雕刻艺人的话，他要经过几十年的积累和磨炼才能达到这个水平。

肖泽颖：那么您对于当代的石雕是一个什么样的看法?

王绥桓：我看当代石雕大部分看的是外边商业化运作之下的一种商业模式里的石雕，所以也是商品。真正的艺术石雕，也可能在展览馆跟学院里边，我也偶尔见过，有好些我确实不懂，我也不敢贸然地评价。可是作为这种商业气息特别浓厚的艺术石雕，包括现在这种城市石雕跟群雕，这种雕塑，我觉得有些创作，不太认真吧，没有一个认真的态度。它至少放在那儿是让人看的，应该值得让人看得更久，像丹麦的美人鱼一样，它能作为一个建筑启迪人令人神往。可是你这建筑老是在那儿摆着让人感觉一种铜臭气，而且让人越来越厌烦，这就是对艺术一个不负责任的态度。我想雕塑现在应该排除商业气息，尽量追求纯艺术化，在个人加强修养之上，然后创作出有利于人真善美东西的作品。

二〇一三年八月

烟台

张颂：有声语言是中华民族的优良传统

这个里面涉及太多的问题，就现在多元文化的格局来看，也是一种既是和平共处共存共荣，又是一种和平竞争。所以我们现在的文化，文化的土壤，文化的环境和文化的氛围，都必须继续营造起来，营造这个东西它不能靠全社会。

必须得有领跑的人，必须得有一个群体，一群人。当大家正在浮躁的时候，你不浮躁。当大家正在奔钱的时候，你在奔研究，就是看看你是抓住了自己的生长道路了没有。如果你自己的生长道路是看别人行事，是跟在别人的后面爬行，那永远长不大。一定要特立独行，发现别人没有的我走，这是特别重要的。

张　颂

嘉宾简介

张颂　1935 年 7 月 10 日出生，原名张永昌，播音名李昌，河北省易县人，中共党员，中国播音教育重要创始人之一，中国播音学学科体系创立者，中国传媒大学播音主持艺术学院首任院长，中国第一位播音专业博士生导师，国家级教学名师，中国播音界泰斗。创立了中国播音学学科体系，曾任中国传媒大学播音主持艺术学院院长，他培养了大批优秀的播音员、主持人和教师，现中国传媒大学播音主持艺术学院的中青年教师基本为其弟子。

2012 年 11 月 10 日上午 10 点 22 分在北京去世，享年 76 岁。

导语：

张颂先生是我国播音教育重要创始人之一，中国播音学学科体系创立者，中国传媒大学播音主持艺术学院首任院长，中国第一位播音专业博士生导师，国家级教学名师。1994 年编写出版了中国播音界第一本理论丛书——《中国播音学》。此书的问世标志着又一个新学科的诞生，打破了从前我国“播音无学”的说法。直至今日，此书仍是攻读播音学科的硕士、博士学位的必读书。张颂先生 2012 年 11 月 10 日因病于北京去世，享年 76 岁。

有声语言的质量直接关系节目的成败

肖泽颖：张颂老师您好，在今天多元化传媒的一个状态，您是怎么样看待播音主持这样一个问题?

张颂：现在我们的广播电视的发展很快，播音员主持的队伍也不断地壮大。当前的形势下，为了适应社会的发展，和国际上媒体的竞争需要，我们的节目形态，在不断地多样化。所以我们播音主持的有声语言，也在不断地调整，适应当前这种新形势。比如说过去的播报，现在又加上了连线，就变成主播。过去的娱乐类节目，比较单一，现在也多样化起来，所以它要适应不同的节目形态。使用多种多样的、色彩纷呈的有声语言。这样才能够把节目的内容，更深地表达出来。把节目的宗旨更好地体现出来，让受众得到更多的审美感受。这个情况，给我们提出来一个新的课题。当形式变化得多了以后，内容怎么办？还要不要内容为王，形式变化多了以后，能不能就影响节目，让它收视率更高，收听率更高。还是要深入到内容上下功夫，我觉得内容为王这一点，到现在没有变。不能够搞形式主义，不能徒然地改变形式，而忽略内容。内容里面的核心问题，实际上就是广播电视传播过程当中的播音员主持的有声语言。这个有声语言的质量如何？直接关系到节目的成败。

有声语言的三大功能

肖泽颖：多元化的今天，网络节目包括电视节目越来越丰富了，很多节目主持为了博取收视率，各种语言、各种状态都会出现，您如何看待这种情况？

张颂：这个问题有它可以包容的一面，就是因为语言的形态。包括我们的一些方音，包括港台腔，不是说绝对不允许。但是我们有一个主流，这个主流就是规范化。一定要推广国家通用语言文字，这已经立了法了。在推广的过程里面，可以兼收并蓄，但是不能拿它当方向。有人说港台腔是一种新的风格，这是错误的。它不是一种新的风格，它是在学习普通话过程当中，还没有学好的时候一种状态。但是很多人以此为荣，以此为美，以此为目的，这就错了。因为有声语言，从我们的民族文化的发展来讲，它是我们民族文化的一部分。所以我常说不要小看这个有声语言，有声语言实际上是一种思想，是一种精神，也是一种文化。有声语言的功能有几大方面：

一个是信息共享。你说的话我得听明白，我说的话你得听明白，这是共享了我们的信息，才算成功的语言。

第二个是认知共识。我说这个话，是说了个意思，意思背后是什么？应该让别人了解，它背后深层的历史原因、社会原因、文化原因、经济原因等等。应该让人通过你这话，了解背后的意思，这是认知共识。还有在谈话过程当中，要给人以美感享受，这就叫愉悦共鸣。所以在信息共享、认知共识、愉悦共鸣这几大功能方面，必须全面地发挥作用。而现在可悲的是，我们现在的信息共享都基本上没有做到。你听电视里、广播里说那话，奇快无比，像机关枪一样，哪里还有停顿、还有语气、还有感情的表达，这就丧失了语言的本质。语言的本质是什么？是人文精神的音声化。它是要表情达意、言志传神的，不是干别的。

所以在这一方面，我们低估了语言的社会功能，低估了它的文化传承当中重要的历史价值。这方面我觉得，现在需要启蒙。怎么启蒙？不要以为你把话说清楚了，就是满足了。在说清楚的基础上，还有更高的要求，更美的追求，这样才能把有声语言提升起来。在规范的基础上，我们要达到语同音。是非常重要的一个目标，这是我们的历史使命。

怎么达到两个方面：一个就是一定催生有声语言的典范，比如说罗京，这就是典范，大家就要学；比如说李瑞英和康辉的，六十年的国庆大典的直播，非常精彩。当然个别问题会有，但是他已经成为经典。这就要大家伙儿去模仿他，学习他，以他为榜样，靠拢他。这个经典作用是非常重要的，所以我们要催生有声语言的典范。

肖泽颖：怎么样来催生？

张颂：一个首先从认识上解决，语言的审美空间，谈到这个问题，我插一个观点，现在我们的广播电视里边做节目，唯收视率、收听率，视听迎合媚俗，是当前最大的弊端。现在我们很多的节目里面，很多的语言里面，包含着严重的铜臭气、脂粉气。好像没有一种男欢女爱，就不成为剧，就不成为节目。没有插科打诨，就好像失去了生活的色彩。完全错误。它把高雅的东西降到了零，零价值，甚至于负价值。所以这个问题是非常重要的一个问题。

还有一个就是队伍，队伍要有实力的队伍。播音主持的队伍要有实力，必须坚持以播为主，一专多能。要专心致志地搞你的专业，这是以播为主。还有就是一专多能，现在的一专多能，就是能够驾驭各类的节目，当然他可以有特长。比如邢质斌，她播了一辈子新闻，这就是她的特长。她不用搞别的了。

肖泽颖：但是枯燥不枯燥？

张颂：绝对不枯燥，新闻是新鲜感最重要，我们播新闻的时候，一、要先睹为快，别人都不知道，我先看到。多么高兴的事情，然后我一吐为快。我把这个最新的事情，告诉大家。我多么高兴，完成了任务，又是一种享受啊。所以它不枯燥，天天变。

肖泽颖：那怎么样才能让它感觉有一种质量，内心有一种成就感？

张颂：首先是自我的一种认知，我在报告这个新闻的时候，是有价值的事情。我说的是人们都需要知道的重要的事情，有新闻价值的事情。还有一个就是他得到的反馈，非常重要。如果她得到的反馈，邢质斌，你老板着个面孔，你播的都是老一套，你的形式全是陈谷烂芝麻，她还有信心吗？所以我们必须得有一支传媒里面的评论力量。有真知灼见的评论力量，来肯定哪些是方向性的有代表性的经典性的东西，哪些是今后要注意的摒弃的东西。第三个问题，就是机制和体制的问题。我不赞成播音主持都是工具，都是肉喇叭，话筒架子。我不赞成，因为他们都必须有智慧，要有新闻敏感。还要有艺术直觉，这样才能做好这个工作。当然更重要的是语言功力，他会有思想，有判断，出口成章这样才会吸引人。广播里面要悦耳动听，电视里面要给人赏心悦目。但是所有的节目，不都是播音员主持说了算。在这里面有很多的程序，这程序里面的问题，使播音员主持有很大的程度，没有自己的自主权。所以播音员主持，在这个传播的过程里面，有他的主动性、积极性这一方面，但是也有他受局限的一方面，所以我老说播音员主持，就像戴着镣铐的跳舞者。

价值观的取向

肖泽颖：您刚才说到这个价值的一个取向，作为一个主持和传播的平台之间，是一个什么样的关系？作为一个播音员，如何和自己的这种价值观结合在一起？在这种局限的情况下，我们如何去做这件事情？

张颂：这个问题问得非常好，这是我们播音的历史上，很多老播音员，老一辈播音艺术家，都面临的问题，到底我们怎么在这个岗位上有所作为？

任何国家的传媒，都是以它自己的国家利益为第一利益的，播音也必须要维护国家利益，捍卫文化安全。如果你失去了国家意识，你国家主人翁感都没有，你对国家不负责了，你能当传媒人吗？我去美国之音遇到了一件事情，有一个新到美国之音的记者，在总统的记者新闻发布会上，举手提问，提了一个问题。总统说，你是哪一个部门的。他说我是美国之音的。（总统）连答都不答，下一个提问。这位记者回到屋里马上卷铺盖走人，被炒鱿鱼。因为（美国）它有一条规定，美国之音的记者不许向总统提问。咱们没有，咱们每一个台，都能向胡锦涛提问啊，所以在这方面，我们还是比较宽松的。这方面每个国家都概莫能外，都是喉舌，传媒都是喉舌。甭管它是国家的，代表大集团的，代表哪个党派。反正它都是国家的国家利益的价值观。这个取向是根深蒂固，牢不可破的。不能动摇它，谁要动摇它，谁就要吃亏。犯错误事小，你造成的影响无可挽回。所以这个是很重要的问题。另外呢？你必须在这个有限的空间里，去发挥你无限的力量。争取把它做到最好，更好。才能够真正起到，你播音员主持的作用。所以我们必须要自律的一点，就是我们播音员主持，是新闻工作者，绝不是演艺人员，和艺员根本不同，谁要说我们是艺员，那是对我们的贬低。因为它抹去了新闻性，我们的根本属性。在这方面，我们应该特别明确地说，播音员主持是新闻工作者。我们要以此为自豪，以此成为自己责任的核心部分。当然了，在这一方面有一种看法，认为我们播音员主持，好像是一个模子里刻出来的，好像差异不大。它的根本原因在哪里？就是我们和老一辈播音艺术家的差距。不要期望年轻人一出校门就是一个成熟的人。现在中央电视台的这些人，包括李咏、康辉、海霞，他们这些人，也都是十年以后才出来的。所以人才培养方面的问题，更需要我们注意。我们现在（的）培养里面存在着很多的问题，我们现在有声语言被冷落。以为照着字在那儿一念，声音好点的，语音规范点就够了，这个语言里面有很深刻的内涵、文化底蕴。有它的内涵，有它的分量。播音员主持是名人，我认为名人的职业是值得骄傲的，但是他的背后，他必须是传播的能人，成不了能人的人，那个名也只是昙花一现而已。很多人浮躁就浮躁去，但是真正有志者一定是下功夫的人，将来他会有成就。

肖泽颖：在您认为今天的哪些主持是比较合格的？

张颂：大部分还都是合格的，因为他的下线在那儿呢。大部分人还都在合格线之上，因为我们有上岗证，有考核，有受众反馈，都在督促着他们。但是关键在领导，一个制片人，一个主管的总编，或者是台长，他的导向如何，非常重要。如果导向是让大家经常研究、探讨、不断地去锤炼自己的语言功力，这个台的风气就上去了。如果你这个（对）有声语言无所谓，这就错了。这里有一个观念，有一个认识要解决。播音员主持，30 岁以前是他的幼年时期，过了 30 岁才开始进入成熟期，他应该播到七老八十。

肖泽颖：您说的这些话对咱们整个传媒界都是非常有帮助的。

张颂：现在就是这个问题，这是短视行为。用马雅可夫斯基的话说，那就是你眼睛只盯着自己的食槽，看看食槽满了没有。真正的社会价值是长久的，经久不衰的。比如说你们这个节目，你可以把它做大做强。怎么做大做强，要在保证质量的基础上，让它继续提高的基础上，它的容量会越来越大。它的深度，它的高度，都会有了保障，人们就爱看。这是长远的社会效益。而且现在媒体竞争这么厉害的情况下，靠什么？就靠自己的特色别人没有的我有，别人有的，我优。这才能做好，播音员主持的使命，也同样如此。有的台太不爱惜播音员主持，我非常悲愤。很好的材料，就不让人播了。要干什么，换新面孔。这是什么样的东西？这是拉洋片吗？历史的有价值的东西，不怕重复，越重复光辉越经典，光芒越长。我常给我们播音员主持说一首郑板桥的诗，这首诗特别重要，应该让他们每个人都作为座右铭。“四十年来画竹枝”，郑板桥画画，画竹子，最有名嘛。“四十年来画竹枝，日间挥洒夜间思”，白天画晚上就想。“削去冗繁留枝叶”，把竹子上面冗繁的东西全削掉，光留点竹叶、枝叶就可以。“画到生时是熟时”，觉得每天都新鲜都是生的，那你就成熟了。

发扬我们中华民族有声语言的优良传统

肖泽颖：有声语言，对于传播行业，对于新闻界来说，也是一个非常重要的命题。那您有什么样的思考？

张颂：有声语言，我们从科举制度以后就不重视有声语言了。好的有声语言的传递，全都断裂了。现在的发展正在复兴当中，但是来日方长。不是播音员主持得学普通话，所有在社会上存在的人都要学好普通话。这样你才能够跟更多的人交流，你的思想智慧才能够被更多的人了解。所以有声语言是一个无价之宝，不仅仅要爱护它，而且要发扬我们中华民族有声语言的优良传统。

抓住了自己的生长道路

肖泽颖：在多元化传媒的今天，这种信息的传播和我们社会功能的碰撞，我们如何去整合社会、经济、文化共同来推动整个社会的发展？

张颂：这个里面涉及太多的问题，就现在多元文化的格局来看，也是一种既是和平共处共存共荣，又是一种和平竞争。所以我们现在的文化，文化的土壤、文化的环境和文化的氛围，都必须继续营造起来，营造这个东西它不能靠全社会，必须得有领跑的人，必须得有一个群体，一群人。当大家正这么浮躁的时候，你不浮躁。当大家正在奔钱的时候，你在奔研究，就是看看你是抓住了自己的生长道路了没有。如果你自己的生长道路是看别人行事，是跟在别人的后面爬行，那永远长不大。一定要特立独行，发现别人没有的我走，这是特别重要的。

播音学成熟的状态

肖泽颖：成熟的状态将会是什么样的？

张颂：播音学里面有几个方面，哲学，新传播学，人文学，艺术学。几个方面的融合才成为中国播音学，它既是一个新兴学科，又是一个交叉学科，又可以说是一个边缘学科，这个里面的含量，应该说是我们民族文化的一个精华，它应该承上启下。第二个就是我们的体系，现在还显得稚嫩。随着时间的长久，实践者经验的总结，研究者不断有新的开拓，我们将来有几部播音学的体系。这说明这个学科成熟了。

就是几个播音学互相来争鸣，互相融合，是完全允许的。所以我们这个学科，到现在，只是一个阶段，今后的发展还很长。另外从世界的格局来讲，我们研究得比较独特，比较独到。将来再渗透的话，我想对全世界的各种语言，都有影响。

二〇一二年七月

北京

图书在版编目（CIP）数据

仰望高峰：泽颖采访当代文化大师录 / 肖泽颖 编著. -- 北京：作家出版社，2014. 12

ISBN 978-7-5063-7708-9

Ⅰ. ①仰… Ⅱ. ①肖… Ⅲ. ①文化 – 名人 – 访问记 – 中国 – 当代 Ⅳ. ①K825.4

中国版本图书馆CIP数据核字（2014）第289359号

仰望高峰：泽颖采访当代文化大师录

编　　著： 肖泽颖
责任编辑： 原文竹　翟婧婧
装帧设计： 唐晓娟
出版发行： 作家出版社
社　　址： 北京农展馆南里10号　　**邮　　编：** 100125
电话传真： 86-10-65930756（出版发行部）
86-10-65004079（总编室）
86-10-65015116（邮购部）
E-mail:zuojia@zuojia.net.cn
http://www.haozuojia.com（作家在线）
印　　刷： 三河市紫恒印装有限公司
成品尺寸： 152×230
字　　数： 420千字
印　　张： 31
版　　次： 2014年12月第1版
印　　次： 2014年12月第1次印刷
ISBN 978-7-5063-7708-9
定　　价： 46.00元